会计学系列教材(全国八所高校合编)

财务报表分析

主　编　崔也光

南开大学出版社

天　津

图书在版编目(CIP)数据

财务报表分析/崔也光主编.—天津：南开大学出版社，2003.12(2019.4重印)
ISBN 978-7-310-01976-2

Ⅰ.财… Ⅱ.崔… Ⅲ.会计报表—会计分析
Ⅳ.F231.5

中国版本图书馆 CIP 数据核字(2003)第069654号

版权所有　侵权必究

南开大学出版社出版发行
出版人：刘运峰
地址：天津市南开区卫津路94号　　邮政编码：300071
营销部电话：(022)23508339　23500755
营销部传真：(022)23508542　邮购部电话：(022)23502200
＊
天津市蓟县宏图印务有限公司印刷
全国各地新华书店经销
＊
2003年12月第1版　2019年4月第14次印刷
880×1230毫米　32开本　14.875印张　428千字
定价：32.00元

如遇图书印装质量问题，请与本社营销部联系调换，电话：(022)23507125

会计学系列教材（全国八所高校合编）编辑指导委员会
（按姓氏笔画为序）

边　泓　　南开大学国际商学院会计系
汤湘希　　中南财经政法大学会计学院
刘志远　　南开大学国际商学院会计系
吕长江　　吉林大学国际商学院会计系
张苏彤　　西安交通大学会计学院
张继勋　　南开大学国际商学院会计系
周晓苏　　南开大学国际商学院会计系
周宝源　　南开大学国际商学院会计系
郭立田　　河北经贸大学会计学院
胡元木　　山东经济学院会计系
崔也光　　首都经济贸易大学会计学院
盖　地　　天津财经学院会计系

出版说明

进入 21 世纪以来,经济贸易全球化、信息技术网络化和资源配置市场化的趋势日益显著,对会计职业和会计教育的发展提出了许多新的挑战和要求。我国 2001 年底加入世界贸易组织(WTO)后,这种挑战和要求显得更加迫切。此前,为适应市场经济体制改革现状及与国际接轨的要求,我国对会计制度进行了改革,具体体现在 1999 修订通过的《中华人民共和国会计法》、2000 年国务院发布的《企业财务会计报告条例》、财政部发布的《企业会计准则》和《企业会计制度》上。

在这种情势下,要求会计语言日益具有"世界语言"的属性,我们应吸取国外会计学教材精华,积极开发适应经济贸易全球化需要的新型会计教材;要求改革利用会计信息的理论与方法,进一步提高会计信息的效用;要求科学地确认、计量、记录和报告由于资源配置市场化产生的前所未有的新型经济业务。为适应这些要求,我们邀请南开大学、中南财经大学、天津财经学院、吉林大学、西安交通大学、首都经贸大学、河北经贸大学、山东经济学院等八所高校联合编写了这套"会计学系列教材",共 12 种:会计理论、初级会计学、中级会计学、高级会计学、财务管理、财务报表分析、审计学、成本会计学、管理会计学、税务会计与纳税筹划、计算机会计学、政府及非营利组织会计等。

本丛书指导思想是:为适应 21 世纪会计发展趋势,向读者介绍最基本的会计理论、最重要的会计技术、最前沿的会计方法,理论与实务并重,以利于学生掌握会计知识,建立会计职业道德,成长为德才兼备的创新型、国际型和复合型人才。丛书涵盖了财政部所发布的所有会计准则和最新会计制度中的有关内容,并具有以下特点:

1. 注意营造"模拟会计环境"。每章先安排一个"范例",在读者正式阅读之前先提供一个"真实会计环境",以便于理解正文,并可避免枯燥、乏味之感。

  2.理论与实务并重。本套丛书在介绍理论知识的同时,特别重视会计实务与会计理论的密切联系,设计了案例和实例,以提高读者的理论素养,培养读者的实务操作能力。

  3.注意培养读者分析问题的能力和动手能力。各章之后设置了"本章思考题",有的还在正文中设计了"思考",以启迪读者分析和探讨值得思考的问题,培养读者主动思考和决策的能力。每章后还设计了"综合练习题",包括选择题、计算题、业务题和案例分析题,帮助读者巩固和复习所学知识,以达到活学活用的目的。

  4.强调管理应用和分析。本套丛书在介绍会计学知识的同时,力图帮助读者加深对现实问题的认识,除了列举大量案例外,还使用了大量图表,以帮助读者整理思路,找出各知识点的内在联系。

  5.配备有"教师参考用书"(赠送给教师)。其目的是:与授课教师交流授课经验,对教材中的习题作解答,并配备大量的习题练习和数套"模拟试卷",以便于授课和复习。

  本套教材是上述八所高校紧密协作的成果,具有一定的代表性,我们真诚希望此套教材的出版,能够为我国会计教育事业贡献一份力量,能够促进会计教材的建设与更新。同时,也希望广大读者批评指正,以改进我们的工作。

南开大学出版社
2003 年 6 月

前　言

随着我国社会主义市场经济的迅猛发展,我国会计改革正处于一个新的发展阶段,《会计法》、《企业财务会计报告条例》、具体会计准则和《企业会计制度》不断修订。会计改革对于经营者和会计人员的职业素质提出了更高的要求,其中,加强对企业的财务报表分析就是急需提高的职业素质之一。

财务报表是一种商业语言,是对社会经济活动的反映。报表上各项目的报告结果涉及投资人、债权人、经营者、企业职工、政府有关管理机关等方方面面的经济利益关系。近年来,江泽民数次在经济工作和领导干部工作会议上,强调三张财务报表的重要性,要求学好会计,加强对经济活动的审计和监督。朱镕基也一再强调"不做假账"。对于财务报表的使用者而言,掌握客观分析财务报表的方法和技巧是关键。为了满足高等财经院校财务学、会计学、审计学的教学与学习的需要,我们编写了这本《财务报表分析》。本书也可作为广大财会人员、管理工作者、经济工作者的学习教材和财务分析的工具。

本书以现代经济理论和现代管理理论为理论基础,以我国财经法规和会计准则为指导,吸收、借鉴国内外最新财务报表分析研究成果,侧重阐述财务报表分析的基本理论和基本方法。通过比较国内外对财务报表分析的不同认识,揭示财务报表分析的内涵。通过国内外实际经济案例,力争突出三个特点:(1)前瞻性,既要总结我国财务分析的技巧,又要以开放的心态大胆借鉴西方财务分析的理论与方法,以及最新研究成果。(2)务实性,结合我国会计实际工作和案例进行财务分析。其生命力决不在于一个个财务指标的概念和计算公式的提出,财务报表分析本质上是一门应用性的管理学科,应该以实用为治学原则,着重探索和掌握财务分析的一般原理、程序、规则与技巧,为各种不同的财务报表分析主体指点迷津,独辟蹊径。(3)多角度,从企业的资产负债表、利润表、现金流量表的质量分析,会计报表附注的解读,企业的偿债能力、盈利能力、营运能力以及综合能力的分析评价,到财务失败预警、财务盈利预测等不同侧面进行较为系统、全面的探索。(4)启迪性,为便于学生理解和掌握本书的内容,在开篇、行文以及章节之后均加入了大量财务范例,并以一个主要实际分析案例贯穿全书。

本书由崔也光教授拟订编写大纲。本书第一章、第二章、第三章、第四章、第五章、第六章、第七章由崔也光执笔,第八章由郑小楠执笔,第九章由何妍执笔,第十章由李继云执笔,第十一章由于健执笔。崔也光对全书总纂定稿,李继云、于健、崔冠男对全书数字的核定、资料收集做了大量工作。

今年北京的5月,"一手抗非典,一手抓生产",于此非常时期,我们在编写过程中一丝也不敢懈怠。本书在编写过程中得到了首都经济贸易大学著名会计专家王又庄教授,天津财经学院博士生导师盖地教授,南开大学博士生导师周晓苏教授,以及实务界同仁们的热心指导,并获得南开大学出版社王乃合编辑的热忱帮助,借鉴了国内外有关研究成果,在此一并恭谢。随着我国加入WTO和我国资本市场的迅速发展,财务报表分析在我国会计理论与实务中还是一个尚待深入开发的领域,我们对此研究还有待于进一步提高。本书由于时间紧迫加之水平有限,疏漏在所难免,恳请专家和广大读者不吝指教。

编　者

2003年6月

目 录

第一篇 财务报表分析概论

第一章 财务报表分析的目标和基本方法 (3)
  第一节 财务报表分析的内涵 (4)
  第二节 财务报表分析的基本方法 (11)
第二章 财务报表分析的程序和依据 (24)
  第一节 财务报表分析的程序 (25)
  第二节 财务报表分析的依据 (30)

第二篇 财务报表质量分析

第三章 资产负债表及其附表的质量分析 (45)
  第一节 资产负债表质量分析的内涵 (46)
  第二节 资产质量分析 (49)
  第三节 负债和所有者权益质量分析 (74)
  第四节 资产减值准备明细表和所有者权益(或股东权益)增减变动表解读 (91)
第四章 利润表及其附表的质量分析 (101)
  第一节 利润表质量分析的内涵 (103)
  第二节 利润形成过程的质量分析 (105)
  第三节 利润分配表与分部报表解读 (122)
第五章 现金流量表质量分析 (135)
  第一节 现金流量表质量分析的内涵 (137)
  第二节 现金流量表正表及其补充资料的质量分析 (142)
  第三节 现金流量表的补充分析 (159)
第六章 会计报表附注、财务状况说明书和审计报告解读 (169)
  第一节 会计报表附注的作用和内容 (170)
  第二节 财务状况说明书解读 (188)

第三节　审计报告解读……………………………………（190）

第三篇　财务分析

第七章　企业偿债能力分析………………………………………（205）
　　第一节　企业偿债能力分析的内涵………………………（206）
　　第二节　企业融资结构分析………………………………（209）
　　第三节　企业短期偿债能力分析…………………………（221）
　　第四节　企业长期偿债能力分析…………………………（229）

第八章　企业盈利能力分析………………………………………（246）
　　第一节　企业盈利能力分析的内涵………………………（247）
　　第二节　企业盈利能力的结构分析………………………（250）
　　第三节　企业盈利能力的比率分析………………………（258）

第九章　企业营运能力分析………………………………………（283）
　　第一节　企业营运能力分析的内涵………………………（284）
　　第二节　企业营运能力的结构分析………………………（287）
　　第三节　企业营运能力的比率分析………………………（297）

第四篇　综合与专题分析

第十章　财务综合分析……………………………………………（327）
　　第一节　财务综合分析的内涵……………………………（329）
　　第二节　杜邦财务比率分析模型…………………………（332）
　　第三节　沃尔财务状况综合评价模型……………………（339）
　　第四节　我国国有资本金绩效评价模型…………………（344）
　　第五节　经济增加值（EVA）综合评价模型……………（359）

第十一章　财务专题分析…………………………………………（379）
　　第一节　财务失败预警分析………………………………（381）
　　第二节　财务盈利预测分析………………………………（392）
　　第三节　财务报表披露与分析的局限性…………………（409）

附录
　　附录1　ABC公司2001年年度会计报表附注（摘要）……（424）
　　附录2　ABC公司审计报告………………………………（437）
　　附录3　ABC公司的主要财务报表………………………（438）

附录4　沪深两市行业2002年主要财务指标平均值 …… (445)
习题参考答案…………………………………………………… (447)
主要参考文献…………………………………………………… (462)

第一篇
财务报表分析概论

　　财务报表是一种商业语言,是社会(包括企业)经济活动的反映。报表上各项目的报告结果涉及投资人、债权人、经营者、政府有关管理机关等经济利益关系,财务报表已成为社会方方面面关注的焦点。随着社会主义市场经济的发展和我国加入WTO,国家在宏观政策和环境方面也为他们分析和掌握企业的财务状况和经营状况创造了条件。近年来,江泽民数次在经济工作和领导干部工作会议上,强调三张财务报表的重要性,要学好会计,加强对经济活动的审计和监督。因此,财务报表分析作为一门应用性、实用性强的学科和工具显得十分重要。

　　本篇以现代经济理论和现代管理理论为理论基础,以我国财经法规(如《企业财务会计报告条例》)和会计准则为指导,吸收、借鉴国外最新财务报表分析研究成果,侧重阐述财务报表分析的基本理论:通过比较国内外对财务报表分析的不同认识,揭示财务报表分析的内涵,论述财务报表分析的目标,重点从企业的债权人、投资人、经营管理者、国家有关经济管理部门、企业员工、社会公众等不同角度展开,论证财务报表分析与会计体系中其他学科的关系,即与财务会计、财务管理、审计等学科的联系与区别,论述财务报表分析的基本方法,即比较分析法、比率分析法、百分比分析法、因素分析法、趋势分析法等基本原理,阐述财务报表分析的程序,揭示财务报表分析依据的要求和内容。

第一章 财务报表分析的目标和基本方法

本章学习目的
1. 财务报表分析的内涵。
2. 财务报表分析的目标。
3. 财务报表分析的方法。

范 例

光明公司是一家大型零售企业,以往年度经营亏损,2002年扭亏为盈,根据其披露2002年的财务会计报告,大家对该公司的业绩评价众说不一:该公司经理认为,企业财务状况和经营成果很好,因为利润表表明,当年净利润为300万元,且资产负债表表明货币资金有90万元;该公司的债权人(贷款银行)认为,这个企业很危险,虽然有利润,但企业的资产负债率已达85%,较以往年度有较大增长,现金流量表的经营活动产生的现金净流量为负数,表明商业信用不佳;企业投资人认为,该公司当年生产经营尚可,能够扭亏为盈实属不易,但300万元的净利润与2个亿的资产总额相比,净资产收益率仅为1.5%,生产经营差强人意;税务机关认为,该公司属于"常亏不倒"类型的企业,2002年一举扭亏为盈,需要进一步对其财务报表和实际情况进行诊断和监控。

财务报表是反映企业财务状况和经营成果的"晴雨表",而财务报表分析就是以企业基本经济活动为对象,以财务报表为主要信息来源,运用一定的分析方法和程序,进行分析、综合、判断、推理,进而系统地认识和掌握企业"全貌"的过程。因此,要进行财务报表分析,必须首先了解和掌握财务报表分析的内涵、目标和方法。

第一节 财务报表分析的内涵

一、财务报表分析的定义

关于财务报表分析的定义,美国南加州大学教授 Water B. Meigs

认为,财务报表分析的本质是搜集与决策有关的各种财务信息,并加以分析与解释的一种技术。美国纽约市立大学 Leopold A. Bemstein 认为,财务报表分析是一种判断的过程,旨在评估企业现在或过去的财务状况及经营成果,其主要目的在于对企业未来的状况及经营业绩进行最佳预测。台湾政治大学教授洪国赐等认为,财务报表分析以审慎选择财务信息为起点,将其作为探讨的根据,以分析信息为重心,揭示其相关性,以研究信息的相关性为手段,评核其结果。

我们认为,财务报表分析就是以企业基本经济活动为对象,以财务报表为主要信息来源,采用科学的评价标准和适用的分析方法,遵循规范的分析程序,对企业的财务状况、经营成果和现金流量等重要指标进行分析、综合、判断、推理,进而系统地认识过去、评价现在和预测未来,帮助报表使用者进行决策的一项经济管理活动和经济应用学科。

上述含义表明了财务报表分析具有以下特征:

1. 财务报表分析是一门综合性、边缘性学科

财务报表分析是在企业经济分析、财务会计、财务管理、管理会计和审计等学科基础上形成的一门综合性、边缘性学科。所谓综合性、边缘性是指财务报表分析不是对原有学科中关于财务报表分析问题的简单重复或拼凑,而是依据经济理论和实践的要求,综合了相关学科的长处产生的一门具有独立的理论体系和方法论体系的经济应用科学。

2. 财务报表分析有健全的方法论体系

财务报表分析的实践使财务报表分析的方法不断发展和完善,它既有财务报表分析的一般方法或步骤,又有财务报表分析的专门技术方法,如水平分析法、垂直分析法、趋势分析法、比率分析法等都是财务报表分析的专门和有效的方法。科学的评价标准和适用的分析方法是财务报表分析的重要手段。财务报表分析要清楚反映出影响企业经营情况及其效绩方面的分析与整体分析相结合。由此可知,科学的评价标准和适用的分析方法在财务报表分析中有着重要作用,它既是分析的重要手段,也是判断、评价和预测的基础。

3. 财务报表分析有系统、客观的资料依据

财务报表分析是在财务报表披露信息的基础上,进一步提供和利用财务信息。财务报表分析是以财务报表为主要依据进行的。财务会计报表体系和财务报表结构及内容的科学性、系统性、客观性为财务报表分析的系统性与客观性奠定了坚实的基础。从提供财务信息的角度看,在财务报表披露信息的基础上,进一步提供和利用财务信息是财务报表编制工作的延续和发展。

4. 财务报表分析是一个判断过程

在财务报表分析过程中,通过比较分析,观察经营活动的数量及其差异、趋势、结构比重、比率等方面的变化,了解发生变化的原因,从而对企业的经营活动作出判断,在分析和判断的基础上再作出评价和预测。所以,财务报表分析的全过程也就是通过比较分析,对企业的经营活动及其绩效作出判断、推理、评价和预测的过程。

二、财务报表分析的目标

财务信息与决策有密切关系,对决策来说具有很高的价值,是决策过程中不可或缺的依据。编制财务报表和财务报表分析所揭示的信息,对企业以及与企业有利益关系的各方的经济决策有重要作用。财务报表分析的根本目标就是充分利用财务报表及其分析所揭示的信息,使之成为企业决策的依据。财务报表分析的目的受财务报表分析主体和财务报表分析服务对象的制约,不同的财务报表分析主体进行财务报表分析的目的是不同的,不同的财务报表分析服务对象所关心的问题也是不同的。各种财务报表分析主体的分析目的和财务报表分析服务对象所关心的问题,构成了财务报表分析的目的或财务报表分析的研究目标。财务报表分析的作用从不同角度看是不同的。从财务报表分析的服务对象看,财务报表分析不仅对企业内部生产经营管理和职工职业决策有着重要作用,而且对企业外部投资决策、贷款决策、赊销决策,以及政府宏观决策与管理等也有着重要作用。进行财务报表分析的目的各有侧重:

1. 投资者最关注的是投资的内在风险和投资报酬。为此,要依据企业编制的财务会计报告,着重分析有关企业的盈利能力、资本结构和利润分配政策等方面的情况。对于国务院派出监事会的国有重点大型企业、国有重点金融机构和省、自治区、直辖市人民政府派出监事会的国有企业,应当着重分析企业对国有资产的保值增值情况。

2. 债权人最关注的是其提供给企业的资金是否安全,自己的债权和利息是否能够按期如数收回。为此,应依据企业财务会计报告,着重分析有关企业偿债能力的状况,以便作出理性的贷款决策。

3. 政府及相关管理机构最关注的是国家资源的分配和运用情况,需要向企业了解与经济政策(如税收政策)的制定、国民收入的统计等有关方面的信息。为此,依据企业财务会计报告,应当着重分析有关企业的资源及其运用、分配方面的情况,为国家的宏观决策提供必要的信息。

4. 企业管理人员最关注的是企业财务状况的好坏、经营业绩的大小以及现金的流动情况。为此,依据企业财务会计报告,应当着重分析有关企业某一特定日期的资产、负债与所有者权益情况,以及某一特定经营期间经营业绩与现金流量方面的信息,并作出合理的评价,从而起到强化生产经营管理和提高企业经济效益的作用。

5. 企业职工最关注的是企业为其所提供的就业机会及其稳定性、劳动报酬高低和职工福利好坏等方面的资料,而上述情况又与企业的债务结构及其营利能力密切相关。因此,依据企业财务会计报告,除了需要分析以上信息外,还需关注和评价有关职工福利等方面的情况。例如,按照《企业财务会计报告条例》的规定,国有企业、国有控股或者占主导地位的企业,应当至少每年一次向本企业的职工代表大会公布财务会计报告。

6. 业务关联企业最关注的是企业的信用状况。企业从事生产经营活动,必然与其他企业发生业务联系,这些企业出于保护自身利益的需要,也关心往来企业的财务状况和经营状况。所以,他们也要对财务报表进行分析,关联交易企业本身都是自负盈亏的市场竞争主体,对于业务关联双方来说,没有比信用更为重要的了。信用包括商业上和财务上的信用,前者是指企业按时、按质完成各种交易行为,后者是指企业及时清算各种款项。通过财务报表分析,可以判断企业的支付能力和债务清偿情况,可以判明企业完成各类交易的好坏,并藉以分析其形成的原因,评估企业的财务信用状况,从而追溯企业商业上的信用情况。

7.社会公众(包括企业潜在的投资者或债权人)最关注企业(特别是股份有限公司)的兴衰及其发展情况。为此,依据企业财务会计报告,应当着重分析有关企业目前及其未来发展等有关方面的资料。另外,企业的竞争对手也会千方百计地利用财务报表所提供的信息进行有针对性的生产经营决策。

应当指出,现代企业多元化产权主体的行为受各自利益的支配,往往存在各种各样的冲突,这种利益冲突也体现在财务报表上。比如,由于企业所有权与经营权的分离,企业管理人员作为不参与经营的股东的代理人,其功过评价和奖酬水平往往是以账面利润为基础的。于是,管理人员可以为了更高的账面利润而牺牲现金流量,这有损于企业所有者的最高利益,因为企业管理人员充其量只是他们所管理的企业的部分所有者,他们不但不承担这些行为的有害后果,反而可以从中受益(高收入、额外奖金或少操心),这就是管理人员行为和所有者(或股东)偏好之间潜在鸿沟的例证。代理的矛盾也存在于股东和债权人之间,管理人员可以通过股息、融资和投资决策把企业财富从债权人向股东转移,为股东创造利润,这却造成债权人的资本损失或加大债权人的风险。管理人员通过投资高风险、高收益的项目,从而带来债券价格的下跌和股票价格的上涨的做法就是这种冲突的例证。

三、财务报表分析与会计学科体系中其他学科的关系

明确了财务报表分析的内涵和目标,还应进一步理解财务报表分析与财务会计、财务管理、管理会计、审计等学科的关系。

1.财务报表分析与财务会计的关系

从财务报表分析与财务会计的关系看,它们的交叉点在于"财务报表"。财务报表是财务会计学科对会计要素进行确认、计量、记录和报告中的一项重要内容,而财务报表也是财务报表分析"做功"的客体。二者的区别主要表现在:

(1)财务报表分析以财务会计核算的报表资料为依据,没有财务会

计资料的正确性就没有财务报表分析的准确性。正可谓"输入的是垃圾,输出的还是垃圾"。

(2)财务报表分析中的财务分析,要以会计原则、会计政策选择等为依据,因此,从某种程度说,财务分析也是财务会计的一部分。在西方的基础会计学中,通常都含有财务报表分析部分。我国的会计学中也包括会计分析部分,但是财务会计中的财务报表分析或会计分析,以及依据财务会计资料进行的分析并不是财务报表分析的全部含义,财务报表分析还包含对管理会计资料、其他业务核算资料和市场信息资料的分析。

2. 财务报表分析与财务管理的关系

从财务报表分析与财务管理关系看,它们的相同点在于"财务",都将财务问题作为研究的对象。它们的区别主要表现在:

(1)财务报表分析与财务管理的职能与方法不同。财务报表分析的职能与方法的着眼点在于分析;财务管理的职能与方法的着眼点在于管理,而管理包含预测、决策、计划、预算、控制、分析、考核等。但财务管理中的财务报表分析往往只局限于对财务报表的比率分析,不是财务报表分析的全部含义。

(2)财务报表分析与财务管理研究财务问题的侧重点不同。财务报表分析侧重于对财务活动状况和结果的研究,财务管理则侧重于对财务活动全过程的研究。

(3)财务报表分析与财务管理的服务对象不同。财务报表分析服务对象包括投资者、债权人、经营者等所有相关人员,而财务管理的服务对象主要是企业内部的经营者和所有者。

3. 财务报表分析与管理会计的关系

财务报表分析与管理会计的关系比较含糊,有人可能觉得二者是不相关的。其实,财务报表分析与管理会计在企业内部生产经营管理方面还是有一定联系的。管理会计在一些步骤上应用财务报表分析方法,财务报表分析也需要以管理会计资料为依据进行。但是财务报表分析无论从理论体系还是从方法论体系上都与管理会计有所区别,二者是不可相互取代的。

4. 财务报表分析与审计的关系

财务报表分析与审计存在血缘关系。一方面,二者均对"财务报表"用功,而且都要采用一定的判断、推理、评价等方法和程序;另一方面,二者也存在诸多不同。

(1)财务报表分析与审计的目的不同。财务报表分析侧重于满足报表使用者的决策需要,而审计的目的主要是对被审计单位财务报表的合法性、公允性及会计处理方法的一致性发表意见。

(2)财务报表分析与财务管理的职能与方法不同。财务报表分析的职能重在分析、判断、评价和预测,而现代审计理论认为,审计的职能是鉴证。财务报表分析以比较、比率、百分比、因素、趋势等分析法为主体,而审计为取得适当、充分的审计证据,一般采用检查、监盘、观察、函证、分析性复核等方法。

可见,财务报表分析与财务会计、财务管理、管理会计、审计有联系,但是,无论是财务会计、财务管理、管理会计还是审计都不能完全替代财务报表分析。财务报表分析正是在以上学科基础上形成的一门独立的边缘学科。正如管理会计是在经济管理学与会计学基础上形成的边缘学科一样,作为一门边缘学科,财务报表分析并不一定要取代财务会计、财务管理、管理会计和审计中的分析内容。

思 考

经过本节学习,范例中不同财务报表使用者(公司经理、贷款银行、投资人、税务机关)为什么会对同一财务报表产生差异较大的结论?这又说明什么问题?

第二节 财务报表分析的基本方法

一、财务报表分析基本方法的作用

人们进行社会活动需要语言交流,而在经济活动中,财务信息是一种"商业语言"。财务信息往往是以财务报表的形式进行披露。财务报表可以反映企业的财务状况和经营成果,但阅读之后只能获得一个总体印象,不能得出具体的结论。财务报表中所列示的各项资产、负债、所有者权益、收入、费用、利润等大量数据,如果孤立地看,意义也不大。因为这些单项数据仅能说明企业目前的状态和取得的成果,至于企业存在什么问题、潜力有多大、发展前景如何则看不出来。因此,必须用一定的方法对其进行分析,才能得出有用的结论。

财务报表的形成过程是一个"综合"的过程,它把企业各个部分、各个方面、各种因素变化产生的大量的经济业务数据,按照一定的规则加以分类、汇总,最终编成会计报表,从而在整体上反映企业的财务状况和经营成果。而财务报表分析则是一个"分析"过程,它把报表这个整体分解为各个部分来研究,并从中揭示企业经营的内部联系,更深刻地认识和把握企业的财务状况和经营成果。通过分析,包括对报表数据做进一步加工,求出一些新的数据,可以说明某些方面的具体问题,从而对企业的财务状况是否健全、经营管理是否妥善以及企业前景是否光明等问题作出有事实根据的结论。

二、几种常用的财务报表分析方法

由于分析目标不同,在实际分析时必然要采用多种多样的分析方法,包括评价的标准、方法和预测方法。下面介绍几种常用的分析方法。

（一）比较分析法

1. 比较分析法的含义

比较分析法是财务报表分析中最常用的一种方法,也是一种基本方法。比较分析法是指将实际达到的数据同特定的各种标准相比较,从数量上确定其差异,并进行差异分析或趋势分析的一种方法。所谓差异分析是指通过差异揭示成绩或差距,作出评价,并找出产生差异的原因及其对差异的影响程度,为今后改进企业的经营管理指引方向的一种分析方法。所谓趋势分析是指将实际达到的结果与不同时期财务报表中同类指标的历史数据进行比较,从而确定财务状况、经营状况和现金流量的变化趋势和变化规律的一种分析方法。由于差异分析和趋势分析都是建立在比较的基础上,所以统称为比较分析法。

比较分析法有绝对数比较和相对数比较两种形式。其一,绝对数比较,即利用财务报表中两个或两个以上的绝对数进行比较,以揭示其数量差异。比如,企业上年的资产总额为1 400万元,今年的资产总额为1 700万元,则今年与上年的差异额为300万元。其二,相对数比较,即利用财务报表中有相关关系的数据的相对数进行对比,如将绝对数换算成百分比、结构比重、比率等进行对比,以揭示相对数之间的差异。比如,企业上年的成本费用利润率为20%,今年的成本费用利润率为18%,则今年与上年相比,成本费用利润率下降了2%,这就是利用百分比进行比较分析。将财务报表中存在一定关系的项目数据换算成比率进行对比,以揭示企业某一方面的能力,如偿债能力、获利能力、营运能力等,就是利用比率进行比较分析。各种比较方法将在以后的各章节中予以说明。

一般来说,绝对数比较通过差异数说明差异金额,但没有表明变动程度,而相对数比较则可以进一步说明变动程度,如上例中,用该企业的成本费用利润率进行比较,就能求得今年比上年降低了2%的变动程度。在实际工作中,绝对数比较和相对数比较可以交互使用,以便通过比较作出更充分的判断和更准确的评价。

2. 比较标准

在财务报表分析中经常使用的比较标准有以下几种:

(1)本期实际与预定目标、计划或定额比较。这种比较可以揭示问题的原因,究竟是目标、计划或定额本身缺乏科学性,还是实际中存在问题。如果是前者,有助于今后提高目标、计划或定额的预测工作;如果是后者,则有利于改进企业的经营管理工作。

(2)本期实际与上年同期实际、本年实际与上年实际或历史最好水平比较,以及与若干期的历史资料比较。这种比较有两方面的作用:一是揭示差异,进行差异分析,查明产生差异的原因,为改进企业经营管理提供依据;二是通过本期实际与若干期的历史资料比较,进行趋势分析,了解和掌握经济活动的变化趋势及其规律,为预测提供依据。

(3)本企业实际与国内外先进水平比较。这种比较有利于找出本企业同国内先进水平、国外先进水平之间的差距,明确今后的努力方向。

(4)本企业实际与评价标准值进行比较。评价标准值一般是指企业所在行业的标准值,它是权威机构(如国家统计局、证券交易委员会等)根据大量数据资料进行测算而得出的,具有客观、公正、科学的价值,是一个比较理想的评价标尺。本企业实际与评价标准值比较,比同一个或几个国内外先进企业的水平比较,更能得出准确、客观的评价结论。

(5)本企业实际与竞争对手比较。即选择自己的竞争对手进行比较,分析自己的强项和不足之处。当一个企业因从事的行业太多而无法作出准确判断时,应寻找一个与其在规模和其他特征相似的竞争对手进行比较。

3.运用比较分析法应注意的问题

在运用比较分析法时应注意相关指标的可比性。具体来说应注意以下几点:

(1)指标内容、范围和计算方法的一致性。比如在运用比较分析法时,必须大量运用资产负债表、利润表、现金流量表等财务报表中的数据,必须注意这些项目的内容、范围以及使用这些项目数据计算出来的经济指标的内容、范围和计算方法的一致性,只有一致才具有可比性。

(2)会计计量标准、会计政策和会计处理方法的一致性。财务报表中的数据来自账簿记录,而在会计核算中,会计计量标准、会计政策和会计处理方法都有变动的可能,若有变动,则必然要影响数据的可比性。因此,在运用比较分析法时,对由于会计计量标准、会计政策和会计处理方法的变动而不具可比性的会计数据,就必须进行调整,使之具有可比性才可以进行比较。

（3）时间单位和长度的一致性。在采用比较分析法时，不管是实际与实际的对比、实际与预定目标（或计划）的对比还是本企业与先进企业的对比，都必须注意使用数据的时间及其长度的一致，包括月、季、年度的对比，不同年度的同期对比，特别是本企业的数期对比或本企业与先进企业的对比，选择的时间长度和选择的年份都必须具有可比性，这样可以保证通过比较分析所作出的判断和评价具有可靠性和准确性。

（4）企业类型、经营规模和财务规模以及目标大体一致。这主要是指本企业与其他企业对比时应当注意之处，只有大体一致，企业之间的数据才具有可比性，比较的结果亦才具有实用性。

（二）比率分析法

1. 比率分析法的含义

比率是两个数值相比所得的值。要使比率具有意义，计算比率的两个数字必须具有相互联系。比如，一个工厂的产品年产量和职工人数有关系，通过年产量和职工人数这两个数字计算出的比率，就可以说明这家工厂的劳动生产率。在财务报表中这种具有重要联系的相关数字比比皆是，可以计算出一系列有意义的比率。这种比率通常叫作财务比率。利用财务比率，包括一个单独的比率或者一组比率，以表明某一方面的业绩、状况或能力的分析，就称为比率分析法。

比率分析法是财务报表分析中的一个重要方法。它之所以重要，主要体现在比率分析的作用之中。如前所述，由于比率是由密切联系的两个或两个以上的相关数字计算出来的，所以通过比率分析，往往利用一个或几个比率就可以独立地揭示和说明企业某一方面的财务状况和经营业绩，或者说明某一方面的能力。比如，总资产报酬率可以揭示企业的总资产所取得的利润水平和能力，投资收益率也可以在一定程度上说明投资者的获利能力，如此等等。比率分析法在这方面的作用是较为明显的。当然对比率分析法的作用也不能估计过高。它和比较分析法一样，只适用于某些方面，揭示信息的范围也有一定局限，更为重要的是，在实际运用比率分析法时，还必须以比率所揭示的信息为起点，结合其他有关资料和实际情况作更深层次的探究，才能作出正确的判断和评价，更好地为决策服务。因此，在财务报表分析中既要重视比率分析法的利用，又要和其他分析方法密切配合，合理运用，以提高财务报表分析的效果。

2. 比率分析法的类型

在比率分析法中应用的财务比率很多，为了有效应用，一般要对财务比率进行科学的分类。但目前还没有公认的、权威的分类标准。比如美国早期的会计著作中，对同一年份财务报表的比率分类是，将财务比率分成五类：获利能力比率、资本结构比率、流动资产比率、周转比率和资产流转比率。在这五组比率中又包括一些具体比率，这种分类现在已不多见了。英国特许公认会计师公会编著的ACCA财会资格证书培训教材《财务报表解释》一书中，将财务比率分为获利能力比率、清偿能力比率、财务杠杆比率和投资比率四类。我国目前一般将财务比率分为三类，即盈利能力比率、偿债能力比率和营运能力比率。本书采用我国的分类标准。

3. 运用比率分析法应注意的问题

（1）正确计算比率。由于财务报表的期间不同，采用比率指标来对比资产负债表和利润表数据存在一些不可比因素。这是因为利润表是期间会计报表，反映整个会计年度的经营成果，而资产负债表只是反映某个时点的财务状况，反映不出各项目的全年平均数据。例如，用利润表中主营业务收入与资产负债表中应收账款相比较，来反映应收账款的周转速度，这需要一种合理的方法计算出主营业务收入所涉及的全年平均应收账款。对于企业外部的分析者来说，不容易甚至不可能获得该企业每月应收账款的余额数字。因此，在这种情况下，外部分析者只好用期初和期末的应收账款余额简单地平均。这种方法实际上是假定在会计年度内各月的应收账款余额相等，没有考虑营业的季节性和营业周期的变化，也没有解决在整个会计年度内不均衡变动的问题。如果实际上确实变化不大，其计算结果是较准确的；如果变化较大，计算结果会有一定的差距。分析者对此要慎重对待，需要结合其他有关比率指标分析才能得到有说服力的结论。

此外，在比率分析中，经常会遇到带负号的数据，分子或分母带负号所计算的比率是没有意义的。如果要计算，必须附有详细的说明资料。

（2）不同企业的会计政策和经营方针会影响不同企业间财务比率的可比性。因为在会计准则中有许多会计处理方法可供选择，不同的会计处理方法会产生不同的资产、负债、所有者权益以及当期损益，进而影响财务比率的数值及可比性。而且，同行业不同企业采用的经营方式不同，也会造成财务比率数值的不同，从而影响可比性。例如，企业固定资产是采用租赁方式还是自己购置方式对财务比率的影响相当大。

（3）在进行行业比较时，多元化大公司很难找到一个行业作为标准，最好的比较对象是主要竞争对手。在判断许多财务比率合理性方面，行业平均水平不是理想的标准。如盈利能力比率应以该行业的优秀者作为比较的标准。在同行业水平进行比较时，要注意通货膨胀对行业的影响与对企业的影响程度和影响时间是否一致。

（4）财务比率分析应注意分析比率之间说明问题的一致性。分析人员最重要的是要通过财务比率分析了解企业的全貌，不应仅仅根据某一个比率来作出判断。比如高的固定资产周转率可能说明企业固定资产使用效率高，也可能说明企业固定资产的不足或固定资产更新太慢。再如，企业的流动性比率可能有些问题，但是获利能力非常强，则流动性问题最终会因较强的获利能力而得到解决。

（三）百分比分析法

1. 百分比分析法的含义

百分比分析法就是用百分率或相对数式子，表示同一时期各项财务指标内部结构，同一报表中的不同项目的百分率分析，可以反映出个体项目占总体项目的百分比，这种分析方法也称为结构分析、同形分析或比重分析。

同一报表中不同项目的结构分析的计算公式为：

结构（比重）相对数＝（部分÷总体）×100%

例如，某工业企业2002年利润总额为2 000万元，产品销售利润为1 600万元，工程结算利润占利润总额的百分比是：

工程结算利润占利润总额(%)
＝(1 600万元÷2 000万元)×100%

=80%

百分比反映该项目内各组成部分的比例关系,代表了企业某一方面的特征、属性或能力。这种结构百分比实际上是一种特殊形式的财务比率。它们同样排除了规模的影响,使不同比较对象之间建立起可比性。

2.百分比分析法的类型

这种方法主要用于分析企业的资产负债结构(即同形资产负债表)及盈利结构(同形利润表),将本期业绩与本企业历史比较、与其他企业比较和与预算比较,也便于在不同规模企业之间进行比较。

同形资产负债表是将资产负债表的每一项以资产总额的百分比形式填列。同形资产负债表对企业内部资源配置结构的分析有重要帮助。例如,同形资产负债表可以清楚提示企业不同类型资产占总资产的比例,说明企业管理者对所拥有的资源是如何运用的,与同行业比较、与竞争对手比较并结合战略特征来判断其合理性和适当性。比如,钢铁行业的主要资产为固定资产,若某钢铁企业的资产大部分分布在流动资产上,若无特殊原因,则说明该企业的产品可能滞销或流动性管理欠佳。

同形利润表是将利润表的每个项目以主营业务收入总额(或净销售额)的百分比形式填列。同形利润表对企业的盈利能力和盈利结构的分析有重要帮助。例如,同形利润表可以清楚说明企业主营业务利润占主营业务收入的比重,显示该企业的边际利润水平,也可用于测算企业的基本盈亏平衡点,将其与同行业平均水平相比,还可以看出,企业的盈利能力是否具有竞争力。

此外,在前面介绍比较法和比率法时所涉及的不可比因素,同样适应于百分比法。因此,在使用百分比法时,也要注意分析其可比性,否则计算出的百分比也是没有意义的。

(四)因素分析法

1.因素分析法的含义

因素分析法也是财务报表分析常用的一种技术方法,它是指把整体分解为若干个局部的分析方法,包括财务比率的因素分解法和差异因素分解法。企业的活动是一个有机整体，每个指标的高低，都受多个因素的影响。从数量上测定各因素的影响程度，可以帮助人们抓住主要矛盾，或者更有说服力地评价企业状况。

2.因素分析法的类型

因素分析法可以分为比率因素分解法和差异因素分解法两种。

(1)比率因素分解法。比率因素分解法是指把一个财务比率分解为若干个影响因素的方法。例如，资产收益率可以分解为资产周转率和销售利润率两个比率的乘积。

在财务报表分析中，财务比率的分解有着特殊的意义。财务比率是财务报表分析的特有概念，财务比率分解是财务报表分析所特有的方法。企业的偿债能力、盈利能力、营运能力等是用财务比率评价的，对这些能力的分析必须通过财务比率的分解来完成。因此，许多学者认为，财务报表分析最重要的方法就是比率分析(包括比率的比较和比率的分解)。

(2)差异因素分解法。为了解释比较分析中形成差异的原因，需要使用差异因素分解法。这种方法是一种测定比较差异成因的定量分析方法，它往往按一定顺序，采用连环替代的方式分析差异因素。采用这种方法，需要依次用标准值替代实际值，测定各因素对财务指标的影响。

例如，某公司的本年销售收入与上年销售收入的比较数据如表1-1所示。

表 1-1 本年与上年销售收入比较表

项 目	本 年	上 年	差 异
产品销售收入(万元)	270	240	＋30
销售数量(台)	600	480	＋120
销售单价(万元)	0.45	0.5	－0.05

采用差异因素分解法计算并分析影响本年销售收入的因素：

从表1-1可以看出，产品销售收入额本年与上年的差异数为30万元。

产品销售收入额的计算公式为：

产品销售收入额＝销售数量×销售单价

按照上述计算公式，上年产品销售收入额为：

产品销售收入额＝480×0.5＝240(万元)　　　　　　　　　　①

第一次替代，以本年销售数量替代：

产品销售收入额＝600×0.5＝300(万元)　　　　　　　　　　②

第二次替代，以本年销售单价替代：

产品销售收入额＝600×0.45＝270(万元)　　　　　　　　　③

利用上述计算结果，可以测算出销售数量和销售单价两个因素的变动对产品销售收入额差异数的影响：

销售数量变动对差异的影响数＝②－①
　　　　　　　　　　　　　＝300－240＝60(万元)

销售单价变动对差异的影响数＝③－②
　　　　　　　　　　　　　＝270－300＝－30(万元)

汇总各因素影响数＝销售数量影响数＋销售单价影响数
　　　　　　　　＝60＋(－30)＝30(万元)

按照连环替代法，各影响因素的差异之和(60－30＝30 万元)等于总差异，既使将全部差异分配给不同的责任人，也便于核对计算的正确性。根据上述测算可得出如下评价：本年产品销售收入比上年产品销售收入增加 30 万元，主要是本年比上年多销 120 台。本来销售收入可增加 60 万元，但由于销售单价本年比上年降低 0.05 万元，因而使销售收入减少 30 万元。因此，增加市场销售数量应为今后的努力方向。

3. 运用因素分析法应注意的问题

(1)要按影响因素同综合性经济指标之间的因果关系，确定影响因素。只有按照因果关系确定影响因素，才能说明综合性经济指标的变动是由于哪些因素变化所导致的结果。因此，运用因素分析法进行分析时，必须首先依据因果关系合理确定影响因素，并依据各个影响因素的依存关系确定计算公式。这是运用因素分析法的基础。

(2)计算过程的假设性。在分步计算各个因素的影响数时，要假设影响数是在某一因素变化而其他因素不变情况下得出的。这是一个假设，但它是分别计算各个因素影响数的前提条件。

(3)因素替代的顺序性。在运用差异因素分解法时,要按照影响因素和综合性经济指标的因果关系,确定合理的替代顺序,并且每次分析时,都要按照相同的替代顺序进行测算,才能保证因素影响数的可比性。合理的替代顺序要按照因素之间的依存关系,分清基本因素和从属因素、主要因素和次要因素来加以确定。

在财务报表分析中,有时还使用回归分析、模拟模型等技术方法。除了普遍大量地使用上述定量分析的方法之外,同时,也常常采用演绎推理等定性分析的方法。例如,对于财务报表质量分析,就要以资产、利润、现金流量等概念为研究起点,逐渐推理并展开研究,形成较为完整的分析体系。

在实际分析中,上述比较分析法、比率分析法、百分比分析法、因素分析法,以及定量分析与定性分析往往是结合使用的。例如,比较之后需要分解,以深入了解差异的原因,分解之后还需要比较,以进一步认识其特征,通过不断地比较和分解,构成了财务报表分析的主要过程。

思 考

商业银行信贷员小刘拿到光明公司 2000 年 12 月 31 日的资产负债表,以此计算得出理论上认为较好的有关财务比率(假定流动比率为 2.4,速动比率为 1.2)。于是,小刘认为该企业财务状况不错,可以放心追加贷款。但信贷主任老李说:"且慢,这些以时点数计算出来的财务比率有一定问题。"你觉得是什么问题?

本章小结

本章从总体上介绍财务报表分析的定义及其特征、目标和方法。

1.财务报表分析就是以企业基本经济活动为对象,以财务报表为主要信息来源,采用科学的评价标准和适用的分析方法,遵循规范的分析程序,对企业的财务状况、经营成果和现金流量等重要指标进行分析、综合、判断、推理,进而系统地认识过去、评价现在和预测未来,帮助报表使用者进行决策的一项经济管理活动和经济应用学科。

2.投资人、债权人、企业管理人员、政府机构、企业职工、业务关联企业以及与企业有关的社会公众,都可以从财务报表分析中获得益处。

3.财务报表分析与会计体系中的其他学科的关系:(1)财务报表分析与财务会计的关系;(2)财务报表分析与财务管理的关系;(3)财务报表分析与管理会计的关系;(4)财务报表分析与审计的关系。

4.财务分析使用的主要方法是比较分析法、比率分析法、百分比分析法和因素分析法。

综合复习题

一、思考题

1.什么是财务报表分析?

2.为什么财务报表分析会形成独立的学科?

3.投资者作报表分析的目的及其分析重点在哪里?

4.债权人作报表分析的目的及其分析重点在哪里?

5.经营管理者作报表分析的目的及其分析重点在哪里?

6.简述财务报表分析与财务会计、财务管理、管理会计、审计等学科的关系。

7.什么是比较分析法?运用比较分析法应注意什么问题?

8.在使用比较分析法时,如何确定比较标准?不同比较标准有什么不同意义?

9.比率分析法有哪些类型?各种类型的作用是什么?

10.因素分析法在财务报表分析中的作用及其局限性是什么?

二、单项选择题

1.财务报表分析的对象是(   )。

  A.企业收支活动　　　　B.企业经营活动

  C.企业基本经济活动　　D.企业投资活动

2.从财务报表分析与财务会计的关系看,它们的交叉点在于(   )。

  A.财务　　　　　　　　B.会计

C. 报表　　　　　　　　　D. 财务报表

3. 在运用比较分析法时应注意相关指标的（　　）。
  A. 真实性　　　　　　　　B. 明晰性
  C. 先进性　　　　　　　　D. 可比性

4. 多元化大公司很难找到一个行业作为其标准，最好的比较对象是其（　　）。
  A. 历史情况　　　　　　　B. 主要竞争对手
  C. 未来发展前景　　　　　D. 预算水平

5. 业务关联企业进行财务报表分析，最关注的是（　　）。
  A. 企业的盈利状况　　　　B. 企业的经营规模
  C. 企业的信用状况　　　　D. 企业的现金流量

三、多项选择题

1. 财务报表分析的主要使用者是（　　）。
  A. 投资人　　　　　　　　B. 债权人
  C. 经营管理者　　　　　　D. 政府有关管理部门
  E. 企业职工

2. 财务报表分析是在（　　）基础上形成的一门综合性、边缘性学科。
  A. 财务会计　　　　　　　B. 审计
  C. 管理会计　　　　　　　D. 成本会计
  E. 财务管理

3. 财务报表分析的专门技术方法主要有（　　）等。这些方法都是财务报表分析专门和有效的方法。
  A. 比较分析法　　　　　　B. 比率分析法
  C. 百分比分析法　　　　　D. 因素分析法
  E. 量本利分析法

4. 企业职工最关注的财务信息是企业为其所提供的（　　）。
  A. 职工的人权　　　　　　B. 就业机会及其稳定性
  C. 劳动报酬高低　　　　　D. 职工福利好坏
  E. 丰富多彩的文体活动

5. 在财务报表分析中经常使用的比较标准有( )。

A. 本期实际与上期实际

B. 本企业实际与国内外先进水平

C. 本企业实际与评价标准值

D. 本企业实际与竞争对手

E. 本企业实际与同行业较低水平

四、业务题

(一)资料

某公司某年实际销售收入与预算销售收入的比较数据,如下表所示。

项　　目	实际销售收入	预算销售收入	差　　异
产品销售收入(万元)	116	132	−16
销售数量(万台)	20	22	−2
销售单价(万元)	5.80	6.00	−0.2

(二)要求

采用差异因素分解法分析计算影响产品销售收入完成的因素。

第二章　财务报表分析的程序和依据

本章学习目的
1. 财务报表分析的程序。
2. 财务报表分析的依据。
3. 财务报表分析依据(资料)之间的关系。

第二章 财务报表分析的程序和依据

范 例

承第一章范例,假定光大银行拟准备与光明公司谈判一项额度为5 000万元的贷款合同。光大银行要求金融部拿出一份光明公司的财务分析报告。如前所述,光明公司是一家大型零售企业,对其业绩评价众说(该公司经理、原贷款银行、该公司投资人、税务机关等)不一。对此,金融部展开了讨论:小刘认为,应侧重于该公司前景分析,该公司以往年度经营亏损,2002年扭亏为盈,则前景乐观;小李认为,我们是银行,应侧重于专项的偿债能力分析,该公司虽然货币资金达到90万元,但资产负债率已达85%,且经营活动产生的现金净流量为负数,商业信用不佳,不应向其放贷;小王认为,该公司属于"常亏不倒"类型的企业,2002年扭亏为盈,首先需要对财务报表的质量进行诊断,防止出现资产和利润的"泡沫";而小魏的看法是不能仅关注该公司财务报表的数据,还应结合工商管理机构的信用档案、注册会计师的审计报告等,才能作出正确的评价。那么,到底应如何对该公司进行财务分析呢?

由上例可知,财务报表分析是进行分析、综合、判断、推理,进而系统地认识和掌握企业"全貌"的过程。因此,除了了解和掌握财务报表分析的内涵、目标和方法外,还要运用一定的分析程序和依据(资料)。

第一节 财务报表分析的程序

一、建立财务报表分析程序的作用

财务报表分析是一个复杂的过程。管理者的内部信息对理解会计信息至关重要,管理者对会计的操纵权也可能使会计信息反映的问题与真实经济状况存在差异。一般的外部信息使用者很难掌握内部信息,更无法判断管理者所做的估计和判断的合理性,即使有审计报告予以鉴证,但仍然无法排除其主观成分。这样,一般的外部信息使用者往往无法准确地认识企业的业绩状况,而有效地进行财务报表分析能提高分析者对企业业绩和未来前景的认识。

随着现代企业制度的建立,企业的财务报表分析工作将逐步走上制度化、规范化的道路。这就要求企业必须建立健全完善的财务报表分析的程序,及时、系统、全面地分析企业的经营状况和财务状况。财务分析组织应以财务部门为核心,进行比较全面综合的分析,横向各部门单位,纵向各车间、班组也应进行专题分析。应当指出,企业的财务报表分析并不一定只对本企业的财务状况和经营状况进行分析,在现代企业制度下,企业不仅要关心自身经营,而且可能作为投资者、债权者与其他企业发生交易和往来,对其他企业财务状况进行分析,也是财务分析组织的一项重要任务。因此,为了有效地分析会计信息,使分析工作能够顺利进行,并对分析过程中的判断作出恰当的评价,保证分析质量,建立规范与合理的财务报表分析程序有着十分重要的意义。

二、财务报表分析的实施程序

财务报表分析工作,一般应当按照以下程序(见图 2-1)进行:

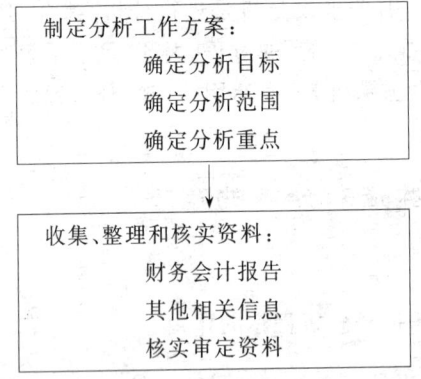

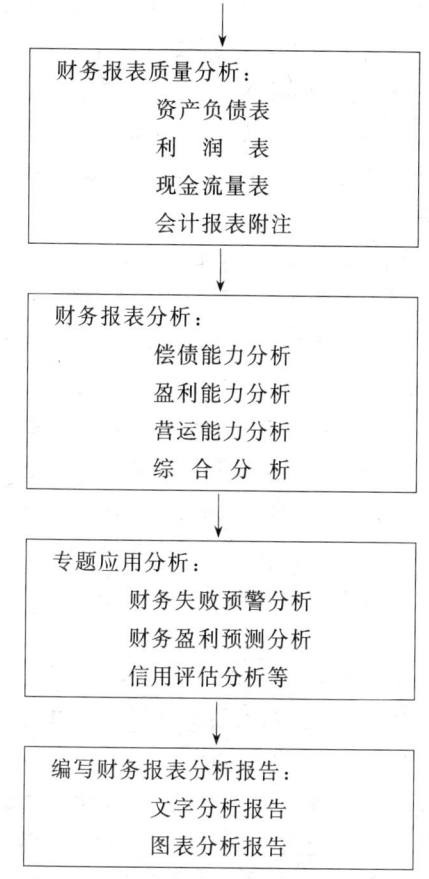

图 2-1 财务报表分析的程序

(一)制定分析工作方案

财务报表分析有全面分析和专题分析,有以企业经营为中心的分析和以投资决策或贷款决策为中心的分析,各种分析都有其特定目的。明确的分析目的是财务报表分析工作的灵魂,分析过程中的各项工作都应当围绕实现分析目的而进行。分析目的确定之后,就应当根据目的确定分析的内容和范围,并明确分析的重点内容,分清主次和难易,并据此制定分析工作方案。工作方案一般包括:分析的目的和内容、分析人员的分工和职责、分析工作的步骤和完成各步骤的标准和时间等,制定周密的工作方案有利于分析工作的顺利进行。

(二)收集、整理和核实资料

收集、整理和核实资料是保障分析质量和分析工作顺利进行的前提。一般来说,在分析的技术性工作开始之前就应占有主要资料,切忌资料不全就着手进行技术性分析。

整理资料是指根据分析的目的和分析人员的分工,将资料进行分类、分组,并做好登记和保管工作,便于使用和提高效率。

核实资料是这道程序的一个重要环节,目的是保证资料真实、可靠和正确无误。对企业财务会计报告以及其他相关资料要全面审阅,如发现有不正确或不具有可比性之处,应要求改正或剔除、调整。经过注册会计师审计过的财务报表,必须认真审阅注册会计师的审计报告,特别关注审计报告中注册会计师的保留意见、否定意见和拒绝表示意见。另外,对其他资料也应核实,摸清其真实性和可靠程度,并分清有用和无用,对无用的资料、真实可靠程度低的资料应当舍弃。

(三)财务报表质量分析

财务报表质量分析即重点对资产负债表、利润表、现金流量表以及会计报表附注进行解读。其中,对资产负债表着重于分析资产的流动性,对利润表着重分析收入与费用的配比及其真实性,对现金流量表着重分析企业现金流量的合理性与持久性。在对财务报表的解读过程中判断企业会计系统是否恰当地反映真实经济状况。通过对会计要素不确定性的确认和对会计政策适当性与会计估计合理性的评价,分析人员可以判断会计数据对真实经济状况的"歪曲"程度,并就此对会计数据的"歪曲"部分进行修正,提高下一步利用会计信息进行综合分析得出结论的可靠性。

(四)财务报表分析

在上述工作的基础上,分析人员应采用各种分析工具对企业综合状况进行分析,包括偿债能力分析、盈利能力分析和营运能力分析,从而对企业的"健康状况"有一个全面的认识。有人认为分析会计信息一般是为了某一个特定的目的,并不需要对企业的全面情况进行分析,只要对企业某个侧面进行分析就可以了。例如,投资者认为只要企业的收益能力高就行了,信贷人员认为只要企业的现金流量不错,偿债能力较强就可以了。其实这是财务报表分析一个相当大的误区。企业是一个整体,不能孤立地看待,分析的目的是为了未来决策之用,而且企业是动态变化的,企业某一方面情况的变化都会迅速影响其他方面发生变化。例如,收益能力的恶化或改善可能非常迅速,并且马上影响企业的偿债能力。反之,成长前景很好的企业也可能因资金周转的困难而影响其发展,甚至影响其生存。所以,不论分析者的目的如何,首先都需要对企业进行一次"全面体检",判断一下"体质"如何,然后再根据不同的分析目的进行局部重点分析和深层次分析;否则会出现"只见树木,不见森林"的现象。

(五)专题应用分析

在对企业进行全面了解后,还要根据分析目的,进行有针对性的专题分析。例如,作为收购与兼并的各方,企业的竞争优势及潜在利益、合并后的成本和收益均是分析的重点,这是谈判的重要依据及确定价格的重要参考。此类专题分析还包括财务失败预警分析、财务盈利预测分析、资产重组、债务重组、信用评估等。

(六)编写财务报表分析报告

财务报表分析报告是分析组织和人员,反映企业财务状况和经营成果意见的书面文件。分析报告要对分析目的作出明确回答,评价要客观、全面、准确,要作必要的分析,说明评价的依据,即说明评价是怎么得出来的。对分析的主要内容,选用的分析方法,采用的分析步骤也要作简明扼要的叙述,以备审阅分析报告的人了解整个分析过程。此外,分析报告中还应当包括分析人员针对分析过程中发现的矛盾和问题,提出的改进措施或建议。如果能对今后的发展提出预测性意见的分析报告则具有更大的作用。

思 考

承本章范例,光大银行因放贷而要求金融部拿出一份光明公司的财务分析报告。金融部就光明公司的财务报表数据产生了激烈争论,副主任老赵说,"我觉得你们谈的都有一定道理,也别争了,干脆就抓阄决定财务分析报告的结论就行了"。你认为老赵的说法对吗?应当怎样编写财务分析报告?

第二节 财务报表分析的依据

一、财务报表分析依据的要求

要使财务报表分析取得真实可靠的分析结果,就必须有科学的依据。为使财务会计报告能够最大限度地满足各有关方面的需要,实现其编制的基本目的,并充分发挥财务会计报告的作用,企业在编制财务会计报告时,应当做到真实可靠、相关可比、全面完整、编报及时、便于理解和形式规范。

1. 真实可靠

财务会计报告应当根据真实的交易、事项以及完整、准确的账簿记录等资料,按照国家统一会计制度规定的编制基础、编制依据、编制原则和方法进行编制。因此,财务会计报告必须根据核实无误的账簿资料编制,不得以任何方式弄虚作假。

2. 相关可比

企业财务会计报告提供的财务会计信息必须与报告使用者进行决策所需要的信息相关,并且便于报告使用者在不同企业之间及同一企业前后各期之间进行比较。只有提供相关且可比的信息,才能使报告使用者分析企业在整个社会特别是同行业中的位置,了解、判断企业过去、现在的情况,预测企业未来的发展趋势,进而为报告使用者的决策服务。

3. 全面完整

企业财务会计报告应当全面披露企业的财务状况、经营成果和现金流动情况,完整地反映企业财务活动的过程和结果,以满足各有关方面对财务会计信息资料的需要。为了保证会计报表的全面完整,企业在编制会计报表时应当按照有关准则、制度规定的格式和内容填写,特别是对企业来说某些重要的事项,应当按照要求在会计报表附注中予以说明,不得漏编漏报或者任意取舍。

4. 编报及时

企业财务会计报告提供的资料具有很强的时效性,只有及时编制和报送财务会计报告才能为使用者提供决策所需的信息资料。否则,即使财务会计报告的编制非常真实可靠、全面完整且具有相关可比性,但由于编报不及时,也可能失去其应有的价值。随着市场经济和信息技术的迅速发展,对财务会计报告及时性的要求将变得日益重要。

5. 便于理解

可理解性是指财务会计报告提供的信息可以为使用者所理解。企业对外提供的会计报表是为广大报告使用者提供企业过去、现在和未来的有关资料,为企业目前或潜在的投资者和债权人提供决策所需的会计信息。因此,编制的财务会计报告应清晰明了。如果提供的会计报表晦涩难懂,难以理解,使用者就不能据以作出准确的判断。

6. 形式规范

企业对外提供的财务会计报告应当依次编定页数,加具封面,装订成册,并加盖公章。封面上应当注明:企业名称、企业统一代码、组织形式、地址、报表所属年度或者月份、报出日期,并由企业负责人和主管会计工作的负责人、会计机构负责人(会计主管人员)签名盖章。设置总会计师的企业,还应当由总会计师签名盖章。如果是年度财务会计报告,还应提供会计师事务所的审计报告。

应当指出,财务报表分析的依据还包括财务会计报告以外的数据,如资本市场的变化、企业背景、企业发展战略、市场营销策略、市场占有份额,等等。

二、财务报表分析的依据(资料)

财务报表分析的依据(资料)一般说来可以分为:财务会计报告和财务会计报告以外的有关资料。前者是财务报表分析的主要资料,后者是财务报表分析的辅助资料。

(一)财务会计报告的类型

上面已经说明,财务报表分析要以企业财务会计报告为基础。按照我国《企业财务会计报告条例》的规定,财务会计报告由会计报表、会计报表附注和财务情况说明书构成。

财务会计报告可以根据需要按照不同的标准进行分类:

1. 按反映内容分类。按财务会计报告反映内容的不同可以分为会计报表、会计报表附注和财务情况说明书。会计报表包括资产负债表、利润表、现金流量表及相关附表。

资产负债表是反映企业某一特定日期(如月末、季末、半年末、年末)财务状况的财务报表,资产负债表的附表为资产减值准备明细表、股东权益(所有者权益)增减变动表和应交增值税明细表,它们是对企业资产负债表的补充说明。利润表(又称损益表)是反映企业在一定会计期间经营成果的报表,利润表的附表为利润分配表和分部报表。现金流量表是反映企业一定会计期间现金和现金等价物流入和流出的报表。资产负债表、利润表和现金流量表构成了企业基本财务报表。会计报表附注是为便于会计报表使用者了解会计报表的内容而对会计报表的编制基础、编制依据、编制原则和方法及主要项目等所做的解释。财务情况说明书是在报送年度会计报表时,对年度内财务成本情况以文字为主,结合年度会计报表中的有关数字指标而作出的书面分析报告。

2. 按编报时间分类。按财务会计报告编报时间的不同可以分为年度、半年度、季度和月度财务会计报告。年度、半年度财务会计报告应当包括会计报表、会计报表附注和财务情况说明书。季度、月度财务会计报告通常仅指会计报表,会计报表至少应当包括资产负债表和利润表,国家统一的会计制度规定季度、月度财务会计报告需要编制会计报表附注的从其规定。

3. 按编制单位分类。按财务会计报告编制单位的不同可以分为单位财务会计报告和汇总财务会计报告。前者是指由企业在自身会计核算基础上对账簿记录进行加工而编制的财务会计报告,它主要用以反映企业自身的财务状况、经营成果和现金流动情况。后者是指根据所属单位报送的会计报表,连同本单位会计报表汇总编制的综合性财务会计报告。

4. 按服务对象分类。按照财务会计报告服务对象的不同可以分为内部财务会计报告和外部财务会计报告。前者是指为适应企业内部经营管理需要而编制的不对外公布的财务会计报告,一般不须规定统一的格式,也没有统一的指标体系;后者则是指企业向外提供的财务会计报告,主要供投资者、债权人、政府部门和社会公众等有关方面使用,它通常有统一的格式和规定的指标体系。

财务报表从静态到动态,从权责发生制到收付实现制,对企业财务活动中的筹资活动、投资活动、经营活动以及利润分配活动进行了全面、系统、综合的揭示。

(二)财务报表分析的其他资料

除财务会计报告外,财务报告还包括一些其他手段,主要用于揭示与会计系统直接或间接相关的财务或非财务信息,我们称这些揭示手段为其他财务报告。其他财务报告对于充分体现财务会计报告的目标也具有十分重要的意义。这些资料主要有以下各项:

1. 国家有关经济政策和法律规范。这方面的信息主要包括产业政策、价格政策、信贷政策、分配政策、税务法规、财务法规、金融法规等,从企业的行业性质、组织形式等方面分析企业财务对政策法规的敏感程度,合理揭示经济政策调整及法律法规变化对企业财务状况与经营业绩的影响。

2. 市场信息。市场信息主要包括消费品市场、生产资料市场、资本市场、劳动力市场、技术市场等,其中任何一部分都与企业财务及经营相关。例如,商品供求与价格会影响企业的销售数量与收入;劳动力供求与价格会影响企业资本结构与资本成本,影响企业的人工费用,进而影响企业损益;技术市场的供求与价格则会影响无形资产规模、结构及相关的费用和收入。因此,在进行企业财务报表分析时,必须关注各种市场的供求与价格信息,以便能从市场环境的变化中揭示企业财务既定状况的成因及其变化趋势。

3. 行业信息。关注行业平均水平与先进水平的信息。因为财务业绩和财务潜力,都具有时空相对性,必须通过时间上的纵向比较与空间上的横向比较,才能予以客观评价和揭示。其中,纵向比较就是将同一企业不同时期的相关财务指标进行比较,从指标的动态变化上评价业绩和揭示潜力。纵向比较的有关信息主要来源于企业内部。而横向比较主要是将企业的财务指标与同行业平均水平和先进水平以及国家统一规范的评价标准值相比较,确定财务状况和经营业绩的行业差距,据以评价财务业绩和揭示财务潜力。另外,在分析行业先进水平和平均水平的同时,还要关注行业前景信息,即市场前景和政策前景。其中市场前景是指行业所经营的项目在市场需求及价格方面的变动趋势。若趋势看好,企业的财务状况与经营业绩有望获得持续稳定发展,企业的财务状况和经营业绩也会因此而获得不断优化的潜力和空间;相反,必然导致经营发展受限制。因此,要能合理预测企业财务状况与经营业绩的变化趋势,为决策者提供可靠的决策依据,必须关注行业信息。

4. 审计报告

审计报告是注册会计师根据独立审计准则的要求,在完成特定的审计程序后出具的对被审计单位财务报表表示意见的书面文件,它是审计工作的最终结果,具有法定证明效力。由于审计报告是由中介机构出具的,具有"公开、公正、公平"的作用。注册会计师在审计报告中对被审计单位特定时期内与财务报表反映有关的所有重要方面发表审计意见,报表使用者可以根据财务报表信息,结合审计意见,对被审计单位的财务状况、经营成果作出正确判断。但是,审计报告并不是对被审计单位的全部经营管理活动发表的审计意见,因此在使用审计报告时必须明确这一点,将审计报告与财务报表结合起来使用。

此外,财务报表分析所用的其他资料还有:与财务报表分析有关的定额、计划、统计和业务等方面的资料。如果企业是上市公司,财务报表分析所用的其他资料还应包括招股说明书、上市公告、定期报告、临时公告,等等。

财务报表分析的依据(资料)可归纳总结如图2-2所示。

```
┌─────────────────────────────────────────┐
│ 财务报表:资产负债表及附表                │
│         利润表及附表                     │
│         现金流量表                       │
├─────────────────────────────────────────┤
│ 会计报表附注:会计政策及变更、或有事项    │
│             资产负债表日后事项及处理     │
│             关联方关系及交易、合并分立   │
│             会计估计、重要与非常项目等   │
├─────────────────────────────────────────┤
│ 其他相关信息:企业背景、内部控制制度、企业发展战略 │
│             临时性公告、企业信用档案、市场占有率   │
│             资本市场变化、产业政策、审计报告等     │
└─────────────────────────────────────────┘
```

图2-2 财务报表分析的依据(资料)

思 考

承本章范例,光大银行因放贷而要求金融部拿出一份光明公司的财务分析报告。金融部就光明公司的财务报表数据产生了激烈争论。主任老杨说:"这样吧,我们以该公司的审计报告为准,因为审计报告是社会中介组织出具的,具有客观公正性,我们就据此写财务分析报告了。"你认为老杨的说法对吗?应当怎样利用财务分析报告的依据?

三、财务报表分析资料之间的关系

(一)基本财务报表之间的关系

资产负债表、利润表和现金流量表构成了企业基本财务报表,它们之间的关系表现为:

1. 动态与静态的关系。资产负债表是反映企业特定时点财务状况的报表,是张静态报表。利润表和现金流量表分别反映企业特定时段的经营成果和现金流量的报表,是动态报表。为全面反映企业资金运动的状况,需要对这两种状态同时进行反映。企业的资金运动是沿着"期初相对静止——期中绝对运动——期末新的相对静止"这一运动形式循环往复进行的。期末的相对静止同期初的相对静止不同,期末的相对静止是期中绝对运动基础上的新的相对静止。因此动态报表和静态报表必然有一定的勾稽关系。具体来说,期末、期初资产负债表上净资产的差异必然等于利润表的净利润,期末、期初资产负债表上的现金金额的差异必然等于现金流量表的净现金流量。

就资产负债表和利润表的关系来说,资产负债表的理论依据是:资产=负债+所有者权益,损益表的理论依据是:利润=收入-费用。收入的增加必然引起资产的增加和负债的减少,费用的增加必然引起负债的增加和资产的减少,因而利润的增加必然引起所有者权益的增加。

2. 从对未来现金流量的反映来看,是一种从不同侧面反映、相互补充、相互依赖的关系。资产负债表是反映企业特定时点经济资源的分布和权益结构的报表。从企业资产、负债的当前价值和流动性情况可以在一定程度上预测未来现金流量情况,因为现在是未来的基础。从资产负债表的前后期对比情况可以了解企业的经营成果,进而了解企业未来现金流量增加的潜力。虽然通过资产负债表的前后期对比情况可以了解企业的经营成果,但这种经营成果的确定方法太过笼统:只能确定总的利润情况,不能说明构成企业盈亏的具体原因,也不能说明利润各个组成部分的情况,进而不能说明经营成果能在多大程度上预测未来现金流量。为此,必须用专门的利润表来详细反映企业盈亏的情况。但利润表本身也有缺陷,因为投资者关心的是现金流量情况,而利润表却是按权责发生制来确认利润的,这就可能造成企业一方面报告了巨额的利润,另一方面却出现企业现金流量不足,财务状况紧张的尴尬局面。为了全面反映企业经营情况对未来现金流量的影响,需要按收付实现制编制现金流量表。现金流量表一方面可以反映企业现在的现金流量情况,从而对未来现金流量情况作出预测;另一方面可以通过比较利润和现金流量的差异,判断营利能力的高低。

财务报表对企业各项财务活动的反映及其之间的关系如图2-3所示。

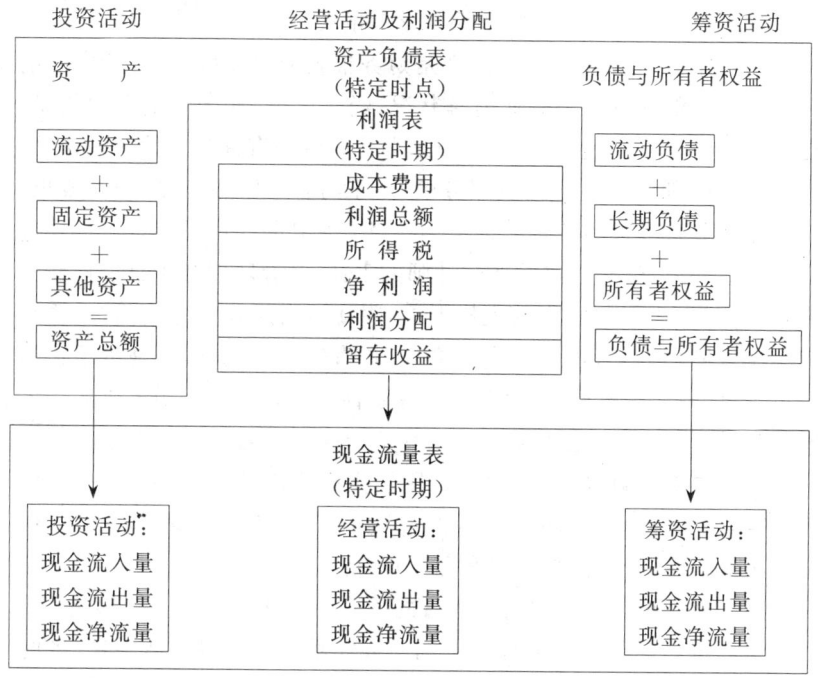

图2-3 财务报表对企业各项财务活动揭示示意图

(二)财务报表与附表之间的关系

一般认为,附表是为了保证财务报表的简明易懂而另行编制的反映构成项目及年度内增减来源与数额的表格,如利润分配表、应交增值税明细表等。附表并非财务会计报告体系中独立的一部分。

财务报表(主表)与附表的关系比较简单。附表通常列示主表不需要提供或不能提供的次级信息。前者如资产减值准备明细表、应交增值税明细表,后者如利润分配表、所有者权益增减变动表。附表提供的信息如果重要性提高,可把其放在主表内提供,也可把附表作为主要报表提供。如《国际会计准则第1号——财务报表的列报》第7条规定,一套完整的财务报表应包括资产负债表、损益表、业主权益变动表和现金流量表。大有业主权益变动表和两大报表并驾齐驱的趋势。

(三)财务报表与会计报表附注之间的关系

财务报表与会计报表附注都是财务报表的组成部分,二者之间的关系是:(1)都提供有关企业财务状况、经营成果、现金流量等的信息,这些信息主要以定量化的形式表现,即使附注中有许多定性化的说明,也是为正确理解定量化信息服务的,对于与企业财务状况、经营成果、现金流量关系不大的信息原则上不在报表及其附注中提供;(2)都要遵守公认会计原则,并经过注册会计师的审计。二者区别在于:(1)披露的方式不同,主表采用固定的表格形式,附注披露形式较为灵活,主要采取文字说明的形式,也有许多表格和图示;(2)主表提供的是货币化的定量信息,附注中既有定量信息,也有定性信息;(3)主表中提供的是主要信息,附注主要为主表提供补充和解释性的信息;(4)主表中的信息应严格满足会计确认标准的要求,附注中有些信息(如环境保护信息)不一定遵守确认标准;(5)主表中信息比较直观,不易被忽视,附注中信息如不认真研究,可能易被忽视和不理解。

(四)财务报表与其他财务报告的关系

财务报表与其他财务报告共同组成完整的财务报告体系,二者的联系在于都是为使用者经济决策服务。它们的区别是:

第一,财务报表的项目及其金额来自日常账簿资料,并须在报表中再确认。确认时要遵守基本标准和具体标准,符合公认会计原则。其他财务报告的资料不必都来自会计系统,且不须经过确认,也不必符合公认会计原则。

第二,财务报表表内的项目属于财务信息,报表项目连同金额是文字说明与数字(倾向金额)描述相结合的整体,缺一不可,且存在特定的数字勾稽关系。其他财务报告没有这种要求,不存在特定的数字勾稽关系。

第三,财务报表及其附注来自过去的交易和事项,有可靠的凭证作为原始依据,并遵守公认会计原则进行确认、计量和报告。因此,它的真实性与公允性应由注册会计师进行审计。而其他财务报告因不具备上述条件，所以一般只是请注册会计师或其他专家进行审阅。

另外，会计报表附注与其他财务报告统称为表外信息披露。但二者也是有区别的：附注是财务报表的一部分，主要作用是对基本报表进行补充和解释，因此附注中提供的信息应和财务报表相关；而其他财务报告则不受此条件限制。

本章小结

本章从总体上介绍财务报表分析的程序和依据（资料）。财务报表分析是一个复杂的过程。为了有效地分析财务信息，并对分析过程中的判断作出恰当的评价，必须建立规范与合理的财务报表分析程序。同时，本章详细阐述了财务报表分析的基本依据，以及这些财务报表分析基本依据之间的关系。

1. 财务报表分析工作，一般应当按照以下程序进行：(1)制定分析工作方案；(2)收集、整理和核实资料；(3)财务报表质量分析；(4)财务报表分析；(5)专题应用分析；(6)编写财务报表分析报告。

2. 财务报表分析使用的主要资料是企业对外发布的财务报表。财务报表不仅指利润表、资产负债表和现金流量表，而且包括越来越多的附表和附注以及财务状况说明书。此外，企业发布的各种与财务报表有关的信息，都是报表分析人需要查阅的资料。对于内部的分析人来说，他们还可以根据需要取得更多的资料。为了正确理解和运用财务报表的信息，报表分析人需要了解报表编制所遵循的会计制度，并关注国家有关经济政策和法律规范、市场信息、行业信息以及审计师对财务报表发表的审计意见。

3. 财务报表分析基本上依据财务报表及其附表、会计报表附注、财务状况说明书以及其他财务报告。它们之间的关系表现为：(1)基本财务报表之间的关系；(2)财务报表与附表之间的关系；(3)财务报表与会计报表附注之间的关系；(4)财务报表与其他财务报告的关系。

综合复习题

一、思考题

1. 进行财务报表分析时,为什么要建立规范而合理的分析程序?
2. 财务报表分析程序一般需要哪些步骤?
3. 对财务报表分析依据的要求是什么?
4. 为什么说财务报表能够从静态和动态两方面对企业的财务活动进行全面、系统、综合的分析?
5. 为什么进行财务报表分析时,还要结合国家有关经济政策和法律规范、市场信息、行业信息以及审计报告?
6. 资产负债表、利润表和现金流量表之间的关系?
7. 财务报表与附表之间的关系?
8. 财务报表与会计报表附注之间的关系?
9. 财务报表与其他财务报告的关系?
10. 你认为未来财务会计报告的形式应当是什么样的?

二、单项选择题

1. 财务分析的组织应以企业的(　　)为核心,进行比较全面综合的分析。

   A. 财务部门　　　　　　B. 业务部门
   C. 管理部门　　　　　　D. 生产部门

2. 收集、整理和核实资料是保障分析质量和分析工作顺利进行的基础性程序。一般来说,在分析的技术性工作(　　)就应占有主要资料。

   A. 开始之后　　　　　　B. 进行之中
   C. 完毕之时　　　　　　D. 开始之前

3. 财务会计报告是进行财务报表分析的(　　)。

   A. 主要资料　　　　　　B. 惟一资料
   C. 辅助资料　　　　　　D. 众多资料之一

4. 纵向比较是从指标的动态变化上评价业绩和揭示潜力。纵向比较的有关信息的主要来源是(　　)。

A. 企业外部   B. 企业内部

C. 中介机构   D. 政府机构

5. 在财务报表质量分析中,对于资产负债表应侧重于分析资产的（　　）,以挤出其"水分"。

A. 规模性   B. 效率

C. 流动性   D. 稳定性

三、多项选择题

1. 制定财务分析方案,一般包括（　　）。

A. 确定分析目标   B. 确定分析范围

C. 确定分析重点   D. 确定分析程序

E. 确定分析方法

2. 财务报表分析一般包括（　　）。

A. 专题分析   B. 偿债能力分析

C. 盈利能力分析   D. 营运能力分析

E. 综合分析

3. 企业在编制财务会计报告时,应当做到（　　）。

A. 真实可靠   B. 相关可比

C. 全面完整   D. 便于理解

E. 形式规范

4. 按财务会计报告反映内容的不同可以分为（　　）。

A. 会计报表   B. 会计报表附注

C. 公司简介   D. 临时公告

E. 财务情况说明书

5. 在进行财务报表分析时,分析者往往关注和参照由会计师事务所出具的审计报告。这是由于审计报告具有（　　）的作用。

A. 真实   B. 公开

C. 公正   D. 公平

E. 可比

四、分析题

(一)资料

1. 2002年4月11日,深康佳(000016)向市场披露了2001年年报,其面目可谓惨不忍睹:连续两年盈利的良好形象陡然之间成为历史。2001年巨亏6.99亿元,较2000年减少了9亿元,较1999年减少近12亿元,其下降几乎呈自由落体之势。从下表来看,无论是每股收益,还是净资产收益率、总资产利润率和主营业务毛利率无不呈现衰败的迹象。

最近三年收益指标趋势

年份 项目	1999	2000	2001
主营业务毛利率	18.53%	16.50%	8.41%
净资产收益率	17.7%	6.34%	−21.5%
每股收益	0.9091	0.3736	−1.1625
总资产利润率	7.37%	3.01%	−7.96%

但绩效如此差的年报一亮相,此股票价格不仅没有下跌,反而不断创出新高,年报披露当日一度触及涨停板,最后尾盘上涨了6.36%;自年报公布以来,短短几个交易日,该股股价连连突破阻力位,最大振幅为21.60%,涨幅13.70%。

2. 近些年,由于我国家电行业严重产能过剩,竞争日益激烈,低级的价格战导致全行业整体亏损。

3. 深康佳2001年低价清理了150多万台老型号库存产品,仅此项损失就占到去年亏损总额的56%左右,留下来的在库机型70%以上都是市场上颇有影响力的畅销机型。

(二)要求

根据你掌握的财务报表分析程序和以上资料,请对深康佳股票的市价不降反升现象的原因作出初步分析与判断。

第二篇
财务报表质量分析

　　财务报表是一种商业语言。报表上各项目的报告结果涉及投资人、债权人、经营者、政府有关管理机关等方方面面的经济利益关系。随着我国改革开放和社会主义市场经济的逐步确立,财务信息越来越成为社会各界关注的焦点,从而引起社会对财务信息在范围、时效和质量方面的需求大大增强。然而,近年来世界范围内发生了严重的会计诚信危机。美国连续发生了安然、世通等金额涉及几十亿美元的会计造假事件,我国也先后发生了琼民源、郑百文、银广夏等触目惊心的会计造假事件。为此,朱镕基在2002年两次给国家会计学院题校训——"诚信为本,操守为重,坚持准则,不做假账"。如果财务报表上的数据是失真的,"输入的是垃圾,输出的还是垃圾",再好的分析手段和分析模型也毫无意义。因此,在进行财务分析之前,首先要进行财务报表质量分析。

　　本篇以我国财经法规和会计准则为指导,借鉴国内外有关财务报表质量分析理论,结合我国会计实际工作和案例,分别阐述资产负债表、利润表、现金流量表,以及会计报表附注和财务状况说明书等财务报表质量分析的基本理论。例如,对于资产负债表而言,应着重于分析货币资金、应收账款、存货、固定资产、无形资产等的质量,考察这些资产的流动性;同时,分析流动负债、长期负债的合理性以及偿债紧迫程度,揭示和分析企业自有资金(所有者权益)的稳定性和增值性。通过财务报表质量分析,我们能够从报表中挤出水分,从数据中抠出重要经济信息,透过表面数据揭示企业经济以及运行状态的本质。

第三章 资产负债表及其附表的质量分析

本章学习目的
1. 资产负债表质量分析的内涵。
2. 资产质量分析。
3. 负债质量分析。
4. 所有者权益质量分析。
5. 资产减值准备明细表以及所有者权益变动表解读。

范 例

成都红光实业股份有限公司1997年6月初股票上市发行，募集资金41亿元，当年年报披露亏损1.98亿元，每股收益为－0.86元。当年上市、当年亏损，开中国股票市场之先河。为此，中国证监会进行了调查，并对其编造虚假利润，骗取上市资格，少报亏损，欺骗投资者等重大事项等进行了处罚。经查其中重大的违规虚拟资产——彩色显像管玻壳池炉已于1999年1月拆除，该玻壳池炉账面净值90 383.30元，红光公司仍列在固定资产清理项目，2000年度未将其清理转入损益。此外，1999年10～11月与成都安成玻璃有限公司签订物资移交协议，将库存原材料5 532.35万元移交安成玻璃有限公司筹备处，协议规定若移交的物资因技术改造无法使用，则公司收回处置，至2000年12月31日，该事项尚无结论，红光实业仍反映在存货项目中。

红光公司的这种虚拟资产源自包装上市，对于这些有问题资产，上市公司往往利用挂账的形式体现在报表中，并且它们往往数额很大、成因复杂。可见，对于资产负债表不能仅从账面数据简单地作结论，而应用一定的分析方法和程序，对于报表上的资产、负债和所有者权益项目进行分析、综合、判断，从中挤出水分，去伪存真，正本清源，进而深入地认识和掌握企业财务状况的本质。

第一节 资产负债表质量分析的内涵

一、资产负债表的结构特征

资产负债表是反映企业某一特定日期（如月末、季末、半年末、年末)财务状况的财务报表。上述定义中值得关注的:一是"某一特定日期"表明资产负债表是一个时点信息,有人将其称之为"快照";二是本表主要揭示企业的"身体状况"(即财务状况)。资产负债表可以反映企业资产、负债和所有者权益的全貌。通过编制资产负债表,可以反映企业在某一日期所拥有的经济资源及其分布情况,分析企业资产的构成及状况;可以反映企业某一日期的负债总额及其结构,分析企业目前与未来的需要支付的债务数额;可以反映企业所有者权益的情况,了解企业现有的投资者在企业资产总额中所占的份额。总之,通过资产负债表可以帮助报表使用者全面了解企业的财务状况,分析企业的债务偿还能力,从而为未来的经济决策提供参考。业界中把资产负债表称之为"第一"财务报表。

资产负债表是根据"资产=负债+所有者权益"的会计恒等式来设计的,并依照一定的分类标准和次序,把企业在特定日期的资产、负债和所有者权益会计要素予以适当的排列编制而成。目前,国际上资产负债表通常有两种格式,即报告式和账户式。我国财务会计制度规定,资产负债表的结构采用账户式结构,这种资产负债表的结构特征具体表现为:

1. 资产负债表分为左右两方,左侧为资产,右侧为负债和所有者权益,资产总额等于负债加所有者权益合计数。

2. 左侧资产内部各个项目按照各项资产的流动性的大小或变现能力的强弱进行排列。流动性越大、变现能力越强的资产项目越往前排,反之,越往后排,例如流动资产、长期投资、固定资产、无形资产及其他资产等。其中,流动资产内部各个项目也是按照流动性的大小进行排列。

3. 右侧负债和所有者权益两项按照权益的顺序进行排列。负债是第一顺序的权益,具有优先清偿的特征,所以列于所有者权益之前;而所有者权益在企业正常生产经营情况下无需清偿,属于剩余权益,列于负债之后。

4. 右侧负债内部各个项目按照每个项目偿债的紧迫性依次排列,由近及远,偿还期越近的项目越往前排列,反之,越往后排列。依此顺序,先是流动负债,后为长期负债。

5. 所有者权益内部各个项目按照稳定程度依次排列。稳定程度越强的项目越往前排列,反之,越往后排列。例如,实收资本(股本)、资本公积、盈余公积、未分配利润。

我国资产负债表的结构设计,充分反映了企业生产经营和财务的基本情况。账户式资产负债表的参考格式参见 ABC 公司 2001 年的资产负债表(附录 3 表 1)所示。

二、资产负债表质量分析的意义

既然资产负债表反映的是企业财务状况的会计报表,则资产负债表质量分析就是对财务状况进行质量分析。所谓财务状况质量,是指企业财务状况运转的质量情况。它受资产、负债和所有者权益三个要素的质量的制约。上述资产负债表的这种结构特征对于反映企业特定时点的财务状况是有效的。但是,其不足之处在于,这种结构只能反映企业以货币形式表达的资产、负债和所有者权益等会计要素的账面数据,而不能充分揭示它们的实际质量。例如,资产的流动性不能帮助报表使用者进行诸如企业的优质资产和不良资产等分析,本章成都红光实业股份有限公司"虚拟资产"的范例也证明了现有资产负债表这种结构上的信息披露的局限性。无论从理论意义上,还是从实践环节上来看,恰恰是企业资产、负债和所有者权益的实际质量而不是其账面价值决定了对企业生存与发展的实际贡献。

我们认为,对资产负债表进行质量分析需要遵循以下的基本原则:

1.谨慎性原则。在阅读财务报表,使用财务报表进行决策时,应该清醒地认识到编制财务报表的企业管理当局是一个理性的经济人,它所追求的是自身效用的最大化,为追求自身效用的最大化,企业管理当局有可能对其财务报表加以粉饰。

2.动机分析原则。在遵循谨慎性原则的前提下,需要对企业管理当局编制财务报表时所处的环境以及所面临的压力进行分析,以确定管理当局是否具有粉饰财务报表的动机。例如,上市公司在面临配股压力下是否有粉饰财务报表的动机。

3.重要性原则。重要性原则是一个重要的会计概念,它意味着只有那些影响财务报表使用者决策的错报、漏报才是重要的,并非所有的错报和漏报均是重要的。据审计署对部分会计师事务所进行检查发现,一些会计师事务所严重违规。例如,某会计师事务所在对其审计的一家大型上市公司所出具的审计报告中,将已审财务报表少记收入 32 万元视为违规是不具有说服力的。因为该公司的年收入有十几亿元之多,净利润有近 3 亿元,32 万元的收入对其而言,实在是不重要的。

上述原则对进行利润表和现金流量表的质量分析也同样适用。

思 考

华信会计师事务所注册会计师朱红对海天公司进行年终审计。朱红发现该公司提供的财务报表中的资产负债表的表头格式有误,即写为"海天公司 2000 年度资产负债表"。朱红对此提出疑义。请问这张资产负债表的表头格式错在什么地方？朱红是否对此小题大做了？

第二节 资产质量分析

一、资产质量分析的程序

(一)资产的含义

会计是对社会经济活动的反映,而这种反映是通过资产、负债、所有者权益、收入、费用和利润六个会计要素的增减变动进行的。其中,资产是核心要素,其他会计要素均是从不同角度对资产要素的揭示。例如,负债和所有者权益均表明资产的来源,收入是企业资产的增加,费用是企业资产的减少,而利润则是企业净资产的增加(盈利)或减少(亏损)。所谓资产,是指由过去的交易、事项而形成并由企业拥有或者控制的资源,该资源预期会给企业带来经济利益。具体来说,资产具有以下基本特征：

1. 资产是由过去的交易或事项而形成的。也就是说,资产必须是现实的资产,而不能是预期的资产,是企业在过去一定时期里,通过交易或事项所形成的,是过去已经发生的交易或事项所产生的结果。至于未来交易或事项以及未发生的交易或事项可能产生的结果,则不属于现在的资产,不得作为资产确认。例如,企业通过购买、自行建造等方式拥有某项设备,或因销售产品而形成一项应收账款等,都是企业的资产。但企业预计在未来某个时点将要购买的设备,因其相关的交易或事项尚未发生,就不能作为企业的资产。

2. 资产是企业拥有或者控制的。一般来说,一项资源要作为企业的资产予以确认,应该拥有此项资源的所有权,可以按照自己的意愿使用或处置资产,其他企业或个人未经同意,不能擅自使用本企业的资产。但在某些情况下,对于一些特殊方式形成的资产,企业虽然对其不拥有所有权,但能够实际控制,按照实质重于形式的原则,也应当确认为企业的资产,如融资租入的固定资产。

3. 资产最重要的特征是预期会给企业带来经济利益。资产的这一特征也是我们分析资产质量的逻辑起点。所谓带来未来经济利益,是指直接或间接地增加流入企业的现金或现金等价物的潜力,这种潜力在某些情况下可以单独产生净现金流入,而某些情况下则需与其他资产结合起来才可能在将来直接或间接地产生净现金流入。预期不能带来经济利益的,就不能确认为企业的资产。某项支出如果具有未来的经济利益的全部或一部分,它就可以作为企业的资产;否则,就只能作为费用或损失。同样,企业已经取得的某项资产,如果其内涵的未来经济利益已经不复存在,就应该将其剔除。例如,待处理财产损失或库存已失效或已毁损的存货,它们已经不能给企业带来未来经济利益,就不应该再作为资产出现在资产负债表中。再如,一条在技术上已经被淘汰的生产线,尽管在实物形态上仍然存在,但它实际已经不能再用于产品生产,不能为企业带来经济利益。这样的生产线,就不应确认为企业的资产,而应在其失去为企业创造未来经济利益的时候,确认为一项损失。在实际工作中,有的企业将本应列作费用的巨额支出长期作为资产挂账,还有的企业将已失去效益的冷背、陈旧商品或产品仍按其历史成本挂在账上,这些做法一方面夸大了资产,另一方面也虚增了利润,造成财务信息失真。近年来,中国证监会为此处罚了数家上市公司。可见,某一项目要确认为资产,就必须符合资产定义,必须能为企业带来未来经济利益。

4.资源。现行资源的概念由以往能够用货币计量的经济资源演变为"资源",意味着加大会计学科的确认、计量、披露的外延。例如,企业环境治理与保护的信息、重要的人力资源的信息、职工就业与福利待遇信息,等等。目前,《企业会计制度》规定,这些信息应在会计报表附注中加以披露。

(二)资产质量分析的程序

对于资产的质量分析可采用如下程序:

1.对资产总额进行分析。企业是一个经济实体,其本质特征是通过生产经营来盈利。而资产是企业进行生产经营的物质基础。在经济生活中,一定数额的资产总额往往是某些市场、行业或业务的"准入证",例如,我国《外资金融机构管理条例》规定,外资银行的最低注册资本(资产总额)为3亿人民币等值的自由兑换货币;我国《公司法》规定,上市公司的股本总额(资产总额)不得少于5 000万人民币。因此,一般来说,企业的资产总额越大,表明其生产经营规模越大,企业经济实力就越强。

2.对资产的流动性进行分析。资产的流动性是指企业资产变换为现金的速度,是资产的一个重要特性。资产的流动性是衡量资产质量的一把重要尺子,能迅速变换为现金的资产,其流动性强;不能或不准备变换为现金的资产,其流动性弱。在资产负债表中,资产通常按照流动性分类,将流动性强的资产称为流动资产,将流动性弱的资产称为长期资产或非流动资产。这种分类的目的就是为了便于报表使用者了解和分析资产的变现能力和偿债能力。所以,企业的资产负债表为分析资产的流动性和偿债能力及其质量提供了基础。

从理论上看,企业的全部资产都是有价值的,均能够变换为现金。然而,实践中有些资产是难以或不准备迅速变换为现金的,如厂房建筑物、机器设备、运输车辆、土地使用权、商标权等。这些资产一般为企业的劳动资料或收益能力,往往在相对较长的时期内一直使用,不能或不准备变换为现金,因此,这些资产在一定时间内其价值变动不大,会计上将这类资产称之为固定资产、无形资产等。固定资产和无形资产并非不流动,只是流动性较慢,变现能力较弱。根据流动资产与非流动资产的这种不同特性,企业采取不同的融资策略,即流动资产一般较多采用负债融资,而非流动资产一般较多采用主权资本融资。流动性质不同的资产采用不同的融资方法,这是企业财务管理的一个重要特点,同时也是财务报表质量分析的一个标杆。

二、流动资产质量分析

如前所述,根据资产变现能力的强弱,我们可以把资产分为流动资产、长期投资、固定资产、无形资产等。流动资产是指一年内或超过一年的一个营业周期内变现或者耗用的资产。流动资产包括货币资金、短期投资、应收票据、应收账款、预付账款、其他应收款存货、待摊费用等。

解读流动资产,首先应对其总额进行数量判断,即将流动资产与资产总额进行比较。而这种分析应当结合行业、企业生产经营规模以及企业经营生命周期来开展。一般而言,流动资产占资产总额的比重,成长型企业较高,成熟型企业较低;工业企业较高,为40%左右,服务企业则为30%左右(参见附录的沪深两市行业2002年主要财务指标平均值)。在基本确认了流动资产的数额后,还须对流动资产各个项目进行具体分析,即质量检验。

(一)货币资金

货币资金是指企业在生产经营过程中处于货币状态的那部分资产。它包括库存现金、银行存款和其他货币资金。货币资金是企业资产中最活跃的因素,使用它可以变成各种形态的资产(如存货、固定资产、无形资产),货币资金本身就是现金,无需变现,可以用它直接偿还到期债务或支付投资者利润。

企业保持一定数额的货币资金,是为满足企业日常生产经营的需要,如采购原材料、支付职工工资等。若从短期债权人角度观察,企业不仅应保持一定量的货币资金,而且一般而言,还应越多越好。因此,首先对货币资金进行数量判断,即分析货币资金占流动资产的比重,一般为

10%左右。若货币资金过少,表明企业"血液"滞涩,难以维持简单再生产;若货币资金过多,则表明资金沉淀,在浪费投资机会的同时,还会增加筹资成本,或企业发生非正常的业务活动。

其次,对货币资金进行质量判断:

1. 企业的资产规模、业务收支规模。一般来说,企业资产总额越大,相应的货币资金规模也就越大;业务收支频繁,处于货币形态的资产也会较多。假如某企业资产总额200万元,而货币资金为100万元,显然不正常(如非正常业务活动或违规的资金流动)。

2. 企业筹资能力。如果企业信誉好,在资本市场上就能够较容易募集资金,向金融机构借款也较方便。因此,企业就没有必要持有大量的资金。反之,若企业违反国家结算政策(如透支等),有可能遭受有关部门的处罚,企业进一步融资也将发生困难。

3. 企业的行业特点。不同行业的企业,其合理的货币资金结构也会有所差异,有时甚至会很大。如一般零售业与石油产品销售业,在相同的总资产规模条件下,不可能保持相似的货币资金规模。

4. 货币资金构成。企业的经济业务涉及多种货币,在有多种货币的条件下,由于不同货币币值有不同的未来走向,不同货币币值的走向决定了相应货币的"质量"。此时,对企业保有的各种货币进行汇率趋势分析,就可以确定企业持有的货币资金的未来质量。另外,企业的银行存款和其他货币资金中有些不能随时用于支付的存款,例如,不能随时支取的一年期以上的定期存款、有特定用途的信用证存款、商业汇票存款等,它们必将减弱货币资金的流动性。对此,应关注会计报表附注中的列示说明,以正确评价货币资金的变现能力及其短期偿债能力。

5. 货币资金的时点性。由于资产负债表金额的时点特性以及货币资金所具有的自动与资产负债表日的货币购买力相等的特性,使得我们从资产负债表日企业的货币资金拥有量本身难以揭示出企业货币资金的质量。对此,需要结合其前后期变动状况一并考察分析。

(二)短期投资

短期投资是指各种能够随时变现、持有时间不超过一年的有价证券以及不超过一年的其他投资。企业进行短期投资,其主要目的是利用暂时闲置的资金,购入能够随时变现的有价证券,如股票、国库券、金融债券、企业债券等,以获得高于银行存款利率的收益。

首先,对短期投资进行数量判断。我们认为,企业保持适度规模的短期投资,表明企业具备较高的理财水平。因为这意味着企业除了正常生产经营能够取得利润之外,还可以利用企业暂时闲置的资金,选择第二条渠道(二级资金市场)运作,以获取投资收益。

其次,对短期投资进行质量判断:

1. 确认有价证券的性质。作为有价证券,应当符合以下两个条件:其一,能够在公开市场交易并且有明确市价(指在证券市场上挂牌的交易价格);其二,持有的投资作为剩余资金的存放形式,并保持其流动性和获利性。因而,购入的股份有限公司的股权证不在此列,而年复一年列作短期投资的股票也应予以剔除。

2. 保持短期投资的适度规模。如前所述,企业将货币资金转换为有价证券,以获得额外收益,同时在需要时又可及时将其转换为现金。但短期投资只是利用企业暂时闲置的资金进行运作,若企业短期投资的规模过大,必然影响企业的正常生产经营,也有人为地将长期股权(或债券)投资"挂账"之嫌,进而影响这项资产的质量和流动性。比如,企业出于商业目的而购入的主要客户的证券,因为企业不会将这些有价证券出售用于偿付短期债务。因此,按照谨慎性原则,可以将同一债务人年复一年在企业财务报表中列示的有价证券,视同长期投资。此外,还应注意有的企业为"粉饰"财务指标,提高流动比率,将长期投资人为地转为短期投资。

3. 应将短期投资与同期利润表中的"投资收益"的数额配比。由于短期投资是一把"双刃剑",一方面可以为企业带来盈利,另一方面也可以造成投资损失。因此,利润表中"投资收益"的数额应当为正数,且其数额一般应高于同期债券利率或银行存款利率。

4. 短期投资的期末计价及其披露。由于二级资金市场上的有价证券价值瞬息万变(上扬或下跌),而财务报表为月末披露,则短期投资的账面价值与市场价值相去甚远。按照我国《企业会计制度》的规定,短期投资在期末(年末、半年末、季末)应采用成本与市价孰低法,计提短期投资跌价损失准备,确认当期投资损益。因此,应以短期投资净额作为计量依据,并在会计报表附注进行披露:(1)短期投资的期末市价;(2)短期投资跌价损失准备的计价方法,如投资总体法、投资分类法或单项投资法的选择;(3)当期发生的短期投资净损益。

(三)应收票据

应收票据是指企业因销售商品、产品、提供劳务而收到的商业汇票,包括商业承兑汇票和银行承兑汇票。商业汇票是商品经济高度发达的产物,其实质是一种商业信用行为,本身亦是一种有价证券。企业如果需要资金,可将持有的商业汇票背书后向银行或其他金融机构办理贴现,取得现金。

但应注意的问题是,我国票据法规定,票据贴现具有追索权,即如果票据承兑人到期不能兑付,背书人负有连带的付款责任。因此,对企业而言,已贴现的商业汇票就是一种"或有负债",应在会计报表附注中列示,若已贴现的应收汇票数额过大,也会对企业的财务状况产生较大影响。因此,可将前后期应收票据的数额进行比较,防止异常波动。对于这种"或有负债"可通过"应收票据备查簿"进行确认和验证。

(四)应收账款

应收账款是指企业因销售商品、产品、提供劳务等应向购货单位或接受劳务单位而收取的款项。应收账款是企业的一项债权,一般按交易发生日或销售确立日的金额予以入账。

首先,对应收账款进行数量判断。应收账款是企业一种商业信用行为,判断应收账款数额的合理性,应当结合行业、企业生产经营规模以及企业经营生命周期来分析。例如,目前,市场进入"买方"时代,一般工业企业的应收账款比之商业企业所占比重大,处于成长期的企业应收账款较高,而处于成熟期的企业应收账款则较低。虽然应收账款是企业的资产(债权),但仅体现在合同上和账面上,款项收支的主动权往往掌握在债务人一方。如果企业应收账款过高或过低,就要进行进一步的质量判断。

其次,对应收账款进行质量判断:

1. 应收账款的规模。应收账款的规模受诸多因素影响,应结合企业的行业特点、经营方式、信用政策来分析。例如,在零售商业企业中,相当一部分业务是现金销售,因而应收账款较少;而在采用赊销方式较多的企业中,应收账款则较多。又如,企业放松信用政策,刺激销售,就会增加应收账款;反之,会减少应收账款。假如某企业的产品在市场上供不应求,但当期有一定数额的应收账款就违背常理。

2. 关联交易。应收账款规模过大,且为集团公司,有利用关联方交易虚增企业资产和利润之嫌。我们知道,关联交易不同于单纯的市场行为,存在通过地位上的不平等而产生交易上的不平等,来迎合自己利益需要的可能。在公司需要业绩成果的时候,关联交易的作用十分明显,从1998年年报看,上市公司关联交易非常频繁,关联交易产生的利润对上市公司业绩的贡献显著。一些上市公司由于在关联公司内部进行"搬砖头"式的关联销售,难有现金流入,大量关联应收账款挂账。表3-1是关联方应收账款占应收账款比重较大的公司。

表3-1 关联方应收账款占应收账款比重较大的公司

单位:万元

简 称	应收账款	关联方应收账款	比重(%)
白仪股份	53 633.14	53 363.14	100
济南轻骑	122 131.27	122 131.27	100
合成制药	28 079.48	27 471.05	97.83
上海港机	47 761.60	46 544.21	97.45
青岛双星	17 823.90	15 980.48	89.66
内蒙华电	37 567.32	33 315.25	88.68
新兴铸管	54 414.82	44 829.50	82.38
离 合 器	10 551.86	7 994.64	75.77
华北制药	85 042.40	61 687.75	72.54
郑州煤电	23 205.76	12 687.53	54.67
乐山电力	17 487.91	8 092.85	46.28
中国嘉陵	85 185.71	36 319.64	42.64
龙头股份	91 817.28	31 629.86	34.45
上菱电器	63 338.64	21 632.86	34.15
岁宝热电	17 234.78	5 207.17	30.21

3. 潜在亏损风险。应收账款作为流动资产项目内的一项结算债权,

一般应于一年内收回。但在实际业务中,许多企业将已无望收回的账款也作两年、三年的长期挂账,甚至个别企业将一些违规行为(如抽逃注册资金等)隐蔽于应收账款之中。对此,可以采用应收账款的账龄分析法,对企业超过一年期以上的应收账款予以密切关注,或在分析时加以调整。

4. 坏账损失风险。在市场经济条件下,企业生产经营存在着各种风险,采用商业信用赊销商品也不可避免发生坏账损失,即出现货款长期被拖欠甚至收不回来而给企业造成损失的情况。对此,可以采用两种检测方法:

(1) 关注计提坏账准备的比例。按照《企业会计制度》,企业须采用备抵法计提坏账损失,但计提坏账准备的比例可由企业自定。对此,应关注会计报表附注披露的坏账准备政策,若计提坏账准备的比例低于5%,有潜在亏损挂账之嫌;若计提坏账准备的比例高于40%,又不说明原因,则可能有人为加大企业当期费用,调节当期利润的企图。

(2) 进行债务构成分析。一是债务人区域构成分析:对处于经济发展水平较高、法制建设较健全地区的债务,一般可收回性较强;反之,较差。二是债务人所有制构成分析:不同所有制的企业对其债务的清偿心态,以及偿还能力有较大差异。三是债权经手人构成分析:实践表明,企业的销售人员由于个人的业务素质和品德素质等原因,其债权的收回率也有较大差异。

5. 应收账款流动性的考核指标。应收账款的流动性决定了该企业应收账款的变现能力,主要可以采用应收账款周转天数、应收账款周转次数、应收账款与日销售额比、赊销与现销比等指标衡量,并结合行业、企业的信用条件,以及指标发展趋势对比情况来进行分析(具体分析详见第八章)。

(五) 预付账款

预付账款是指企业按照购货合同规定预付给供货单位的款项。从资产的流动性来看,预付账款是一种特殊的流动资产,由于款项已经支付,除一些特殊情况外(如预收货款的企业未能按约提供产品、预付保险单被提前注销等),在未来不会导致现金流入,即在这种债权收回时,流入的不是货币资金,而是存货。因此,该项目的变现性极差。

企业的预付账款规模主要考虑采购特定存货的市场状况。一般情况下,预付账款不构成流动资产的主体部分。若企业预付账款较高,则可能是企业非法转移资金、非法向有关单位提供贷款以及抽逃资本等。

(六)其他应收款

其他应收款是指企业除应收票据、应收账款和预付账款外的其他应收、暂付的款项。其他应收款属于企业主营业务以外的债权,如应收的各项赔款、罚款、存出的保证金,应向职工个人收取的垫付款项等。

但应注意的问题是,其他应收款既为"其他",则与主营业务产生的债权比较数额不应过大。如果数额过大,则需对其进行质量判断:

1. 可能存在关联方交易的情况,如拆借给母公司的资金等。另外,相当多的托管收益、资产置换收益等没有现金到账,以及上市公司的大额资金被关联公司无偿占用,即使有偿,收益也是挂账,大量的关联方其他应收款不能收回,一方面形成了企业不良资产,另一方面还虚拟了企业的其他业务收入。

表3-2是我国1998年年报关联方其他应收款占其他应收款比重较大的公司。

表3-2 关联方其他应收款占其他应收款比重较大的公司

单位:万元

简 称	其他应收款	关联方其他应收款	比重(%)
浙江东日	6 230.84	6 171.26	99.04
世纪星源	80 612.22	74 064.02	91.88
猴 王	34 599.85	31 651.83	91.48
本钢板材	45 471.37	41 533.88	91.34
赛格三星	38 244.05	34 649.31	90.60
国际大厦	29 898.30	26 780.40	89.57
江苏悦达	56 941.00	50 350.13	88.43
陆家嘴	99 844.11	88 280.10	88.42
新钢钒	58 133.50	51 100.64	87.90

续表

简　称	其他应收款	关联方其他应收款	比重(%)
奥美的A	69 120.38	59 400.67	85.94
万 家 乐	50 311.90	42 911.74	85.29
白云山A	72 436.47	59 925.35	82.73
重庆川仪	35 608.30	29 447.69	82.70
陕长岭A	41 224.45	33 741.81	81.85
深招港A	66 056.96	53 631.87	81.19

2.抽逃税金或其他违规行为。个别企业利用所谓的职业判断，将正常的赊销收入中应记入应收账款的业务，记入其他应收款，以此"合理避税"。此外，也有可能隐含企业的违规行为，如非法拆借资金、给个人的销售回扣、抽逃注册资金等。

3.其他应收款的坏账准备。对此，要结合资产减值明细表以及会计报表附注的有关项目加以分析。

(七)存货

存货是指企业在生产经营过程中为销售或耗用而储存的各种物资。不同行业、不同企业存货内容会有所不同，工业企业的存货包括原材料、包装物、低值易耗品、委托加工材料、半成品、产成品等，商品流通企业的存货包括库存商品、出租商品、代销商品、材料物资、包装物、低值易耗品等。

首先，对存货进行数量判断。存货是企业生产经营的中心，其种类繁杂，数量庞大，并且经常处于不断销售和重置或不断耗用和重置之中，流动性较强，是资产质量分析的重点。在传统工业企业和商业企业存货往往占流动资产总额的一半左右，但是，随着知识经济的来临和社会化大生产的发展，以及一些先进的管理方法的应用(如适时制、零储备等)，存货占流动资产的比重不断下降。

其次，对存货进行质量判断：

1.存货计价。资产负债表中，各种存货是以实际成本反映的，但在日常会计核算中，由于同类存货的进价成本不一定相同，在计算耗用成本或销售成本时，就要采用一定的计价方法进行核算。采用的计价方法不同,发出存货的金额也会不同,对期末存货成本与当期销售成本的确定必然会受到影响。

根据现行会计制度,企业发出存货的计价方法有先进先出法、加权平均法、移动加权平均法、个别认定法和后进先出法。在物价变动时期,企业发出存货计价方法的选择,对期末存货成本与当期销售成本的影响尤为明显。

【例】某零售商业企业销售甲商品,期初甲商品存货80件,每件单价90元;本期分三次购进320件,第一批100件的单价为100元,第二批150件的单价为110元,第三批70件的单价为130元;本期售出300件,每件售价180元;期末结存100件。在分别采用先进先出法、加权平均法和后进先出法的情况下,该企业的本期发出存货成本和期末存货成本如表3-3所示。

表3-3 存货计价方法对报表数据的影响

项　目	先进先出法	加权平均法	后进先出法
期初存货80件	90×80件=7 200	90×80件=7 200	90×80件=7 200
本期购进320件	100×100件+110×150件+130×70件=35 600		
本期售出300件	90×80件=7 200 100×100件=10 000 110×120件=13 200 合计　30 400	(7 200+35 600)/(80件+320件)=107 107×300件=32 100	130×70件=9 100 110×150件=16 500 100×80件=8 000 合计　33 600
期末存货100件	110×30件=3 300 130×70件=9 100 合计　12 400	107×100件=10 700	100×20件=2 000 90×80件=7 200 合计　9 200
销售收入300件	180×300件=54 000	180×300件=54 000	180×300件=54 000
销售成本	30 400	32 100	33 600
销售毛利	54 000−30 400=23 600	54 000−32 100=21 900	54 000−33 600=20 400
与后进先出法比较销售毛利增加	23 600−20 400=3 200	21 900−20 400=1 500	

由表3-3可以看出,由于存货计价方法不同,企业期末存货成本与当期销售成本的差异可能很大,这主要受物价变动的影响。一般而言,通货膨胀率越高,各种方法计算出的结果的差异就越大。因此,在比较

企业资产的流动性时,需对会计报表附注上揭示的会计政策格外关注。我国新近出台的《存货会计准则》规定,如果企业的存货采用后进先出法确定发出存货成本的,应在期末提供其与采用先进先出法、加权平均法或移动加权平均法确定发出存货的成本的差异。从企业短期偿债能力的角度来看,采用后进先出法时,期末存货均按较早期的单价计量,由此计算出来的期末存货成本与重置成本差距较大,期末成本偏低。此时,考核存货项目的流动性意义不大。

2.潜在亏损风险。如前所述,存货是企业在生产经营过程中为销售或耗用而储存的各种物资,是企业生产经营的中心,种类繁杂,数量庞大。存货对企业生产经营活动的变化具有特殊的敏感性,必须使存货数量与企业经营活动保持平衡。若存货过少,会影响生产,导致坐失销售良机;若存货数量过度增加,而使资金沉淀,最终也会导致生产中断,企业难以为继。在我国企业实践中,应特别关注利用存货项目进行潜在亏损挂账的问题。一些企业利用存货项目的种类繁杂、数量庞大、重置频繁、计价方法多样等客观因素,采用种种非法手段,将冷背呆滞商品、积压产品、残品,甚至将假冒伪劣产品及违规行为(如不符合财务制度的费用开支、内部人舞弊)长期隐蔽在存货账面价值中,其实质是企业的一种潜在亏损,显然,这种存货丧失了流动性。对于上述问题,可以采用两种方法诊断:

(1)分析存货跌价准备。按照《企业会计制度》规定,企业应于中期期末或年度终了时,对存货进行全面清查,如由于存货遭受毁损、全面或部分陈旧过时或销售价格低于成本等原因使成本不可收回的部分,应提取存货跌价准备。存货跌价准备应按单个存货项目的成本低于其可变现净值的差额提取,资产负债表上的存货项目应以存货净额作为计量依据。对存货的质量是否恶化,可以根据下列迹象判断,并计提存货跌价准备:

①市价持续下跌,并且在可预见的未来无回升的希望;
②企业使用该项原材料生产的产品的成本大于产品的销售价格;
③企业因产品更新换代,原有库存原材料已不适应新产品的需要,而该原材料的市场价格又低于其账面成本;

④因企业所提供的商品或劳务过时或消费者偏好改变,而使市场的需求发生变化,导致市场价格逐渐下跌;

⑤其他足以证明该项存货实质上已经发生减值的情形。

值得注意的是,实践中企业确定和计算存货的可变现净值有很大弹性,进而也会影响期末存货的价值和当期损益。为此,需要关注会计报表附注,了解计提存货跌价准备的会计政策,并且结合期末资产减值明细表中存货的减值部分进行分析。

(2)关注企业存货的内部控制制度。企业存货的质量,不仅取决于存货的账面数字,还与企业存货的内部控制制度密切相关。由于存货种类繁杂,数量庞大,一个中型商场的库存商品也有3万多种,如果管理不善,极易流失。

3. 存货品种结构分析。不同品种存货的技术状况、盈利能力、市场发展前景等会有很大差异。对此,应结合会计报表附注中的存货明细表进行分析,假如该企业存货中原材料、半成品和产成品的比例分别为1:2:3,则表明其存货的结构和质量不佳。

4. 存货的库存周期分析。存货的库存周期长短也影响着存货的流动性和质量,库存周期过长的商品自然会使存货的变现能力降低。只有合理地保持各项存货的比例,材料存货才能为生产过程所消化,商品存货才能及时实现销售,从而使存货顺利变现。考核存货流动性的指标,一般通过存货周转天数、存货周转次数和营业周期三个指标,结合行业、企业的生产经营情况,以及三项指标发展趋势的对比情况来进行分析(具体分析详见第八章第三节企业盈利能力分析的比率分析)。

(八)待摊费用

待摊费用是指企业已经支付,但应由本期和以后各期分别负担的分摊期在一年以内的各项费用,是按照"权责发生制"和"划分收益性支出和资本性支出"核算原则而设立的一项"流动资产",其实质是费用的资本化。所以,该项目根本没有变现性,若其数额较大,就会形成虚拟资产,只会降低流动资产的质量。在业内,待摊费用、长期待摊费用和预提费用被称为企业调节利润的三大"蓄水池",可见这些项目的人为调控因素较大。因此,分析企业流动资产的质量时必须将其剔除。

(九)其他流动资产

其他流动资产是指除上项流动资产以外的流动资产。就其数量而言,既为"其他",在财务报表编制日其数额不应存在或过大,若数额较大,则通常表现为潜在亏损挂账,需要进一步分析。

就其质量而言,一些企业往往将在财产清查过程中发现的尚待批准转销或作其他处理的各种材料、产品等存货的盘亏、毁损、扣除盘盈后的净损失置于"待处理流动资产净损失"项目上。待处理流动资产净损失是挂在账上的所谓"资产",能否变现不确定,这种资产的流动性较差。比如,上海一家上市达七年之久的企业竟然连续几年在"待处理流动资产净损失"项目中列示了4.9亿元。"粉饰"财务报表的目的昭然若揭,它们就好像"不定时炸弹",一旦处理会直接冲减年度的利润水平和净资产。《企业会计制度》规定,企业在"待处理流动资产净损失"项目中的数额于年末必须转账,但有的企业将它们"策略"地挂入"其他流动资产"等项目中。因此,如果期末其他流动资产项目数额较大,则可能是企业潜亏挂账的信号。

三、长期投资质量分析

长期投资是指短期投资以外的投资,包括持有时间准备超过一年的各种股权性质的投资、不能变现或不准备随时变现的债券和其他债权投资。长期投资是企业对外投资的一种形式,是相对于短期投资而言的。从外观来看,企业的有价证券一般分不出长期或短期,只是根据投资目的不同而确认。长期投资的目的主要是从企业的长期发展战略上考虑,要么为控制或影响其他企业(如长期股权投资),要么为获取稳定的利息收入(如长期债权投资)。

解读长期投资,首先应对其总额进行数量判断,即将长期投资与实收资本(即注册资本)或资产总额进行比较。按照现行《国家工商管理条例》的规定,企业的长期投资不应超过其注册资本的50%(国有企业)或者25%(外商投资企业)。

其次,对长期投资进行质量判断:

(一)长期股权投资

长期股权投资包括股票投资和其他股权投资。对此分析应重点关注：

1. 应将长期股权投资与期末利润表中"投资收益"的数额配比。长期股权投资是一种经济行为，期末应当获得投资收益。但有时企业为了全局战略计划，也可能连续几个会计期间的投资收益为负数，即被投资企业连续亏损。例如，某铜厂为了保障本企业生产原料的稳定供应，可以采取购买某矿山的绝对股份，即使矿山亏损，也要控制该矿山的经营不会转向（如改行经营旅游业）。

2. 长期股权投资核算方法的选择。长期股权投资的核算方法有权益法与成本法。《企业会计制度》规定，投资企业的对外投资占被投资企业20%以上的采用权益法，反之采用成本法。采用权益法核算，投资企业的"长期股权投资"账面价值随被投资企业当期发生盈利或亏损上下浮动；而采用成本法，投资企业的"长期股权投资"账面价值不随被投资企业当期发生盈利或亏损上下浮动。个别企业正是利用成本法核算的这个"空间"，选择其他股权投资来转移企业的资产或将经营失误的数额在此长期挂账。

例如，某企业对外投资180万元，与其他单位合资经营矿泉水，股份占被投资企业的19%，采用成本法核算，预期3年收回投资。但3年后，准备收回投资时，被投资企业发生破产清算，180万元所剩无几。对此，投资企业的股东毫无办法，因为对企业的其他股权投资采用成本法核算，投资企业的"长期股权投资"账面价值不随被投资企业当期发生盈利或亏损上下浮动。因此，无法控制被投资企业的经营行为，一旦被投资企业破产，则血本无归。

3. 长期股权投资的减值准备。按照《企业会计制度》规定，企业应于中期期末或年度终了时，对长期股权投资进行全面清查，由于种种原因，使成本低于可收回金额的部分，应提取长期投资减值准备。对有市价的长期投资其质量是否恶化，可以根据下列迹象判断：

(1) 市价持续2年低于账面价值；

(2) 该项投资暂停交易1年；

(3) 被投资单位当年发生严重亏损；

(4) 被投资单位持续 2 年发生亏损;

(5) 被投资单位进行清理整顿、清算或出现其他不能持续经营的迹象。

对于无市价的长期投资,其质量是否恶化,可以根据下列迹象判断:

(1) 影响被投资单位经营的政治或法律环境的变化,如税收、贸易等法规的颁布或修订,可能导致被投资单位出现巨额亏损;

(2) 被投资单位所供应的商品或提供的劳务因产品过时或消费者偏好改变而使市场的需求发生变化,从而导致被投资单位财务状况发生严重恶化;

(3) 被投资单位所在行业的生产技术等发生重大变化,被投资单位已失去竞争能力,从而导致财务状况严重恶化,如进行清理整顿、清算等;

(4) 有证据表明该项投资实际上已经不能给企业带来经济利益的其他情形。

对那些质量状况在恶化的投资,应当计提长期投资减值准备。长期投资减值准备应按照个别投资项目计算确定。为此,需要关注会计报表附注,了解计提长期投资减值准备的会计政策,并且阅读期末资产减值准备明细表中长期股权投资的减值部分。

(二) 长期债权投资

对于长期债权投资,应重点关注企业的委托贷款投资。企业的委托贷款投资是按照《贷款通则》的规定,将企业暂时闲置的资金委托金融机构对其他借款者的贷款行为。企业在进行委托贷款投资时,贷款的对象、用途、期限和利率等均由企业指定,金融机构只起中介作用,对委托贷款只有监督权,而对委托贷款的收益或亏损不承担任何责任。可见,企业的委托贷款投资亦有较高的风险,也须关注会计报表附注和资产减值准备明细表,了解委托贷款减值情况。

四、固定资产质量分析

固定资产是指企业使用期限超过一年的房屋建筑物、机器、机械、运输工具以及其他与生产、经营有关的设备、器具、工具等。不属于生产经营主要设备的物品,单位价值在2 000元以上,并且使用年限超过两年的,也应当作为固定资产。未作为固定资产管理的工具、器具等,作为低值易耗品核算。一般而言,固定资产属于企业的劳动资料,代表了企业扩大再生产的能力。

解读固定资产,首先应对其总额进行数量判断,即将固定资产与资产总额进行比较。如前所述,这种分析应当结合行业、企业生产经营规模以及企业经营生命周期来开展。一般而言,固定资产占资产总额的比重,商品流通业较低,为30%左右,工业较高,为40%左右。而饭店服务业为50%左右,航天制造业为60%左右(参见附录的沪深两市行业2002年主要财务指标平均值)。

其次,还须对固定资产进行质量判断:

1. 固定资产更新情况。即将固定资产期末数减去期初数之差,除以期初数,表明企业固定资产的更新改造程度。程度较高的,意味着该企业后续发展能力较强,固定资产的质量也较好。

2. 固定资产的确认标准。《企业会计制度》对生产经营用固定资产的确认只规定了时间标准,即使用期限超过一年,而未对其价值标准作出明确规定,允许企业根据固定资产的定义,结合本企业的具体情况,制定适合于本企业的固定资产目录、分类方法,作为进行固定资产核算的依据。

对于不同的行业,同一行业的不同时期,固定资产价值标准是不同的。例如,一家小型服装加工企业可将单位价值为500元的缝纫机作为固定资产,而在一家大型铸造企业,单位价值达到3 000元的设备才确认为固定资产。因此,固定资产不同的确认标准对企业的利润会产生很大影响。

例如,某钢铁公司购入单位价值为5 000元的设备10 000台,共计5 000万元。如果以单价5 000元为固定资产确认标准,则该设备被确认为固定资产,假定采用年限平均法计提折旧,预计可使用5年,无残值。如果以单价6 000元为固定资产确认标准,则该设备被确认为低值易耗品,假定采用一次摊销法或五五摊销法。该企业将其确认为固定资产还是低值易耗品对企业的利润影响情况如表3-4所示。

表3-4 资产确认标准比较表

单位:万元

年次	确认为固定资产		确认为低值易耗品			
	计提折旧额	对利润影响	五五摊销法下的摊销额	对利润影响	一次摊销法下的摊销额	对利润影响
1	1 000	−1 000	2 500	−2 500	5 000	−5 000
2	1 000	−1 000	0	0	0	0
3	1 000	−1 000	0	0	0	0
4	1 000	−1 000	0	0	0	0
5	1 000	−1 000	2 500	−2 500	0	0
合计	5 000	−5 000	5 000	−5 000	5 000	−5 000

从上表中可以看出,在设备有效使用年限内,不同的确认方法对企业的利润影响总额相同,但确认为固定资产,把对利润的影响分摊到每一年;若确认为低值易耗品,对设备投入使用年度和报废年度的利润产生较大影响(采用五五摊销法),或仅对投入使用年度的利润产生较大影响(采用一次摊销法)。由此可知,固定资产不同的确认标准,一方面会影响固定资产的价值,另一方面,也会影响当期损益。为此,需要关注会计报表附注,掌握固定资产确认标准的会计政策。

3.非生产经营用固定资产。非生产经营用固定资产是指不直接服务于企业生产经营过程的固定资产,如职工宿舍、幼儿园、学校、俱乐部、食堂、浴室、招待所、卫生所等部门占用的房屋、设施等。一般而言,非生产经营用固定资产是我国计划经济体制下,"企业办社会"的产物,往往在国企中较多。这部分固定资产质量不高,因为其不具备生产经营能力,且分散和消耗大量企业资源,是企业沉重的"包袱"。对此,可针对非生产经营用固定资产占生产经营用固定资产的比重进行分析。

4.固定资产折旧政策。采用合理的固定资产折旧方法计提固定资产折旧额,对于加强企业经济核算,正确计算产品成本和企业盈利,对于足额补偿固定资产损耗,保证固定资产再生的顺利进行均有重要意义。同时,采用不同的折旧方法,对企业的利润及纳税会产生影响。

采用年限平均法计提折旧,各期的折旧额相等,而采用加速折旧法,在固定资产使用的前期折旧额大,使计入成本费用中的折旧费提高,相应降低了这段时期企业的利润。企业利润下降,一方面会影响资产所有者应得的收益,另一方面减少了这一时期的所得税,将纳税期向后推迟。

例如,某企业1994年12月购入大型设备一台,原价500 000,预计净残值率4%,预计使用年限5年,分别采用年限平均法、双倍余额递减法及年数总和法计算的折旧额如表3-5所示。

表3-5 固定资产折旧方法比较表

单位:元

年份	年限平均法			双倍余额递减法			年数总和法		
	计提基数	折旧率	折旧额	计提基数	折旧率	折旧额	计提基数	折旧率	折旧额
1995	500 000	19.2%	96 000	500 000	40%	200 000	480 000	5÷15	160 000
1996	500 000	19.2%	96 000	300 000	40%	120 000	480 000	4÷15	128 000
1997	500 000	19.2%	96 000	180 000	40%	72 000	480 000	3÷15	96 000
1998	500 000	19.2%	96 000	108 000		44 000	480 000	2÷15	64 000
1999	500 000	19.2%	96 000	64 000		44 000	480 000	1÷15	32 000
合计			480 00			480 000			480 000

从表中可以看出,在年限平均法下,固定资产使用期内所计提的折旧额均为96 000元,而在双倍余额递减法和年数总和法下,固定资产使用期限内每年所计提的折旧额则不尽相同,折旧额呈逐年递减趋势,即前期多计费用,后期少计费用,从而影响不同会计期间的利润及其所得税。而将纳税期向后递延,由于货币本身具有时间价值,这就相当于政府向企业提供了一笔无息贷款,对企业来说,则享受到了这种利益。

为了避免企业滥用会计政策,《企业会计制度》要求企业根据固定资产的性质和消耗方式,合理地确定固定资产的预计使用年限和预计净残值,并根据科技发展、环境及其他因素,选择合理的固定资产折旧方法,按照管理权限,经股东大会或董事会,或经理(厂长)会议或类似机构批准,作为计提固定资产折旧的依据。

5. 在建工程的竣工结转。企业的在建工程,包括施工前期准备、正在施工中的建筑工程、安装工程、技术改造工程、大修理工程等。在建工程本质上是正在形成中的固定资产,它是企业固定资产的一种特殊的表现形式。

《企业会计制度》规定,企业建造的固定资产已达到预定可使用状态,但尚未办理竣工决算的,应当自达到预定可使用状态之日起,根据工程预算、造价或者工程实际成本等,按估计的价值转入固定资产,计提折旧,待办理了竣工决算手续后再作调整。实际经济生活中,有的企业对已竣工的在建工程不结转,其目的还是为了调整利润,即一是可以不计提固定资产的折旧费,二是还可将长期借款的利息继续资本化,从而虚增企业利润。可见,由于在建工程结转时间不同,导致企业固定资产的原价不同。例如,某上市公司于1997年将钛白粉工程项目建设期间的借款,以及应付债券利息8 064万元资本化为在建工程成本,然而,实际上该工程已于1995年下半年开始试产,1996年已经生产出合格的产品。如按正常的会计核算,应将这8 064万元的利息计入1997年度的损益。

6. 具有增值潜力的固定资产。它是指企业中市场价值趋向于增值的固定资产。这种增值,或是由特定资产的稀缺性(如企业所拥有的处于商业中心地带的土地、房屋、建筑物)引起的,或是由会计处理的原因导致账面上虽无净值但对企业仍有可进一步利用的原因而引起的(如已经提足折旧,但仍可在一定时间内使用的固定资产;再如未入账的土地等)。在企业固定资产中,具有增值潜力的固定资产占有的比重越高,企业固定资产的质量也就越好。

7. 固定资产、在建工程的减值准备。按照《企业会计制度》规定,企业应于中期期末或年度终了时,对固定资产和在建工程逐项进行检查,按单项资产计提减值准备。由于市价持续下跌,或技术陈旧、损坏、长期闲置等原因导致其可收回金额低于账面价值的,应当将可收回金额低于其账面价值的差额作为固定资产减值准备或在建工程减值准备。当存在下列情况之一时,应当按照该项固定资产的账面价值全额计提固定资产减值准备：

（1）长期闲置不用，在可预见的未来不会再使用，且已无转让价值的固定资产；

（2）由于技术进步等原因，已不可使用的固定资产；

（3）虽然固定资产尚可使用，但使用后产生大量不合格品的固定资产；

（4）已遭毁损，不再具有使用价值和转让价值的固定资产；

（5）其他实质上已经不能再给企业带来经济利益的固定资产。

对于固定资产的减值准备情况，需要分析期末资产减值准备明细表中固定资产和在建工程的减值部分，关注会计报表附注中的有关会计政策。

五、无形资产及其他资产质量分析

（一）无形资产

无形资产是指企业为生产商品、提供劳务、出租给他人或为管理目的而持有的，没有实物形态的非货币性长期资产。无形资产是商品经济高度发达的产物，看似无形，却给企业的生存和发展带来巨大影响。

解读无形资产，首先应对其总额进行数量判断，即将无形资产与资产总额进行比较。如前所述，这种分析应当结合行业、企业生产经营规模以及企业经营生命周期来开展。随着知识经济的到来，以电子信息技术为代表的高科技行业的迅速崛起，企业的无形资产的比重也必将快速增长，使之日益成为现代企业举足轻重的经济资源。一般而言，无形资产占资产总额的比重，传统行业（如商品流通企业、工业企业）较低，一般在10%以下，而高新技术企业较高，为30%左右，甚至更高，比如广东顺德有线电厂无形资产占到资产总额的60%。据披露，中国的硅谷——中关村在2001年正式实施了《中关村科技园区条例》，出现了第一家注册资本100%为无形资产的企业（北京彩辰科技有限公司），现在已有10多家此类企业，使知本真正成为资本，充分体现了知识产权在高科技企业中的决定作用。

其次，还须对无形资产进行质量判断：

1. 无形资产的确认。与有形资产相比，无形资产性质特殊，无形资产能够给企业提供未来经济利益的大小具有较大的不确定性。这些无形资产的经济价值在很大程度上受企业外部因素的影响,预期的获利能力不能准确地加以确定。无形资产的取得成本不能代表其经济价值,一项取得成本很高的无形资产可能给企业带来较小的经济利益,而取得成本较低的无形资产则可能给企业带来较大的利益。对此,需要关注会计报表附注,分析无形资产的确认是否符合《企业会计准则——无形资产》规定的确认条件。

此外,还应关注企业无形资产规模的不正常增加。从对无形资产会计处理的一般惯例来看,企业自创无形资产所发生的研究和开发支出,一般应计入发生当期的利润表,冲减利润。在资产负债表上作为无形资产列示的主要是企业从外部取得的无形资产。如果企业出现无形资产的不正常增加,则有可能是企业为了减少研究和开发支出对利润表的冲击而进行的一种处理。

2. 无形资产的类别比重。无形资产分为可辨认无形资产和不可辨认无形资产。可辨认无形资产包括专利权、非专利技术、商标权、著作权、土地使用权、特许权、电子计算机软件、网址和域名等;不可辨认的无形资产是指商誉。一般而言,专利权、商标权、著作权、土地使用权、特许权等无形资产价值质量较高,且易于鉴定。如果企业的无形资产以非专利技术、商誉为主,则容易产生资产的"泡沫"。

3. 无形资产的摊销。无形资产摊销需要解决的问题是资产有效经济年限的确定。《企业会计制度》规定,对无形资产的有效经济年限通过合同和有关法律来规范。而值得注意的是,"合同规定了受益年限,法律也规定了受益年限的,摊销年限不应超过受益年限和有效年限两者之中的较短者;如果合同没有规定受益年限,法律也没有规定受益年限的,摊销年限不应超过10年"。因此,企业对于无形资产摊销期间的确定,可以有一定选择的空间。由于判断无形资产受益年限的不同而各年的摊销费用也不同,进而会对企业利润及无形资产的摊余价值产生影响。

例如,某企业从外部购买一项非专利权10万元,法律和合同没有规定摊销年限。企业判断该无形资产收益年限为5年~8年。若选定5

年,每年摊销费用为 2 万元;若选定 8 年,则每年摊销费用为 1.25 万元。

事实上,企业对受益年限的选择在很大程度上是出于获得财务收益的目的。从上例中可以看出,前种方法选定 5 年,使企业利润减少,少缴纳了所得税,有利于企业资本保全。例如,某会计师事务所对华兴公司 2001 年审计时发现,该公司在 1999 年企业改制时对划拨的土地使用权进行了评估,增加无形资产 25 500 万元,但一直没有对此无形资产进行摊销,形成土地评估价值长期挂账。如果按照国家有关规定工业用地最高按 50 年期限计算,该公司每年土地使用权摊销金额也为 25 500÷50=510 万元。对此,需要关注会计报表附注,分析企业无形资产的摊销政策,联系现金流量表补充资料中的"无形资产摊销"数额,检验其合理性。

4. 账外无形资产。现行会计制度出于谨慎性考虑,对于企业自创无形资产所发生的研究和开发支出应计入当期损益。因此,企业已经成功的无形资产就难以在资产负债表上出现,只能"游离"在资产负债表外。这样,历史较为悠久并重视研究和开发的企业(尤其是以无形资产创新为核心竞争力的高科技企业),有可能存在多项已经成功且能为企业未来的发展作出积极贡献的无形资产。

5. 无形资产的减值准备。无形资产是一种技术含量很高的特殊资源,它的价值确认存在着高风险。风险是未来预期结果的不确定性程度,表现为由于高估无形资产背离价值的"泡沫"现象。当今世界新技术层出不穷,伴随新旧技术的更换,原有落伍的无形资产必然引发价值的贬值。《企业会计制度》规定,企业应定期对无形资产的账面价值进行检查,至少每年年末检查一次。其中,"定期"通常指每隔一年、半年或季度,具体由企业根据不同的要求作出选择。但是,任何企业至少应于每年年末对无形资产的账面价值进行检查。在检查时,如果发现以下情况,则应对无形资产的可收回金额进行估计,并将该无形资产的账面价值超过可收回金额的部分确认为减值准备:

(1)该无形资产已被其他新技术所代替,使其为企业创造经济利益的能力受到重大不利影响;

(2)该无形资产的市价在当期大幅下跌,在剩余摊销年限内预计不会恢复;

(3)该无形资产已超过法律保护年限,但仍然具有部分使用价值;

(4)其他足以证明该无形资产实质上已经发生了减值的情形。

对此应于会计期末,分析资产减值准备明细表中无形资产的减值情况,并关注会计报表附注中有关无形资产的会计政策。

(二)长期待摊费用

长期待摊费用是指企业已经支出,摊销期限在一年以上(不含一年)的各项费用,包括企业在筹建期间发生的支出、租入固定资产改良支出以及摊销期限在一年以上的其他待摊费用。值得注意的是,我国《企业会计准则——固定资产》规定:"企业的固定资产投入使用后,为了适应新技术发展的需要,或者为维护或提高固定资产的使用效能,往往需要对现有固定资产进行维护、改建、扩建或者改良。如果这项支出增强了固定资产获取未来经济利益的能力,提高了固定资产的性能,如延长了固定资产的使用寿命、使产品质量实质性提高或使产品成本实质性降低,即使可能流入企业的经济利益超过了原先的估计,那么应将该支出计入固定资产的账面价值;否则,应将这些后续支出予以费用化,计入发生当期的损益。"这意味着固定资产的大修理支出不能再计入长期待摊费用。

长期待摊费用同固定资产、无形资产相比,有共性,都是跨越未来若干个会计期间,其价值逐步转销为未来各期的费用。但也各有其特性,一般来说,长期待摊费用本身没有交换价值,不可转让。因为它是按照"权责发生制"和"划分收益性支出和资本性支出"核算原则而设立的一项"资产",与待摊费用一样,它是费用的资本化。所以,该项目根本没有"变现性",只是长期待摊费用的人为调控因素更大。若其数额较大,只会降低资产的质量。因此,分析企业资产的质量时必须将其剔除,并通过会计报表附注分析长期待摊费用的类别和摊销方法的合理性。

(三)其他长期资产

其他长期资产是指除上述资产以外的资产。就其数量而言,既为"其他",在财务报表编制日其数额不应存在或过大。若它们数额较大,则需要进一步分析。

就其质量而言,有些企业的其他长期资产是正常的,主要表现为国家委托企业代为保管的"特准储备物资",如钢材、水泥、粮食、棉花等。这些资产是属于国家的,用于"备战、备荒"之需。企业只有保管权,没有使用权。

除了"特准储备物资",企业的其他长期资产往往是不正常的。例如,待处理海关罚没物资、税务纠纷冻结物资、未决诉讼冻结财产、海外纠纷冻结财产等。这些挂在账上的所谓"资产",能否变现不确定。显然,这种资产的质量极差,必须通过会计报表附注严加关注。

思 考

华信会计师事务所注册会计师朱红对海天公司进行年终审计。在对该公司的存货进行审计时,朱红坚持对存货进行监盘,并核定存货的不同类型及其状况。请问朱红为什么对存货如此关注?你会从哪些方面揭示存货的质量?

第三节 负债和所有者权益质量分析

一、负债质量分析

(一)负债质量的分析程序

负债是指过去的交易、事项形成的现实义务,履行该义务预期会导致经济利益流出企业。负债代表了债权人权益,它与所有者权益均对企业的资产有要求权。从负债的定义可以看出,负债至少具有以下几个基本特征:

1. 负债是基于过去的交易或事项而产生的。也就是说,导致负债的交易或事项必须已经发生,例如,购置货物或使用劳务会产生应付账款

(已经预付或是在交货时支付的款项除外)，接受银行贷款则会产生偿还贷款的义务。只有源于已经发生的交易或事项，会计上才有可能确认为负债。正在筹划的未来交易或事项，如企业的业务计划，不会产生负债。

2.负债是企业承担的现时义务。由于具有约束力的合同或法定要求，在法律上可能是强制执行的，例如，收到货物或接受劳务而发生的应付款项，即属于此类；另外，义务还可能产生于正常的业务活动、习惯以及为了保持良好的业务关系或公平处事的愿望。如果企业作出商品保修承诺，即使商品在售出后才显现缺陷，也要予以免费修理，那么企业在已经售出的产品上预期将会发生的修理费用就是该企业的负债。

这里要注意的是，"现时义务"不等同于"未来承诺"，如果仅仅是企业管理层决定今后某一时间购买资产，其本身并不产生现时义务。一般情况下，只有在资产已经获得时才产生义务。

3.现时义务的履行通常关系到企业放弃含有经济利益的资产，以满足对方的要求。现时义务的履行，可采取若干种方式，例如，支付现金、转让其他资产、提供劳务、以其他义务替换该项义务、将该项义务转换为所有者权益等。

4.负债通常是在未来某一时日通过交付资产(包括现金和其他资产)或提供劳务来清偿的。有时企业可以通过承诺新的负债或转化为所有者权益来了结一项现有负债，前一种情况只是负债的展期，后一种情况则相当于用增加所有者权益而了结债务。

现代市场经济是以信用为基本特征的经济形式，如果借款企业发生变现资产不足以偿付到期债务的问题，其偿债信誉会受到怀疑，该企业也就很难再从金融机构取得贷款，或从供货商处取得赊购优惠，从而大大影响其筹资能力，进而影响企业正常的生产经营活动。因此，偿债能力成为衡量企业财务实力的重要指标。负债的数额与资产的数额配比，形成一个重要的财务比率，用以揭示企业的财务风险状况，对此，将在以后章节中详加论述。一般来说，企业的偿债能力是以资产变现能力来衡量。资产按其变现能力的强弱，可以分为流动资产和长期资产。因此，为了便于分析企业的财务状况和偿债能力，对于负债质量的分析,应当按照偿债的紧迫性,划分为流动负债和长期负债两部分。

(二)流动负债质量分析

流动负债是指企业将在一年或者超过一年的一个营业周期内偿还的债务。它包括短期借款、应付票据、应付账款、预收账款、应付工资、应付福利费、应付股利、应交税金、其他应付款、预提费用、预计负债等。流动负债一般要以流动资产(如现金、银行存款)或新的流动负债进行偿付。从理论上讲,流动负债应按其将来付出的流动资产的价值计价,但因其期限较短,流动负债的现值与将来付款的数额差异较小,则现行会计制度规定,各项流动负债按实际发生额(现值)计价。

解读流动负债,首先应对其总额进行数量判断,即将流动负债与长期负债进行比较。而这种分析应当结合行业、企业生产经营规模以及企业经营生命周期来展开。一般而言,流动负债主要用于企业的日常生产经营,满足企业简单再生产的需要;而长期负债主要用于企业生产经营的投资建设,满足企业扩大再生产的需要。流动负债占长期负债的比重,成长型企业较低,成熟型企业较高。在基本确认了流动负债的数额后,还须对流动负债各个项目进行具体分析,即质量检验。

1. 短期借款

短期借款是指企业向银行或其他金融机构借入的期限在一年以下的各种借款。企业借入短期借款的目的,一般是为了维持正常的生产经营活动,我国企业这一项目在流动负债总额中所占的份额较大。具有一定数量的短期借款,表明企业拥有较好的商业信用,获得了金融机构的有力支持。

分析短期借款的规模应注意以下问题:

(1)与流动资产规模相适应。从财务角度观察,短期借款筹资快捷,弹性较大,任何一个企业,在生产经营中都会发生或多或少的短期借款。但短期借款的目的就是为了维持企业正常的生产经营活动,因此,短期借款必须与当期流动资产,尤其是存货项目相适应。一般而言,短期借款应当以小于流动资产的数额为上限。

(2)与企业当期收益相适应。有效经营的企业并不在乎短期借款数额绝对数的高低,而应注重其产出是否大于投入,即运营效率是否高于借款利率,对此可利用财务杠杆进行分析。

2.应付票据

应付票据是指企业因购买材料、商品等而开出、承兑的商业汇票,包括银行承兑汇票和商业承兑汇票。应付票据是由出票人签发的,要求付款人在指定日期无条件支付确定的金额给收款人或者持票人的票据。

应付票据是一种信用行为。在采用商业承兑汇票方式下,承兑人应为付款人,承兑人对这项债务在一定时期内支付的承诺,作为企业的一项负债;在采用银行承兑汇票方式下,承兑人应为银行。但是,由银行承兑的银行承兑汇票,只是为收款人按期收回债权提供了可靠的信用保证,对付款人来说,不会由于银行承兑而使这项负债消失。因此,即使是由银行承兑的汇票,付款人的现存义务依然存在,应将其作为一项负债。我国《票据法》规定,商业汇票的偿付期限最长不得超过六个月,此项负债在付款时间上具有法律约束力,是企业一种到期必须偿付的"刚性"债务。

3.应付账款

应付账款是指企业因赊购材料、商品或接受劳务供应等而应付给供应单位的款项。应付账款是企业在采购业务中较普遍的一项流动负债,它是一种商业信用行为。与应付票据相比,它是以企业的商业信用作保证的。

分析应付账款规模时应注意的问题:

(1)应付账款的质量界定。判断企业应付账款的质量应与存货相联系,在企业供货商赊销政策一定的条件下,企业的应付账款规模应该与企业的采购规模保持一定的对应关系,且应付账款一般不应高于存货。在企业产销较为平稳的条件下,企业的应付账款规模还应该与企业的营业收入保持一定的对应关系。企业的应付账款平均付账期应保持稳定。但是,如果企业的购货和销售状况没有发生很大变化,企业的供货商也没有主动放宽赊销的信用政策,则企业应付账款规模的不正常增加、应付账款平均付账期的不正常延长,就是企业支付能力恶化、资产质量恶化、利润质量恶化的表现。对此,应当结合行业、企业生产经营规模、企业经营生命周期以及企业的信用政策来分析。一般而言,对于成长型企业，应付账款较少，而对于成熟型企业则较多。

（2）应付账款的运营。应付账款形成于商品交易或与企业主营业务有关的劳务交易，企业的其他交易所产生的欠款不得采用应付账款的形式。从表面上看，企业利用商业信用，大量赊购，推迟付款，有"借鸡生蛋"之利，但隐含的代价是加大筹资成本，降低了企业的公信力。因此，应谨慎处理应付账款的运营。

（3）应付账款的计价。在赊销方式下，卖方企业为鼓励买方企业早日归还账款，往往规定一个折扣期限，买方企业若在折扣期限内付款，即可取得购货折扣。例如，卖方给予10日内付款5%的折扣，30日全额付清的购货条件，则买方购买10 000元的货物，如在10日内付款，只须支付9 500元，但超过10日，须全额付款。对此，会计上有两种核算方法，即总价法与净价法。在总价法下，企业购货时按货物总价（10 000元）登记应付账款，如在折扣期内付款，取得购货折扣，再按少付金额冲减存货价值；在净价法下，企业购货时按货物净价（9 500元）登记应付账款，若企业超过折扣期付款，多支付的款项（500元）列作财务费用。因此，总价法与净价法所列示的应付账款数额会不一致，且对企业财务状况有一定影响。

4. 预收账款

预收账款是指企业按照销货合同规定，在交付商品前向购货单位预收部分或全部货款的一种信用方式。

分析预收货款的规模应注意的问题：

（1）预收账款的质量界定。判断企业预收账款的质量主要用企业经营的生命周期进行衡量。如果企业正处于初生期、成长期或者衰退期时，预收账款过多，显然，有"做账"之嫌。在实际工作中，一些企业违反会计制度，往往利用预收账款项目调整企业的当期损益，逃避税收。例如，企业在完成销售且收到货款后，为逃税（流转税、所得税）而不愿意作收入处理，将其策略地挂入"预收账款"之中。对此，应严加关注和防范。

（2）预收账款是一种"良性"债务。一般而言，预收货款是一种"主动"的债务，它表明收款企业的产品结构和销路较好，生产的产品供不应求,也意味着该企业具有较好的未来盈利能力和偿债能力。

(3)实物清偿。预收账款是一种特殊的债务,在偿付时不是以现金支付,而要以实物(存货)支付。

5.应付工资与应付福利费

应付工资与应付福利费均与企业活劳动的耗费相关。应付工资是指企业应付给职工的工资总额。企业职工工资总额包括计时工资、计件工资、奖金、津贴和补贴等。应付福利费是指企业从成本费用中提取的准备用于职工福利方面的基金。现行会计制度规定,职工福利费按企业工资总额的14%提取。这项福利基金是为解决职工的基本福利而预提的,它们属于企业职工所有,因而是企业的一项负债。

分析应付工资与应付福利费时应注意的问题是:在实际业务中,企业的职工福利基金由于种种原因(如医疗医药费持续上涨、职工年龄结构老化等)经常透支,不得不由企业长期代为垫付,使资产负债表中应付福利费这项负债的金额往往表现为红字,即为企业的一项资产(债权)。但问题在于,一方面,这项债权一般不易收回,实质上是企业的一项潜在亏损;另一方面,此项目的红字还冲减了流动负债总额和负债总额,无形中掩盖了企业的债务危机。而流动负债总额和负债总额又是计算一些重要财务比率(如流动比率、资产负债率)的基础数据,影响了财务分析的准确性和真实性。

6.应付股利(应付利润)

应付股利(应付利润)是指企业经董事会或股东代表大会确定分配的期末应付未付给投资者的投资利润。企业年度末进行利润分配后,应付给投资者的利润,在投资者领取之前,形成了企业的一项流动负债。

分析应付股利(应付利润)时值得注意的是:股份有限公司可采用的股利分配形式有现金股利与股票股利。而股票股利实质是股东权益结构调整的重大财务决策,不涉及现实负债问题,所以,资产负债表上所反映的应付股利指的是企业应付未付的现金股利。

7.应交税金与其他应交款

应交税金是指企业应向国家税务机关交纳而尚未交纳的各种税金,包括增值税、营业税、消费税、资源税、城市维护建设税、土地使用税、车船使用税、房产税、企业所得税等。

其他应交款是指企业应向国家有关部门交纳而尚未交纳的各种款项,应交的教育费附加、矿产资源补偿费等。

分析应交税金与其他应交款时应注意的问题是:

(1)应交税金与利润表中的营业收入配比。企业在一定时期内取得的营业收入、实现的利润,要按国家规定交纳各种税金。如果二者不配比,则说明企业有"漏税"之嫌。但增值税交纳方法采用抵扣法,进行上项比较时,应予以剔除。

(2)上述两项负债是企业应向国家和社会承担的义务,具有较强的约束力。

8.其他应付款

其他应付款是指企业应付、暂收其他单位或个人的款项,如应付租入固定资产和包装物的租金、存入保证金、统筹退休金等。

应注意的问题是:其他应付款既为"其他",则在资产负债表中的数额与主营业务的债务相比不应过大,且时间也不易过长,否则,其他应付款项目中就可能隐含企业之间的非法资金拆借、转移营业收入等违规挂账行为。

9.预提费用

预提费用是指企业按规定从成本费用中预先提取的但尚未支付的费用,如预提的租赁固定资产的租金、保险费、借款利息、固定资产修理费用等。

分析预提费用应注意的问题是:

(1)预提费用的特性。预提费用同短期借款、应付账款等债务相比,有共性,即二者均是企业将在一年内或一个营业周期内需要偿还的债务,但预提费用也有其特性。一般来说,具有以下特征:①预提费用本身没有明确的债权人。这项债务并不是由于过去的交易、事项形成的现时义务,而是企业根据"权责发生制"和"收入与相关的费用配比"原则确认的。因而,预提费用不是一项有确切意义的负债,也不可能有明确的债权人以及准确的偿债方式、偿债责任。②预提费用的估计因素。预提费用是为了一定目的而对未来会计期间发生的支出所进行的提前确认,如租金、固定资产修理费用等。但这种确认往往带有较强的人为判断因素,对企业而言有一定的确认空间。③预提费用与企业的费用开支紧密联系。预提费用这项债务因对未来开支的预计而产生,其确认数额的多少,直接对当期损益产生影响。

(2)预提费用的会计政策。企业在生产经营过程中经常会发生应付未付的费用,如预提租入包装物的租金、预提的保险费、预提的借款利息等,这些费用先发生后支付,在数额较大时,按照"配比"原则,应由支付前期各个受益期的成本费用共同负担。实际业务中,对这类业务一般以合同(租赁、保险、贷款)规定的期限和金额作为确定预提费用的受益期和负债金额。但也有一些业务需要企业会计人员进行合理判断,如固定资产修理费用等。这项支出往往通过财务预算,制定固定资产修理预算的方法来确认其开支总额和受益期。

例如,某企业年初计划本年10月对一项租入固定资产进行装修。该企业预计发生的费用不同,假定方案一为80 000元,方案二为40 000元,因预提费用这项负债的总额估计不同,而对企业的财务状况和各期损益产生不同的影响。假定该企业每月收入100 000元,其他因素不考虑。如表3-6所示。

表3-6 预提费用对财务状况的影响

单位:元

项　　目	方案一	方案二
负债总额	80 000	40 000
每期费用摊销额	8 000	4 000
对当期利润的影响	92 000	96 000

可见,对预提费用的总额或期间估计不同,使企业的财务状况和各期损益也不同。若高估预提费用,一方面会造成企业当期负债的增加,另一方面也使当期费用增加;反之亦然,即直接对当期损益产生"互动"影响。

如前所述,这种流动负债具有较强的估计因素。因此,不可避免地使其受到人为主观判断的影响,使企业有一定的"操作"空间。尤其是在年末易受企业管理当局出于不同偏好的控制。例如,为隐藏当期利润、延迟纳税而加大预提费用的估计,或为突出当期业绩而削减预提费用的估计等。为此,必须关注会计报表附注,分析预提费用的项目和预提标准的合理性。

10.预计负债

预计负债是因或有事项而确认的负债。而或有事项是指过去的交易或事项形成的一种状况,其结果须通过未来的不确定性事项发生或不发生予以证实。如未决诉讼、产品质量保证、债务担保等或有事项。

分析预计负债的质量应注意的问题是:

(1)预计是指根据一些客观条件进行选择的结果。例如,2000年12月27日,甲企业因违反合同法规而涉及一桩诉讼案,根据企业法律顾问的判断,最终的判决很可能对甲企业不利,如果12月31日尚未接到法院的判决,因诉讼需要承担的赔偿金额也无法准确确定。不过据专业人士估计赔偿金额可能在80万元至100万元之间,则甲企业应在2000年12月31日的资产负债表中确认一项金额为90万元[(80+100)÷2]的负债。对于预期会败诉的被告而言,因为未决诉讼将产生一项或有负债,其最终结果都是由诉讼的最终调节或判决来决定。因此,预计负债与实际负债存在一定的外部制约因素,也存在一定的转化期限。

(2)预计负债的确认是一个持续过程。对比传统会计制度中对会计要素的确认和计价,往往经过首次确认和再次确认以后,就可以完成会计基本确认程序;而预计负债的确认,要经过一个持续过程,因为影响预计负债的因素包括许多方面。例如,需分析未决诉讼中的法律因素是否涉及商法、公司法、证券法,以及是否涉及国际法的各项法规,如反倾销法和贸易保护法等。这要涉及一个持续观察和判断的过程才能进行会计确认。

基于以上原因,解读预计负债时,应借助会计报表附注中或有事项的有关说明,考察预计负债的合理性,并关注其他或有负债对企业财务状况以及损益状况的影响程度。

(三)长期负债质量分析

长期负债是指偿还期在一年或者超过一年的一个营业周期以上的负债,包括长期借款、应付债券、长期应付款等。长期负债作为企业一项义务，结算期较长，因而成为企业筹集资金的一种重要方式。长期负债除具有负债的共同特征外，与流动负债相比，还具有债务金额大、偿还期限长、可以分期偿还等特点。

解读长期负债，首先应对其总额进行数量判断，即将长期负债与负债总额进行比较。如前所述，长期负债主要用于企业生产经营的投资建设，满足企业扩大再生产的需要。长期负债占负债总额的比重，成长型企业较高，成熟型企业较低。

一般来说，企业为了满足生产经营的需要，特别是为了拓展企业的经营规模，有必要购建大型机械设备、地产、增建或扩建厂房等。这些都需要企业投入大量的需长期占用的资金，而企业所拥有的生产经营资金是无法满足这种需要的。如果用企业内部形成的资本积累再去购置，则可能丧失企业发展的有利时机，因此，需要筹集长期资金。筹集长期资金的方式主要有两种：一种是由投资者投入新的资本(或由股东追加投资，增发新股)；另一种是举措长期负债，即通常所说的"举债经营"，主要有签发长期应付票据、发行企业债券以及向银行或其他金融机构举借长期借款等。站在投资者的立场上，与增加投入资本(或股本)相比，举借长期负债有下列优点：举借长期负债不影响企业原有的资本(或股权)结构，有利于保持原有投资者(或股东)控制企业的权力；长期负债的利息支出除资本化以外的，可以作为正常的经营费用从利润总额中扣减，有一定的规避税收作用。但举借长期负债也有其不足之处，长期负债利息是企业必须定期支付的固定费用，如果企业经营不善，市场情况恶化，这笔固定的利息费用就会成为企业财务上的负担。考虑到举债经营的优点与不足，企业应进行合理的财务决策，适度举债。一方面，要保证举债经营的投资报酬率高于长期负债的利率；另一方面，举债的程度应与企业的资本结构和偿债能力相适应。

在基本确认了长期负债的数额后，还须对长期负债各个项目进行具体分析，即质量检验。

1. 长期借款

长期借款是指企业向银行或其他金融机构借入的期限在一年以上的各项借款。有一定数量的长期借款，表明企业获得了金融机构的有力支持,拥有较好的商业信用和比较稳定的融资渠道。

分析长期借款质量时应注意的问题是:

(1)与固定资产、无形资产的规模相适应。长期借款的目的就是为了满足企业扩大再生产的需要,金融机构对于发放此项信贷有明确的用途和控制。因此,长期借款必须与当期固定资产、无形资产的规模相适应。一般而言,长期借款应当以小于固定资产与无形资产之和的数额为上限;否则,企业有转移资金用途之嫌,如将长期借款用于炒股或期货交易。

(2)与企业当期收益相适应。长期借款使企业在一定时期内形成了一项固定的利息费用。对此,应注重其产出是否大于投入,即运营效率是否高于借款利率,可利用财务杠杆进行分析。

(3)长期借款利息费用的处理。与短期借款相比,长期借款除借款期限较长外,其不同点还体现在对借款利息费用的处理上。《企业会计制度》规定,长期借款的利息费用,应当按照权责发生制原则的要求,按期预提计入所购建资产的成本(即予以资本化)或直接计入当期财务费用。由于长期借款利息费用数额较大,直接影响资产(如固定资产)和当期损益的高低。对此,必须关注会计报表附注中关于借款费用的会计政策,分析长期借款利息费用的会计处理(资本化或费用化)的合理性。

2. 应付债券

应付债券是指企业为筹集长期使用资金而实际发行的一种书面凭证。这里的应付债券是指发行期限在一年以上(不含一年)的应付长期债券,从而构成了企业的一项长期负债。

分析应付债券质量时应注意的问题是:

(1)商业信用较高。能够发行企业债券的单位只能是经济效益较好的上市公司或特大型企业,他们往往都经过金融机构严格的信用等级的评估。所以,持有一定数额的应付债券,尤其是可转换公司债券,表明企业商业信用较高。

(2)与固定资产、无形资产的规模相适应。同长期借款的目的一样,应付债券也是为了满足企业扩大再生产的需要,对其用途有限制。因此,应付债券必须与当期固定资产、无形资产的规模相适应。应付债券是企业面向社会募集的资金,债权人分散。如果企业使用资金不利或转移用途,将会波及企业债券的市价和企业的声誉。

3.长期应付款

长期应付款是指企业除长期借款和应付债券以外的其他各种长期应付款,包括采用补偿贸易方式引进国外设备的价款、应付融资租入固定资产的租赁费等。

通常情况下,利用补偿贸易方式引进国外设备和融资租入固定资产是资产使用在前,款项支付在后。例如,采用补偿贸易方式引进国外设备时,企业可先取得设备,设备投产后,再用其所生产的产品偿还该设备的价款。因此,补偿贸易方式引进国外设备和融资租入固定资产,在尚未偿还价款或尚未支付租赁费之前,构成了企业的一项长期负债。除了上述两种情况,一般企业很少会涉及长期应付款业务。

对于长期应付款的质量,我们认为,第一,无论是采用补偿贸易方式引进国外设备价款,还是采用应付融资租入固定资产的租赁费,二者均与企业特定的固定资产相关。对此,可关注会计报表附注中的有关部分说明。第二,采用补偿贸易方式引进国外设备价款方式形成的长期应付款,属于外向型经营,受到国家的鼓励和支持(如减免税收),效果较好;而采用融资租入固定资产方式形成的长期应付款,说明企业的融资方式和手段较为灵活。

二、所有者权益质量分析

(一)所有者权益质量分析程序

对于任何企业而言,其资产形成的资金来源不外乎两个:一是债权人,二是所有者。债权人对企业资产的要求权形成企业的负债,所有者对企业净资产的要求权形成企业的所有者权益。因此,所有者权益实质上是指所有者在企业资产中享有的经济利益,其金额为资产减去负债后的余额。它包括实收资本(或股本)、资本公积、盈余公积和未分配利润。

所有者权益可以反映企业资本来源,揭示企业法定资本,以及对利润分配、公积金的使用等构成限制的情况,如实收资本和资本公积一般不能用于利润分配,盈余公积和未分配利润则是由企业在生产经营过程中所实现的利润留存在企业所形成的,等等。因此,所有者权益有助于向投资者、债权人等提供有关资本来源、净资产的增减变动、分配能力等对其决策有用的信息。

分析所有者权益质量时应注意的问题是:

(1)总量判断。如前所述,资产总额代表了一个企业的生产经营规模。掌握一个企业的资产总额固然重要,但更要关注其净资产有多少,因为净资产表明企业生产经营的最终结果。如果某企业资产总额1 000万元,而所有者权益总额不足10万元,说明企业的资产99%以上为债权人投入的,该企业处于破产清算的边缘。这时,资产总额越少越好。所有者权益总额为正,越大越好,若为负数,则表明企业累计亏损已资不抵债。

(2)结构判断。将该项目分为内部和外部两大类,然后进行期末与期初的配比。实收资本和资本公积来源于企业外部(投资人)的资本投入,而盈余公积和未分配利润则来源于企业内部(经营者)的资本增值,也称留存收益。外部所有者权益的增长,只能说明投资额的加大,代表了企业外延式扩大再生产的能力,而内部所有者权益的持续增长,才意味着企业经营者的资本保值、增值能力,企业拥有充裕的自有资金和良好的偿债能力,代表了企业内涵式扩大再生产的能力。

在基本确认了所有者权益的数额后,还须对所有者权益各个项目进行具体分析,即质量检验。

(二)实收资本(或股本)质量分析

实收资本(或股本)是指投资者按照企业章程或合同、协议的约定实际投入企业的资本。企业资本的来源及其运用受企业组织形式、相关法律的约束较多。

分析实收资本的规模应注意以下问题:

1.实收资本的总额。众所周知,企业进行生产经营必须具备一定的物质基础。而报表上的实收资本揭示了一个企业生产经营的物质基础。一般来说,资本总额越大,企业的物质基础就越雄厚,经济实力就越强。同时,资本总额也是一定经营领域的准入"门槛"。我国《企业法人登记管理条例》规定,企业申请开业,必须具备符合国家规定并与其生产经营和服务规模相适应的资金数额。我国《公司法》规定,在有限责任公司中,以生产经营或商品批发为主的公司,其注册资本不得少于50万元,以商业零售为主的公司,其注册资本不得少于30万元,科技开发、咨询、服务性公司,其注册资本不得少于10万元,而股份有限公司注册资本的最低限额为1 000万元,上市公司资产总额(注册资本)不得少于5 000万元。

2.实收资本与企业的注册资本配比。注册资本是企业承担有限责任的根本保障,我国《民法通则》规定,设立企业法人必须要有一定的财产,因此我国设立企业采用注册资本制,投资者出资达到法定注册资本的要求是企业设立的先决条件。而且根据注册资本制的要求,企业会计核算中的实收资本即为法定资本,应当与注册资本相一致,企业不得擅自改变注册资本数额或抽逃资金。投入资本是投资者实际投入企业的资金数额,一般情况下,投资者的投入资本,即构成企业的实收资本,也正好等于其在登记机关的注册资本。若实收资本远远低于注册资本,需进一步阅读会计报表附注及公司合同的有关说明,是否为注册资本不到位,或者抽逃注册资本,对比应予以高度重视。

3.实收资本项目与所有者权益总额配比。所有者权益总额除以实收资本数额,再除以企业开业的年数,得出净资产的年均增长率,据此对企业的成长性作出初步判断。

(三)资本公积质量分析

资本公积是企业在接受投资(投资者或者他人投入)过程中形成的公共积累。其所有权归属于企业所有的投资者,但不计入投资者的注册资本。资本公积从形成来源上看,它不是由企业实现的利润转化而来的,从本质上讲应属于投入资本范畴。

分析资本公积的质量应注意以下问题:

1.资本公积的性质。尽管资本公积属于投入资本范畴,但它与实收资本又有所不同。实收资本一般是投资者投入的为谋求价值增值的原始投资,属于法定资本,与企业的注册资本相一致。因此,实收资本无论是来源上还是金额上,都有比较严格的限制。而资本公积在金额上则没有严格的限制,而且在来源上也相对比较多,它可以来源于投资者的额外投入，也可以来源于除投资者之外的其他企业或个人的投入，如接受捐赠的资产等。所以，资本公积不是明确属于某一投资人的，而是属于所有投资人的。

2. 资本公积项目与实收资本项目（或所有者权益总额）配比。由于资本公积是所有者权益的有机组成部分，而且它通常会直接导致企业净资产的增加，因此，资本公积的信息对于投资者、债权人等财务信息使用者的决策十分重要。若前者数额过大，应进一步了解资本公积的构成。资本公积包括资本（或股本）溢价、接受现金捐赠、拨款转入、外币资本折算差额和其他资本公积、接受捐赠非现金资产准备和股权投资准备等。在实际工作中，有的企业为了小集团的利益，在不具备法定资产评估条件的情况下，通过虚假评估来虚增净资产，以达到粉饰企业的财务指标（如资产负债率、每股净资产）和企业信用形象的目的。

3. 资本公积的用途。根据我国《公司法》等法律的规定，资本公积的用途主要是用来转增资本（或股本）。前已述及，资本公积从本质上讲属于投入资本的范畴，由于我国采用注册资本制度等原因导致了资本公积的产生，所以，将资本公积转增资本可以更好地反映投资者的权益。

资本公积转增资本虽然没有改变企业的所有者权益（净资产）总额，但是，资本公积转增资本可以改变企业投入资本的结构，体现企业稳健、持续发展的潜力，因为企业实收资本一般不会用于投资者的分配或者用于弥补亏损，即使是在企业破产的情况下，它也将被优先分配给债权人。对于股份有限公司而言，它会增加投资者持有的股份，从而增加公司股票的流通量，进而可以激活股价，提高股票的交易量和资本的流动性。

4. 资本公积转增资本的来源。为了避免虚增净资产，误导决策，有必要分析资本公积转增资本的来源，考察其合理性。资本公积形成的来源按其用途主要包括两类：一类是可以直接用于转增资本的资本公积，它包括资本（或股本）溢价、接受现金捐赠、拨款转入、外币资本折算差额和其他资本公积等；另一类是不可以直接用于转增资本的资本公积，它包括接受捐赠非现金资产准备和股权投资准备等。

(四)留存收益质量分析

留存收益是指企业从历年实现的利润中提取或形成的留存于企业的内部积累(包括盈余公积和未分配利润)。留存收益来源于企业在生产经营活动中所实现的净利润,它与实收资本和资本公积的区别在于,实收资本和资本公积来源于企业外部的资本投入,而留存收益则来源企业内部的资本增值。

留存收益的目的是保证企业实现的净利润有一部分留存在企业,不全部分配给投资者。这样,一方面可以满足企业维持或扩大再生产经营活动的资金需要,保持或提高企业的获利能力;另一方面可以保证企业有足够的资金弥补以后年度可能出现的亏损,也保证企业有足够的资金用于偿还债务,保护债权人的权益。鉴于此,对于留存收益的提取和使用,除了企业的自主行为外,往往也有法律上的诸多规定和限制,例如我国法律规定企业必须根据净利润提取法定盈余公积和法定公益金。

1. 盈余公积是指企业从净利润中提取的公积积累。主要包括:法定盈余公积、任意盈余公积和法定公益金。法定盈余公积是指企业按照规定的比例从净利润中提取的盈余公积,例如,根据我国《公司法》的规定,有限责任公司和股份有限公司应按照净利润的10%提取法定盈余公积。对于非公司制企业而言,也可以按照超过净利润10%的比例提取。任意盈余公积是指企业经股东大会或类似机构批准按照规定的比例从净利润中提取的盈余公积。它与法定盈余公积的区别在于其提取比例由企业自行决定,而法定盈余公积的提取比例则由国家有关法规决定。法定公益金是指企业按照规定的比例从净利润中提取的用于职工集体福利设施的公益金。根据我国《公司法》的规定,有限责任公司和股份有限公司应按照净利润的5%～10%提取法定公益金。

分析盈余公积的质量应注意以下问题:

(1)总量判断。由于盈余公积是在企业净利润中形成的,主要用于企业维持或扩大再生产经营活动的资金需要。因此,一般而言,盈余公积越多越好。根据我国《公司法》的规定,计提的法定盈余公积累计达到注册资本的50%时,可以不再提取。

(2)结构判断。盈余公积包括法定盈余公积、任意盈余公积和法定公益金三类。分析盈余公积的有机构成的意义在于：一是可以了解企业的意图，如任意盈余公积所占比重较大，说明企业意在加强积累，谋求长远的效益。二是可以衡量资产的质量，如法定公益金所占比重较大，则可能降低资产质量，因为由法定公益金形成职工集体福利（如职工住房、职工浴室等），在企业发生兼并、分立、重组等产权变动时，这部分资产变现将非常困难。

(3) 盈余公积的期末与期初配比。若盈余公积的期末数额大大少于期初数额，则需进一步分析企业盈余公积用途的合理性：

① 弥补亏损。根据企业会计制度和有关法规的规定，企业发生亏损，可以用发生亏损后五年内实现的税前利润来弥补，当发生的亏损在五年内仍不足弥补的，应使用随后实现的所得税后利润弥补。通常，当企业发生的亏损在所得税后利润仍不足弥补的，可以用所提取的盈余公积来弥补，但是，用盈余公积弥补亏损应当由董事会提议，股东大会批准，或者由类似的机构批准。

② 转增资本（股本）。当企业提取的盈余公积累积比较多时，可以将盈余公积转增资本（股本），但是必须经股东大会或类似机构批准。而且用盈余公积转增资本（股本）后，留存的盈余公积不得少于注册资本的25%。

③ 发放现金股利或利润。在特殊情况下，当企业累积的盈余公积比较多，而未分配利润比较少时，为了维护企业形象，给投资者以合理的回报，对于符合规定条件的企业，也可以用盈余公积分派现金利润或股利。因为盈余公积从本质上讲，是由收益形成的，属于资本增值部分。

2. 未分配利润是企业实现的净利润经过弥补亏损、提取盈余公积和向投资者分配利润后留存在企业的历年结存的利润。未分配利润通常用于留待以后年度向投资者进行分配。由于未分配利润相对于盈余公积而言，属于未确定用途的留存收益，所以，企业在使用未分配利润上有较大的自主权，受国家法律法规的限制比较少。

分析时注意：

(1) 未分配利润是一个变量，可能是正数（未分配的利润），也可能是负数（未弥补的亏损），可将该项目的期末与期初配比，以观察其变动的曲线和发展的趋势。

（2）对资产负债表上未分配利润项目的时间界定，应分为平时（1～11月份）与年终利润分配后（12月份）两部分来解读。平时该项目由企业的年初未分配利润与本年利润两部分构成，而年终利润分配后该项目是利润分配后的余额。以此用以进一步分析和揭示企业财务状况。

思　考

华信会计师事务所注册会计师朱红对海天公司进行年终审计时发现，该公司资产负债表中的"应付福利费"项目为赤字270 000元。对此项负债，朱红表示需要在审计报告中重点说明，并要求调整该公司涉及负债内容的有关财务指标（例如，流动比率、速动比率、资产负债率等）。请问朱红为什么要进行这样的处理？

第四节　资产减值准备明细表和所有者权益（或股东权益）增减变动表解读

为了适应社会主义市场经济的迅猛发展，进一步准确、深入地揭示资产负债表所披露的财务信息，更有效地掌握企业的财务状况，《企业会计制度》规定，增加资产减值准备明细表和股东权益（所有者权益）增减变动表，它们是对企业资产负债表的补充说明。

一、资产减值准备明细表解读

资产减值准备明细表是反映企业一定会计期间各项资产减值准备的增减变动情况的报表。资产减值准备明细表包括在年度财务报表中，是资产负债表的附表。

《企业会计制度》规定，企业应当定期或者至少于每年年度终了时，对各项资产进行全面检查，并根据谨慎原则的要求，合理地预计各项资产可能发生的损失,对可能发生的各项资产损失计提减值准备。在资产负债表中,企业的各项资产是以其账面价值列示的,即扣除了减值部分。为了全面反映企业各项资产的减值情况,给财务信息使用者提供决策有用的信息,便于深入分析资产减值情况,减少企业资产"泡沫",对企业的未来发展前景作出预测,要求企业编制资产减值准备明细表。解读资产减值准备明细表时应注意:

1. 本表的项目(如短期投资、存货、固定资产等)的合计数与资产负债表中的相关项目(如短期投资、存货、固定资产等)数额配比一致,考察企业各项资产减值情况。

2. 各项资产减值情况与会计报表附注中相关会计政策配比,分析和评价所采用的相应会计政策的真实性与合理性。

3. 各项资产减值情况与企业以往情况、市场情况以及行业水平配比,以评价过去,掌握现在,分析其变动趋势,预测未来。

资产减值准备明细表的结构和格式如表3-7所示。

表3-7 资产减值准备明细表

编制单位:　　　　　　　　　　年度　　　　　　　　　　单位:元

项　目	年初余额	本年增加数	本年转回数	年末余额
一、坏账准备合计				
其中:应收账款				
其他应收款				
二、短期投资跌价准备合计				
其中:股票投资				
债券投资				
三、存货跌价准备合计				
其中:库存商品				
原材料				
四、长期投资减值准备合计				
其中:长期股权投资				
长期债权投资				
五、固定资产减值准备合计				
其中:房屋、建筑物				

续表

项　目	年初余额	本年增加数	本年转回数	年末余额
机器设备				
六、无形资产减值准备合计				
其中：专利权				
商标权				
七、在建工程减值准备				
八、委托贷款减值准备				

二、所有者权益(或股东权益)增减变动表解读

所有者权益(股东权益)增减变动表是反映企业在某一特定日期股东权益增减变动情况的报表。所有者权益(股东权益)增减变动表包括在年度财务报表中，是资产负债表的附表。

目前，随着我国改革开放的深入，特别是市场经济的发展，实行多种所有制、多种经营方式共同发展的所有制结构政策，充分发挥市场在社会资源配置中的基础作用，财务信息服务对象变得多样化了。也就是说，财务信息不但要继续服务于国有资产所有者以及社会事务管理者的需要，同时也要服务于投资者、债权人以及社会公众的需要。因此，为了更好地适应企业投资主体多元化的特征，《企业会计制度》规定要增加所有者权益(股东权益)增减变动表。该表全面反映了企业的所有者权益在年度内的变化情况，便于财务信息使用者深入分析企业所有者权益的增减变化情况，并对企业的资本保值增值情况作出正确判断，从而为决策者提供有用的信息。

所有者权益(股东权益)增减变动表具体说明了所有者权益增减变动的各项内容，包括股本(实收资本)、资本公积、法定和任意盈余公积、法定公益金、未分配利润等。每个项目中，又分为年初余额、本年增加数、本年减少数、年末余额四小项，每个小项中，又分具体情况列示不同内容。解读所有者权益(股东权益)增减变动表时应注意：

1. 本表的项目(如实收资本、资本公积、法定和任意盈余公积、法定公益金、未分配利润等)的合计数与资产负债表中的相关项目(如实收

资本、资本公积、法定和任意盈余公积、法定公益金、未分配利润等)数额配比一致,考察企业各项所有者权益的变动情况。

2.各项所有者权益增减变动情况与利润分配表以及会计报表附注中相关会计政策配比,分析和评价所采用的相应会计政策的合理性。

3.各项所有者权益增减变动情况与企业以往情况、市场情况以及行业水平配比,以观察和分析其变动趋势。

所有者权益(股东权益)增减变动表的结构和格式如表3-8所示。

表3-8 所有者权益(或股东权益)增减变动表

编制单位:　　　　　　　　年度　　　　　　　　单位:元

项　　目	行次	本年数	上年数
一、实收资本(或股本):			
年初余额	1		
本年增加数	2		
其中:资本公积转入	3		
盈余公积转入	4		
利润分配转入	5		
新增资本(或股本)	6		
本年减少数	10		
年末余额	15		
二、资本公积:			
年初余额	16		
本年增加数	17		
其中:资本(或股本)溢价	18		
接受捐赠非现金资产准备	19		
接受现金捐赠	20		
股权投资准备	21		
拨款转入	22		
外币资本折算差额	23		
其他资本公积	30		
本年减少数	40		
其中:转增资本(或股本)	41		
年末余额	45		

续表

项 目	行次	本年数	上年数
三、法定和任意盈余公积：			
年初余额	46		
本年增加数	47		
其中：从净利润中提取数	48		
其中：法定盈余公积	49		
任意盈余公积	50		
储备基金	51		
企业发展基金	52		
法定公益金转入数	53		
本年减少数	54		
其中：弥补亏损	55		
转增资本（或股本）	56		
分派现金股利或利润	57		
分派股票股利	58		
年末余额	62		
其中：法定盈余公积	63		
储备基金	64		
企业发展基金	65		
四、法定公益金：			
年初余额	66		
本年增加数	67		
其中：从净利润中提取数	68		
本年减少数	70		
其中：集体福利支出	71		
年末余额	75		
五、未分配利润：			
年初未分配利润	76		
本年净利润（净亏损以"－"号填列）	77		
本年利润分配	78		
年末未分配利润（未弥补亏损以"－"号填列）	80		

思　考

华信会计师事务所注册会计师朱红对海天公司进行年终审计时发现，该公司资产减值准备明细表中的项目几乎没有数据，朱红认为对一个资产总额近5亿元人民币的企业很不正常。该公司经理辩解说，这恰恰说明本公司资产质量高。你认为谁的看法正确？为什么？

本章小结

本章以资产负债表结构特征为起点，重点研究和分析了构成资产负债表的三要素：资产、负债和所有者权益，并对资产减值准备明细表与所有者权益变动表的主要项目进行解读。

1. 资产质量分析。这是本章论述的重点。资产负债表质量分析的意义在于：无论从理论意义上还是从实践环节上来看，恰恰是企业资产、负债和所有者权益的实际质量而不是其账面价值决定了对企业生存与发展的实际贡献。资产是核心要素，其他会计要素均是从不同角度对资产要素的揭示。首先，要对资产总额进行分析，企业一定数额的资产总额往往是某些市场、行业或业务的"准入证"；其次，对资产的流动性进行分析，资产的流动性是衡量其质量的一把重要尺子。资产质量的重点分析项目是货币资金、应收账款、存货、长期投资、固定资产、无形资产等，从确认、数量判断和质量判断的不同角度对它们进行了质量分析。

2. 负债项目质量分析。负债的数额与资产的数额配比，可以揭示企业的财务风险状况。为了便于分析企业的财务状况和偿债能力，应当按照偿债的紧迫性，划分为流动负债和长期负债两部分，从确认、数量判断和质量判断的不同角度，并与资产负债表左侧的相应资产以及利润表的费用相联系，对负债质量进行分析。

3. 所有者权益质量分析。按照所有者权益稳定程度分类（实收资本、资本公积、留存收益），从确认、总量判断和结构判断的不同角度，并与资产负债表左侧的相应资产以及利润表的收入相联系,对所有者权益质量进行分析。

此外,资产减值准备明细表和所有者权益变动表是资产负债表的附表,是对企业资产负债表的补充说明。

综合复习题

一、思考题

1. 如何理解朱镕基的"诚信为本,操守为重,坚持准则,不做假账"校训?
2. 为什么说资产是核心要素,其他会计要素均是从不同角度对资产要素的揭示?
3. 对资产负债表进行质量分析需要遵循哪些基本原则?
4. 如何进行应收账款的质量分析?
5. 如何进行固定资产的质量分析?
6. 应付工资、应付福利费项目有什么特点?
7. 分析预计负债的质量应注意哪些问题?
8. 什么是待摊费用、长期待摊费用和预提费用?三者的联系与区别是什么?
9. 为什么江泽民说:"总资产要等于净资产加上负债,这个公式是资产负债表的经典的东西?"
10. 解读资产减值准备明细表和所有者权益变动表应注意哪些问题?

二、单项选择题

1. 资产负债表中资产项目的排列顺序是依据项目的(　　)。

　　A. 重要性　　　　　　　　B. 收益性
　　C. 流动性　　　　　　　　D. 时间性

2. 若从(　　)角度考虑,企业不仅应保持一定量的货币资金,而且,一般而言,还应越多越好。

　　A. 企业投资人　　　　　　B. 企业经营者
　　C. 长期债权人　　　　　　D. 短期债权人

3. 一般来说,偿还流动负债的现金是从( )中产生的。

　　A. 长期借款　　　　　　　B. 银行存款

　　C. 流动资产　　　　　　　D. 有价证券

4. 存货的计价方法不同,影响着期末存货成本和当期销售成本,进而影响财务报表分析的( )。

　　A. 可比性　　　　　　　　B. 相关性

　　C. 及时性　　　　　　　　D. 可验证性

5. 资产负债表上反映的应付股利,是指企业应付未付的( )。

　　A. 借款利息　　　　　　　B. 税金

　　C. 现金股利　　　　　　　D. 股票股利

三、多项选择题

1. 会计学上的"资产"是一项资源,它具有如下特征( )。

　　A. 过去的交易、事项形成

　　B. 由企业拥有或者控制

　　C. 该资源预期会给企业带来经济利益

　　D. 不确定性

　　E. 必须以货币计量

2. 从理论上看,企业的全部资产都是有价值的,均能够变换为现金。然而,实践中有些资产是难以或不准备迅速变换为现金的,如( )等。

　　A. 厂房建筑物　　　　　　B. 机器设备

　　C. 运输车辆　　　　　　　D. 商誉

　　E. 待摊费用

3. 所有者权益变动表是( )。

　　A. 年度报表　　　　　　　B. 月度报表

　　C. 财务报表的主表　　　　D. 财务报表的附表

　　E. 财务报表的附注

4. 待摊费用的实质是费用的资本化,它是按照( )核算原则而设立的一项"流动资产"。

　　A. 权责发生制　　　　　　B. 可比性

C. 划分收益性支出和资本性支出　　D. 历史成本

E. 收入与相关费用配比

5. 留存收益使企业实现的净利润有一部分留存在企业,不全部分配给投资者,这样做的目的是可以(　　)。

A. 维持生产经营活动的资金需要

B. 满足扩大再生产的资金需要

C. 有足够的资金弥补以后年度的亏损

D. 有足够的资金用于偿还债务

E. 进行社会公益活动

四、案例分析题

(一)资料

在1998年中期财务报告中,厦新电子公司中期净利润7 870万元,比上年同期增长258%,比1997年全年的利润还多95%,实现了令人瞩目的高成长。但是,当投资者仔细阅读财务报表时就会发现,公司的长期待摊费用科目中,广告待摊费用高达8 807万元,而这种广告费用的长期摊销在1997年是没有的。公司在1998年中期报告中指出:"集中发生的大额广告费用按3年摊销。"净利润的高速成长和大额广告费用的待摊形成了鲜明对比,加上中期报告中该公司推出了10配3,每股配股价18元～20元的配股预案,引起了广大投资者和各类中介机构的广泛关注。

该公司董事会秘书吕东先生对此进行了解释:厦新电子设立前的主体曾是我国最大的录像机、放像机生产企业,虽然早在1994年就注册了Amoisonic、"厦新"的商标,但截至1997年改制上市前基本上没有生产过以自己的注册商标冠名的产品。以前基本上不打广告,公司自有品牌的知名度无从谈起。1997年,厦新电子成立后,股份公司迅速开发出自己的拳头产品并租用厦新电子有限公司已注册的Amoisonic、"厦新"商标,推出厦新VCD、厦新录像机。从1998年初开始,公司在中央电视台新闻联播前后黄金时段和其他媒体上大力进行广告宣传,这一策略见效非常显著,具体表现在三个方面:(1)极大提高了企业和产品的知名度;(2)使公众对Amoisonic厦新产品的品质逐渐认同;(3)大力拓展了厦新电子公司产品的市场,以厦新VCD为例,销量在短短几个月时间内迅速上升到国内第三。为提升公司的品牌价值,公司1998年1～6月份增加了广告投入,这些广告既当年见效又利在长远。这些投资不仅仅着眼于推销公司目前主要产品VCD,更重要的是要为树立一个名牌企业长期发挥作用,它的部分价值也将自然而然地转化为厦新电子的公司商誉,这既是1998年上半年广告费用应该分期摊销的原因所在,也是厦新电子公司为实施国际名牌战略而不懈努力的一项重要内容。

(二)分析提示

一家公司广告费用的摊销引来广泛争论,这是为什么呢?因为不同的处理方法会导致企业利润的重大差异。对报表的使用者来说,在了解了长期待摊费用特点的情况下,对"广告费用的摊销"应有自己的认识。会计不仅仅是记账,在选择会计方法时需分析和判断,因此,有人称会计是一门艺术,是有一定道理的。企业的财务报表是静态的,而投资者应从长期动态的角度去分析,这样才能实现理性投资,规避风险。

(三)思考题

1. 与其他长期资产相比,长期待摊费用有什么特点?
2. 你认为厦新公司广告费的长期待摊与公司推出的10配3的配股方案是否有联系?
3. 广告费用的长期待摊符合哪些会计原则?不符合哪些会计原则?
4. 你认为厦新电子公司广告费处理是否适当?为什么?

第四章 利润表及其附表的质量分析

本章学习目的
1. 利润表的结构特征及其质量分析的意义。
2. 利润表质量分析的程序及其收益项目关系分析。
3. 利润形成过程质量分析。
4. 利润分配表及分部报表解读。

范 例

据报刊披露,2002年,一些上市公司不是真正靠主营业务的增长来提升业绩,而是靠"外快"来支撑业绩门面。例如,金融街(000402)的半年报显示,主营业务利润增长速度并不特别明显,从2001年上半年的6 119.44万元增至今年上半年的6 360.12万元,增幅仅为3.93%,但公司2002年上半年净利润却大幅提高,共实现净利润5 897.18万元,与上年同期数4 794.15万元相比,提高了23.01%;每股收益高达0.47元,居已公布业绩的上市公司前列。公司之所以能取得如此优异的业绩与其获得的巨额补贴收入是密不可分的。报告期内,公司获得了3 772.56万元的巨额所得税返还款,占公司净利润的63.97%。如果剔除上述巨额所得税返还的非经常性损益,公司上半年每股收益则要降至0.17元(2002年9月2日《粤港信息日报》)。

在市场经济条件下,追求利润最大化已成为企业经营的重要目标。随着我国市场经济的进一步发展,企业的经营呈现出多元化的特点,这给报表使用者判断企业利润增加了难度。由上例可知,阅读利润表不仅应关注该表的最后结果(净利润)的多寡,而且,还要采用一定的分析方法和程序,考察形成利润的过程,了解企业收入的增长点和开支重点,剖析影响利润质量的原因,从而挤出虚假业绩的"泡沫",正确、全面、辩证地认识企业的利润。

第一节 利润表质量分析的内涵

一、利润表的结构特征

利润表又称损益表,是反映企业在一定会计期间经营成果的报表。上述定义中值得关注的是:第一,"一定会计期间"表明利润表是一个"时期"信息,有人将其称之为"一个悲喜剧的剧终";第二,本表主要揭示企业的"健康状况"(即经营成果)。通过利润表可以从总体上了解企业的收入、成本费用及净利润(或亏损)的实现及构成情况,分析和掌握企业利润的增长点以及亏损的分布点;通过利润表提供的不同时期的比较数字(本月数、本年累计数、上年数),可以分析企业的获利能力及利润的未来发展趋势,了解投资者投入资本的保值增值情况,考核企业预算完成程度。由于利润既是企业经营业绩的综合体现,又是企业进行利润分配的主要依据,因此利润表是会计报表中的主要报表之一。

利润表的结构是依据"收入-费用=利润"的会计等式,利润表的格式主要有多步式和单步式两种。按照我国企业会计制度的规定,我国企业的利润表采用多步式。其步骤和内容如下:

第一步,以主营业务收入为基础,减去主营业务成本、主营业务税金及附加,计算出主营业务利润;

第二步,以主营业务利润为基础,加上其他业务利润,减去营业费用、管理费用、财务费用,计算出营业利润;

第三步,以营业利润为基础,加上投资收益、补贴收入、营业外收入,减去营业外支出,计算出利润总额;

第四步,以利润总额为基础,减去所得税,计算出净利润(或亏损)。

我国企业利润表的结构有一个明显的特点,即强调企业生产经营的收益配比(结构)。这种多步式利润表便于报表使用者分析和掌握企业收入和费用构成,了解企业利润的增长点以及亏损的分布点。利润表的具体格式和内容参见 ABC 公司 2001 年的利润表(附录 3 表 2

所示)。

二、利润表质量分析的意义

利润的质量是指企业利润的形成过程以及利润结果的质量。高质量的企业利润,应当表现为资产运转状况良好,企业所依赖的业务具有较好的市场发展前景,企业对利润具有较好的支付能力(交纳税金、支付股利等),利润所带来的净资产的增加能够为企业的未来发展奠定良好的资产基础。反之,低质量的企业利润,则表现为资产运转不灵,企业所依赖的业务具有主观操纵性或没有较好的市场发展前景,企业对利润具有较差的支付能力(推迟交纳税金、无力支付股利等),利润所带来的净资产的增加不能为企业的未来发展奠定良好的资产基础。

从企业利润的形成过程来看,它是按照"利润＝收入－费用"的顺序来展开的,因此,对利润进行质量分析,应当从企业利润构成的主要项目入手。从结果来看,企业利润各项目均会引起资产负债表项目的相应变化:企业收入的增加,对应资产的增加或负债的减少;费用的增加,对应资产的减少或负债的增加。也就是说,对企业利润质量的分析,要关注企业利润各项目所对应的资产负债表项目的质量;同时,对利润表进行质量分析也需要遵循对资产负债表质量分析的基本原则(参见第三章第一节)。

思 考

某地方税务机关在进行企业财务报表年检时,发现属地的中亚广告公司的利润表已经是连续3年亏损了。对此,税务机关认为,该公司"常亏不倒",有非法避税和非法经营的嫌疑,应严加关注。你对这个问题是怎样认识的?

第二节 利润形成过程的质量分析

一、利润形成过程质量分析的程序及其收益项目关系分析

(一)利润形成过程质量分析的程序

对利润表进行质量分析,实质上就是对企业利润形成过程进行质量分析。企业生产经营的最终目的就是要扩大收入,尽可能降低成本与费用,努力提高企业盈利水平,增强企业的获利能力。企业只有最大限度地获取利润才能保证企业持续不断地生产和经营,为投资者提供尽可能高的投资报酬,为社会创造尽可能多的财富,才能促进社会生产的不断发展,更好地满足人们日益增长的物质和文化生活的需要。因此,收益能力的高低,是衡量企业优劣的一个重要标志。

由多步式利润表的结构特点可知,企业经营与其收益结构有密切的关系。企业经营活动的组织、目标、范围和内容的调整变化会引起收益结构发生变化。因此,通过对利润表收益结构的分析,还可以了解企业的市场营销战略、发展战略和技术创新战略等是否合理,有无创新。例如,将几个经营期间的同种结构数据放在一起进行比较,可以看出企业经营活动的发展变化过程和各期收益的变化趋势,从中也大体折射出市场行情的走势、国家宏观政策的调整以及整个社会经济的运行环境。

利润形成过程质量分析可以按利润表上收益构成的主营业务、附营业务以及营业外收支等角度进行项目搭配与排列,从而形成多种层次的收益结构:

1. 主营业务利润。它又称基本业务利润,是指企业的主营业务收入减去主营业务成本与主营业务税金及附加后的余额,主营业务利润是企业生存发展的基础,它的多少代表了企业相对稳定的盈利能力。

2. 营业利润。营业利润是企业利润的主要来源,它是主营业务利润加上其他业务利润,减去有关的期间费用后的余额。其中,其他业务利

润是指企业主营业务以外的其他业务活动所产生的利润,它等于其他业务收入减去其他业务支出。

3.利润总额。利润总额是企业当期的经营成果,即营业利润与投资净收益、营业外收支净额、补贴收入之和。其中,投资净收益是指企业在对外投资过程中所获投资收益扣除投资损失后的数额。营业外收支净额是指与企业生产经营活动没有直接关系的营业外收入减去营业外支出后的余额。

4.净利润。净利润是企业当期利润总额减去向国家交纳所得税后的余额,即企业的税后利润。

利润表的质量分析以主营业务收入为起点,以净利润为终点。利润表的这种结构不仅将业务分块,而且采用累加形式排列,最终揭示出收益总额。分析收益的业务结构,可以了解不同业务的获利水平,明确它们各自对企业总获利水平的影响方向和影响程度。

(二)利润表的收益项目关系分析

收益质量评价是一个主观分析过程,企业的报告收益是由不同部分组成的,每个部分对于盈利的持续性和重要性不一样。由前述可知,企业的利润可以分为:营业利润与非营业利润、税前利润与税后利润、经常业务利润与偶然业务利润、内部利润与外部利润、资产利润与杠杆利润。这些项目的数额和比例关系,会导致收益质量不同,在预测未来时有不同意义。因此,有必要分析以下比例关系:

1.营业利润与非营业利润

一个公司的营业利润应该远远高于非营业利润(如投资收益、处置固定资产收益等)。营业活动是公司赚取利润的基本途径。除专业投资公司以外,一般企业对外投资的主要目的不是取得投资收益,而是为了控制被投资公司,以取得销售、供应等方面的协同效应,对外投资的主要收益不表现为会计的账面利润。如果企业对外投资是为了赚取投资收益,不如让投资者自己直接投资,这样还可以减少交易费用。至于通过处置固定资产取得收益,更不是公司购置固定资产的目的。依靠非经营收益来维持较高的利润,是不正常的,也是没有发展前景的。如果一个公司的非经营利润占了大部分,则可能意味着公司在自己的行业中处境不妙,需要以其他方面的收入来维持收益,这无疑是危险的。

与营业利润相比,非营业利润较高的公司,往往是在自己的经营领域里处于下滑趋势,市场份额减少,只好从其他地方寻求收益,比如股票市场、债券市场或期货市场,其市场风险很大,影响因素复杂,收益很难保障。

例如,2001年5月6日,波士顿的OWS(OFF WALL STREET)公司(证券分析公司)发表了一份关于安然公司的分析报告,建议投资人卖掉安然股票,主要依据是安然越来越低的营业利润率。资料显示,安然的营业利润率从1996年的21.15%,下降至2000年的6.22%。其中2000年第四季度的营业利润率为2.08%,2001年第一季度的营业利润率为1.59%(该季度的收入为500亿美元,比上年同期增长近3倍,而营业利润很少)。它的利润是利用关联交易从子公司转移利润,如2000年第二季度,把一批光纤电缆出售给关联企业等。因此,OWS公司建议股东不要轻信安然的财务利润。

尽管"创造"账面利润的方法很多,但是很难掩盖经营利润的减少。因此,通过分析经营利润的比重,可以发现收益质量的变化。

2. 经常业务利润和偶然业务利润

偶然业务利润是没有保障的,不能期望它经常或定期地发生。偶然业务利润比例较高的企业,其收益质量较低。经常性业务收入因其可以持续地、重复不断地发生而成为收入的主力。一次性收入是没有保障的,不代表企业的盈利能力,例如处置资产所得、短期证券投资收益等,有些企业正是通过资产置换来达到操纵利润的目的。在一个有效的资本市场上,只能获得与其风险相符的收益率,获得超额收益只是偶然的,就像买彩票不会每次都中奖一样,公司不能依赖买卖短期证券获利来增加投资者的财富。

例如,某以生产汽车为主业的上市公司公布的2000年度财务报表显示,公司营业利润为-163 036 126.58元,而投资收益为413 889 971.19元,占利润总额的165.82%。由于巨额投资收益的存在使得利润总额显示为盈利,掩盖了经营业务亏损的情况。一个以生产、销售汽车及汽车配件、汽车维修为主业的工业企业,竟然依靠投资收益盈利,其收益质量无疑是很低的。那么,它的投资收益是怎么得到的呢?该公司2000年公司年度报告称:"公司根据经营发展的需要,为加快公司资本结构的调整,实现公司长期发展战略,于2000年4月28日、2000年12月25日与非关联方陈辉先生分别签订了股票出售和购买协议,将所持有的在纽约证券交易所上市和在香港联交所上市的华晨中国汽车控股有限公司的普通股股票(每股票面价格为0.01美元)共计9 743.9万股,以每股1.96港元的价格全部转让给陈辉先生,转让总价格是19 098万元港币。公司依此协议进行了股票交割,截止2000年12月31日实际交割股数为9 094.306万股,交割金额为17 824.84万元港币,折合人民币18 905.02万元。"此外,公司年度报告还披露了其他几项有关资产、债务的收购、处置、转让情况。上述的转让显然是偶然事项,不可能年年发生,不能作为公司盈利的手段长期存在,因此而获得的收益不能代表企业的盈利能力。

3. 内部利润和外部利润

内部利润是指依靠企业生产经营活动取得的利润,它具有较好的持续性。外部利润是指通过政府补贴、税收优惠、因其他企业违约收取的罚款或接受捐赠等从公司外部转移来的收益。外部收益的持续性较差。外部收益比例越大,企业收益的质量越低。

例如,1998年我国上市公司经营业绩的一个显著特点是上市公司获得的补贴收入骤增,从获得补贴收入的上市公司的数量到补贴收入占利润总额的比重均有大幅上升。1997年225家获得补贴收入,补贴收入占利润总额的比重为3.02%,而1998年获得补贴收入的上市公司有410家,补贴收入占利润总额的比重上升到6.76%(见表4-1)。其中不乏有利用补贴收入粉饰财务报表的现象。

表 4-1　补贴收入占利润总额比重前 10 名的公司

单位:万元

公　司	补贴收入	利润总额	比重(%)	补贴收入原因
鞍山一工	1 718.30	144.26	1 191.08	退税
山川股份	332.26	55.44	599.32	财政补贴
东北电A	4 887.40	1 510.65	323.53	母公司支持
西北轴承	3 623.21	1 203.38	301.08	退税
二 纺 机	1 467.53	580.40	252.85	财政补贴
辽通化工	7 500.83	3 001.90	249.87	补贴、退税
胶带股份	217.78	90.99	239.34	退税
东海股份	1 548.44	812.78	190.51	免交所得税
峨眉集团	5 195.42	2 779.61	186.91	财政补贴
广船国际	4 546.90	3 006.90	151.22	财政补贴

4.资产利润与杠杆利润

企业运用资产取得的利润,一部分将支付给债权人作为借入款项的利息,剩余的部分是股东的净收益。由于利息率是固定的,借款会有杠杆作用。总资产利润率较小的变化,会引起净资产利润率较大的变化。股东投资所获利润,可以分为资产利润和杠杆利润两部分,杠杆利润是因为总资产利润率高于借款利率而使股东增加的利润。当总资产利润率下滑时,由于借款利率是固定的,杠杆利润很快消失,甚至借款所获资产取得的收益尚不能弥补利息支出,使股东的资产利润被杠杆亏损所吞噬。因此,杠杆利润的持续性低于资产利润,杠杆利润越多则说明收益质量越差。

二、主营业务利润质量分析

由利润表的结构可知,主营业务利润是企业的主营业务收入与主营业务成本、主营业务税金及附加的配比结果,是企业生产经营第一个层次的业绩。对此,首先可将主营业务利润与利润总额配比,一般应在60%以上,并结合行业、企业历史水平进行分析,评价企业的现有盈利能力、持久盈利能力以及企业当期利润的质量,进而再对其构成因素的具体项目进一步分解评价。

(一)主营业务收入

主营业务收入是指企业经营主要业务所取得的收入。企业取得的主营业务收入是其生产经营业务的最终环节,是企业生产经营成果能否得到社会承认的重要标志。同时,主营业务收入又是许多经济指标(如销售利润率、资产周转率等)的计算基数。

企业是一个经济实体,其生产经营的目标是创造经济效益,而经济效益必须通过营业收入来取得。因此,企业应保持相当数量的主营业务收入。对主营业务收入进行数量判断时,应将主营业务收入与资产负债表的资产总额配比。主营业务收入代表了企业的主要经营能力和获利能力,而这种能力应与企业的生产经营规模(资产总额)相适应。这种分析应当结合行业、企业生产经营规模以及企业经营生命周期来开展。一般而言,前者应当高于后者。主营业务收入占资产总额的比重,处于成长或衰退阶段的企业较低,处于成熟阶段的企业较高;工业企业和商业企业较高,有些特殊行业(如航天、饭店服务业)较低。若二者配比不当(过低或过高),需要进一步分析。

对主营业务收入进行质量判断时应注意:

1. 主营业务收入的确认。原会计制度中对收入的确认标准规定得比较单一、硬性和表面化。例如,商品已经发出,劳务已经提供,已经收取货款或取得收取货款的权利,等等。企业根据这些标准很容易确定何时确认收入,不需要复杂的判断,但过分单一、表面化的标准不能适应错综复杂、千变万化的交易类型。

《企业会计制度》对收入的确认标准规定得比较原则,注重交易的经济实质。例如,在商品销售的交易中,企业在确认收入时要判断商品所有权的主要风险和报酬是否转移给买方,而并不注重商品是否已经发出;企业判断商品的价款能否收回,并不注重形式上是否已取得收取价款的权利,等等。这样就要求企业针对不同交易的特点,分析交易的实质,正确判断每项交易中所有权的主要风险和报酬实质上是否已转移,是否仍保留与所有权相关的继续管理权,是否仍对售出的商品实施控制,相关的经济利益能否流入企业,收入和相关成本能否可靠计量等重要条件,只有这些条件同时满足,才能确认收入;否则,即使已经发出商品,或即使已经收到款项,也不能确认收入。例如,A企业将待开发的一块土地销售给B企业,合同规定A企业负责开发这块土地,开发的土地一旦售出,所得利润由A、B企业按一定比例分配。该业务看似销售实质上是一项联合投资业务,A企业在土地出售时不能确认收入。再如,企业对已售出的商品拥有回购的权力,则意味该项业务表面是销售,其实质是融资,不能确认销售收入。

2.应收账款配比问题。将主营业务收入与资产负债表的应收账款配比,并稳定地保持一定的对应关系。由此,观察企业的信用政策,是以赊销为主,还是以现金销售为主。企业应收账款的不正常增加、应收账款平均收账期的不正常延长,有可能是企业为了增加营业收入而放宽信用政策的结果。过宽的信用政策,可以刺激企业营业收入的增长,也使企业面临着未来发生坏账的风险。一般而言,如果赊销比重较大,应进一步将其与本期预算、与企业往年同期实际、与行业水平(如国家统计局测算的指标)进行比较,评价企业主营业务收入的质量;如果应收账款所占比重过大,显然主营业务收入的质量不高。

3.关联方交易。如果企业为集团公司或上市公司,有的公司为获取不当利益,往往利用关联方交易来进行企业所谓的"盈余管理"。关联方交易与会计报表粉饰不存在必然的联系,如果关联方交易确实以公允价格定价,则不会对交易的双方产生异常的影响。但事实上有些公司的关联方交易采取了协议定价的原则,定价的高低取决于公司的需要,使得利润在公司之间转移。这样,关联方交易就成为一种十分重要和常见的会计报表粉饰方法。我们知道,关联交易不同于单纯的市场行为,存在通过地位上的不平等而产生交易上的不平等,来迎合自己利益需要的可能。在公司需要业绩的时候,关联交易的作用十分明显。例如,蓝田公司在1997年销售一批货物给控股公司的子公司,销售收入为160 263.13万元,销售成本为14 022.86万元,产生的营业利润为2 003.27万元,而且根据注册会计师提供的审计报告,该项销售业务的相关手续尚待完备。根据公司披露的会计报表,该公司1997年度主营业务收入为20 670.8万元,主营业务利润仅为8.21万元。对此,报表使用者要关注会计报表附注对于关联方交易的披露,分析关联方交易在总收入中所占的合理比重,以及关联方交易之间商品价格的公平性。

4. 主营业务收入的构成。(1)品种构成。目前,大多数企业从事多种商品或劳务的经营活动。在从事多种经营的条件下,企业不同品种的商品或劳务的营业收入构成对信息使用者具有十分重要的意义,即占总收入比重大的商品或劳务是企业过去业绩的主要增长点。此外,信息使用者还可以通过对体现企业过去主要业绩的商品或劳务的未来发展趋势进行分析,来判断企业的未来发展。(2)地区构成。在企业为不同地区提供产品或劳务的情况下,这时的营业收入构成对信息使用者也具有重要价值,即占总收入比重大的地区是企业过去业绩的主要地区增长点。从消费者的心理与行为表现来看,不同地区的消费者对不同品牌的商品具有不同的偏好。不同地区的市场潜力在很大程度上制约企业未来的发展。

5. 谨防操纵收入行为。企业一定时期的利润关系到企业的不同利益集团(如投资人、债权人、经营管理者、职工等)以及国家(如税收)。因此主营业务收入是人们关注的焦点。众所周知,收入与费用是利润构成的两大要素,而收入要素比费用要素对各方利益的影响更大。例如,就税收而言,费用要素仅影响企业所得税,而收入要素除了企业所得税外,还直接影响流转税。常见的操纵收入的行为有三种,第一种是提前确认收入,目的是为了粉饰企业经营成果,提供虚假的财务指标,以便能够配股、发奖金。第二种是推迟确认收入,即将本应在当期确认的收入故意推迟到以后会计期间确认,其目的一方面是为了掩藏一部分收入,留待以后会计期间企业效益不佳时,以此"平衡"利润,另一方面还可以"漏税"。第三种是先确认收入,达到目的后,再进行"销售退回"或"销售回购",玩"数字游戏"。因此,提前或推迟确认收入,虚拟或隐藏收入,多计、少计或不计收入,这不仅会影响企业一定时期的业绩以及业绩背后的不同利益分配,而且可能因为违法而受到法律制裁。

(二)主营业务成本

主营业务成本是指企业经营主要业务而发生的实际成本。它是为取得主营业务收入所付出的代价。企业主营业务成本主要反映资源的耗费情况。对此分析,可以掌握企业产品成本水平,与销售价格相对比,还可以分析产品的盈利情况。

对主营业务成本进行数量判断时,应将主营业务成本与主营业务收入配比,将二者之差除以主营业务收入,得出一个重要的财务指标——毛利率,并以此结合行业、企业经营生命周期来评价主营业务成本的合理性。一般而言,工业企业和商业企业的毛利率在20%左右,饮食业的毛利率在40%左右。若毛利率过低或过高,需要进行质量判断。

对主营业务成本进行质量判断时应注意:

1. 主营业务成本的确认。为了正确反映每一会计期间的收入、成本和利润情况,根据收入和费用配比原则,企业应在确认收入的同时或同一会计期间结转相关的成本。结转成本时应注意三个问题:一是在收入确认的同一会计期间,相关的成本必须结转。二是如一项交易的收入尚未确认,即使商品已经发出,相关的成本也不能结转。商品采用实际成本计价的,结转的商品实际成本应采用先进先出法、加权平均法、移动平均法、个别计价法、后进先出法等方法计算。商品采用计划成本或售价核算的,在结转计划成本或售价的同时,还应结转售出商品应负担的成本差异或进销差价,将计划成本或售价调整成实际成本。三是企业应按主营业务和附营业务分别核算与上述收入相关的成本,以详细反映每一重大交易的收入、成本和毛利的信息。

2. 谨防操纵主营业务成本的行为。如前所述,企业生产经营的目标是创造利润。按照"收入－费用＝利润"的会计等式,费用也是影响利润的一个重要变量。主营业务成本就是费用的一个主要项目。在实际工作中,一些企业为满足小集团的利益,往往利用会计政策职业判断的空间"调控"成本。企业操纵主营业务成本的主要方式有:(1)将主营业务成本作资产挂账,导致当期费用低估,资产价值高估,误导财务信息使用者;(2)将资产列作费用,导致当期费用高估,资产价值低估,既歪曲了利润数据,也不利于资产管理;(3)随意变更成本计算方法和费用分配方法,导致成本数据不准确。

(三)主营业务税金及附加

主营业务税金及附加是指企业进行日常经营活动应负担的各种税金及附加,包括营业税、消费税、资源税、城市维护建设税、土地增值税和教育费附加等。主营业务税金及附加也是企业为获取收益所必须付出的代价。

分析主营业务税金及附加时,应将该项目与主营业务收入配比。因为企业在一定时期内取得的营业收入要按国家规定交纳各种税金及附加。如果二者不配比,则说明企业有"漏税"之嫌。但应注意的是,按照现行税制,增值税的交纳采用"抵扣"的方法,与本项目无关的,进行上项比较时,应予以剔除。

三、营业利润质量分析

营业利润是企业的主营业务利润与其他业务利润、营业费用、管理费用、财务费用的配比结果,是企业生产经营第二个层次的业绩,即企业通过生产经营获得利润的能力。一些企业的利润表在反映主营业务利润时还是正数,待扣减完期间费用项目后,往往就成了负数。对此,亦可将营业利润与利润总额配比,一般应在80%以上,并结合行业、企业历史水平进行分析,评价企业当期利润的质量及其发展趋势,然后再对其构成因素的具体项目进行分解评价。

(一)其他业务利润

其他业务利润是指企业主营业务以外的其他业务活动所产生的利润,它等于其他业务收入减去其他业务支出。其中,其他业务收入是企业除主营业务以外的其他销售或其他业务所取得的收入,如材料销售、代购代销、包装物出租等。而其他业务支出是企业经营其他业务过程中所发生的成本费用以及应由其他业务收入所负担的流转税等。

对其他业务利润的数量进行判断时,应将其他业务利润与利润总额配比。其他业务利润既为"其他",那么,所占利润总额的比重不应过大,一般在30%以下;否则,需要进一步对其质量进行分析。

对其他业务利润的质量进行判断时应注意:

1.其他业务收入与主营业务收入配比。其他业务收入占主营业务收入的比重不应过大,一般在30%以下。若前者比重明显偏高,应关注会计报表附注,是否该企业存在关联方交易行为,分析这种交易的真实性、合理性。关联方交易主要是企业向关联方企业出租固定资产、出租包装物、出让无形资产（如专利权、商标权、著作权、土地使用权、特许权、非专利技术）的所有权或使用权等。例如，1997年，注册会计师在GD公司的审计报告中指出："1997年11月，股份公司将上述地块再转让给集团公司。考虑到这块土地股份公司已支付较多前期开发费和其他有关损失，集团公司同意按补偿费名义支付21 926万元，该项收入在冲减贵公司账面价值6 926万元以后，11 000万元转入'其他业务利润'，用于补偿由于土地筹划搬迁造成积压呆滞物资处理的损失，其余4 000万元转入'资本公积'。"可见，此乃有操纵企业利润之嫌。

2.其他业务收入与其他业务支出配比。据此，分析不同的其他业务项目对其他业务利润的贡献程度。有时，个别企业发生二者不相配，即其他业务收入小于其他业务支出（如销售材料），则说明有人为转移企业资产，或利用加大当期费用调整当期利润之嫌。

（二）营业费用

营业费用是指企业在销售商品和提供劳务等过程中发生的各项费用以及专设销售机构的各项经费。具体内容包括：包装费、运输费、装卸费、保险费、展览费、广告费、职工工资、福利费、差旅费、办公费、折旧费、修理费、物料消耗和其他经费。商品流通企业在购入商品等过程中所发生的运输费、装卸费、包装费、保险费、运输途中的合理损耗和入库前的挑选整理费也属于营业费用。

营业费用是一种期间费用。它是随着时间推移而发生的，与当期产品的管理和产品销售直接相关，而与产品的产量、产品的制造过程无直接关系，因而在发生的当期从损益中扣除。

对营业费用判断时应注意：

1.营业费用与主营业务收入配比。通过该比率的行业水平比较，考察其合理性。例如，1998年我国冰箱制造业，营业费用平均占主营业务收入的6%。

2.营业费用与长期待摊费用或待摊费用的配比。由于营业费用的构成主要是企业的销售费用（如广告费），且随着我国社会主义市场经济的发展，销售费用有上升之势。对于销售费用占长期待摊费用或待摊费用的比重，一是关注它们的总额，二是分析巨额广告费的摊销期，若摊销期过长,会减少当期费用,造成利润"泡沫"。例如,1998年,厦新电子公司中期净利润为7 870万元,比上年同期增长258%,实现了令人瞩目的高成长。但是,当投资者仔细阅读财务报表时就会发现,公司的长期待摊费用项目中,广告待摊费用高达8 807万元。该公司中期报告中指出:"集中发生的大额广告费用按3年摊销。"净利润的高速成长与大额广告费用的待摊形成了鲜明对比。

(三)管理费用

管理费用是指企业行政管理部门为组织和管理生产经营活动而发生的各种费用。具体内容包括:工资和福利费、折旧费、工会经费、职工教育经费、业务招待费、房产税、车船使用税、土地使用税、印花税、技术转让费、无形资产摊销、咨询费、诉讼费、开办费摊销、坏账损失、公司经费、劳动保险费、待业保险费、董事会会费以及其他管理费用等。

管理费用也是一种期间费用。对管理费用分析时应注意:

1. 管理费用与主营业务收入配比。通过该比率的行业水平以及本企业历史水平分析,考察其合理性。例如,1998年我国冰箱制造业,管理费用平均占主营业务收入的8%左右。

一般情况下,费用越低,收益越高,企业就越赚钱。然而事实并非如此,管理层可以通过调整某些费用在不同期间内的支出时间,从而达到影响报告收益的目的。对此,应当根据企业当前经营状况、以前各期间水平以及对未来的预测来评价支出的合理性,而不应单纯强调绝对值的下降。例如,维护和修理费用,在分析这项费用的支出水平时,可以计算两个比率,一是维护和修理费用与销售收入的比率,二是维护和修理费用与固定资产净值的比率。通过这两个比率,我们可测定维护和修理费用是否在正常和必需的水平,确定企业是否为了提高当期收益而减少维护和修理费用,从而使生产设备得不到及时甚至必需的修理与维护,这种收益的提高是以未来生产能力的下降为代价的,收益质量较低。再如,研究与开发费用,它的重要性在于对未来经营业绩的影响,特别是在诸如遗传学、生物学、电子学等科技含量高的行业中,无数次的研究失败导致数额巨大的费用却没有收益,但我们不能只是根据花费的数额大小来评价研究活动。研究与开发费用可能是一项费用,也可能是一项投资。研究与开发费用的减少会提高目前的收益水平,但研发活动的停滞会使企业未来的竞争力下降。在市场竞争激烈的今天,这几乎是一种"自杀"行为。以牺牲未来竞争能力换来的短期收益的提高,无疑收益质量较低。

按照美国的会计准则,上述费用的数据是必须披露的,为收益质量分析提供方便。在我国一般于财务报表附注中披露。

2. 管理费用与财务预算配比。从成本特性角度来看,企业的管理费用基本属于固定性费用,在企业业务量一定、收入量一定的情况下,有效地控制与压缩那些固定性行政管理费用,将会给企业带来更多的收益。

3. 会计报表附注中关于关联方交易的披露。关联方交易主要是企业向关联方企业租入固定资产、无形资产的使用权,以及向上级单位或母公司上缴的"管理费"等,分析时应关注这种交易的真实性、合理性,警惕人为操纵损益或转移企业资产。例如,BM公司1997年度会计报表中存在以下情况:公司与集团公司于1993年1月签订的《划分资产等方面的协议书》中,有关该上市公司每月按营业收入12%向母公司支付管理费的条款,经双方协商一致同意本年停止执行,由此少列管理费用152 943万元;双方同意,1994年~1996年管理费用支出自1.2%降至0.6%,列本年"以前年度损益调整科目",该公司由此增加利润2 584.18万元。而该公司公布的1997年年报显示,公司1997年度税前利润总额为215.12万元。显然,如果该公司不进行以上处理,则已经步入亏损行列了。

(四)财务费用

财务费用是指企业为筹集生产经营所需资金而发生的费用。具体内容有:利息支出(减利息收入)、汇兑损失(减汇兑收益)、金融机构手续费以及筹集生产经营资金发生的其他费用等。

企业从事生产经营活动离不开资金,除了一定数量的自有资金以外,往往还需寻求贷款这条途径。我国资本市场正逐渐走向成熟和开放,企业可以根据自身需要,适时适度地举债经营。为此,企业也需付出一定的资金成本,从而构成企业的财务费用。

分析财务费用时应注意:

1. 财务费用与主营业务收入配比。通过该比率的行业水平、企业规模以及本企业经营生命周期、历史水平分析,考察其合理性与合法性(如企业之间的私下信贷交易产生的财务费用,属于违规行为)。

2. 财务风险程度。有大量外汇业务的企业通过分析汇兑损益,掌握外汇市场风险对企业的影响程度。

3. 财务费用赤字问题。对于大多数企业而言,财务费用不会出现赤字。这种情况出现在当企业的存款利息收入大于贷款利息费用的时候,如果数额较大,也不正常。例如,深市一家上市公司1999年度利润表的财务费用项目出现巨额赤字(银行存款利息收入),解读报表时发现,该公司将以扩股增资为名而吸收的广大股民的资金长期存放于银行,没有按照招股说明书的预期方案使用资金,进行扩大再生产。

四、利润总额质量分析

利润总额是企业的营业利润与投资收益、补贴收入、营业外收入、营业外支出的配比结果,是企业生产经营第三个层次的业绩。利润总额代表了企业当期综合的盈利能力和为社会所做的贡献。同时,利润总额也直接关系到各种利益分配问题,如投资人、职工、国家(税收)。对于影响利润总额的非生产经营性因素应进一步分析和评价。

(一)投资收益

投资收益是指企业对外投资所取得的收益或损失。投资收益是企业对外投资的结果。企业保持适度规模的对外投资,表明企业具备较好的理财理念。除了正常生产经营取得利润之外,企业还有第二条获取收益的途径。判断投资收益时应注意:

1. 投资收益是一种利得。利得是指主营收入以外的其他收益,通常从属于那种不经过经营过程就能取得或不曾期望获得的收益,在报表中通常以净额反映。投资是通过让渡企业的部分资产而换取的另一项资产,即通过其他单位使用投资者投入的资产所创造的效益后分配取得的,或通过投资改善贸易关系等手段达到获取利益的目的。正是由于对外投资这种间接获取收益的特点,投资收益的高低及其真实性才不易控制。

2. 不恰当的投资收益核算方法。我们知道,长期股权投资有成本法和权益法两种核算方法。若采用不恰当的成本法可以掩盖企业的投资损失,或转移企业的资产;而采用不恰当的权益法则可以虚拟企业的投资收益。例如,1998年8月,张家界公司以2 160万元从香港一公司购得张家界地区有关公路的权益。按合同约定,该权益包括资本金和投资利息补偿,且当年应收回591万元投资款。公司将这笔款项全部计入投资收益,在扣除63万元摊销费用后,差额528万元虚增了利润。

3. 投资收益与资产负债表中的短期投资、长期投资配比。投资收益应与企业对外投资的规模相适应,一般投资收益率应高于同期银行存款利率。当然,对外投资是一把"双刃剑",一方面可以为企业带来盈利,另一方面也可以带来投资损失。如果投资收益连续几个会计期间低于同期银行存款利率或为负数,则需进一步分析对外投资的目的及其合理性。

(二) 补贴收入

补贴收入是指企业按规定实际收到退还的增值税,或按销量、工作量等依据国家规定的补助定额计算,并按期给予的定额补贴,以及属于国家财政扶持的领域而给予的其他形式的补贴。

一般来说,企业利润表的补贴收入项目没有数字,只有国家财政扶持的领域(如公共用水等)的企业或上市公司才有可能涉及。如果补贴收入数额较大,在评价企业业绩时应注意剔除补贴收入因素。因为它只是代表了国家或地方政府一个时期的财政优惠政策,并不代表企业持续长久的盈利能力。出于种种原因,地方政府直接为上市公司提供财政补贴的现象屡见不鲜,有的财政补贴数额巨大,有的补贴没有可凭藉的理由,往往是"业绩不够,补贴来凑"。例如,1997年X市财政局经人民政府同意,以现金方式给予XJ公司(商业零售企业)财政补贴1 550万元人民币。该项补贴收入占该公司税前利润的48%。应该说,地方政府根据国家有关产业政策或从地方规划的考虑出发,对特定行业的特定企业给予一定的财政补贴是无可非议的,但向以商业零售为主营业务,且盈利水平逐年下降的XJ公司提供巨额补贴就令人不可思议了。从该公司1995年至1997年三年的净资产收益率分别为10.21%、10.03%、10.47%的事实,以及1998年顺利配股的情况中,我们不难看出这笔补贴的真实目的。

(三)营业外收入

营业外收入是指企业发生的与生产经营无直接关系的各项收入,包括固定资产盘盈、处理固定资产净收益、处理无形资产净收益、罚没净收入等。判断营业外收入时应注意:

1. 营业外收入是一种利得。营业外收入通常属于那种不经过经营过程就能取得或不曾期望获得的收益,其数额一般很少。如果数额较大,占主营业务收入的10%以上,则需要进一步分析。例如,1997年,注册会计师在GD公司的审计报告中指出:"1997年12月24日,股份公司将所属一家公司整体产权,计账面价值1 454万元,有偿出让给集团公司,双方协商作价9 414万元,产生'营业外收入'7 960万元,并相应做了会计处理。该项业务虽经产权交易所鉴证,但未经过资产评估确认价值。"如此超额的收益率显然有"作利润"之嫌。

2. 营业外收入与营业外支出不存在配比关系。

(四)营业外支出

营业外支出是指企业发生的与本企业生产经营无直接关系的各项支出,包括固定资产盘亏、处理固定资产净损失、债务重组损失、处理无形资产净损失、计提固定资产减值准备、计提无形资产减值准备、非常损失、罚款支出、捐赠支出等。

判断营业外支出时应注意:

营业外支出与主营业务成本配比。既然是营业外发生的开支,其数额不应过大,否则是不正常的,应严加关注:(1)是否是企业的经营管理水平较低;(2)是否为关联方交易,转移企业资产;(3)是否有违法经营行为,如违反经济合同、滞延纳税、非法走私商品;(4)是否发生了经济诉讼和纠纷等。

五、净利润质量分析

净利润是指企业的利润总额与所得税费用的配比结果,是企业生产经营的第四个层次,也是企业最终的业绩。净利润属于所有者权益,它也构成了企业利润分配的内容。

所得税是根据企业应纳税所得额的一定比例上缴的一种税金。对企业而言,所得税是应当计入当期损益的费用,即企业为获得盈利所必须承担的义务(国家税收)。分析所得税费用时应注意:

1. 会计与税法的差异。随着我国会计制度改革和税制改革的逐步深入,企业按照会计制度核算的会计利润与按照税法计算的应纳税所得额之间的差距也逐步扩大。企业纳税是以应纳税所得额为标准,而应纳税所得额是在企业会计利润(利润总额)基础上调整确定的。公式为:

$$\frac{应纳税}{所得额} = \frac{会计}{利润} + \frac{纳税调整}{增加额} - \frac{纳税调整}{减少额}$$

纳税调整增加额主要包括税法规定允许扣除项目中企业已计入当期费用,但超过税法规定扣除标准的金额(如超过税法规定标准的工资支出、业务招待费支出等),以及税法规定不允许扣除项目的金额(如税收滞纳金、罚金等)。纳税调整减少额主要包括按税法规定允许弥补的亏损和准予免税的项目,如前五年内的未弥补亏损和国债利息收入等。所以,有时企业利润表上的利润是负数(亏损),但仍然可能要交纳所得税。现行税法规定,一般企业所得税税率为33%,但企业利润表的利润总额与所得税并不存在一定的比例关系(如33%)。

2. 所得税会计的应付税款法和纳税影响会计法的差异。企业所得税的核算方法有应付税款法和纳税影响会计法两种。前者是按照应纳税所得额直接计算应交所得税的方法,后者是按会计利润计算所得税费用,并按应纳税所得额计算应交所得税,两者之差通过"递延税款"科目核算。值得注意的是,虽然两种方法对企业当期所得税的交纳均是一致的,但对企业当期所得税费用的列示不同,从而影响企业当期净利润的高低,而净利润的高低又会涉及企业的利润分配问题。

思 考

近年来,我国深沪两市上市公司年报的利润表中曾揭示了一批微利公司,其中十几家每股收益在一分钱以下的公司,最低的每股收益为 0.0006 元。每股收益为 0.0006 元与每股收益为 −0.0006 元在判断企业的经营成果与盈利能力时,恐怕并无质的区别。对此,你认为上述微利上市公司利润表的质量如何?这些公司这样做的用意是什么?

第三节 利润分配表与分部报表解读

一、利润分配表解读

（一）利润分配表的结构

利润分配表是反映企业一定会计期间对实现净利润以及以前年度未分配利润的分配或者亏损弥补的报表。它是利润表的附表,也是年度会计报表。通过利润分配表,可以了解企业实现利润的分配(或亏损弥补)情况、利润分配(或亏损弥补)的水平以及年末不分配利润的结余数额。利润分配表是对利润表的补充说明。

利润分配表采用多步式结构,其具体格式和内容如表 4-2 所示。

表 4-2 利润分配表

编制单位： 年度 单位:元

项 目	本年实际	上年实际
一、净利润		
加:年初未分配利润		
其他转入		
二、可供分配利润		
减:提取法定盈余公积		

续表

项　　目	本年实际	上年实际
提取法定公益金		
提取职工奖励及福利基金		
提取储备基金		
提取企业发展基金		
利润归还投资		
三、可供投资者分配的利润		
减:应付优先股股利		
提取任意盈余公积		
应付普通股股利		
转作资本(或股本)的普通股股利		
四、未分配利润		

(二)利润分配表质量分析

利润分配是在企业已形成的经营成果和财务成果基础上进行的分配,它与企业经营和理财有着直接和间接的联系,并对会计报表使用的各方产生影响。利润分配不仅是企业财务成果的分割,而且也是形成企业资金来源的一条重要渠道；它不仅涉及账面利润的转账、冲减,而且也涉及实际的现金流动；它不仅直接影响与其有关的企业内部理财以及经营活动,而且也会直接影响企业的外在形象和证券市场行情的变动。正是由于利润分配能揭示如此多的有用信息,使得报表的使用者也十分关心利润分配表的分析。利润分配表的分析决不仅仅是为了了解利润分配的去向,还可以透过利润分配结构的变动,掌握企业经营和财务正在发生的异常变动以及发展趋势。

对利润分配表的质量分析可按以下具体步骤:

1. 可供分配的利润

以净利润为起点,加上年初未分配利润以及盈余公积转入数,计算得出可供分配的利润。分析企业的可供分配的利润时应当关注:

(1)以净利润为基础。净利润是企业当期实现的纯收益,它决定了企业本期利润分配的"盘子"。衡量净利润的质量,应从其源头——利润表质量分析开始,还应结合该项目的历史同期数据进行分析,观察企业的净利润有无大起大落的现象以及未来的发展趋势。

（2）年初未分配利润是变量。年初未分配利润是企业以前年度累计的未分配利润，或者是以前年度累计的未弥补亏损。其数额的大小，表明了企业历史的财务状况和经营状况。在一定程度上，也代表了企业的经营理念。

（3）其他转入是警讯。该项目反映企业按规定用盈余公积弥补亏损等转入的数额，或在特殊情况下，当企业累积的盈余公积比较多而未分配利润比较少时，为了维护企业形象，给投资者以合理的回报，对于符合规定条件的企业，也可以用盈余公积分派现金利润或股利。此时，企业的当期经营成果出现了要么亏损，要么净利润较少的特殊情况。

2. 可供投资者分配的利润

以可供分配的利润为基础，减去提取法定盈余公积、提取法定公益金等，计算得出可供投资者分配的利润。分析企业可供投资者分配利润时应当关注：

（1）法定盈余公积和法定公益金的计提"刚性"。二者都是按照国家法律规定的比例从净利润中提取的公积积累。法定盈余公积按照净利润的 10% 提取，法定公益金按照净利润的 5%～10% 提取。

（2）提取职工奖励及福利基金项目、提取储备基金项目、提取企业发展基金项目和利润归还投资项目，是目前我国法律对外商投资企业的特别规定，一般企业不涉及。

3. 未分配利润

以可供投资者分配的利润为基础，减去应付利润，计算得出企业年末结余的未分配利润。这是企业理财的重点。

分析时应当特别关注：

（1）提取任意盈余公积和留存未分配利润的理财空间。任意盈余公积和未分配利润均是经股东大会或类似机构批准按照规定的比例从净利润中提取或留存的公共积累，企业对它们的处理自由度很大。

提取任意盈余公积和留存未分配利润数额的大小，表明企业当前面临的经营状态和理财政策。对此应结合企业的历史情况进行评价，如果波动很明显，则当二者数额较大时，意味着：①企业实行比较稳健的会计政策;②企业可能现金支付压力大,会使未来可予使用的现金增加;③直接影响企业的外在形象和证券市场行情的变动。当二者数额较小时,意味着:①企业实现比较冒进的会计政策;②当企业经营成果较好,且证券市场行情一直看涨时,大量可转换优先股可能转换成普通股。

(2)应付普通股股利的会计政策。应付普通股股利项目反映企业应分配给普通股股东的现金股利,或企业分配给投资者的利润。一般而言,应付普通股股利的数额与提取任意盈余公积、未分配利润数额成反比,从另一个侧面反映企业当前面临的经营状态和理财政策。

对此分析时应注意:①利润分配政策的稳定性和连续性。将应付普通股股利与实收资本配比,得出投资者在当期实际获得的报酬,并应结合企业的历史情况,对利润分配政策的稳定性和连续性进行评价。②若当期应付普通股股利较高,意味着企业为创造良好的财务形象,取得外界各方的信赖。例如,用友公司2001年的每股分红高达60%,企业的留存收益很少。

(3)转作资本(或股本)的普通股股利的会计政策。转作资本(或股本)的普通股股利项目反映企业分配给普通股股东的股票股利,或企业以利润转增的资本。

股票股利也是企业经常使用的一种理财手段,它是指企业以增发的股票作为股利的支付方式。值得注意的是,股票股利注重的是股东的长期利益。股票股利并不直接导致股东财富的增加,不引起企业资产的流出或负债的增加,不是企业资金的运用,也并不因此而增加公司的财产。它只是原来属于股东的盈余公积转化为投资人的股本,从而增加投资人的股权。因此,股票股利实际上是留存利润的凝固化、资本化,不是真正意义上的股利。因此,它不受企业是否有足够的现金的限制,只要公司能够盈利,它就可以发放股票股利。

一般来说,当公司的生产经营运作已经达到成熟阶段时,可以考虑发放现金股利,以回报投资者。而当公司的进一步发展空间还很大或现金不足时,可以较多考虑股票股利。

二、分部报表解读

(一)解读分部报表的意义

分部报表是指在企业对外提供的财务会计报告中,按照确定的企业内部组成部分(业务分部或地区分部)提供的收入、资产和负债等有关信息的报告。分部报表包括在年度会计报表中,是利润表的附表。

分析企业分部报表的目的在于评估不同因素对企业的影响,以便更好地理解企业以往的经营业绩,并对其未来的发展趋势作出合理的预测和判断。具体来说,解读分部报表的意义在于:

1. 可以更好地理解企业以往的经营业绩

企业的生产经营业绩是企业各项经营活动的综合反映,是由企业生产的各种(或各类)产品或提供的各种(或各类)劳务的盈亏综合而成的。企业各种(或各类)产品在其整体的经营活动中所占的比重各不相同,其营业收入、成本及所产生的利润也不尽相同。要了解企业的经营业绩,不仅要分析企业的整体情况,而且有必要分析每一种(或每一类)产品的生产经营情况,从而才能更全面地了解企业取得的经营业绩。从企业生产经营的地区来看,企业整体的生产经营业绩是由各生产经营地区的经营业绩所组成的,要了解和把握企业取得的经营业绩,就需要分析各生产经营地区的经营业绩,分析各生产经营地区的资产占用情况、销售情况等,从而才能准确地把握企业的生产经营业绩。

2. 可以更好地评估企业的风险和回报

在市场经济条件下,准确地评估企业的经营风险和回报,对于财务信息使用者进行决策具有重要的意义。企业的整体风险是由企业生产经营部分、各生产经营地区的风险和回报构成的。要具体了解企业的经营风险和回报的具体情况,就必须借助分部报表按不同业务部门或不同的地区提供的收入、费用、经营成果以及资产占用等较为详细的分部信息。通过分析分部报表提供的信息,可以了解各种产品或业务所处的发展阶段、风险的大小、回报率的高低等。

(二)分部报表的结构和内容

所谓分部是指企业内部可区分的专门向外部提供信息的一部分。

分部包括业务分部和地区分部两类。它们的具体结构和内容参见表4-3和表4-4所示。

表 4-3　分部报表(业务分部)

编制单位：　　　　　　　　　年度　　　　　　　　　单位:元

项　　目	××业务		××业务		……	其他业务		抵　销		未分配项目		合　计	
	本年	上年	本年	上年		本年	上年	本年	上年	本年	上年	本年	上年
一、营业收入合计													
其中:对外营业收入													
分部间营业收入													
二、销售成本合计													
其中:对外销售成本													
分部间销售成本													
三、期间费用合计													
四、营业利润合计													
五、资产总额													
六、负债总额													

表 4-4　分部报表(地区分部)

编制单位：　　　　　　　　　年度　　　　　　　　　单位:元

项　　目	××地区		××地区		……	其他地区		抵　销		未分配项目		合　计	
	本年	上年	本年	上年		本年	上年	本年	上年	本年	上年	本年	上年
一、营业收入合计													
其中:对外营业收入													
分部间营业收入													
二、销售成本合计													
其中:对外销售成本													
分部间销售成本													
三、期间费用合计													
四、营业利润合计													
五、资产总额													
六、负债总额													

(三)解读分部报表应注意的问题

1. 纳入报告分部的范畴

报告分部是指按确定的业务分部或地区分部,对其相关信息予以披露。一般而言,满足以下三个条件之一的,可以纳入报告分部的范畴:

(1)分部营业收入占所有分部营业收入合计的10%或以上。

这里所指的营业收入,包括主营业务收入和其他业务收入。如果某一分部仅对内部其他分部提供产品或劳务,并不对外销售产品或提供劳务,则不能将其作为一个分部。各分部从企业外部取得的利息收入,以及分部之间发生的应收款项(列入分部可辨认资产者)而取得的利息收入,应当作为分部收入处理;对其他分部预付款或借款所发生的利息收入,则不能包括在分部收入中。但是,如果企业内部设有融资机构时,由于其主要业务为融资、贷款给其他部门,其贷款收入应计入该融资分部的分部收入之中。

(2)分部营业利润占所有盈利分部营业利润合计的10%或以上,或者分部营业亏损占所有亏损分部营业亏损合计的10%或以上。

这里所指的营业利润或营业亏损,是指分部收入扣除分部费用后的余额。其中,营业费用包括:直接与产生该收入相关的费用;分部为取得收入所发生的费用,并已按合理依据分摊的费用(费用的分摊应依据成本与收入之间存在的因果关系确定分配方法并进行分配)。

(3)分部资产总额占所有分部资产总额合计的10%或以上。

如果某一分部的收入、营业利润或营业亏损及其辨认的资产,每一项均达到全部分部合计数90%以上时,则企业的合并会计报表就可以提供该分部在风险及经营业绩方面的会计信息。此时,企业只须在会计报表附注中予以说明即可,没有必要提供分部报表和分部报告。

需要注意的是,如果企业按上述条件纳入报告分部范围的各个分部对外营业收入总额低于企业全部营业收入的75%,应将更多的分部纳入报告分部范围(即使未满足上述条件),至少达到编制的分部报表各个分部对外营业收入总额占企业全部营业收入总额的75%及以上。

纳入分部报表的各个分部最多为10个,如果超过这个数,则应将相关的分部予以合并反映;如果某一分部的对外营业收入总额占企全部营业收入总额的 90% 及以上,则不需编制分部报表。

2.业务分部和地区分部的确定标准

由于分部报表的划分由企业选择确定,而不同确定标准又会形成对分部报表的财务状况和经营成果的不同解释。

(1)业务分部的确定标准。

业务分部是指企业内可区分的组成部分,该组成部分提供单项产品或劳务,或一组相关产品或劳务,并且承担不同于其他业务分部所承担的风险和回报。通常情况下,企业在确定业务分部时,应当考虑以下因素:产品或劳务的性质、生产经营过程的性质、购买产品或接受劳务的客户的类型或类别、销售产品或提供劳务所使用的方法以及生产产品或提供劳务所处的法律环境,等等。

需要注意的是,业务分部与一般意义上的部门并不完全相同。要求企业提供分部信息的主要目的在于分析企业的经营业绩,把握企业的经营风险。对于某些企业来说,某一业务部门可以是一个业务分部,也可以是由若干个业务部门组成一个业务分部;可以将生产某一产品或提供某种劳务的部门组成一个业务分部,也可以将若干种产品生产或提供劳务的部门组成一个业务分部。在这种情况下,这些若干产品或劳务提供部门,其生产的产品或提供的劳务应是具有相似风险和回报的产品或劳务。

(2)地区分部的确定标准。

地区分部是指企业内可区分的组成部分,该组成部分在一个特定的经济环境内提供产品或劳务,并且承担不同于在其他经济环境下经营的组成部分所承担的风险和回报。通常情况下,企业在确定地区分部时,应当考虑以下因素:经济和政治情况的相似性、不同地区经营之间的关系、生产经营活动的相似性、与某一特定地区生产经营相关的特定风险以及外汇管制的规定,等等。

需要注意的是,地区分部与一般意义上的地区也不完全相同。划分地区分部的一个重要依据就在于各分部之间具有不同的经营风险和回报,而不单纯以某行政区域作为划分依据。地区分部可以是单一国家,也可以是两个或两个以上具有相同或相近经营风险和回报的国家的组合；可以是一个国家内的一个行政区域,也可以是一个国家中两个或两个以上行政区域的组合。对于在具有重大不同风险和回报环境中经营的区域,不能将其作为一个地区分部。一般情况下,地区分部可以按企业生产产品或提供劳务设施及其他资产所在地进行划分,也可以按市场或客户所在地进行划分。也就是说,地区分部可以资产所在地为基础来确定,也可以客户所在地为基础来确定。

3. 分部报表的主要报告形式和次要报告形式

参照国际会计惯例,我国分部报表的形式分为主要分部报表形式和次要分部报表形式。主要分部报表形式可以采用业务分部作为主要分部报表形式,也可以采用地区分部作为主要分部报表形式。企业应根据自身的经营风险和回报的主要来源及其性质,确定其主要分部报表形式。对于多元化、跨地区、跨国生产经营的企业集团而言,选择分部报表形式也会使企业财务状况和经营成果形成较大差异。对此,分析者应予以关注。

思 考

某上市公司年报的利润分配表中显示：每股股利高达60%以上,几个亿的当期净利润所剩无几,意味着该公司实行"吃干花净"的财务政策。对此,业界有人认为该公司很不正常,有大股东"提现"之嫌,侵占小股东利益,这样会造成公司生产经营的动荡。对此说法你是如何认识的？

本章小结

本章以利润表结构特征为起点,在此基础上,探讨了利润表的收益项目关系,进而重点研究和分析了企业利润形成过程,并对利润分配表与分部报表进行了解读。

1. 收益质量评价是一个主观分析过程,企业的报告收益是由不同部分组成的,每个部分的持续性和重要性不一样。利润表具有多步式的结构特征,即强调企业生产经营的收益配比。据此,企业的利润可以分为:营业利润与非营业利润、税前利润与税后利润、经常业务利润与偶然业务利润、内部利润与外部利润、资产利润与杠杆利润。这些项目的数额和比例关系不同,会导致收益质量不同,在预测未来时有不同的意义。

2. 对利润形成过程质量分析是本章的重点和难点,包括对主营业务利润、营业利润、利润总额和净利润的质量分析。对此,首先进行数量判断,即将它们分别与利润总额配比,并结合行业、企业历史水平进行分析,评价企业的现有盈利能力和持久盈利能力;其次进行质量判断,即对其构成因素的具体项目进一步分析和评价。

3. 对利润分配的分析也是按照利润分配表的结构,采用"剥笋"的方法,层层剖析。透过利润分配结构的变动,掌握企业经营和财务正在发生的异常变动以及发展趋势。分析企业分部报表的目的,在于评估不同因素对企业的影响,以便更好地理解企业以往的经营业绩,并对其未来的发展趋势作出合理的预测和判断。

综合复习题

一、思考题

1. 为什么阅读利润表时,不仅要关注最后结果(净利润)的多寡,而且更要考察形成利润的过程?

2. 收入与费用是利润构成的两大要素,请问二者哪个对利润要素的影响更大?为什么?

3. 为什么说对于企业生产经营的结果(利润),企业管理当局具有一定的主观操纵性?

4. 简述营业利润与非营业利润的联系与区别。

5. 如何进行主营业务收入的质量分析?

6. 利润表上"主营业务税金及附加"项目对利润质量分析的局限性表现在哪些方面?

7. 如何进行管理费用分析?

8. 分析投资收益,可以给我们哪些启示?

9. 请说明利润分配表的"可供分配的利润"项目与"可供投资者分配的利润"项目的关系。

10. 确定纳入报告分部范畴的条件有哪些?

二、单项选择题

1. 我国企业利润表采用多步式的结构,它有一个明显的特点,即强调企业生产经营的(   )。

    A. 业务结构   B. 收益结构

    C. 总体结构   D. 费用结构

2. 主营业务收入代表了企业的主要经营能力和获利能力,而这种能力应与企业的(   )相适应。

    A. 资产总额   B. 负债总额

    C. 所有者权益总额   D. 利润总额

3. 主营业务收入与资产负债表的应收账款应保持一定的(   )关系。

    A. 对应   B. 增长

    C. 下降   D. 固定

4. 营业费用是一种期间费用。它是随着时间推移而发生的,与当期(   )直接相关。

    A. 产品生产   B. 产品销售

    C. 产品采购   D. 产品储存

5. 企业提供分部信息的主要目的在于分析企业的(   )。

    A. 财务状况   B. 经营业绩

    C. 资产质量   D. 现金流量

三、多项选择题

1. 企业收入的增加,会引起(   )。

    A. 资产的增加   B. 负债的减少

    C. 费用的增加   D. 资产的减少

    E. 负债的增加

2. 利润分配表在会计报表体系中是(   )。

    A. 主要会计报表   B. 附表

C. 月度报表 D. 年度报表
E. 会计报表附注

3. 企业经营活动（　　）的调整变化会引起收益结构发生变化。
   A. 目标 B. 范围
   C. 结果 D. 内容
   E. 组织

4. 外部利润是指通过（　　）等，从公司外部转移来的收益。
   A. 政府补贴 B. 税收优惠
   C. 因其他企业违约收取的罚款 D. 接受新的投资
   E. 接受捐赠

5. 《企业会计制度》对收入的确认标准规定得比较（　　）。
   A. 具体 B. 注重交易的经济形式
   C. 注重交易的时间 D. 原则
   E. 注重交易的经济实质

6. 企业应在确认收入的（　　）结转相关的成本。
   A. 同时 B. 同一会计月度
   C. 同一会计季度 D. 同一会计年度
   E. 同一经营周期

7. 确定纳入报告分部的范畴，要满足以下条件之一（　　）。
   A. 分部营业收入占所有分部营业收入合计的10%或以上
   B. 分部营业利润占所有盈利分部营业利润合计的10%或以上
   C. 分部资产总额占所有分部资产总额合计的10%或以上
   D. 分部营业收入占所有分部营业收入合计的90%或以上
   E. 分部营业亏损占所有亏损分部营业亏损合计的10%或以上

四、案例分析题

（一）资料

1995年世纪星源的财务会计报告披露，世纪星源与中国人民建设银行深圳市分行达成以下债务重组方案：以拥有的在建楼宇华乐大厦中的部分产权计人民币3 061.28万元，抵偿所欠中国人民建设银行深圳市分行16 658.57万元的债务。世纪星源据此确认营业外收入

16 658.57万元,抵偿债务后确认利润13 597.29万元。然而,在完成此项债务重组后,该公司又以16 658.57万元的价格向中国人民建设银行深圳市分行购回华乐大厦的部分产权,并按此价格确认为该公司的固定资产。

(二)要求

1.请分析世纪星源与中国人民建设银行深圳市分行达成的上述债务重组方案是否正常?

2.如果有问题,它是什么性质?它的后果如何?

第五章 现金流量表质量分析

本章学习目的
1. 现金流量表的编制基础和结构特征。
2. 现金流量表质量分析的意义。
3. 现金流量表的总量分析。
4. 现金流量表的类别分析。
5. 现金流量表的补充分析。

范　例

　　以实业投资、创业投资为主的上海某公司,2001年年报显示:当年净利润达2.24亿元,比去年同期增长了23%,每股收益0.26元,每股经营性现金流更是达到0.58元,资产负债率为71%。但是,公司依旧"一毛不拔"(董事会决议当年不向股东分红,据称主要用于弥补历年亏损)。现金流量表显示,公司增加的应付项目超过7亿元,至2001年底,公司仅应付账款、其他应付款、应付票据三项合计就达5.57亿元,显然这些款项是必须要支付的。扣除这些因素,公司经营性现金流事实上将出现负值;同时,公司投资活动的现金净流量为-3.4亿元。

　　上例给我们的启示:从资产负债表和利润表的数据来看,该公司财务状况(资产负债率71%)属于正常,经营成果(净利润2.24亿元)相当不错。但现金流量表提示我们:(1)不向股东分红。虽然经营活动的现金净流量为正数,但公司应付项目增加过多(超过7亿元),也与其现金"不足"有关,自然难以回报股东。这说明该公司收益的质量不高。(2)投资活动的现金净流量为-3.4亿元,说明公司"挣了一个,花了两个",财务状况存在潜在危机。解读财务报表,不仅要分析资产负债表和利润表的质量,而且还要采用一定的分析方法和程序,通过现金流量表考察和验证企业的财务状况和经营情况,揭示其原因和问题,从而正确、全面、辩证地认识企业的经营业绩。

第一节　现金流量表质量分析的内涵

一、现金流量表的编制基础

现金流量表是反映企业一定会计期间现金和现金等价物(如无特别指明,以下统称现金)流入和流出的报表。该表从现金的流入和流出两个方面,反映企业在一定期间内的经营活动、投资活动和筹资活动所产生的现金流量,它能够说明企业一定期间内现金流入和流出的原因,反映企业现实的偿债能力和向投资者支付利润的能力;同时,有助于揭示企业当期利润的质量,分析企业未来获取现金的能力,分析企业投资和理财活动对经营成果和财务状况的影响。

现金流量表是以现金为基础编制的。从某种程度上说,现金流量的含义很简单,它就是在一段时间内流入和流出企业的现金。需要特别指出的是,"现金流量"中的"现金"概念与我们日常生活中接触的现金概念有所区别,有其特定的含义。

通常所说的现金是指企业的库存现金,但现金流量表中的现金是指现金及现金等价物。这里的现金不但包括企业的库存现金,而且还包括可以随时用于支付的银行存款、外埠存款、银行汇票存款、银行本票存款和在途货币资金等。因此,现金流量表中的现金类似于资产负债表中的货币资金。

现金等价物是适应现金流量表而出现的一个新概念,它是指可以视同为现金的投资,是变现性很强的有价证券。一项投资被视为现金等价物一般需满足四个条件:一是期限短,一般指从购买日起,三个月内到期;二是流动性强,指可以随时转换为现金;三是易于转换为已知金额的现金,指未来可以转换为现金的数额是可知的;四是价值变动风险很小,指可以转换为现金的数额的变动范围很小,这样就将股票投资排除在现金等价物之外。现金等价物虽然不是现金,但其支付能力与现金的差别不大,可视同为现金。企业可以确认为现金等价物的投资,基本上是指企业购买的从购买日算起的在三个月内到期的短期债券投资。

现金流量表是以上述现金概念为编制基础,以收付实现制为核算原则,用以反映企业一定会计期间内现金流入和流出的数量。需要注意的是:

第一,现金流量表通常需要反映同时使现金项目与非现金项目产生增减变动的业务。对于仅涉及非现金各项目之间增减变动的业务(如计提折旧)且不影响现金流量净额,一般不予反映。

第二,有些涉及投资和筹资活动的业务,如用固定资产、无形资产进行长期投资等,尽管不涉及当期的现金收支,却会对以后各期的现金流量产生影响,因此也需要在现金流量表的补充资料中予以披露。

第三,企业现金形式的转换不会产生现金的流入和流出。例如,企业从银行提取现金,是企业现金存放形式的转换,并未流出企业,不构成现金流量。同样,现金与现金等价物之间的转换也不属于现金流量,比如,企业用现金购买将于三个月内到期的国库券。

二、现金流量表的结构特征

以现金为基础编制的现金流量表分为正表和补充资料两部分。正表采用报告式的上下结构,根据"现金流入－现金流出＝现金净流量"的关系式,分段揭示来自经营活动、投资活动和筹资活动的现金流入总量、现金流出总量以及净流量等信息。其中,正表为现金流量的分析重点。现金流量表的格式见附录3表3。

现金流量表的结构特征及其数据关系如表5-1所示。

表5-1　现金流量表的结构示意图

正表部分的项目	数据关系
一、经营活动 　　经营活动现金流入 　　经营活动现金流出 　　经营活动现金流量净额	1. 此处用直接法计算经营活动现金流量净额与补充资料部分用间接法计算的经营活动现金流量净额有直接对应关系。 2. 与资产负债表的流动资产(如应收账款、存货等)有内在联系,但无直接对应关系。

续表

正表部分的项目	数据关系
二、投资活动 　　投资活动现金流入 　　投资活动现金流出 　　投资活动现金流量净额	与资产负债表的长期资产(如长期投资、固定资产、无形资产等)有内在联系,但无直接对应关系。
三、筹资活动 　　筹资活动现金流入 　　筹资活动现金流出 　　筹资活动现金流量净额	与资产负债表的负债(如流动负债、长期负债)和所有者权益(如实收资本、资本公积、盈余公积等)有内在联系,但无直接对应关系。
四、汇率变动影响	
五、现金及现金等价物净增加额	1. 此处按流量法计算的现金及现金等价物净增加额＝第一项＋第二项＋第三项＋第四项。 2. 此处与补充资料部分按存量法计算的现金及现金等价物净增加额有直接对应关系。
补充资料部分的项目	数据关系
一、净利润调整为经营活动的现金流量	1. 经营活动现金流量 ＝净利润－非经营活动损益＋非付现费用－(经营性流动资产增加－经营性流动负债增加) ＝经营利润＋非付现费用－营运资金净增加 ＝经营活动现金收益－营运资金净增加 ＝经营活动现金流量净额 2. 此处与正表部分按直接法计算经营活动现金流量净额有直接对应关系。
二、不涉及现金收支的投资活动和筹资活动	与其他部分没有对应关系。
三、现金及现金等价物净增加额	1. 此处按存量法计算的现金及现金等价物净增加额与正表部分按直接法计算的现金及现金等价物净增加额有直接对应关系。 2. 此处按存量法计算的现金及现金等价物净增加额＝资产负债表的现金及现金等价物"期末数"－"期初数"。

现金流量表的正表部分包括五个项目,其基本数据关系如下:

$$\text{经营活动现金流量净额} + \text{投资活动现金流量净额} + \text{筹资活动资金流量净额} + \text{汇率变动对资金的影响} = \text{现金及现金等价物净增加额}$$

其中:

$$\text{经营活动现金流量净额} = \text{经营活动现金流入} - \text{经营活动现金流出}$$

$$\text{投资活动现金流量净额} = \text{投资活动现金流入} - \text{投资活动现金流出}$$

$$\text{筹资活动现金流量净额} = \text{筹资活动现金流入} - \text{筹资活动现金流出}$$

现金流量表的补充资料部分包括三项内容:

1. 将净利润调整为经营活动的现金流量。这部分是根据间接法计算的经营活动现金净流量,其数据关系如下:

$$\text{经营活动现金流量} = \text{净利润} - \text{非经营活动损益} + \text{非付现费用} - \text{经营性流动资产增加} + \text{经营性流动负债增加}$$

它与正表部分按直接法列示的经营活动产生的现金流量净额数额应当相等,可以相互核对。

2. 不涉及现金收支的投资活动和筹资活动。有些投资和筹资活动虽不涉及现金收支,但是对于报表使用者了解企业的理财活动很重要,因此在本表中单独列示。它们包括债务转资本、融资租入固定资产、一年内到期的可转换公司债等。其项目可以根据实际情况增减。该部分数额与报表其他部分没有勾稽关系。

3. 按存量法计算的现金及现金等价物净增加额。所谓存量法是指根据期初、期末的存量变化计量本期净增加额(或减少额)的方法。它的对称方法是流量法,也就是根据本期增加额与本期减少额的差额确定本期净增加额(或净减少额)的方法。

存量法:本期净增加额 = 期末余额 − 期初余额

正表的第五项是按流量法计算的现金及现金等价物净增加额。

流量法:本期净增加额 = 本期增加额 − 本期减少额

流量法与存量法的计算结果应当一样,可以起到相互核对的作用。

三、现金流量表质量分析的意义

现金流量表主要提供有关企业现金流量方面的信息。在市场经济条件下,企业的现金流转情况在很大程度上影响着企业的生存和发展。企业现金充裕,就可以及时购入必要的材料物资和固定资产,及时支付工资、偿还债务、支付股利和利息;反之,轻则影响企业的正常生产经营,重则危及企业的生存。按照我国《公司法》的规定,公司因不能清偿到期债务,被依法宣告破产的,由人民法院依照有关法律的规定,组织股东、有关机关及专业人员成立清算组,对公司进行破产清算。现金管理已经成为企业财务管理的一个重要方面,受到企业管理人员、投资者、债权人以及政府监管部门的关注。有专家说:"利润是预期的,现金是现实的。"从现金流量表的结构特征和反映内容,我们不难体会:现金流量表是以现金收付制为基础编制的,这就弥补了资产负债表、利润表按权责发生制的原则编制而出现的不足与缺憾。

所谓现金流量的质量是指企业的现金流量能够按照企业的预期目标进行运转的质量。具有较好质量的现金流量应当具有如下特征:第一,企业现金流量的状态体现了企业发展战略的要求;第二,在稳定发展阶段,企业经营活动的现金流量应当与企业经营活动所对应的利润有一定的对应关系,并能为企业的扩张提供支持。

思　考

国际会计准则和我国会计制度均规定企业的会计核算及资产负债表、利润表的编制基础——权责发生制原则,但只有现金流量表的编制基础是收付实现制。对此,你认为现金流量表的编制为什么要特殊?如何理解业界中"现金至尊"的说法?

第二节 现金流量表正表及其补充资料的质量分析

一、现金流量表质量分析的程序

不管是用直接法还是用间接法编制现金流量表,均会确定当期期末与期初的现金流量净变化量,即现金流量净增加额。对任何一个企业而言,其现金流量净增加额不外乎有三种情况:一是现金流量净增加额大于零,表现为期末现金流量大于期初现金流量;二是现金流量净增加额小于零,即期末现金流量小于期初现金流量;三是现金流量净增加额等于(或近似于)零,即企业期末与期初现金状况相同。同样,在各类活动的现金流量变化方面,也存在着上述三种对应关系。

按照现金流量变化的特点,解读现金流量表可以采用以下分析程序:

1. 总量分析,考察现金净增加额及其分布,重点掌握:(1)现金净增加额与资产负债表的资产总额配比。从企业生产经营的规模上判断,截止到报表编制日企业现金资源的总量流动情况,以及现金流量对企业财务状况的影响,从而将现金流量表与资产负债表联系起来。(2)分析企业现金流量变动的来源与构成,即"经营活动产生的现金流量"、"投资活动产生的现金流量"和"筹资活动产生的现金流量"占企业整体现金净增加额的比重以及影响程度,评价企业现金流量状况和资金来源情况的合理性、稳定性。

2. 类别分析,即分解现金净增加额,按照类别(经营活动、投资活动、筹资活动)对现金流量的变化结果(期末与期初)进行分解,也就是对现金流量变化过程的分析。对现金流量的变化结果,不论出现哪种情况,均不能简单地得出企业现金流动状况"好转"、"恶化"或"维持不变"(与期初比)的结果。因为期末与期初数量的简单对比,并不足以说明更多的财务状况问题,要揭示现金状况的变动原因,只有分析各因素对现金流量的影响。在分析各因素引起的现金流量时,需要分清哪些是预算或计划中已安排的,哪些是因偶发性原因而引起的,并对实际与预算(计划)的差异进行分析。另外,还须对影响经营活动的现金流量各个项目进行分析。因此,对现金流量变化过程的分析远远比现金流量的变化结果重要。

3. 补充分析,包括汇率变动对现金的影响分析和补充资料分析。前者将汇率变动对现金的影响作为调节项目,在现金流量表中单独列示,以分析和规避企业的外币业务的风险。后者可以揭示净利润与企业经营活动产生的现金流量净额之间的差异以及产生这种差异的主要原因,可以考察企业的资源使用(如固定资产的折旧、摊销费用)、经营性应收应付项目的增减变动、对外投资收益等对企业经营活动的现金流量的影响,从而将现金流量表与利润表联系起来。

二、现金流量的总量分析

1. 将现金净增加额与资产负债表的资产总额配比。通过现金流量来分析企业财务状况的优劣,即从企业生产经营的规模上判断截止到报表编制日企业现金资源的总量流动情况,以及现金流量对企业财务状况的影响,评价企业现金流量状况和资金来源情况的合理性、稳定性。

2. 分析现金流量的构成。通过企业现金流入和流出的状况,弄清企业现金流入的渠道有哪些,现金增加或减少净额占多大比例,了解和掌握在一定时期内影响企业现金增减变化的重要因素,以便采取有效措施,确保现金流量结构的合理性。

现金流量构成有两项内容:一是指经营活动现金流入量、投资活动现金流入量和筹资活动现金流入量占现金流入总量的比重。计算公式为:

$$某项活动现金流入比重 = \frac{该项引起的现金流入量}{现金流入总量} \times 100\%$$

二是指经营活动现金流出量、投资活动现金流出量和筹资活动现金流出量占现金流出总量的比重。计算公式为:

$$某项活动现金流出比重 = \frac{该项引起的现金流出量}{现金流出总量} \times 100\%$$

通过分析这两项，可以了解和掌握现金流入量的主要来源和现金流出量的主要去向。同时，为了进一步搞清楚现金流入、流出量的主要去向，还可通过对构成经营活动、投资活动和筹资活动内部现金流量的途径分别计算结构比例，详细反映各种现金流入、流出量的主要去向。

三、现金流量的类别分析

在进行现金流量的总量分析之后，更要注重对现金流量的类别分析，也就是现金流量变化过程的分析。我们已经看到，经营活动产生的现金流量、投资活动产生的现金流量、筹资活动产生的现金流量等构成了企业现金流量变化的主要因素。而每一部分现金流量的变化则是企业在某些方面的经济活动的变化结果。如前所述，对现金流量变化过程的分析远远比现金流量的变化结果重要。因此，对现金流量的类别分析也是本章学习和理解的重点。

（一）经营活动现金流量分析

我国《企业会计制度》规定，经营活动是指企业投资活动和筹资活动以外的所有交易和事项。经营活动的定义隐含一个假设，所谓经营活动，并不严格指经济活动的性质。实务中，企业可以将一些经济活动性质很难认定的事项，或虽然在经济活动性质上可以划分，但在企业操作上很难区分的经济事项，全部确认为经营活动。比如，某些投资活动和筹资活动所产生的营业税、消费税等税金，虽然性质上属于投资活动和筹资活动，但企业在实际交纳税金时，由于是合并纳税，很难区分企业实际交纳的营业税、消费税哪部分属于经营活动，哪部分属于投资活动和筹资活动。在此种情况下，企业可以将所交的全部税金认定为经营活动。

经营活动的现金流量是指企业经营活动过程中产生的现金流入和现金流出。分析经营活动的现金流量，首先应对其总额进行数量判断，即将经营活动的现金流量净额与现金及现金等价物净增加额进行比较。而这种分析应当结合行业、企业生产经营规模以及企业经营生命周期来开展。一般而言，经营活动的现金流量净额应当为正数，表明为现金净流入额。因为它代表企业创造现金及利润的能力和稳定性，表明企业所生产的产品适销对路、市场占有率高、销售回款能力较强,同时企业的付现成本、费用控制在较适宜的水平上;反之,企业所生产的产品则销路不畅、回款能力较差,或者成本、费用控制水平较差,付现数额较大。

下面我们根据现金流量的不同表现形式对经营活动产生的现金流量进行数量判断。

1. 经营活动现金流量的数量判断

(1)经营活动产生的现金流量小于零。

经营活动产生的现金流量小于零,意味着企业通过正常的商品购、产、销所带来的现金流入量,不足以支付因上述经营活动而引起的货币流出。企业正常经营活动所取得的现金用于支付,则通过以下几种方式解决:一是消耗企业现存的货币积累;二是挤占本来可以用于投资活动的现金,推迟投资活动的进行;三是在不能挤占本来可以用于投资活动的现金的条件下,进行额外贷款融资,以支持经营活动的现金需要;四是在没有贷款渠道的条件下,只能采用拖延债务支付或加大经营活动引起的负债规模来解决。

从企业的成长过程来分析,在企业从事经营活动的初期,由于生产阶段的各个环节都处于"磨合"状态,设备、人力资源的利用率相对较低,材料的消耗量相对较高,因而导致企业的成本消耗较高。同时,为了开拓市场,企业可能投入较大资金,采用各种手段将自己的产品推向市场(包括采用渗透法定价、加大广告支出、放宽收账期等),企业这一时期的现金流量可能表现为"入不敷出"的状态。

如果由上述原因导致的经营活动现金流量小于零,我们应该认为这是企业在发展过程中不可避免的"正常"状态。但是,如果企业在正常生产经营期间仍然出现这种状态,我们应当认为企业经营活动现金流量的质量不高。

(2)经营活动产生的现金流量等于零。

经营活动产生的现金流量等于零,意味着企业通过正常的商品购、产、销所带来的现金流入量,恰恰能够支付因上述经营活动而引起的货币流出。此时,企业的经营活动现金流量处于"收支平衡"的状态。企业正常经营活动不需要额外补充流动资金,企业的经营活动也不能为企业的投资活动和融资活动提供现金。

必须注意的是,在企业的成本消耗中,有相当一部分属于按照权责发生制原则的要求而确认的摊销成本(如无形资产、长期待摊费用摊销、固定资产折旧等)和应计成本(如对预提费用的处理等。下面我们把这两类成本称为非现金消耗性成本)。显然,在经营活动产生的现金流量等于零时,企业经营活动产生的现金流量是不可能为这部分非现金消耗性成本的资源消耗提供货币补偿的。因此,从长期来看,经营活动产生的现金流量等于零的状态,根本不可能维持企业经营活动的货币"简单再生产"。

因此,我们认为,如果企业在正常生产经营期间持续出现这种状态,企业经营活动现金流量的质量仍然不高。

(3)经营活动产生的现金流量大于零。

如前所述,经营活动产生的现金流量大于零,表明为现金净流入额。一般而言,这意味着企业生产经营状况较好。因为它代表企业创造现金及利润的能力及稳定性较好。但是,还应分别分析以下情况:

①经营活动产生的现金流量大于零,但不足以补偿当期的非现金消耗性成本。

这意味着企业通过正常的商品购、产、销所带来的现金流入量,能够支付因经营活动而引起的货币流出,但没有余力补偿一部分当期的非现金消耗性成本(如固定资产投资等)。此时,企业虽然在现金流量的压力方面比前两种状态要好,但是,如果这种状态持续下去,从长期来看,企业经营活动产生的现金流量,也不可能维持企业经营活动的货币"简单再生产"。

因此,我们认为,如果企业在正常的生产经营期间持续出现这种状态,对企业经营活动现金流量的质量仍然不能给予较高评价。

②经营活动产生的现金流量大于零,并在补偿当期的非现金消耗性成本后仍有剩余。

这意味着企业通过正常的商品购、产、销所带来的现金流入量,不但能够支付因经营活动而引起的货币流出,补偿全部当期的非现金消耗性成本,而且还有余力为企业的投资等活动提供现金流量的支持。

应该说,在这种状态下,企业经营活动产生的现金流量已经处于良好的运转状态。如果这种状态持续下去,则企业经营活动产生的现金流量将对企业经营活动的稳定与发展、企业投资规模的扩大起到重要的促进作用。

从上面的分析可以看出,企业经营活动产生的现金流量,仅仅大于零是不够的。企业经营活动产生的现金流量要想对企业作出较大贡献,必须在补偿当期的非现金消耗性成本后仍有剩余的状态下运行。

2.经营活动现金流量的项目分析

在对经营活动现金流量的数量作出基本判断之后,还须对影响经营活动现金流量的各个项目进行分析。

(1)销售商品、提供劳务收到的现金。

销售商品、提供劳务收到的现金,是指企业由于销售商品、提供劳务导致的现金流入,包括销售产品、修造产品,对外提供的修理、试验等工业性作业、非工业性作业劳务收入、对外销售材料收入等。解读本项目需注意的是:

①它为经营活动的现金流入的绝大部分。企业盈利的本性决定了营业现金是企业最重要的现金来源,一般都要超过投资、融资所得的现金。也可以说,营业所得现金的多少直接决定了企业取得现金流量的能力的大小。这部分数额较多是正常的,反之,要严加关注。

②现金流入的时点。这部分现金流入,既包括本期销售商品、提供劳务所得到的现金,也包括本期收回前期的赊销款,企业本期预收的未来销售商品、提供劳务款。也就是说,现金流量表的销售商品、提供劳务收到的现金项目,关键不是企业实现销售或提供劳务的时点,而是产生现金的经济活动的性质,只要是企业销售商品、提供劳务活动所产生的现金,不管是企业前期发生、本期发生还是预收未来的销售商品、提供劳务款,全部确认为本期销售商品、提供劳务收到的现金。

③现金流入的范围。本项目包括随企业销售收入和劳务收入一起收到的增值税销项税额。

(2)收到的税费返还。

收到的税费返还是指企业实际收到的以现金形式返还的各种税费,包括退回的增值税款、所得税退税、消费税、关税和教育费附加等其他税费返还款等。解读本项目需注意的是:

①现金流入的范围。本项目反映的税费返还是指列入企业收入的税费返还款。如果企业收到的税费返还列入企业的实收资本或资本公积等所有者权益项目,则不含在本项目。因为这部分税费返还实际上是国家投资的一种形式,对企业而言,属于企业的筹资活动,因此不在经营活动的现金流量项目中列示。

②政策优惠。一般来说,本项目没有数字,只有外贸出口型企业、国家财政扶持领域(如公共用水等)的企业或地方政府支持的上市公司才有可能涉及。如果补贴收入数额较大,在评价企业业绩时应注意剔除补贴收入因素,因为它只是代表了国家或地方政府一个时期的财政优惠政策,并不代表企业持续长久的盈利能力。

(3)收到的其他与经营活动有关的现金。

收到的其他与经营活动有关的现金,反映企业经营活动中产生的各种不能列入前述项目的现金流入项目。其中主要包括经营活动中的各种暂时沉淀资金,如统一收取的财产保险费等;企业经营活动中的一些偶然项目如押金、定金、罚款、违约金、赔偿金收入、捐赠流入的现金等。

解读本项目需注意,既为"其他",则本项目数额不应过多。

(4)购买商品、接受劳务支付的现金。

购买商品、接受劳务支付的现金是指企业为购买商品、接受劳务而支付的现金,如支付购电费、燃料费、水费、材料费、修理费、运输费等。解读本项目需注意的是:

①它为经营活动的现金流出的绝大部分。该部分数额较多是正常的,但要与企业的生产经营规模(资产总额或流动资产)相适应。通过分析本项目,对提高企业的现金管理水平,研究本企业的现金流量的规律有突出作用。

②它与销售商品、提供劳务收到的现金配比。一般而言,本项目小于后者是正常的。

③现金流出的时点。本项目包括企业购买商品、接受劳务的全部现

金支出,既包括企业本期,也包括前期的应付款、预付款等。

④现金流出的范围。因购买商品、接受劳务而同时支付的增值税进项税额,在本项目中反映。

(5)支付给职工以及为职工支付的现金。

支付给职工以及为职工支付的现金是指企业以现金方式支付给职工的工资和为职工支付的其他现金。支付给职工的工资包括工资、奖金以及各种补贴等;为职工支付的其他现金,如企业为职工交纳的养老、失业等社会保险基金、为职工交纳的商业保险金等。解读本项目需注意的是:

①产品成本中活劳动的耗费。我国国有企业普遍实行低工资、高福利的薪金制度。对此:一是将其与企业历史水平配比,很多企业单从工资、福利费看,人工费用在成本中并没有特别大的比重,但实际上,支付给职工以及为职工支付的现金的数额在这几年增长相当快,远远超过工资、福利费的增长幅度。二是将其与行业水平配比,以此衡量企业在人力资源管理方面的水平。

②现金流出的范围。本项目不包括企业支付给在建工程人员的工资、奖金及其他保险基金等。该部分现金支出作为投资活动支出,在投资活动的现金流量项目中反映。本项目不包括企业支付给离退休人员的各项费用,如支付的统筹退休金以及未参加统筹的退休人员的费用。该部分现金支出,在"支付的其他与经营活动有关的现金"项目中反映。

③现金流出的时点。本项目既包括企业当期应支付给职工以及为职工支付的现金,还包括企业前期应支付给职工以及为职工支付的现金。

(6)支付的各项税费。

支付的各项税费项目反映企业按规定支付的各种税费。解读本项目需注意的是:

①支付的各项税费应与企业生产经营的规模相适应。但增值税是价外税,应予以剔除。此外,还应将支付的各项税费项目与利润表的主营业务税金及附加和所得税项目进行比较,可以对企业报告年度的相关税费支付状况作出判断。

②现金流出的时点和范围,包括本期发生并支付的税费,以及本期支付以前各期发生的税费和预交的税金,如支付的教育费附加、矿产资源补偿费、印花税、房产税、土地增值税、车船使用税、预交的营业税等;不包括计入固定资产价值、实际支付的耕地占用税等,也不包括本期退回的增值税、所得税,本期退回的增值税、所得税在"收到的税费返还"项目中反映。

(7) 支付的其他与经营活动有关的现金。

支付的其他与经营活动有关的现金反映企业在经营活动中产生的各种不能列入前述项目的现金流出项目。其中主要包括支付给离退休人员的各项费用,支付的统筹退休金以及未参加统筹的退休人员的费用;经营活动中的各种暂时沉淀资金的支付,如支付统一收取的财产保险费;企业经营活动中的一些偶然项目如押金、定金、罚款、违约金、赔偿金支出、捐赠支出等。

解读本项目需注意,既为"其他",则本项目数额不应过多。

(二) 投资活动现金流量分析

投资活动是指企业长期资产的购建和不包括在现金等价物范围内的投资及其处置活动。值得注意的是,这里的投资活动与资产负债表上的对外投资(短期投资和长期投资)不是一个概念。按《企业会计准则——现金流量表》规定,企业的投资活动,可以概括为两大类:一类是购建与处置固定资产、无形资产、递延资产和其他长期资产的活动;另一类是企业对外的短期投资和长期投资的发生与收回。按准则规定,如果企业的短期投资中有一部分被确认为现金等价物,则这部分投资的发生与收回的活动不能确认为投资活动。

投资活动的现金流量是指企业投资活动过程中的现金流入和现金流出。分析投资活动的现金流量,首先应对其总额进行数量判断,并结合行业、企业生产经营规模以及企业经营生命周期来分析。一般而言,投资活动的现金流量净额往往表现为负数,即现金净流出额,因为它代表企业对于劳动资料的更新改造程度,表明企业扩大再生产的能力较强、产业及产品结构有所调整、参与资本市场运作、实施股权及债权投资能力较强;反之,则表明企业资本运作收效显著、投资回报及变现能力较强,如果大额变卖固定资产和无形资产,则表明企业产业、产品结构将有所调整,或者未来的生产能力将受到严重影响,已经陷入深度的债务危机之中。

下面,我们对投资活动产生的现金流量进行数量判断。

1. 投资活动现金流量的数量判断

(1)投资活动产生的现金流量小于零。

投资活动产生的现金流量小于零,意味着企业在购建固定资产、无形资产和其他长期资产、投资等方面所支付的现金之和,大于企业在取得投资收益、处置固定资产、无形资产和其他长期资产而收到的现金净额之和。企业上述投资活动的现金流量,处于"入不敷出"的状态。企业投资活动所需资金的"缺口",可以通过以下几种方式解决:一是消耗企业现存的货币积累;二是挤占本来可以用于经营活动的现金、削减经营活动的现金消耗;三是利用经营活动积累的现金进行补充;四是在不能挤占本来可以用于经营活动的现金的条件下,进行额外贷款融资,以支持经营活动的现金需要;五是在没有贷款融资渠道的条件下,只能采用拖延债务支付或加大投资活动引起的负债规模来解决。

从投资活动的目的来分析,企业的投资活动,主要有三个目的:第一,为企业正常生产经营活动奠定基础,如购建固定资产、无形资产和其他长期资产等;第二,为企业对外扩张和其他发展性目的进行权益性投资和债权性投资;第三,利用企业暂时不用的闲置货币资金进行短期投资,以获得较高的投资收益。

在上述三个目的中,前两种投资一般都应与企业的长期规划和短期计划相一致。在很多情况下,第三种投资则是企业的一种短期理财安排。因此,面对投资活动的现金流量小于零的企业,我们首先应当考虑的是:在企业的投资活动符合企业的长期规划和短期计划的条件下,这种现象表明了企业经营活动发展和企业扩张的内在需要,也反映了企业在扩张方面的努力与尝试。

(2)投资活动产生的现金流量大于或等于零。

投资活动产生的现金流量大于或等于零,意味着企业在投资活动方面的现金流入量大于流出量。这种情况的发生,或者是由于企业在本会计期间的投资回收活动的规模大于投资支出的规模,或者是由于企业在经营活动与筹资活动方面急需资金而不得不处理手中的长期资产以求变现等原因所引起的。因此,必须对企业投资活动的现金流量原因进行具体分析。

值得注意的是,企业投资活动的现金流出量,有时需要由经营活动的现金流入量来补偿。例如,企业的固定资产、无形资产购建支出,将由未来使用有关固定资产和无形资产会计期间的经营活动的现金流量来补偿。因此,即使在一定时期企业投资活动产生的现金流量小于零,我们也不能对企业投资活动产生的现金流量的质量简单作出否定的评价。

2.投资活动现金流量的项目分析

在对投资活动的现金流量的数量作出基本判断之后,还须对影响投资活动的现金流量各个项目进行分析。

(1)收回投资所收到的现金。

收回投资所收到的现金,反映企业出售、转让或到期收回除现金等价物以外的短期投资、长期股权投资而收到的现金,以及收回长期债权投资本金而收到的现金;不包括长期债权投资收回的利息,以及收回的非现金资产。解读本项目需注意的是:

①重大资产转移行为。本项目一般没有数额,或金额较小。如果金额较大,属于企业重大资产转移行为,此时应与会计报表附注披露的相关信息联系,衡量投资的账面价值与收回现金之间的差额,考察其合理性。

②现金流入的范围。企业收回的投资款项中包括两部分内容:一是投资本金,二是投资收益。除投资本金在本项目反映外,与投资本金一起收回的投资收益也应在本项目中反映。但债券利息收入应与本金分开,在"取得投资收益所收到的现金"项目中单独反映,如国债本金收入应与国债利息收入分开反映。

(2)取得投资收益所收到的现金。

取得投资收益所收到的现金,反映企业因股权性投资和债权性投资而取得的现金股利、利息,以及从公司、联营企业和合营企业分得利

润收到的现金;不包括股票股利。解读本项目需注意的是:

①取得投资收益所收到的现金与利润表的投资收益配比。企业能够通过投资收益及时收到现金,反映了企业对外投资的质量。一般而言,前者占后者的比重越大越好。但也要关注企业生产经营战略,有时为了控制被投资企业,没有投资收益也是正常的。

②确认投资收益的时间差。企业因股权性投资而分得的股利或利润,往往并非能够在当年就能收到,一般是在下一年度才能收到。所以,分得股利或利润所收到的现金,通常包括了收到前期分得的现金股利或利润。

(3)处置固定资产、无形资产和其他长期资产所收回的现金净额。

处置固定资产、无形资产和其他长期资产所收回的现金净额,反映企业处置固定资产、无形资产和其他长期资产所取得的现金,减去为处置这些资产而支付的有关费用后的净额。由于自然灾害所造成的固定资产等长期资产损失而收到的保险赔偿收入,也在本项目反映。解读本项目需注意的是:

①重大资产转移行为。处置固定资产、无形资产和其他长期资产不是企业经常的行为,因此本项目一般金额不大。如果金额较大,属于企业重大资产转移行为,此时应与会计报表附注披露的相关信息联系,考察其合理性。

②净额反映。本项目反映的是上项资产处置的净额,即长期资产处置过程中发生的现金流入与现金流出之间的差额。

(4)收到的其他与投资活动有关的现金。

收到的其他与投资活动有关的现金和支付的其他与投资活动有关的现金,反映企业除了上述各项以外,收到或支付的其他与投资活动有关的现金。比如,企业收到或支付的工程前期款、工程往来款、对未成立公司的项目投资等。一般此项目没有数额,或数额较小;如果数额过大,应进一步分析。

(5)购建固定资产、无形资产和其他长期资产所支付的现金。

购建固定资产、无形资产和其他长期资产所支付的现金,是指企业为购建长期资产而支付的款项,主要包括购进设备所支付的现金及增值税款,建筑安装工程所支付的现金,购买工程专用物资支付的现金及增值税款,支付在建工程人员的工资和福利费,为建造固定资产而交纳的耕地占用税和固定资产投资方向调节税等现金支出,购买无形资产所支付的现金等。解读本项目需注意的是:

①总量分析。固定资产、无形资产是企业的劳动资料,企业固定资产投资(包括在建工程)、无形资产投资规模代表扩大再生产的能力。随着我国社会主义市场经济的迅速发展和知识经济的来临,企业(尤其是一些高技术行业的企业)每年新增资产的规模都不容忽视,这也是企业除经营活动的成本费用以外最重要的对企业影响最大的现金流出项目。其数额的多寡,意味着企业的经营理念。一般而言,正常经营的企业此项目应当具有一定数额,其数额的合理性应结合行业、企业生产经营规模和企业经营生命周期,以及企业融资活动现金的流入来分析。

②现金流出的范围。购建固定资产、无形资产和其他长期资产所支付的现金项目,不包括为购建固定资产而发生的借款利息资本化的部分,以及融资租入固定资产支付的租赁费,二者在筹资活动产生的现金流量中反映。

(6)投资所支付的现金。

投资所支付的现金,反映企业进行权益性投资和债权性投资支付的现金,包括企业取得的除现金等价物以外的短期股票投资、短期债券投资、长期股权投资、长期债权投资支付的现金,以及支付的佣金、手续费等附加费用。解读本项目需注意的是:

①权益性投资所支付的现金与其非现金资产(如固定资产、存货、无形资产)配比。权益性投资所支付的现金是指企业购买股票等权益性投资所支付的现金,包括企业支付的短期股票投资和长期股票投资所支付的现金和企业支付的短期其他股权投资和长期其他股权投资所支付的现金等。对此,应结合资产负债表的固定资产、无形资产等项目和利润表的财务费用项目的有关内容,了解企业的经营意图和理财能力,还可以对企业支付利息的能力作出分析。

②本项目与利润表的投资收益项目配比。以此对企业投资收益的含金量作出判断,如果前者小于后者,则说明企业投资收益的变现能力

较差;其中也不排除利润操纵的可能性,应予以关注。此外,还可以将本项目与本表的取得投资收益所收到的现金配比,对企业资本运营的效果作出分析和判断。

③债权性投资所支付的现金与对外投资总额配比。债权性投资所支付的现金是指企业购买的除现金等价物以外的债券而支付的现金,包括短期债券投资和长期债券投资。若前者份额较大,应严加关注。

④现金流出的范围。企业购买股票和债券时,实际支付价款中包含的已宣告但尚未领取的现金股利或已到付息期但尚未领取的债券的利息,应在投资活动的支付的其他与投资活动有关的现金项目反映;收回购买股票和债券时支付的已宣告但尚未领取的现金股利或已到付息期但尚未领取的债券的利息,应在投资活动的收到的其他与投资活动有关的现金项目反映。

(7)支付的其他与投资活动有关的现金。

支付的其他与投资活动有关的现金,除了上述各项以外,反映企业支付的其他与投资活动有关的现金。例如,企业支付的工程前期款、工程往来款等。此项目一般数额较小;如果数额过大,应进一步分析。其他现金流出如价值较大的,按照《企业会计制度》规定,应单列项目反映。

(三)筹资活动产生的现金流量分析

筹资活动是指导致企业资本及债务规模和构成发生变化的活动。这里所说的资本,包括实收资本(股本)和资本公积。这里的债务,与通常所说的负债是两个不同的概念,它特指企业对外举债所借入的款项,如债券的发行与偿付、信贷资金的借入与偿还等。

众所周知,资金是企业的"血液",是企业生产经营的起点,没有一定数额的资金,企业一切生产经营活动均无从谈起。企业筹资活动的现金流量是指在企业筹资活动过程中发生的现金流入和现金流出。分析筹资活动的现金流量,首先应对其总额进行数量判断。一般而言,筹资活动的现金流量净额往往表现为正数,即现金净流入额,因为它代表了企业筹措资金的能力和商业信用,表明企业通过银行及资本市场的筹资能力较强,但应密切关注资金的使用效果,防止未来无法支付到期的负债本息而陷入债务危机;反之,则表明企业自身资金周转已经进入良性循环阶段、企业债务负担已经减轻、经济效益趋于增强,或者银行信誉已经丧失、未来资金周转将更趋紧张。对此,应结合行业、企业生产经营规模和企业经营生命周期,以及企业的历史情况来分析,并以此观察企业的融资结构及其财务状况的稳定程度。

1. 筹资活动现金流量的数量判断

(1)筹资活动产生的现金流量大于零。

筹资活动产生的现金流量大于零,意味着企业在吸收权益性投资、发行债券以及借款等方面所收到的现金之和大于企业在偿还债务、支付筹资费用、分配股利或利润、偿付利息、融资租赁所支付的现金以及减少注册资本等方面所支付的现金之和。在企业处于发展的起步阶段、投资需要大量资金、企业经营活动的现金流量小于零的条件下,企业对现金流量的需求,主要通过筹资活动来解决。因此,分析企业筹资活动产生的现金流量大于零是否正常,关键要看企业的筹资活动是否已经纳入企业的发展规划,是企业管理层以扩大投资和经营活动为目标的主动筹资行为,还是企业因投资活动和经营活动的现金流出失控,企业不得已的筹资行为。

(2)筹资活动产生的现金流量小于零。

筹资活动产生的现金流量小于零,意味着企业在吸收权益性投资、发行债券以及借款等方面所收到的现金之和小于企业在偿还债务、支付筹资费用、分配股利或利润、偿付利息、融资租赁所支付的现金以及减少注册资本等方面所支付的现金之和。这种情况的出现,或者是由于企业在本会计期间集中发生偿还债务,支付筹资费用、分配股利或利润、偿付利息、融资租赁等业务,或者是因为企业经营活动与投资活动在现金流量方面运转较好,有能力完成上述各项支付。但是,企业筹资活动产生的现金流量小于零,也可能是企业在投资和企业扩张方面没有更多作为的一种表现。

2. 筹资活动现金流量的项目分析

在对筹资活动的现金流量的数量作出基本判断之后,还要对影响筹资活动的现金流量各个项目进行分析。

(1)吸收投资所收到的现金。

吸收投资所收到的现金,反映企业收到的投资者投入的现金,包括以发行股票、债券等方式筹集的资金,即实际收到款项净额。解读本项目需注意的是:

①现金流入的性质。由定义可知,吸收投资所收到的现金有两个渠道,即发行股票和发行债券。前者是投资人投入的,属于所有者权益,代表了企业外延式扩大再生产;后者是债权人投入的,属于负债,在一定程度上代表了企业商业信用的高低。

②现金流入的范围。对于以发行股票方式筹集的权益资金要以实际收到的股款净额反映,即要以实际收到的发行收入减去支付的佣金等发行费用后的净额反映。对于以发行债券所收到的现金要以实际收到的现金净额反映,即要以发行收入减去支付的佣金等发行费用后的净额反映。

(2)借款所收到的现金。

借款所收到的现金,反映企业举借各种短期、长期借款所收到的现金。这是企业最常见的现金流量项目之一。解读本项目需注意的是:

①现金流入的性质。借款所收到的现金是企业从金融机构借入的资金,其数额的大小,在一定程度上代表了企业的商业信用。同时,注意剔除企业之间资金拆借等所谓的"借款"。

②短期借款与长期借款配比。结合资产负债表进行分析,短期借款主要满足企业的日常生产经营的需要,而长期借款主要满足企业的扩大再生产的需要。由此,考察企业从金融渠道取得资金的合理性、稳定性和风险程度。

③本项目与购建固定资产、无形资产和其他长期资产所支付的现金等项目配比,以此对企业借款合同的执行情况作出分析和判断。如果企业购建固定资产所发生的现金支出与原借款合同所规定的时间及额度相同,则说明企业执行借款合同情况较好;反之,当企业将流动资金借款用于购建固定资产时,就会对企业近期的偿债能力产生不良影响。

(3)收到的其他与筹资活动有关的现金。

收到的其他与筹资活动有关的现金,反映企业除上述各项目外,收到的其他与筹资活动有关的现金流入,如接受现金捐赠等。一般此项目数额较小；如果数额较大，应进一步分析。其他现金流出如价值较大的，按照《企业会计制度》规定，其他现金流入如价值较大的，应单列项目反映。

(4)偿还债务所支付的现金。

偿还债务所支付的现金，反映企业以现金偿还债务的本金，包括偿还金融企业的借款本金、偿还债券本金等。解读本项目需注意的是：

①偿还债务所支付的现金与举债所收到的现金配比。举债所收到的现金包括从金融企业借入的短期借款、长期借款和发行的企业债券。二者配比的结果(是现金净流入还是现金净流出)，应结合行业、企业生产经营规模、企业经营生命周期，以及企业的历史情况来分析，以衡量企业生产经营状况和财务风险程度。

②现金流出的范围。企业偿还的借款利息、债券利息，在"分配股利、利润或偿付利息所支付的现金"项目反映，不包括在本项目内。

(5)分配股利、利润或偿付利息所支付的现金。

分配股利、利润或偿付利息所支付的现金，反映企业实际支付的现金股利，支付给其他投资单位的利润以及支付的借款利息、债券利息等。解读本项目需注意的是：

①现时的支付能力。分配股利、利润或偿付利息所支付的现金代表企业现时的支付能力，应结合企业的资产规模、所有者权益规模和负债规模以及当期利润水平进行分析。

②现金流出的时点。一是本项目既包括现金支付本期应付的股利或利润，也包括现金支付前期应付的股利或利润和预分的利润。二是本项目既包括企业的短期和长期借款的利息，又包括支付短期和长期债券的利息，如国债利息，而不论利息支出是否属于资本化利息。

(6)支付的其他与筹资活动有关的现金

支付的其他与筹资活动有关的现金，反映企业除了上述各项外，支付的其他与筹资活动有关的现金流出，如捐赠现金支出、融资租入固定资产支付的租赁费等。一般此项目数额较小；如果异常(如企业因返还投资款或缩小经营规模减少注册资本而支付的现金)，应进一步分析。其他现金流出如价值较大的，按照《企业会计制度》规定，应单列项目反映。

综上所述，需要说明的是，这三类经济活动所产生的现金流量不是彼此孤立的，而是相互联系在一起的。处于正常生产经营期间的企业，经营活动对企业总体现金流量的贡献应该较大，因为企业购、产、销等活动均应协调发展、良性循环，而购、产、销活动是引起现金流量的主要原因。

投资活动与筹资活动，属于企业的理财活动。在任何期间，企业均有可能因这些方面的活动而引起现金流量的变化。不过，处于开业初期的企业，其理财活动引起的现金流量变化较大，占企业现金流量变化的比重也较大。

同时，理财活动也意味着企业存在相应的财务风险。例如，企业对外发行债券，就必须承担定期支付利息、到期还本的责任。如果企业不能履行偿债责任，有关方面就会对企业采取法律措施。又如，企业购买股票，就可能存在着股票跌价损失的风险，等等。因此，企业的理财活动越大，财务风险越大。

思　考

华信会计师事务所注册会计师朱红对宏大公司进行年终审计。审计中朱红对该公司某一会计事项提出疑义：该公司当期现金流量表的"分配股利、利润或偿付利息所支付的现金"金额为256万元，但该公司利润表的"净利润"项目为负数，而资产负债表的"短期借款"项目为120万元，"长期负债"项目下无数字。对此，你认为朱红的疑义是否合理？根据你的判断，该公司可能出现了什么问题？

第三节　现金流量的补充分析

现金流量的补充分析，主要包括汇率变动对现金的影响分析和补充资料分析。

一、汇率变动对现金的影响分析

企业生产经营涉及外币业务时,在编制现金流量表时,应当将企业外币现金流量以及境外子公司的现金流量折算成记账本位币。折算外币现金流量时,应采用现金流量发生日的汇率或平均汇率;同时规定,汇率变动对现金的影响,应作为调节项目,在现金流量表中单独列示。

汇率变动对现金的影响是指企业外币现金流量及境外子公司的现金流量折算成记账本位币时,所采用的是现金流量发生日的汇率或平均汇率,而现金流量表最后一行"现金及现金等价物净增加额"中外币现金净增加额是按期末汇率折算的。这两者的差额即为汇率变动对现金的影响。

例如,某企业当期出口一批商品,售价 100 万美元,收汇当日汇率为 1∶8.25,当期进口货物一批,价值 50 万美元,结汇当日汇率为 1∶8.30,资产负债表日汇率为 1∶8.31。假如当期没有其他业务发生。本例中,汇率变动对现金的影响:

经营活动流入的现金(美元)	1 000 000
汇率变动(8.31-8.25)	× 0.06
汇率变动对现金流入的影响额(人民币)	60 000
经营活动流出的现金(美元)	500 000
汇率变动(8.31-8.30)	× 0.01
汇率变动对现金流出的影响额(人民币)	5 000
汇率变动对现金的影响额	55 000

报表中:

经营活动流入的现金	8 250 000
经营活动流出的现金	4 150 000
经营活动产生的现金流量净额	4 100 000
汇率变动对现金的影响	55 000
现金及现金等价物净增加额	4 155 000

解读本项目需注意:随着我国加入 WTO 和世界经济一体化进程的加快,企业涉及外币业务将越来越多。如果汇率变动对现金的影响额

较大,需要借助于会计报表附注的相关内容分析其原因及其合理性。

二、现金流量补充资料分析

通过对"现金流量表补充资料"的深入剖析,以期从中挖掘出更多的有用信息,同时通过与其他报表之间相互对应关系的分析,对企业财务报表披露的质量作出相应的判断。总体上讲,现金流量表补充资料的披露,一方面是向读者提供更多的有关该公司的重大投资及筹资活动情况;另一方面是通过间接法对主表中所披露的经营活动产生的现金流量净额的数额予以验证,同时使现金及现金等价物净增加情况与资产负债表的货币资金的数额相核对。补充资料包括:

(一)将净利润调整为经营活动的现金流量

这是现金流量表中较为重要的项目之一。该项补充资料直接揭示了企业的净利润与经营活动的现金流量的区别及产生这种区别的各种主要原因。解读本项目需重点关注的是:

1. 固定资产折旧、无形资产摊销费用的大小。关注企业固定资产、无形资产的规模以及固定资产折旧、无形资产摊销的会计政策。

2. 待摊费用或预提费用的大小。待摊费用或预提费用是企业根据权责发生制原则而设立的资产和负债,其人为因素较强,需对它们确认和摊销的会计政策进行分析评价。

3. 经营性应收应付项目增减变动幅度。它们是企业在结算中产生的债权或债务,同时又涉及企业的当期损益,应结合企业的经营规模,对其合理性进行判断。

4. 财务费用和投资损益的大小。它们是企业融资的成本和对外投资的收益(或损失),应关注它们的规模及其核算的会计政策。

5. 计提的资产减值准备的大小。它反映企业计提的各项资产(包括固定资产、无形资产、短期投资、长期投资、在建工程、应收账款、存货、委托贷款)的减值准备。对此,应结合资产减值明细表的项目和会计报表附注的有关会计政策进行分析。

一般而言,企业净利润与经营活动的现金流量净额存在着较大的差异,对此,应结合会计报表附注的有关内容(如会计政策、具体项目构成)分析导致这种差异的主要原因。我们以"无形资产摊销"项目分析为例,由于无形资产的摊销记入"管理费用",但未发生货币资金的流出,因此应予以调整。该项目的数额可与"资产负债表"中"无形资产"的"期末数"与"年初数"的差额(其前提条件是本期末发生无形资产购入、处置及对外投资,否则就要对这些事项予以调整后再做比较)以及会计政策中无形资产摊销政策相比较,据此,对摊销政策的实际执行情况作出判断。例如,某公司1998年"中报"中披露了如下相关数据:现金流量表附注部分的"无形资产摊销"项目的数额为2 468 436.71元、"资产负债表"中"无形资产"项目的"期末数"和"年初数"分别为44 362 724.09元和44 586 950.62元,此外,在无形资产会计政策中称"主要为公司的土地使用权及兼并重庆电子器材公司所形成的商誉,土地使用权采用直线法分50年摊销,商誉采用直线法分10年摊销"。从中我们不难看出该公司的无形资产项目在本会计期间并无变化,但现金流量表附注部分所显示出的无形资产摊销数额远远高于资产负债表中无形资产项目的期末数与年初数的差额,同时将附注部分的无形资产摊销数额与年初无形资产的数额相比较,所得实际摊销率仅为0.50%,显然与其所规定的会计政策存在差距,即大大低于会计政策所确定的摊销标准。这不免有少摊销无形资产虚增利润、虚构附注部分无形资产摊销、拼凑经营活动产生的现金流量净额之嫌。

(二)不涉及当期现金收支的重大投资、筹资活动

现金流量表补充资料反映的是企业不涉及当期现金收支,但影响企业财务状况或可能在未来影响企业现金流量的重大投资、筹资活动。如企业以承担债务形式购置资产、债转股以固定资产偿还债务、以对外投资偿还债务、以固定资产进行长期投资、以存货偿还债务、接受捐赠的非现金资产等。目前,企业在表内基本上未填列具体内容,但在财务情况说明书中反映了部分此方面的内容。

不涉及现金收支的理财活动(即投资和筹资活动),虽不引起现金流量的变化,但可能在一定程度上反映企业所面临的现金流转困难。例如,企业用固定资产偿还债务,可能意味着企业没有足够的现金来偿还到期债务;企业接受业主非现金资产的投资,可能意味着企业在接受所

有者投资的同时,还需筹集必要的现金以实现企业的正常经营,等等。至于此类活动是否意味着企业的现金流转困难,则应结合企业其他一些财务指标、企业当期整体的现金流量变化情况来综合考虑。上述不涉及当期现金收支的重大投资、筹资活动主要包括以下项目:

1. 债务转为资本

债务转为资本一般发生在企业债务重组或产权重组的情况下,主要集中在传统国有企业或上市公司。它往往带有国家或地方政府的政策因素,应关注会计报表附注的此项解释。

2. 一年内到期的可转换公司债券

一年内到期的可转换公司债券,反映企业一年内到期的可转换公司债券的本息。可转换公司债券是指企业发行的可在一定时期以后转换为企业股份的债券。解读时应注意:

可转换公司债券属于混合证券,既有负债性质,又有所有者权益性质,含有不确定因素。对购买可转换公司债券者而言,一方面,债券持有者作为企业的债权人,有权取得固定的利息,并到期收到本金,使其利益得到一定的保证;另一方面,在发行债券企业的效益较好的情况下,债券持有者可将债券转换为股份,享受股利和资本增值的利益,或者在股票市场上待该股票价格上涨时,将转换的股份出售,可得到较高的收益。因此,一年内到期的可转换公司债券形成了企业的或有负债。如果到期债券转为股份,则减少了企业的现金流出。

3. 融资租赁固定资产

融资租赁固定资产,反映企业本期融资租入固定资产计入"长期应付款"科目的金额。这些投资和筹资活动虽然不涉及现金收支,但对以后各期的现金流量有重大影响。企业融资租赁固定资产实质上是一种实物信贷,即融资租赁设备,记入长期应付款账户,当期并不支付设备款及租金,但以后各期必须为此支付现金,在企业的未来一定期间形成了一项固定的现金支出。

思 考

假定某企业报告期内年销售额为 500 万元,因业务扩展需要租入设备,与其他企业签订了为期三年的设备租赁(经营性租赁)合同,标的 200 万元,利率 6%。对此,你认为该企业的现金流量表是否要披露这一情况?为什么?

本章小结

本章以现金流量表的编制基础和结构特征为起点,阐述了现金流量表质量分析的意义。在此基础上,论述了现金流量表质量分析的内容和方法。

1. 现金流量表是以广义的"现金"和收付实现制为基础编制的,并分为正表和补充资料两部分。其中,正表为现金流量的分析重点。在市场经济条件下,企业的现金流转情况在很大程度上影响着企业的生存和发展。对现金流量进行分析,不仅可以对企业获取现金的能力作出评价,而且对财务状况和经营情况作出更加客观、全面的评价。

2. 现金流量的总量分析。重点把握:(1)将现金净增加额与资产负债表的资产总额配比。(2)分析现金流量的构成。

3. 现金流量的类别分析,也就是现金流量变化过程的分析。对现金流量变化过程的分析远远比现金流量的变化结果重要。因此,它也是本章学习和理解的重点。

首先,应对经营活动、投资活动和筹资活动的现金流量进行数量判断,即将经营活动的现金流量净额与现金及现金等价物净增加额进行比较。分析时,按照现金流量变化的特点,并结合行业、企业生产经营规模以及企业经营生命周期来开展。

其次,对影响经营活动的现金流量各个项目进行分析。分析时,把握各个项目揭示的内涵及其要点。

4. 现金流量的补充分析。主要把握:(1)汇率变动对现金的影响,以分析和规避企业外币业务的风险。(2)进行现金流量表的补充资料分析,可以揭示净利润与企业经营活动产生的现金流量净额之间的差异以及产生这种差异的主要原因,考察企业的资源使用等因素对企业经营活动的现金流量的影响。

综合复习题

一、思考题

1. 为什么解读财务报表时,不仅要分析资产负债表和利润表的质量,而且还要采用一定的分析方法和程序进行现金流量表分析?

2. 现金流量中的"现金"与财务会计中的"现金"有什么区别?

3. 现金流量表以收付实现制为编制基础的优缺点各是什么?

4. 进行现金流量的总量分析应把握哪些问题?

5. 为什么说现金流量的类别分析是现金流量质量分析的重点?

6. 对经营活动产生的现金流量进行数量判断应从哪几个方面展开? 各自应掌握哪些要点?

7. 投资活动产生的现金流量小于零意味着什么? 可以采取哪些方式解决?

8. 进行"借款所收到的现金"项目分析时,应注意哪些问题?

9. 为什么说进行现金流量的补充资料分析,可以揭示企业当期收益的质量?

10. 为什么现金流量表还要披露不涉及当期现金收支的重大投资、筹资活动?

二、单项选择题

1. 影响现金净流量的经济业务为(　　)。

    A. 出售无形资产　　　　　　B. 提取盈余公积

    C. 以固定资产对外投资　　　D. 计提折旧

2. 现金流量表是以(　　)为编制基础。

    A. 权责发生制

    B. 权责发生制为主,收付实现制为辅

    C. 收付实现制

D. 收付实现制为主,权责发生制为辅

3. 如果经营活动的现金流量净额为负值,净利润为正值,则说明( )。

  A. 企业财务状况不佳   B. 企业收益质量不佳

  C. 企业财务状况一般   D. 企业收益质量一般

4. 以固定资产对外投资,对企业现金流量的影响是( )。

  A. 增加   B. 减少

  C. 不增不减   D. 增减不一定

5. 一般而言,企业净利润与经营活动的现金流量净额之间( )。

  A. 存在较大差异   B. 存在较小差异

  C. 不存在差异   D. 没有关系

三、多项选择题

1. 现金流量表反映企业一定会计期间的( )。

  A. 现金流入和流出的原因

  B. 现实的偿债能力和向投资者支付利润能力

  C. 企业利润的质量

  D. 企业未来获取现金的能力

  E. 财务状况

2. 我国会计制度规定,现金等价物一般需满足四个条件,它们是( )。

  A. 期限短   B. 流动性强

  C. 易于转换为已知金额现金 D. 价值变动风险很小

  E. 便于企业价值评估

3. 对经营活动、投资活动和筹资活动的现金流量进行数量判断时,应按照现金流量变化的特点,将其分为( )。

  A. 现金净增加额与资产负债表的资产总额配比

  B. 现金净增加额与利润表的净利润额配比

  C. 各类现金流量净增加额大于零

  D. 各类现金流量净增加额小于零

  E. 各类现金流量净增加额等于(或近似于)零

4.现金流量的构成分析,主要分析经营活动、投资活动和筹资活动的( )对现金净流量的影响。

  A.现金流入　　　　　　B.现金流出

  C.财务状况　　　　　　D.经营成果

  E.资金效果

5.企业正常经营活动的现金支付,通过以下几种方式解决:( )。

  A.消耗企业现存的货币积累

  B.挤占本来可以用于投资活动的现金

  C.进行额外贷款融资

  D.拖延债务支付

  E.破产清算

6.现金流量表补充资料披露的主要目的是( )。

  A.揭示汇率变动对现金的影响

  B.提供更多有关的重大投资及筹资活动情况

  C.对主表中"经营活动产生的现金流量净额"的数额予以验证

  D.使"现金及现金等价物净增加情况"与资产负债表的"货币资金"的数额相核对

  E.对企业财务状况进行评价

四、业务题

(一)资料

现金流量表(简表)

华方公司　　　　　　　　2002年和2001年　　　　　　　　单位:万元

项目	2002年	2001年
一、经营活动产生的现金流量		
现金流入小计	16 192	12 151
现金流出小计	15 953	12 046
经营活动产生的现金流量净额	239	105
二、投资活动产生的现金流量		
现金流入小计	339	420

续表

项　　目	2002年	2001年
现金流出小计	5 434	2 765
其中:购建固定资产支付的现金	5 213	2 078
投资活动产生的现金流量净额	－5 095	－2 345
三、筹资活动产生的现金流量		
现金流入小计	16 840	10 420
其中:借款收到的现金	16 840	10 420
现金流出小计	13 567	5 456
其中:偿还债务所支付的现金	13 567	5 000
投资活动产生的现金流量净额	3 272	4 964
四、汇率变动对现金的影响	0	0
五、现金及现金等价物净增加额	－1 584	2 724

(二)要求:请对华方公司2002年和2001年的经营活动、投资活动和筹资活动产生的现金流量以及这两个年度现金流量的增减变动情况作出评价。

第六章 会计报表附注、财务状况说明书和审计报告解读

本章学习目的

1. 会计报表附注的作用和内容。
2. 会计报表附注项目分析的要点。
3. 财务情况说明书的内容及其分析。
4. 审计报告的作用和类型。
5. 不同类型审计报告的解析。

范 例

大都会计师事务所承接了一项集团公司改制业务,在对新亚公司和辰光公司资产评估时出现了难题:二者同为规模相似的建筑企业,在三年前两个公司均购置了同种类型的设备一台,原值100万元。假定不考虑净残值因素,现在新亚公司该设备的账面价值为40万元,而辰光公司该设备账面价值为70万元,二者出现较大差异。据此,是否可以得出辰光公司该设备价值较好的结论? 为此,事务所仔细审阅了两家公司的固定资产管理文件,找到了原因:由于新亚公司采用5年快速折旧政策,年折旧额20万元;而辰光公司采用10年折旧政策,年折旧额10万元。由于二者固定资产的折旧会计政策的不同,必然会影响固定资产的账面价值。

众所周知,财务会计是一门定量的学科,但会计信息只是相对精确的。因为会计信息的确认、计量和披露受到方方面面因素的制约,其中就包括企业会计政策的选择弹性。因此,我们在对财务报表分析时,除了对主表及其附表的表内信息的质量进行评价,还要对会计报表附注、财务情况说明书以及审计报告等表外信息予以关注。这样,报表使用者就能够更清楚地确定企业的业绩,从而作出正确的投资、经营、信贷、税收等决策。

第一节 会计报表附注的作用和内容

一、会计报表附注的作用

按照我国《企业财务会计报告条例》规定,财务会计报告由会计报表、会计报表附注和财务状况说明书构成。所谓会计报表附注,是为便于会计报表使用者了解会计报表的内容而对会计报表的编制基础、编制依据、编制原则和方法及主要项目等所做的解释。

会计是对企业经济活动的反映和监督。这种反映与监督是通过一定的会计处理方法(即会计政策)包括对会计要素的确认、计量、记录和报告来完成的。而会计报表附注,就是按照政府有关法律法规的要求,以一定的方式向会计信息使用者提供企业会计政策的揭示,这种揭示包括财务揭示和非财务揭示。企业的会计报表附注是一种非常重要的信息披露方式,没有会计报表附注,会计报表本身就没有实用价值。这是因为:

1. 报表使用者对于会计准则和会计制度理解的差异性

会计信息是企业经济活动的反映,而这种"商业语言"最终通过财务报表的方式表达。财务报表使用者主要是投资人、债权人、政府有关经济管理部门、企业管理当局以及职工,还有供应商、顾客、行业工会、以及同行业竞争者等。这些使用者所处的位置和利益关系不同,对财务报告所提供信息的要求也就不同。这就决定了企业提供的财务报告应有多样性的要求,同时说明了只有会计报表是远远不够的。会计报表是依照会计准则和企业会计制度编制的,对会计准则和制度的使用和理解在各种使用者中有显著的不同,这就大大限制了由财务报表提供会计信息进行决策的有用性。

2. 现行财务报表不能完全满足报表使用者的需要

现行财务报表本身存在的局限性主要表现如下:

(1)财务报表不能反映某些重要的质量资料。由于财务报表主要是借助货币计量单位来反映企业发生的经济业务,因而,只能将那些能够数量化的会计信息通过报表以表格的形式反映出来。而对于有些重要的不能量化的质量信息,如会计政策的选用、会计政策的变更以及影响、与会计政策的选用有关的其他重要资料等情况,往往是进行有效预测和分析所必须的,却不能在报表上得以体现。

(2)财务报表上反映的信息都是历史的、过去的、已经发生的经济业务事项。在一定情况下,历史的会计信息往往失去相关性。例如,财务报表上反映的固定资产(厂房)原值40万元是10年前建造的,而其现行价值可能是100万元,企业若重新建造该厂房,或者银行决定是否给企业提供抵押贷款时,固定资产的现行价值则是更相关的会计信息。因此,固定资产现行价值的估计政策就显得尤为重要。

(3)财务报表反映的信息具有高度的浓缩性,它省略了许多重要项目的细节,而这些细节很可能是分析财务报表时所必需的。例如,分析应收账款这一流动资产的质量状况时,了解企业的生产经营周期、销售策略、应收账款的构成和账龄等情况(包括会计政策)都是必不可少的,但受现行财务报表的局限却不能反映这些内容。

3. 企业会计政策选择以及变更的不确定性对报表使用者的影响

财务报表上反映的信息产生于可供选择的不同的会计方法和程序,对于每一类经济业务或事项,可以有多种会计处理方法。例如,折旧有直线法和加速法,存货计价有成本法、市价法、成本与可变现价值孰低法。不同的企业有可能采用不同的会计处理方法,由此会导致一个企业不同时期或同一时期的不同企业在收益确定和资产计价方面产生较大的差别。这就给财务报表使用者阅读和理解财务报表带来了困难。为此,就有必要在会计报表附注中披露编制该财务报表所采用的会计处理方法。比如,一个企业当年折旧费用为80万元,由于折旧方法有多种,如直线法、产量法等,如果不说明采用哪种方法计提折旧,那80万元这个数字就没有什么意义。

另外,企业会计准则的核心内容都属于会计政策的范畴,企业会计制度也规定了不少会计政策。随着企业会计准则和企业会计制度的发布或企业选择会计方法所依据的客观情况发生变化时,将意味着改变原有的会计政策。这样,由于会计处理所选择的方法发生变化,就会造成财务报表的编制基础、编制依据、编制原则和方法发生变化,则企业前后期财务报表的可比性就会受到影响,甚至丧失可比性。为了便于财务报表使用者充分准确地理解财务报表的内容,就需要在企业会计政策发生变化时,针对企业财务状况和经营成果所产生的影响作出恰当的解释。

通过会计报表附注,可以提高报表信息的可比性、相关性和可理解性,促使会计信息被充分披露,提高会计信息的质量,从而更好地满足国家宏观调控、投资者和信贷人等有关方面的决策,以及企业内部经营管理等所需的会计信息,使报表使用者(包括现在和潜在的投资人、债权人、政府有关部门以及企业内部经营管理部门等)对企业的财务状况、经营成果和现金流量情况有更充分的了解,有利于报表使用者作出正确的决策。

二、会计报表附注的内容

目前,我国《企业会计制度》要求在会计报表附注中强调对会计政策的说明,包括在财务报表内未提供的与企业财务状况和经营成果及现金流动有关的有助于报表使用者更好地了解财务报表且可以随财务报表一同报出的重要信息。具体而言,会计报表附注一般应包括企业简介、不符合基本会计假设的说明、主要的会计政策、财务报表项目注释、分部情况和重要事项揭示等内容。其中,企业简介部分主要说明企业概况、历史沿革、经营范围、主营业务及其生产经营情况等。

企业披露会计政策的模式是统一的,即会计政策应在会计报表附注中揭示。而对披露的内容,会计准则和会计制度的说法并不完全一致。这就表明,企业要根据其实际情况决定应当披露哪些会计政策,但在企业的年度会计报表附注中至少应披露如下内容:

(一)不符合会计核算前提的说明

(二)重要会计政策和会计估计的说明

(三)重要会计政策、会计估计变更的说明以及重大会计差错更正的说明

主要包括以下事项:

1. 会计政策变更的内容和理由;

2. 会计政策变更的影响数;

3. 累积影响数不能合理确定的理由;

4. 会计估计变更的内容和理由;

5. 会计估计变更的影响数;

6. 会计估计变更的影响数不能合理确定的理由;

7. 重大会计差错的内容;

8. 重大会计差错的更正金额。

(四)或有事项的说明

1. 或有负债的类型及其影响,包括:

(1)已贴现商业承兑汇票形成的或有负债;(2)未决诉讼、仲裁形成的或有负债;(3)为其他单位提供债务担保形成的或有负债;(4)其他或有负债(不包括极小可能导致经济利益流出企业的或有负债);(5)或有负债预计产生的财务影响(如无法预计,应说明理由);(6)或有负债获得补偿的可能性。

2. 如果或有资产很可能会给企业带来经济利益时,则应说明其形成的原因和产生的财务影响。

(五)资产负债表日后事项的说明

此项应说明股票和债券的发行、对一个企业的巨额投资、自然灾害导致的资产损失以及外汇汇率发生较大变动等非调整事项的内容,对财务状况、经营成果的影响;如无法作出估计,应说明其原因。

(六)关联方关系及其交易的说明

1. 在存在控制关系的情况下,关联方如为企业时,不论他们之间有无交易,都应说明如下事项:

(1)企业经济性质或类型、名称、法定代表人、注册地、注册资本及其变化;(2)企业的主营业务;(3)所持股份或权益及其变化。

2. 在企业与关联方发生交易的情况下,企业应说明关联方关系的性质、交易类型及其交易要素,这些要素一般包括:

(1)交易的金额或相应比例;(2)未结算项目的金额或相应比例;(3)定价政策(包括没有金额或只有象征性金额的交易)。

3. 关联方交易应分关联方以及交易类型予以说明,类型相同的关联方交易,在不影响会计报表使用者正确理解的情况下可以合并说明。

4. 对于关联方交易价格的确定如果高于或低于一般交易价格的,应说明其价格的公允性。

(七)重要资产转让及其出售的说明

(八)企业合并、分立的说明

(九)财务报表重要项目的说明

1.应收款项(不包括应收票据,下同)及计提坏账准备的方法

(1)说明坏账的确认标准、坏账准备的计提方法和计提比例,并重点说明如下事项:

①本年度全额计提坏账准备,或计提坏账准备的比例较大的(计提比例一般超过40%及以上的,下同),应单独说明计提的比例及其理由;

②以前年度已全额计提坏账准备或计提坏账准备的比例较大的,但在本年度又全额或部分收回的,或通过重组等其他方式收回的,应说明原因,即原估计计提比例的理由以及原估计计提比例的合理性;

③对某些金额较大的应收款项不计提坏账准备,或计提坏账准备比例较低(一般为5%或低于5%)的理由;

④本年度实际冲销的应收款项及理由,其中实际冲销的关联交易产生的应收款项应单独披露。

(2)应收款项还应列表按账龄、坏账准备和应收账款净额等分别进行披露。

2.存货核算方法

(1)说明存货分类、取得、发出、计价以及低值易耗品和包装物的摊销方法,计提存货跌价准备的方法以及存货可变现净值的确定依据。

(2)存货还应列表按类别等分别进行披露。

3.投资的核算方法

(1)说明当期发生的投资净损益,其中重大的投资净损益项目应单独说明;说明短期投资、长期股权投资和长期债权投资的期末余额,其中长期股权投资中属于对子公司、合营企业、联营企业投资的部分,应单独说明;说明当年提取的投资损失准备、投资的计价方法以及短期投资的期末市价;说明投资总额占净资产的比例;采用权益法核算时,还应说明投资企业与被投资单位会计政策的重大差异;说明投资变现及投资收益汇回的重大限制;股权投资差额的摊销方法、债券投资溢价和折价的摊销方法以及长期投资减值准备的计提方法。

(2)短期投资和长期投资还应列表按投资类别等分别进行披露。

(3)对于长期股票投资还应按股票类别、股票数量、占被投资单位

的股权比例和初始投资成本等列表进行披露。

(4)对于长期债券投资还应按债券种类、面值、年利率、初始投资成本、到期值、本期利息、累计应收或已收利息等列表进行披露。

4.固定资产计价和折旧方法

(1)说明固定资产的标准、分类、计价方法和折旧方法,各类固定资产的计划使用年限、预计净残值率和折旧率,如有在建工程转入、出售、置换、抵押和担保等情况的,应予说明。

(2)固定资产还应列表按类别、原价、累计折旧、净值等分别进行披露。

5.无形资产的计价和摊销方法

(1)说明无形资产的标准、分类、计价方法和摊销方法,各种无形资产的摊销年限,如有置换、抵押和担保等情况的,应予说明。

(2)无形资产还应列表按种类、实际成本、期初余额、本期增加数、本期转出数、本期摊销数、期末余额等分别进行披露。

6.长期待摊费用的摊销方法

对于长期待摊费用应说明种类、形成原因、摊销期间,并列表按种类、期初余额、本期增加数、本期摊销数、期末余额等进行披露。

(十)收入的确认

说明当期确认的下列各项收入的金额:

1.销售商品的收入;

2.提供劳务的收入;

3.利息收入;

4.使用费收入;

5.本期分期收款确认的收入。

(十一)所得税的会计处理方法

说明所得税的会计处理是采用应付税款法,还是采用纳税影响会计法;如果采用纳税影响会计法,应说明是采用递延法还是债务法。

(十二)合并会计报表的说明

说明合并范围的确定原则;本年度合并报表范围如发生变更,企业应说明变更的内容和理由。

(十三)有助于理解和分析财务报表需要说明的其他事项

会计报表附注也是财务报表的组成部分,主要以文字的形式对基本财务报表的项目和内容,以及有助于正确理解财务报表的有关事项进行必要的说明和解释。财务报告的核心目标是提供有助于评价经济决策与受托责任履行情况的财务信息。为达到这一目标,就必须坚持充分揭示原则。

三、会计报表附注示例

在我国,对于大多数企业而言,会计报表附注还是一个较新的内容。企业披露会计政策的模式是统一的,即会计政策应在会计报表附注中揭示。而对披露的内容,企业要根据其实际情形决定应当披露哪些会计政策,但在企业的年度会计报表附注至少应披露上述九项内容。为了便于理解,现举例说明。

【例】中通公司2001年12月31日资产负债表和2001年度利润表以及利润分配表的列示如表6-1和表6-2所示。

表6-1 资产负债表(简表)

编制单位:中通公司　　　2001年12月31日　　　　　　单位:元

资产	年初数	年末数	负债及所有者权益	年初数	年末数
流动资产			流动负债		
货币资金	900 000	1 015 000	短期借款	1 200 000	1 000 000
短期投资	60 000	80 000	应付票据	585 800	600 000
应收票据	1 000 000	800 000	应付账款	1 000 000	1 200 000
应收账款	1 680 000	2 000 000	应交税金	100 000	80 000
存货	1 960 000	2 200 000	预计负债		590 000
流动资产合计	5 600 000	5 095 000	流动负债合计	2 885 800	3 470 000
长期投资			长期借款	1 600 000	1 900 000
长期股权投资	2 000 000	2 100 000	长期负债合计	1 600 000	1 900 000
长期债权投资	200 000	200 000	负债合计	4 485 800	5 370 000
固定资产			所有者权益		
固定资产原价	2 200 000	3 000 000	实收资本	2 800 000	2 800 000

续表

资　　产	年初数	年末数	负债及所有者权益	年初数	年末数
减:累计折旧	580 000	800 000	资本公积	1 600 000	1 600 000
固定资产净值	1 620 000	2 200 000	盈余公积	223 870	229 500
无形资产			其中:公益金	61 290	76 500
无形资产	85 800	80 000	未分配利润	436 130	700 500
长期待摊费用	40 000	25 000	所有者权益合计	5 060 000	5 330 000
资产总计	9 545 800	10 700 000	负债及所有者权益合计	9 545 800	10 700 000

表 6-2 利润及利润分配表

编制单位:中通公司　　　　　　2001 年度　　　　　　　　　　　单位:元

项　　目	上年数	本年累计数
一、主营业务收入	5 400 000	6 000 000
减:主营业务成本	2 400 000	2 800 000
主营业务税金及附加	200 000	300 000
二、主营业务利润	2 800 000	2 900 000
加:其他业务利润	160 000	200 000
减:营业费用	380 000	350 000
管理费用	500 000	530 000
财务费用	140 000	160 000
三、营业利润	1 940 000	2 060 000
加:投资收益	160 000	180 000
营业外收入	200 000	170 000
减:营业外支出	140 000	160 000
四、利润总额	2 100 000	2 250 000
减:所得税	693 000	720 000
五、净利润	1 467 000	1 530 000
加:年初未分配利润	992 000	463 130
六、可供分配的利润	2 459 000	1 993 130
减:提取法定盈余公积	140 700	153 000
提取法定公益金	73 350	76 500

续表

项　目	上　年　数	本年累计数
七、可供投资者分配的利润	2 238 950	1 763 630
减：应付普通股股利	1 802 820	1 063 130
八、未分配利润	436 130	700 500

该公司基于上述资料，对2001年度的重要会计政策披露如下：

(一)不符合会计核算前提的说明

本公司属于集团公司，由铜安钢铁公司作为发起人，总股本6500万元，下设4个子公司。其中，子公司——C公司注册资本为300万元，资产总额467万元，由于经营不善，连年亏损，目前已资不抵债，濒临破产边缘。因此，在其财务报表的编制上，不采用持续经营假设，而根据清算会计的原则编制。

(二)关联方及其交易的说明

1. 存在控制关系的关联方情况，如表6-3所示。

表6-3　存在控制关系的关联方示意图

企业名称	注册地址	主营业务	与本企业关系	经济性质或类型	法定代表人
M企业	北京前门6号	工业生产	子公司	国有	石光
A企业	成都川路2号	商业零售	子公司	有限责任公司	田力
B企业	上海淮海7号	商业批发	子公司	集体	包林
C企业	北京东单1号	旅游服务	子公司	国有	郑远征

2. 存在控制关系的关联方的注册资本及其变化情况，如表6-4所示。

表6-4　存在控制关系的关联方的注册资本及其变化示意图

单位：万元

企业名称	年初数	本年增加数	本年减少数	年末数
M企业	1 000	0	0	1 000
A企业	600	50	0	650
B企业	870	0	70	800
C企业	300	0	0	300

本年度未与关联方发生交易。

(三)重要会计政策以及重点项目的说明

1. 合并报表

本公司属于集团公司,合并会计报表按我国会计准则和会计制度的规定,以人民币为记账本位币,合并范围包括中通公司及其所有子公司和所控制的合资与联营公司的全部账项。集团内部企业之间的所有重大交易与账项均已抵消。

2. 外币折算

本公司发生外币业务时,按外币业务发生当日市场汇率折合人民币记账,月份终了,各种外币账户的外币金额按月末汇率折合人民币与原账面人民币金额之差作为汇兑损益,分别按下列情况处理:筹建期间发生的汇兑损益,计入开办费;与购建固定资产有关的借款产生的汇兑损益,在固定资产达到预计可使用状态前计入在建固定资产成本;除上述情况外,汇兑损益均计入财务费用。

3. 收入的确认

本公司当年承接了三项建造合同,其中一项在当年完工,工程损益的确认采用全部完工法,其他两项均采用完工比例法。预计工程成本高于工程承包款时,不论采用何种方法,按谨慎原则,均记入发生年度的工程损失。此外,本期签订一笔分期收款销售合同 800 000 元,根据合同以发出商品每季末确认销售收入。

4. 应收款项的坏账准备计提政策

坏账准备采用账龄分析法核算。应收款项明细披露如表 6-5 所示。

表 6-5 应收款项明细披露表

账龄\金额	期初余额			期末余额		
	金额	比例(%)	坏账准备	金额	比例(%)	坏账准备
1 年以内	1 000 000	55%	80 000	1 300 000	60%	104 000
1~2 年	500 000	27%	40 000	600 000	28%	48 000
2~3 年	310 000	17%	24 800	274 000	12%	22 000
3 年以上	16 080	1%	1 280	—	—	—
合 计	1 826 080	100%	146 080	2 174 000	100%	174 000

5. 存货计价政策

原材料、燃料、辅助材料、自制半成品按计划成本计价，月末调整为实际成本；产成品按实际成本计价，发出成本按加权平均法核算；低值易耗品的单位价值在 500 元以下的采用一次摊销法，500 元至 2000 元的采用分期摊销法，摊销期限为 12 个月；原材料和产成品的存货跌价准备，采用单个存货计提方法，低值易耗品采用存货类别计提方法，存货可变现净值以销售价格作为计算基础。存货明细披露如表 6-6 所示。

表 6-6　存货明细披露表

项　目	期初余额	期末余额
原材料	700 000	780 000
半成品	550 000	600 000
产成品	450 000	（注）420 000
低值易耗品	200 000	（注）300 000
其他	60 000	100 000
合　计	1 960 000	2 200 000

注：期末产成品和低值易耗品已剔除了 32 000 元和 6 000 元的存货跌价损失。

6. 投资的核算方法

短期投资的期末计价一律采用投资总体比较法下的成本与市价孰低的原则，市价下跌计提短期投资跌价准备；长期投资中的债券投资，其折价与溢价的摊销采用实利率法；长期股权投资则按持股比例，凡达到 20% 以上份额的，均采用权益法核算，股权投资差额分 3 年平均摊销；长期投资的期末计价采用逐项比较法下的成本与市价孰低的原则，市价下跌计提长期投资减值准备；本期投资总额占净资产的 44%。短期投资、长期投资、长期股票投资、长期债券投资明细披露如表 6-7、表 6-8、表 6-9 和表 6-10 所示。

表 6-7　短期投资明细披露表

项　目	期初余额	本期增加额	本期减少额	期末余额
一、股权投资合计	40 000	30 000	25 000	45 000
其中：股票投资				
二、债券投资	20 000	45 000	30 000	35 000

续表

项目	期初余额	本期增加额	本期减少额	期末余额
其中:国债投资	20 000	40 000	30 000	30 000
其他债券		5 000		
三、其他投资				
合　计	60 000	75 000	55 000	80 000

表 6-8　长期投资明细披露表

项目	期初余额	本期增加额	本期减少额	期末余额
一、长期股权投资	2 000 000	100 000	—	2 100 000
其中:对子公司投资	1 600 000	—		1 600 000
对合营企业投资	—	100 000		
对联营企业投资	400 000			400 000
二、长期债权投资	200 000			200 000
其中:国债投资	150 000	—		150 000
三、其他股权投资				
合　计	2 200 000	100 000	—	2 300 000

表 6-9　长期股票投资明细披露表

被投资单位名称	股票类别	股票数量	占被投资单位的股权比例	初始投资成本
进川纸业股份有限公司	法人股	6 600 000	20%	800 000
嘉赢制药股份有限公司	法人股	2 300 000	5%	400 000
航天工美股份有限公司	法人股	800 000	2%	100 000

表 6-10　长期债券投资明细披露表

债券种类	面值	年利率	初始投资成本	到期值	本期利息	累计应收或已收利息
国库券	100	5%	150 000	180 000	7 500	15 000
企业债券	100	6%	50 000	65 000	3 000	9 000

7.固定资产计价和折旧方法

固定资产的确认标准为单位价值3000元(含3000元)以上,建筑物类固定资产折旧采用直线法,期限16年;机器设备折旧采用双倍余额递减法；运输工具折旧采用工作量法。其中，办公楼(价值100万元)已作银行贷款抵押。固定资产的构成情况如表6-11所示。

表6-11 固定资产明细披露表

项　　目	期初余额	本期增加额	本期减少额	期末余额
一、原价合计	2 200 000	1 000 000	200 000	3 000 000
其中：房屋、建筑物	1 000 000			1 000 000
机器设备	800 000	600 000	200 000	1 200 000
运输工具	360 000	250 000	—	610 000
其他(略)				
二、累计折旧合计	580 000	240 000	20 000	800 000
其中：房屋、建筑物	100 000	60 000		160 000
机器设备	260 000	100 000	20 000	340 000
运输工具	200 000	70 000		270 000
三、固定资产净值合计	1 620 000	760 000	180 000	2 200 000
其中：房屋、建筑物	900 000		60 000	840 000
机器设备	540 000	500 000	180 000	860 000
运输工具	160 000	180 000	70 000	270 000

8.无形资产的计价和摊销方法

外购无形资产以取得时的实际成本入账，接受投资取得的无形资产以评估价作为入账价值，自行研制的无形资产以取得法律认可时所发生的费用作为成本入账，此前的研制费用采用费用化处理。各类无形资产均按法定期限采用直线法摊销。无形资产的构成情况如表6-12所示。

表6-12 无形资产明细披露表

种类	实际成本	期初余额	本期增加数	本期转出数	本期摊销数	期末余额
专利权	50 000	45 800	3 800		42 000	
商标权	44 000	40 000	2 000		38 000	

9.长期待摊费用的摊销方法

本期发生一笔经营性租赁固定资产的装修费40 000元，按租赁期16个月摊销。其构成情况如表6-13所示。

表 6-13　长期待摊费用明细披露表

种类	期初余额	本期增加数	本期摊销数	期末余额
装修费	40 000		15 000	25 000
承租费				

10. 所得税的会计处理方法

目前,本公司对所得税的会计处理采用应付税款法。

11. 或有事项的说明

本公司向某商业银行举借贷款于 2001 年 11 月 10 日到期,本息合计 59 万元。由于与该银行存在其他经济纠纷,故未偿还上述借款。为此,该商业银行向法院提起诉讼,此案正在审理中。鉴于以上情况,本公司履行偿债义务极可能导致经济利益流出,则本公司在 2001 年 12 月 31 日确认了一项预计负债 59 万元。

各种负债均以实际发生额入账,但对出售产品附有售后产品质量担保的,按概率测算,以销售收入的 6% 预计可能发生的售后服务成本,并确认为当期损益。

(四)重要会计政策、会计估计变更的说明

本公司当期未发生会计政策变更和会计估计变更的情况。

四、会计报表附注项目分析要点

上例揭示了会计报表附注的主要内容和形式,对其项目分析时,还应注意以下问题:

(一)不符合基本会计假设的说明

此项目一般无数据,因为会计报表依据会计准则编制而成,符合公认的基本会计假设(会计主体、持续经营、会计分期和货币计量)不会给使用者造成任何误解,因此,一般情况下不需要加以说明。如违背了基本会计假设,必须予以披露,并说明原因。如上例中,该公司的子公司——C 公司注册资本为 300 万元,资产总额 467 万元,由于经营不善,连年亏损,目前已资不抵债,濒临破产边缘,则在会计报表的编制上,不采用持续经营假设,而根据清算会计的原则编制。对此,必须加以阐明。

（二）会计政策变更的说明

会计政策变更是指企业对相同的交易或事项由原来采用的会计政策改用另一会计政策的行为。为保证会计信息的可比性，使会计报表使用者在比较企业一个以上期间的会计报表时，能够正确判断企业的财务状况、经营成果和现金流量的趋势。一般情况下，企业应在每期采用相同的会计政策，不应也不能随意变更会计政策；否则，势必削弱会计信息的可比性，使报表使用者在比较企业的经营业绩时发生困难。但是，按照我国《会计法》规定，在特定情况下会计政策可以变更，即符合下列条件之一，企业应改变原采用的会计政策：

1. 法律或会计准则等行政法规、规章的要求。这种情况是指，按照《企业会计准则》、《企业会计制度》以及其他法规、规章的规定，要求企业采用新的会计政策，则应按照法规、规章的规定改变原会计政策，按新的会计政策执行。例如，《中华人民共和国增值税暂行条例》的颁布，将过去的价内税形式改为价外税形式，在国家发布统一会计处理办法中要求改变增值税的会计核算；具体会计准则中要求按新的会计政策执行，等等。

2. 会计政策的变更能够提供有关企业财务状况、经营成果和现金流量等更可靠、更相关的会计信息。这一情况是指，由于经济环境、客观情况的改变，使企业原采用的会计政策所提供的会计信息，已不能恰当地反映企业的财务状况、经营成果和现金流量等情况。在这种情况下，应改变原有会计政策，按变更后新的会计政策进行核算，对外提供更可靠、更相关的会计信息。例如，在价格比较稳定的情况下，企业对存货的计价一直采用先进先出法，近期由于价格的持续上涨，如果仍用先进先出法核算，就不能正确反映企业存货及损益的情况，应将存货的计价方法由先进先出法改为后进先出法。

（三）会计报表重要项目注释

对报表重要项目注释的解读，应关注以下问题：

1. 对会计报表重要项目的明细说明。这些重要项目以附有八项减值准备的项目为主，例如，应收账款、存货、对外投资、固定资产、无形资产、长期待摊费用等。如果这些项目没有说明或说明笼统，应引起警觉。

2.对少见的财务报表项目或报表项目的名称反映不出相关业务性质或报表项目金额异常的,需要说明其原因。例如,当企业资产或负债项目的余额出现负数时,或者固定资产原值的金额很小时,企业需要对有关的报表项目作出注释。

3.财务报表中无法表述的一些重要项目的详细内容。例如,对关联方关系及其交易的说明,在存在控制关系的情况下,关联方如为企业时,不论他们之间有无交易都应在会计报表附注中披露如下事项:(1)企业经济性质或类型、名称、法定代表人、注册地、注册资本及其变化;(2)企业的主营业务;(3)持有股份或权益的变化。在企业与关联方发生交易的情况下,企业应当在会计报表附注中披露关联方关系的性质、交易类型及其交易要素。其中交易要素又包括交易的金额或相应的比例、未结算项目的金额或相应比例、定价政策(包括没有金额或只有象征性金额的交易)等;又如,对于企业的长期借款合同所规定的借款的条件,也需要在附注中予以说明。

(四)重要事项的揭示

对重要事项揭示的解读,应关注以下问题:

1.承诺或担保事项的说明。它是指资产负债表日已存在正在履行或准备履行的具有法律效力的重要财务承诺,如投资合同、成套设备等重要物资采购合同、发包工程合同、租赁合同以及对外提供的各种担保和抵押等。

2.或有事项的披露。或有事项是指编表日已经存在但有较大的不确定性,其最终的结果有赖于未来的各种因素决定的事项(如未决诉讼、已贴现票据可能发生追索、为其他企业的贷款担保等)。或有事项包括或有损失和或有收益两种。对于或有损失(如未决诉讼中可能发生的败诉),根据稳健原则应在附注中充分披露;对于或有收益(如未决诉讼中可能发生的胜诉),则一般不需在附注中说明,如果属极有可能发生的或有收益,则可在附注中根据谨慎原则以适当的方式予以披露。

3.资产负债表日后的非调整事项。这类事项在资产负债表日后才发生或存在,它不影响资产负债表日的存在状况,不需对资产负债表日编制的会计报表进行调整,但由于事项重大,如不加以说明,会影响会计报表使用者对会计报表的理解,进而将影响报表使用者的决策。例如,企业发行新的股票或债券;本企业对另一企业进行巨额投资,由于自然灾害导致的资产损失;外汇汇率发生较大变动;董事会决定发放股票股利等。

至于资产负债表日后发生的有助于对资产负债表日存在状况的金额作出重新估计的调整事项(如已证实资产发生了减损、销售退回,已确定获得或支付的赔偿),则应调整资产负债表日的会计报表。

4. 重要资产转让及其出售情况。例如,将企业的某一生产线整体转让给其他单位时,应考察其转让或出售的原因、资产转让或出售价格以及该资产的公允价值。

5. 重大投资和融资活动的说明。例如,企业投资1 000万元(占注册资本的20%)与某高科技企业联营,开发新项目;又如,从海外花旗银行拆借资金2 000万元。评价和分析这些重大投资和融资活动的合理性与安全性。

思 考

会计报表附注既包括定量信息又包括定性信息,既包括货币性信息又包括非货币性信息,既包括历史信息又包括未来信息。这说明会计报表附注非常重要,我国更是以法律的形式将其规范。从社会实践来看,企业披露的会计报表附注的内容有不断增长之势,往往在若干张主表及其附表之外,会计报表附注就近百页。请问既然会计报表附注如此重要,为什么它只能作为财务报表的补充部分?我们说会计是一门定量的学科,那么,是否因会计报表附注的定性信息、非货币性信息的不断扩大,而要进行会计学科的"革命"?

第二节 财务状况说明书解读

一、财务情况说明书的作用

财务情况说明书是指对企业一定会计期间内生产经营、资金周转和利润实现及分配等情况的综合性说明,它是财务会计报告的重要组成部分。

财务情况说明书是在报送年度会计报表时,对年度内财务成本情况以文字为主,结合年度会计报表中的有关数字指标而做的书面分析报告。它全面扼要地提供企业和其他单位生产经营、财务活动情况,分析总结经营业绩和存在的不足,是财务会计报告使用者了解和考核有关单位生产经营和业务活动开展情况的重要资料。

二、财务情况说明书的内容及其分析

企业会计制度规定,财务情况说明书至少应对下列情况作出说明:企业生产经营的基本情况,利润实现和分配情况,资金增减和周转情况,对企业财务状况、经营成果和现金流量有重大影响的其他事项。

1. 企业生产经营的基本情况。这部分内容可以不限于货币度量,用各种指标如产量、品种、质量、生产进度、产值、营业收入、营业成本、劳动生产率等来反映企业的生产经营情况,分析说明企业主营业务范围及经营情况;企业所处的行业以及在本行业中的地位,如按销售额排列的名次;企业员工的数量和专业素质情况;生产经营是否完成了预定计划,与上一会计年度相比,与同行业先进水平相比,与企业历史水平相比;经营中出现的问题、困难及解决方案;对企业业务有影响的知识产权的有关情况;经营环境的变化;新年度的业务发展计划,如生产经营的总目标及措施;开发、在建项目的预期进度;配套资金的筹措计划;需要披露的其他业务情况与事项。

2. 利润实现和分配情况。这部分内容主要对利润表中所反映的本

期实际数与上年同期实际数及本期计划数进行对比,说明利润计划完成(或亏损的弥补)情况,并通过计算资本金利润率、销售利润率、成本费用利润率等指标来反映企业的盈利能力。企业还应反映资本公积金转增实收资本(或股本)的情况,等等。如果在本年度内没有发生利润分配或资本公积金转增实收资本的情况,则企业需要在财务情况说明书中明确说明。此外,还要对利润分配情况进行分析,看其是否符合国家有关法规和企业章程的规定。

承前例,经中远会计师事务所审计,本公司(中通公司)2001年度实现净利润1 530 000元,加上年初未分配利润463 130元,可供本年度分配的利润为1 993 130元。在分别提取10%法定盈余公积金153 000元和5%法定公益金76 500元后,余额1 763 630元,为本年度累计可分配利润。考虑到公司长远发展,公司决定本年利润只分配普通股现金股利1 063 130元。

3.资金增减和周转情况。资金增减和周转主要反映年度内企业各项资产、负债、所有者权益、利润构成项目的情况及其原因,这对于财务会计报告使用者了解企业的资金变动情况具有非常重要的意义。这部分内容主要结合资产负债表和现金流量表中的有关项目进行分析,通过计算资产负债率、流动比率、速动比率、应收账款周转率、存货周转率等指标,评价企业资金周转的情况;通过计算现金比率、现金充足性比率、净利润现金流量比率等指标,评价企业现金流量和生产经营的质量。

4.资本结构及其变动情况。这部分内容应对企业本期资本的增减变动进行说明,通过计算所有者权益报酬率、资本利润率、资本保值增值率等指标,评价企业资本保全、资本增值的情况。

5.主要税费的交纳情况。这部分内容主要应反映企业本期应向国家缴纳的各项税费的数额和缴纳情况。

6.财产的盈亏报废情况。这部分内容应说明本期企业各项主要财产物资的增减情况,包括各项物资的盘亏、盘盈、毁损和报废的情况。

7.对企业财务状况、经营成果和现金流量有重大影响的其他事项。

思 考

某地方工商管理局进行年检时发现其属地的一家名为威萨特的公司,连续三年亏损,它是否是一家别有目的的"常亏不倒"型企业?工商管理局在该公司财务情况说明书中找到了对企业亏损的解释:本公司为网络通信类型企业,属于经贸委重点支持的项目。连续三年亏损是由于网络通信类型的企业前期投入大,且投资期较长。根据财务情况说明书的解释,你认为该公司的生产经营是否合理?

第三节 审计报告解读

一、审计报告的作用和类型

审计报告是指注册会计师对企业财务报表所出具的就企业财务报表(一般指年度)的编制是否恰当反映了企业财务状况、经营成果和资金变动的情况,会计处理方法的选用是否遵循了一贯性原则的书面意见。

(一)审计报告的作用

注册会计师签发的对企业年度财务报表出具的审计报告,具有如下作用:

1. 鉴证作用

注册会计师签发的审计报告,是以超然独立的第三者身份,对被审计单位会计报表中所反映的财务状况、经营成果和现金流量等是否恰当表明自己的意见。这种客观意见具有鉴证作用。这种鉴证作用,得到各国政府部门和社会各界的普遍认可。对信息使用者而言,财务报表提供的信息是否恰当主要依据注册会计师的审计报告作出的判断。

2. 证明作用

审计报告是对注册会计师审计任务完成情况及其结果所做的总

结,它可以在一定程度上表明审计工作的质量并明确注册会计师的审计责任。因此,审计报告可以对审计工作质量和注册会计师的审计责任起证明作用。审计报告必须反映注册会计师的审计范围、审计依据、实施的审计程序和应表示的审计意见。

(二)审计报告的类型

注册会计师接受企业的委托,依据《中国注册会计师独立审计准则》,对企业提供的会计报表进行审计。在审计过程中,注册会计师结合企业实际情况,实施包括抽查会计记录等必要的审计程序。

根据企业会计报表反映的财务状况、经营成果和资金变动的真实程度,注册会计师出具不同类型的审计报告。

审计报告有四种类型:

1. 无保留意见审计报告。无保留意见审计报告意味着注册会计师认为,企业的会计报表在所有重大方面公允地反映了企业的财务状况、经营成果和资金变动情况,会计处理方法的选用遵循了一贯性原则。

2. 保留意见审计报告。保留意见审计报告意味着注册会计师认为,企业会计报表存在有待确定之处或未能查明是否属实之处,除此之外,企业会计报表在所有重大方面公允地反映了企业的财务状况、经营成果和资金变动情况,会计处理方法的选用遵循了一贯性原则。

3. 拒绝发表意见审计报告。拒绝发表意见审计报告意味着注册会计师不能确定企业的某些经营活动对会计报表整体反映的影响程度,无法对企业会计报表是否公允地反映企业的财务状况、经营成果和资金变动情况发表审计意见。

4. 否定意见审计报告。否定意见审计报告意味着注册会计师认为,会计报表未能公允地反映企业财务状况、经营成果和资金变动情况。

二、审计报告解析

(一)重点解析保留意见、拒绝发表意见的审计报告

我们认为,审计报告是注册会计师站在公正的立场上,对企业编制的报表是否遵循了会计准则,是否恰当地反映了企业的财务状况、经营成果和资金变动情况所表明的一种看法或意见。无保留意见的审计报

告的"可信度"远远大于其他三种报告。而在保留意见、拒绝发表意见和否定意见的审计报告中，否定意见的审计报告的"可信度"几乎为零。因此，报表使用者在借助于审计报告进行财务报表质量分析时，可以"舍两头，抓中间"，把对企业财务报表质量不易确定的保留意见和拒绝发表意见的审计报告作为关注焦点。

1. 对保留意见审计报告的解析

注册会计师对上市公司财务报告出具"保留意见审计报告"意味着其不能确定公司财务报告某些部分的真实程度。"保留意见审计报告"有三个段式：范围段、说明段和意见段。

"保留意见审计报告"的第一段是"范围段"，列示注册会计师的审计范围；第二段是"说明段"，说明注册会计师的保留意见；第三段是"意见段"，阐述注册会计师的审计意见。

判断审计报告是否为"保留意见审计报告"，主要看其是否有"说明段"，以及"意见段"是否有关键词"除上述情况有待确定之外"或"除上述问题造成的影响以外……"，等等。

"保留意见审计报告"的第二段"说明段"，阐述注册会计师的保留意见。对于"说明段"提出保留意见的财务项目，我们不能认为其真实地反映了公司财务状况、经营成果和现金流量情况。

例如，华伦会计师事务所有限公司对沈阳黎明服装股份有限公司（A股简称是ST黎明，A股代码是600167）2001年中期报告出具了"保留意见审计报告"，并附解释性说明，全文如下：

审计报告

致公司全体股东：

会计师事务所（以下简称"我们"）接受委托，审计了沈阳黎明服装股份有限公司（以下简称"贵公司"）2001年6月30日的资产负债表和合并资产负债表、2001年1月至6月的利润表和利润分配表及合并利润表和利润分配表、2001年1月至6月的合并现金流量表。这些会计报表由贵公司负责，我们的责任是对这些会计报表发表审计意见。我们的审计是依据《中国注册会计师独立审计准则》进行的。在审计过程中，我们结合贵公司实际情况，实施了包括抽查会计记录等我们认为必要的审计程序。

在审计过程中,我们发现,应收款项回函比率较低,对未取得回函的应收款项余额无法确认。

除上述情况有待确定外,我们认为,上述会计报表符合《企业会计准则》和《企业会计制度》的规定,在所有重大方面公允地反映了贵公司2001年6月30日的财务状况、2001年1月至6月会计期间的经营成果及2001年1月至6月现金流量情况,会计处理方法的选用遵循了一贯性的原则。

另外,我们注意到:

1. 根据沈阳市国家税务局稽查税罚字(2001)第1003号、第2003号处罚决定,公司需补缴增值税1 618万元、罚款6万元,并应从税款的滞纳之日起至缴款的当日止补缴滞纳金,滞纳金数额尚未确定。

2. 公司期末应收第一大股东沈阳黎明服装集团公司的往来款1.88亿元,并按其资金占用额应收取集团公司的资金占用费298万元。

3. 根据辽宁省沈阳市中级人民法院民事判决书(2001)沈经初字第26号判决,公司应偿还招商银行沈阳分行长江支行贷款1 883万元及利息。同时,公司第一大股东沈阳黎明服装集团公司持有的本公司国有股中的2 000万股,因连带保证责任而被冻结。

华伦会计师事务所有限公司

中国注册会计师:××
中国注册会计师:××

中国 北京
2001年8月15日

这份审计报告的第二段"说明段"阐述注册会计师的保留意见:"应收款项回函比率较低,对未取得回函的应收款项余额无法确认。"审计上市公司应收账款时,按照应收账款欠款单位明细资料,注册会计师向欠款单位发函确认应收账款的真实性。由于注册会计师发现ST黎明的应收款项回函比率较低,所以无法确认本取得回函的应收款项余额。

这份审计报告的第三段"意见段"阐述注册会计师的审计意见。根据这份审计报告的第二段"说明段"和第二段"意见段"的关键词:"除上述情况有待确定外……",据此,我们判断这是一份"保留意见审计报告"。

在这份审计报告"意见段"之后,有三条"解释性说明"。它们均对被审计企业财务状况和经营成果的质量持慎重态度。

为了准确地判断上市公司会计报表反映其财务状况、经营成果和现金流量情况的真实程度,除了注册会计师提出保留意见的财务项目以外,我们应该运用上述资产负债表、利润表和现金流量表质量分析的技术,进一步分析该公司会计报表的真实性。

2. 对拒绝表示意见审计报告的解析

注册会计师对企业的财务报告出具"拒绝表示意见审计报告",意味着不能确定公司会计报表反映其财务状况及经营成果和现金流量情况的真实性。"拒绝表示意见审计报告"有三个段式:范围段、说明段和意见段。

拒绝表示意见审计报告的第一段是"范围段",列示注册会计师的审计范围;第二段是"说明段",说明注册会计师不能确认会计报表真实性的理由;第三段是"意见段",阐述注册会计师的审计意见。

判断审计报告是否是拒绝表示意见审计报告,主要看其是否有"说明段",以及"意见段"是否有关键词"……无法对……发表审计意见"。

对于注册会计师出具"拒绝表示意见审计报告"的财务报告,我们可以认为注册会计师不能确定会计报表反映公司财务状况及经营成果和资金变动情况的真实程度。

例如,四川君和会计师事务所对成都红光实业股份有限公司2000年度财务报告出具了"拒绝表示意见审计报告",全文如下:

审计报告

君和审字[2001]3067号

成都红光实业股份有限公司全体股东:

我们接受委托,审计了贵公司2000年12月31日的资产负债表(母公司及合并)、2000年度利润及利润分配表(母公司及合并)和2000年度现金流量表(母公司及合并)。这些会计报表由贵公司负责,我们的责任是对这些会计报表发表审计意见。我们的审计是依据《中国注册会计师独立审计准则》进行的。在审计过程中,我们结合贵公司实际情况,实施了包括抽查会计记录等我们认为必要的审计程序。

审计中发现：

1. 贵公司的彩色显像管玻壳池炉于1999年1月拆除，该玻壳池炉的账面净值9 038 366 130元，仍列在固定资产清理项目，本年度未对其清理转入损益。

2. 根据贵公司1999年10~11月与成都安成玻璃有限公司筹备处转订的物资移交协议，贵公司将库存原材料55 323 519.89元移交安成玻璃有限公司筹备处，协议规定若移交的物资因技术改造无法使用，则贵公司收回处置，至2000年12月31日，该事项尚无结论，贵公司仍反映在存货项目中，我们无法确定其是否存在。

3. 贵公司2000年度已全面停产。经公司2000年2月15日的股东大会同意，贵公司已将彩色玻壳、黑白玻壳生产线及部分辅助设备租赁给河南安玻集团成都电子玻璃有限公司，租赁资产的账面原值为92 077万元，净值为51 811万元（未经评估）。

4. 根据贵公司债务重组方案，2000年度内，在政府有关部门的支持下，经各债权人同意，贵公司将大部分贷款、部分应付账款、部分其他应付款等债务共计84 132.16万元划转成都红光实业（集团）有限公司。贵公司拟用现有资产总额中的92 209.94万元，按账面价值（未经评估和审计）抵偿欠红光集团债务，报告期内，因有关手续尚未办妥，故此事项未能办理。贵公司的资产重组工作能否完成，将对贵公司能否持续经营产生决定性影响。

我们认为，由于受上述问题的影响，我们无法对贵公司依据持续经营假设和以历史成本为计价基础编制的上述会计报表是否符合《企业会计准则》和《股份有限公司会计制度》的有关规定，以及是否公允地反映了贵公司2000年12月31日的财务状况与2000年度经营成果和资金变动情况发表审计意见。

君和会计师事务所

中国注册会计师：××

中国注册会计师：××

中国　成都

2001年4月5日

这份审计报告的第二段"说明段"阐述注册会计师不能确认会计报表真实性的四点理由,审计报告的第三段"意见段"阐述注册会计师的审计意见。

根据这份审计报告的第二段"说明段"和第三段"意见段"的关键词:"……无法对……发表审计意见。"据此,我们判断这是一份拒绝表示意见审计报告。

根据注册会计师对PT红光2000年度财务报告出具的拒绝表示意见审计报告,我们可以认为注册会计师不能确认PT红光2000年会计报表反映其财务状况及经营成果和资金变动情况的真实程度。因而,报表分析者则应对该公司财务报表质量持有疑义。

(二)辩证认识无保留意见的审计报告

无保留意见报告是一种最常见的审计报告。但是,请读者注意,在无保留意见的审计报告中,审计意见只有"符合"、"恰当"、"一致"等具有弹性的字眼。因此,在利用审计报告时应注意:

1. 无保留意见的审计报告并不意味着企业的会计处理准确无误

注册会计师之所以能够出具无保留意见的审计报告,很重要的一点是注册会计师认为企业的财务报表编制及会计处理与会计准则的要求无"重大性"差异,或者说,即使企业的会计处理与准则的要求有偏差,但只要注册会计师认为这种偏差不足以使信息使用者作出错误决策,则仍然不影响注册会计师出具无保留意见的审计报告。

2. 无保留意见的审计报告并不意味着企业内部无舞弊现象,并不意味着企业的管理工作卓有成效

企业内部是否存在舞弊现象,企业的经营管理是否有方,这是企业内部的管理问题,企业的管理者在这方面负有责任。如果企业内部有上述问题,并且在审计过程中,注册会计师也已发现,但只要注册会计师认为这些问题并不影响企业对财务报表的编制,审计报告也会是无保留意见的。因此,无保留意见的审计报告并不能使与企业有利害相关的有关方面"高枕无忧"。

3. 无保留意见的审计报告有时受审计质量的制约,也会出现偏差

在利用审计报告对企业财务报表质量进行整体评价时,不容忽视

的另外一个重要因素是,在我国现阶段,整个审计队伍的专业水平、职业道德素质有待提高。

如前所述,注册会计师的审计也是一种职业判断。当被审计企业的会计处理没有遵循准则要求,且差异重大,足以导致信息使用者作出错误决策并招致损失时,由于注册会计师水平所限或受其他条件的制约(如,审计时间紧,任务重)未能发现这些问题,仍出具了无保留意见的审计报告。在这种情况下,审计报告对读者的误导起到了推波助澜的作用。据我国财政部抽审百户国有企业1998年度会计报表发现,多数企业主要会计要素核算存在偏差(见1999年12月23日的《经济日报》)。但是,相当一部分会计师事务所存在未严格履行必要的审计程序、审计范围偏小、审计方法不当等问题。因此,企业存在的主要会计要素核算出现偏差问题并没有影响相当一部分会计师事务所出具无保留意见或保留意见的审计报告。

对于报表使用者而言,在很多情况下,注册会计师的审计意见只能是"仅供参考"。

思 考

小李是名"海归"派的硕士,准备在二级资金市场上对宏远股份有限公司进行股票投资,为此,小李对该公司的有关财务资料进行了仔细分析。期间,他遇到一个问题:教科书上说,财务分析时还应重点解析保留意见、拒绝发表意见的审计报告,而宏远股份有限公司是无保留意见的审计报告,但该公司在年度内更换了三家会计师事务所。小李认为,这时最后一家会计师事务所出具的无保留意见的审计报告就无意义了。你认为小李的判断是否正确?为什么?

本章小结

在进行财务报表分析时,除了对主表及其附表的表内信息的质量进行评价之外,还要对会计报表附注、财务情况说明书以及审计报告等表外信息予以关注。本章围绕着这三个问题展开论述：

1. 会计报表附注解读的意义在于，可以提高报表信息的可比性、相关性和可理解性，促使会计信息充分披露，从而提高会计信息的质量。

2. 会计报表附注披露的内容一般应包括企业简介、不符合基本会计假设的说明、主要的会计政策、财务报表项目注释、分部情况和重要事项揭示等内容，并采用定性与定量、表格与文字相结合的方式。

3. 财务情况说明书是在报送年度会计报表时，对年度内财务成本情况以文字为主，结合年度会计报表中的有关数字指标而作出的书面分析报告。它全面扼要地提供企业和其他单位生产经营、财务活动情况，分析总结经营业绩和存在的不足。

4. 审计报告分为无保留意见、保留意见、拒绝发表意见和否定意见四种类型。报表使用者在借助于审计报告进行财务报表质量分析时，应把对企业财务报表质量不易确定的保留意见和拒绝发表意见的审计报告作为关注焦点，同时辩证认识无保留意见的审计报告。

综合复习题

一、思考题

1. 财务会计是一门定量的学科，但为什么说"会计信息只是相对精确的"？
2. 对于整个财务会计报告体系而言，会计报表附注有哪些作用？
3. 现行财务报表本身存在的局限性主要表现在哪里？
4. 重要会计政策和会计估计的变更对财务信息有哪些影响？
5. 为什么或有事项不能完全在财务报表中披露？
6. 会计报表附注中财务报表重要项目的说明是否均要列示？其有哪些现实意义？
7. 如何正确处理财务报表与会计报表附注的关系？
8. 财务情况说明书揭示的主要内容是什么？
9. 为什么要重点解析保留意见、拒绝发表意见的审计报告？应当掌握哪些要点？
10. 如何辩证认识无保留意见的审计报告？

二、单项选择题

1. 会计上对于每一类经济业务或事项,可以（　　）会计处理方法。
   A. 有多种　　　　　　　　B. 有一种
   C. 不用　　　　　　　　　D. 有无数种

2. 会计报表附注主要以文字的形式对基本财务报表的项目和内容,以及有助于正确理解财务报表的有关事项进行必要的说明和解释。因此就必须坚持（　　）原则。
   A. 真实性　　　　　　　　B. 可比性
   C. 充分揭示　　　　　　　D. 实质重于形式

3. 当财务报表上的资产或负债项目的余额出现负数时,或者固定资产原值的金额很小时,企业需要对有关的报表项目作出（　　）。
   A. 判断　　　　　　　　　B. 调整
   C. 评价　　　　　　　　　D. 注释

4. 财务情况说明书是在报送年度会计报表时,对年度内财务成本情况以（　　）为主,结合年度会计报表中的有关数字指标而作出的书面分析报告。
   A. 表格　　　　　　　　　B. 文字
   C. 指标　　　　　　　　　D. 图形

5. 不同类型的审计报告是我们辨别企业会计报表反映其财务状况及经营成果和现金流量情况真实程度的（　　）。
   A. 重要依据　　　　　　　B. 重要目的
   C. 重要手段　　　　　　　D. 程序

6. 注册会计师之所以能够出具无保留意见的审计报告,很重要的一点是其认为企业的财务报表编制及会计处理与会计准则的要求（　　）。
   A. 有重大性差异　　　　　B. 无一般性差异
   C. 无重大性差异　　　　　D. 有一般性差异

三、多项选择题

1. 会计报表附注是对财务报表的（　　）等所做的解释。
   A. 编制基础　　　　　　　B. 编制依据

C. 编制原则　　　　　　　D. 方法

E. 主要项目

2. 现行财务报表本身存在的局限性在于(　　)。

　　A. 反映的信息均是经济性的

　　B. 不能反映某些重要的质量资料

　　C. 反映的信息都是历史的

　　D. 反映的信息具有高度的浓缩性

　　E. 反映的信息具有不确定性

3. 或有负债的类型主要包括:(　　)形成的或有负债。

　　A. 已贴现商业承兑汇票　　　B. 未决诉讼、仲裁

　　C. 为其他单位提供债务担保　D. 向银行贷款

　　E. 其他原因

4. 判断审计报告是否为"保留意见审计报告",主要看其是否有"说明段",以及"意见段"是否有关键词,即(　　)等等。

　　A. 由于……未能公允地反映……

　　B. 除上述情况有待确定之外

　　C. 除上述问题造成的影响以外

　　D. 无法对……发表审计意见

　　E. 在所有重大方面公允地反映了……

5. 财务情况说明书至少应对下列情况作出说明:(　　)。

　　A. 企业生产经营的基本情况　　B. 利润实现和分配情况

　　C. 资金增减和周转情况　　　　D. 企业人事变动情况

　　E. 对企业财务状况、经营成果和现金流量有重大影响的其他事项

四、案例分析题

(一)资料:

银广夏2000年度报告"会计报表主要项目注释"中"应收账款"和"预付账款"的欠款金额前五名单位情况如下表所示。

银广夏 2000 年应收账款欠款金额前五名单位情况

欠款单位名称	欠还金额(元)	欠款时间	欠款原因
德国诚信贸易公司	267 699 059.65	1 年内	依合同执行进度付款
武汉商业发展有限公司	56 640 000.00	2~3 年	售楼款欠付
河北大蒲河镇农技站	10 800 000.00	2~3 年	依合同执行进度付款
武汉武商集团	10 000 000.00	2~3 年	售楼款尾款
安徽涡阳高炉酒厂	8 219 827.83	1 年内	依合同执行进度付款

银广夏 2000 年预付账款欠款金额前五名单位情况

欠款单位名称	欠还金额(元)	欠款时间	欠款原因
德国西·依利期公司	165 788 310.00	1 年内	预付购设备款
郑州东方企业集团公司	3 226 278.20	1 年内	预付货款
蚌埠铁路生活服务公司	2 543 671.95	1 年内	预付货款
河北省大成第二工程处	2 300 000.00	1 年内	预付工程款
张家港华源化工公司	1 587 339.02	1 年内	预付货款

(二)提示：

1. 银广夏公司 2000 年的应收账款期末金额为：544 194 917.50 元。

2. 银广夏公司的主营业务范围为农业、食品业、日用化工业以及房地产业。

3. 德国诚信贸易公司的主要经营范围是机械产品和技术咨询。

(三)要求：依据上述有关资料，请找出对该公司"应收账款"和"预付账款"进行质量分析的线索，并作出初步评价。

第三篇
财 务 分 析

  企业需要有人"当家",当家人则要善于"理财",而理财的前提是做好财务分析。如果说我国企业在改革开放前只需要传统意义上的算账,在改革开放初期需要灵活多变的"内部"算账和财务分析的话,那么在跨世纪的今天,我国企业尤其是上市公司,所要求的便是广义的"理财":既要做好公司"内部"的核算、分析与控制工作,又要面向产品市场和金融市场,做好包括投资和筹资在内的"外部"财务分析工作。

  本篇以现代企业财务活动及其财务报表结构为主线,重点对如何分析企业的偿债能力、盈利能力和营运能力等方面的基本理论和方法进行系统阐述。阐述中力争突出三个特点:(1)前瞻性。既要总结我国财务分析的技巧,又要以开放的心态大胆借鉴与融会西方财务分析的理论与方法,以及最新研究成果。(2)务实性。财务分析结合我国会计实际工作和案例。其生命力决不在于一个个财务指标概念和计算公式的提出,财务报表分析本质上是一门应用性的管理学科,应该以实用为治学原则,着重探索和掌握财务分析的一般原理、程序、规则与技巧,为各种不同的财务报表分析主体指点迷津。(3)多角度。对企业的偿债能力、盈利能力和营运能力从结构、比率、趋势、表外信息等不同侧面进行分析和评价。

第七章　企业偿债能力分析

本章学习目的
1. 企业偿债能力分析的内涵。
2. 企业融资结构分析。
3. 企业短期偿债能力分析。
4. 企业长期偿债能力分析。

范 例

　　猴王股份有限公司于 1993 年 11 月在深圳证券交易所上市，是全国最早的上市公司之一，也是焊材行业迄今为止惟一的一家上市公司。在 2000 年 1 月之前，猴王股份拿给股东们的成绩单一直都不错。1998 年年报，它还保有配股资格。但是，2001 年 2 月，上市公司猴王股份第一大股东猴王集团被裁定破产。经中国证监会调查，短短几年间，猴王集团拖欠上市公司 8.9 亿元，猴王股份还为猴王集团提供担保金额为 2.44 亿元，两项合计 11.3 亿元，猴王股份的总资产才 9.34 亿元，这意味着猴王股份已被大股东掏空，资不抵债戴上 ST 帽子。为什么猴王股份会落到如此地步？直接原因就是猴王集团的破产破掉了猴王股份的 10 亿元债权。

　　众所周知，企业是一个盈利性组织。由上例可知，企业在追求利润之前，首先必须能够"健康地活着"，即具有良好的资本结构和偿债能力，这是企业生存和发展的基础。因此，本章就企业的偿债能力展开讨论。

第一节　企业偿债能力分析的内涵

　　企业偿债能力的强弱是企业生存和健康发展的基本前提。企业是一个经济实体，其最终目标是通过生产经营来盈利。但是在市场经济条件下，企业的生产经营存在着极大的不确定性——盈利或亏损。如果企业经营不善，财务状况动荡，甚至无力偿还到期债务，企业生存都面临危险，自然谈不上盈利问题。从这个意义上来说，偿债能力是企业的首要问题。企业偿债能力分析主要涉及企业融资结构分析、企业的短期偿债能力分析和长期偿债能力分析。

不同利益主体对财务报表的使用目的的不同,使融资结构分析的侧重点及其作用也有所差异。

一、有利于企业债权人判断其自身债权的偿还保证程度

对企业债权人而言,偿债能力分析的主要目的是判断其自身的债权的偿还保证程度,即确认企业能否按期还本付息。在市场经济条件下,企业总要面临风险,这就要求企业必须拥有一定的主权资本,以承担经营亏损,应付意外的打击。一般而言,所有者权益在企业资本结构中所占的比例越高,对债权人的债权保障程度就越高,反之亦然。所有者权益是一种剩余权益,在资产的要求权需要偿付时,债权人具有优先偿还权,并且债权人的报酬率是固定的,企业调整融资结构不会引起其利益的变动,而只会改变债权人所面临的风险。因此,债权人希望融资结构中的所有者权益比重越大越好。

二、有利于企业投资人进行投资决策

对企业投资人而言,偿债能力分析的主要目的是判断自身所承担的终极风险与可能获得的财务杠杆利益,以确定投资决策。其一,企业所有者是企业的终极风险承担者,企业的资产只有先偿还债务后,其剩余部分才归所有者所有。因此,投资者十分关心其投入资本能否保全。其二,由于企业借款的利息费用数额固定,且税前支付,当企业的资本利润高于利息成本时,投资者就能够通过财务杠杆作用获得杠杆收益,即利用负债融资获取高收益。因此,企业投资人进行融资结构分析时面临着风险与收益的两难选择:是否转移资本或追加资本,以使自身既承担较小的投资风险,又可获得较高的投资收益。

三、有利于企业经营者优化融资结构和降低融资成本

对企业经营者而言,偿债能力分析的主要目的是优化融资结构和降低融资成本。其一,优化融资结构,表现为吸收更多的主权资本,提高企业承担财务风险的能力。偿债能力分析的基本作用就是明确划分资金的不同来源,揭示各种资金的不同性质。所有者权益作为企业对

外清偿债务、承担风险的后盾,是企业保持良好财务形象的基础,只有保持良好的财务形象,企业才能获得源源不断的投资和贷款。其二,企业在提高承担财务风险的能力的同时,还应考虑融资效益,即通过偿债能力分析,尽量降低企业融资成本。由于负债融资的成本一般低于主权资本融资,而主权资本融资的风险又低于负债融资,企业也因此面临两难选择。对此,偿债能力分析的最终目的便可归结为:如何确定和保持最佳融资结构,以使企业的综合财务风险最低,而相应的融资成本也最低。

四、有利于政府有关机构进行宏观经济管理

对政府有关经济管理部门而言,偿债能力分析的主要目的是判断企业是否可以进入有限制的领域进行经营或财务运作。政府有关经济管理部门为保证经济协调运转,维护市场秩序,通常会对企业的经营与理财活动规定各种规则,其中,一些规则就与企业的融资结构相关,如企业若想发行债券或成为上市公司,其资产总额中必须保持一定数额的所有者权益。

五、有利于经营关联企业开展业务往来

对经营关联企业(如企业的购货单位和供货单位)而言,偿债能力分析的主要目的是判断其业务往来企业是否有足够的支付能力和供货能力,以确定是否继续与其发生业务往来。供货单位分析的着眼点为该企业在购入商品后,能否及时、足额地支付货款;而购货单位则通过偿债能力主要分析该企业的财务信用是否良好,财务状况是否稳定,能否保证其正常的生产经营,从而保障购货单位其进货渠道的通畅和生产经营。

总之,偿债能力涉及企业的不同利益主体的切身利益,因而,偿债能力分析成为企业以及其他利益相关群体极为关注的一个重要内容。

思 考

华通有限责任公司是一家生产电讯交换机的高科技企业。报告期资产总额2 000万元,所有者权益200万元,即资产负债率为90%,出现严重的财务危机。这是由于企业投入专利权的研究与开发费用很大,专利权市场前景看好,且已开发过半,却遇到资金匮乏,生产经营难以为继。为避免破产,该公司尝试走两条路:(1)向商业银行贷款,拟贷款500万元;(2)被同行业实力强的企业兼并,华通有限责任公司报价(被兼并价格)1 000万元。对于华通公司的财务状况,你认为哪一条路成功的希望大?为什么?

第二节 企业融资结构分析

一、融资结构的含义与类型

企业的生产经营必须以一定的物质资料(资金)为前提,而这些物质资料又有不同的来源渠道,于是可以形成多种融资结构。所谓融资结构,也称资本结构,是指企业在筹集资金时,由不同渠道取得的资金之间的有机构成及其比重关系。

企业资金来源的多元化产生了融资结构问题。一般而言,企业可以向债权人融资(负债融资)或向投资人融资(主权资本融资),而负债融资与主权资本融资的不同性质又决定了企业一定的融资结构,即在企业融资中保持一定的主权资本是企业经济实力和承担风险能力的基础,而保持一定的借入资本则是企业灵活调节资金余缺和增加所有者权益的前提。

不同的融资结构,其资金成本和财务风险是各不相同的。资金成本是指企业为获取某类资本所要付出的代价,如向银行借款的利息费用、发行股票的发行费用和股利。财务风险是指企业由于筹措资本对资金的供应者承担义务而受到的压力,包括偿债能力和盈利能力等方面。一般而言,负债融资的资金成本较低,只需支付利息,且利息费用可以在税前支付,但财务风险较高,即不论企业经营状况如何,到期必须还本付息;而主权资本融资的财务风险较低,企业对投资者的投资可以在存续期间永久使用,股利的支付不是固定的,视企业经营状况而定,利润多就多分,利润少就少分,无利润还可以不分,但其资金成本较高,利润全归投资者所有,且股利不得从税前扣除。最佳的融资结构应是资金成本最低而财务风险最小的融资结构。事实上,这种融资结构是不存在的,低资金成本往往伴随着高财务风险,而低财务风险又与高资金成本相联系。企业应在资金成本与财务风险之间进行合理取舍,选择最适合自身生存和发展的融资结构。

实践中存在三种融资结构类型:

1. 保守型融资结构。保守型融资结构是指在资本结构中主要采取主权资本融资,且负债融资的结构中又以长期负债融资为主。在这种融资结构下,企业对流动负债的依赖性较低,从而减轻了短期偿债的压力,财务风险较低;与此同时,由于主权资本融资和长期负债融资的成本较高,又会增大企业的资金成本。可见,这是一种低财务风险、高资金成本的融资结构。

2. 中庸型融资结构。这是一种中等财务风险和资金成本的融资结构。在这种结构下,主权资本融资与负债融资的比重主要根据资金的用途来确定,即用于长期资产的资金由主权资本融资和长期负债融资提供,而用于流动资产的资金主要由流动负债融资提供;同时,还应使主权资本融资与负债融资的比重保持在较为合理的水平上。

3. 风险型融资结构。风险型融资结构是指在资本结构中主要(甚至全部)采用负债融资,并且流动负债被大量长期资产所占用。显然,这是一种高财务风险、低资金成本的融资结构。从实践上看,只有特殊行业的企业,在特定的条件下,才会采用风险型融资结构。

二、融资结构的比重分析

我们以 ABC 公司 2001 年度的资产负债表、利润表和现金流量表的资料为例(见附录 3 表 1、表 2 和表 3)进行分析。

(一)融资结构的类别比重分析

融资结构的类别比重分析,就是对流动负债、长期负债和所有者权益这三类融资各自所占比重以及相互比例关系进行分析。

1. 负债融资和主权资本融资的绝对数变动差异与增减幅度分析

通过对负债融资和主权资本融资的绝对数变动差异与增减幅度分析,可以初步了解该企业筹资方式的变化以及对融资结构变动的影响。如表 7-1 所示。

表 7-1 负债融资和主权资本融资的绝对数变动差异与增减幅度分析表

单位:万元

项　　目	年 初 数	年 末 数	差 异 额	增(减)幅度
流动负债	175 243	243 838	68 595	39.14%
长期负债	−4 372	0	4 372	−100.00%
递延税款贷项	490	429	−61	−12.45%
所有者权益	658 889	637 609	−21 280	−3.23%
负债和所有者权益总计	830 250	881 876	51 626	6.22%

由表 7-1 可知:

(1)公司年度内资本总额基本保持不变,年末比年初增加了 51 626 万元,增加幅度为 6.22%。

(2)在资本总额相对增加的情况下,所有者权益有所下降,所有者权益年末比年初下降了 21 280 万元,下降幅度为 3.23%,所有者权益的下降是由于该公司本年度加大以前年度未分配利润对投资者的分配而形成的。

(3)在公司利润下降的情况下,流动负债年末数比年初数增加了 39.14%,说明随着公司生产规模的扩大,公司的产品结构和资金使用效率存在一定问题,需要结合公司的存货和信用政策进行进一步分析。

(4)长期负债年初数−4 372 万元为公司的住房周转金,是公司进行职工住房制度改革而多支付的资金,年末已经在当期损益中消化,是否合理,应结合该公司的非生产经营型固定资产进行分析。

2. 负债融资与主权资本融资的比重变化分析

通过对负债融资与主权资本融资的比重变化分析,进一步揭示企业筹资方式的变化和财务风险程度。如表 7-2 所示。

表 7-2 负债融资与主权资本融资的比重变动分析表

项　　目	年初比重(%)	年末比重(%)	变动差异(%)
流动负债	21.11%	27.65%	6.54%
长期负债	−0.53%	0.00%	0.53%
递延税款贷项	0.06%	0.05%	−0.01%
所有者权益	79.36%	72.30%	−7.06%
负债和所有者权益总计	100%	100%	—

由表 7-2 可知:

(1)该公司为上市公司,它以主权资本融资为主。在我国资本市场尚不发达,商业信用较低的情况下,该公司资本结构比较合理,年末主权资本融资占 72.30%,负债融资占 27.65%,说明公司财务风险较小。

(2)该公司资本结构发生了一定幅度的变化,流动负债融资由年初的 21.11% 增加到年末的 27.65%,而主权资本融资则由年初的 79.36% 下降到年末的 72.30%,资本结构变化不大。这说明该公司融资方式主要依靠自有资本经营,财务风险降低,但资金成本相对较高。

(3)该公司的流动负债比例有所上升,长期负债为零。对此,应充分利用财务杠杆,加强对长期负债融资的筹划。

(二)融资结构项目的比重分析

融资结构项目的比重分析是对各类融资的具体组成项目所占比重进行的分析,具体分为流动负债项目比重分析、长期负债项目比重分析和所有者权益项目比重分析。

1. 流动负债项目的比重分析

为进一步掌握流动负债各个具体项目对企业短期偿债能力的影响,还须对各个流动负债项目的结构比重及其变化进行分析评价。

(1)计算流动负债各项目的绝对数变动差异与增减幅度

对流动负债进行结构分析,首先应对流动负债各项目的绝对数变动差异与增减幅度进行分析。通过分析流动负债各项目的绝对数变动差异,揭示不同项目的变化对当期流动负债总额增长幅度(或减少幅度)的影响结果。如表7-3所示。

表7-3 流动负债各项目的绝对数变动差异与增减幅度分析表

单位:万元

项 目	年 初 数	年 末 数	差 异	增(减)幅度
短期借款	14 250	4 250	−10 000	−70.18%
应付票据	37 509	121 805	84 296	224.74%
应付账款	90 344	103 188	12 844	14.22%
预收账款	28 827	28 486	−341	−1.18%
应付工资	0	50	50	—
应付福利费	1 974	1 704	−270	−13.68%
应付股利	141	118	−23	−16.31%
应交税金	−12 344	−25 642	−13 298	107.73%
其他应交款	2 603	3 120	517	19.86%
其他应付款	7 812	6 399	−1 413	−18.09%
预提费用	3 627	360	−3 267	−90.07%
一年内到期的长期负债	500	0	−500	−100.00%
流动负债合计	175 243	243 838	68 595	39.14%

由表7-3可知:

①该公司年度内流动负债有所增加,年末比年初增加了68 595万元,增长幅度为39.14%。

②流动负债的增长,主要因为应付票据、应付账款的增加,分别为84 296万元和12 844万元,增加幅度为224.74%和14.22%。这些因参与生产经营而增加的流动负债是否合理,应结合流动资产项目进行比较分析。

③该公司应交税金借项金额主要是购进存货的增值税进项税额。但其大幅度增长了13 298万元,增幅为107.73%,说明该公司产品销售不畅。

④预提费用由年初的3 627万元迅速下降到年末的360万元,下

降幅度为90.07%,有人为调控企业损益之嫌,应予以关注。

⑤其他应付款项目全年一直维持在7 000万元上下水平,是异常现象。

(2) 计算流动负债各项目的比重变化

在对流动负债各项目的绝对数变动差异进行了分析之后,为了进一步揭示影响当期流动负债变动的原因,还需从流动负债各项目比重变化的另一个侧面进行分析,掌握当期流动负债的变动对企业短期偿债能力的影响。如表7-4所示。

表7-4 流动负债各项目的比重变动分析表

项　　目	年初比重(%)	年末比重(%)	变动差异(%)
短期借款	8.13	1.74	-6.39
应付票据	21.40	49.95	+28.55
应付账款	51.55	42.32	-9.23
应付工资	—	0.02	+0.02
应付福利费	1.13	0.70	-0.43
预收账款	16.45	11.68	-4.77
应付股利	0.08	0.05	-0.03
应交税金	-7.05	-10.51	+3.46
其他应交款	1.49	1.28	-0.21
其他应付款	4.46	2.62	-1.84
预提费用	2.07	0.15	-1.92
一年内即将到期的长期负债	0.29	—	-0.29
流动负债合计	100	100	—

由表7-4可知:

①该公司流动负债的构成主要为应付票据(年初21.40%、年末49.95%)、应付账款(年初51.55%、年末42.32%)等项目。

②应付票据比重由年初的21.40%上升到年末的49.95%,比重猛增28.55%;短期借款由年初的8.13%下降到年末的1.74%,比重降低了6.39%,而一年内即将到期的长期负债更是由年初的0.29%下降到年末的0,说明该公司举债筹措流动资金的金融机构不足,过于依赖企业的商业信用以及企业间的拆借,公司信誉有所下降,债务风险加

大。

③预收账款比重由年初的16.45%下降到年末的11.68%,进一步印证了该公司产品结构不佳等问题。

2.长期负债项目的比重分析

(1)长期负债项目的绝对数变动差异与增减幅度分析

对长期负债进行比重分析,首先应对长期负债各项目的绝对数变动差异与增减幅度进行分析。通过分析长期负债各项目的绝对数变动差异,揭示不同项目的变化对当期长期负债总额增长幅度(或减少幅度)的影响结果。如表7-5所示。

表7-5 长期负债的绝对数变动差异与增减幅度分析表

单位:万元

项 目	年初数	年末数	差异额	增(减)幅度
长期借款	300	—	−300	
应付债券	—	—		
其他长期负债	−4 672	—	+4 672	
长期负债合计	−4 372		+4 372	

由表7-5可知:

①该公司年度内长期借款年末比年初减少了300万元,且"无债一身轻",没有通过资本市场发行公司债券。从整体上看,该公司长期负债融资的运作较差。一般而言,随着生产规模的扩大,公司为加速技术改造,长期负债也应相应增加,对此应结合公司经营战略和资产结构进一步分析。

②其他长期负债−4 372万元为公司的住房周转金,已于当年消化。

(2)长期负债项目的比重变化分析

在对长期负债各项目的绝对数变动差异进行了分析之后,为了进一步揭示影响当期长期负债变动的原因,还需从长期负债各项目比重变化的另一个侧面进行分析。从资产负债表中可以看出,由于ABC公司为上市公司,该公司融资结构单一,基本为主权资本融资。该公司依靠自身的优势和良好的商业信用,可以考虑开辟向金融机构举债、发行公司债券或融资租赁固定资产等新的融资渠道。

长期负债项目的比重变化分析方法与表 7-4 流动负债各项目的比重变动分析类似,该公司长期负债融资很少,且年末各项数据均为零,则此处对表的分析从略。

3. 所有者权益项目的比重分析

(1)所有者权益项目的绝对数变动差异与增减幅度分析

通过所有者权益项目的绝对数变动差异与增减幅度分析,可以揭示企业主权资本的形成和变动情况。股本和资本公积属于由企业外部形成的所有者权益,而盈余公积和未分配利润属于企业内部形成的所有者权益。一般而言,股本和资本公积不会经常发生变动,相对稳定,而盈余公积和未分配利润的变化则相对活跃,也表明企业创造利润的能力。所以,盈余公积和未分配利润增长的幅度越大越好。如表 7-6 所示。

表 7-6 所有者权益的绝对数变动差异与增减幅度分析表

单位:万元

项 目	年初数	年末数	差 异	增(减)幅度
股本	108 210	108 210	0	0.00%
资本公积	203 225	203 258	33	0.02%
盈余公积	244 942	241 484	−3 458	−1.41%
未分配利润	102 354	84 113	−18 241	−17.82%
少数股东权益	158	544	386	244.30%
所有者权益合计	658 889	637 609	−21 280	−3.23%

由表 7-6 可知:

①该公司股本(实收资本)108 210 万元,年度内没有变化;资本公积与盈余公积变化很小;未分配利润有所下降,年末比年初下降幅度为 17.82%;少数股东权益年末比年初增长幅度为 244.30%,但绝对额较少,仅为 386 万元。以上四项共同影响的结果使该公司所有者权益年末比年初减少了 3.23%。

②资本公积项目的稳定表明该公司年度内没能更多地吸收外部投资(如新配股而出现的股票溢价),也未发生大规模的产权变动(如资本

重组)或其他变动(如债务重组)。

③未分配利润年末比年初减少了 18 241 万元,表明该公司生产经营出现了问题,其下降趋势应予以关注。

(2)所有者权益项目的比重变化分析

一般而言,在所有者权益中,盈余公积和未分配利润的比重越大越好。对股东和债权人来说,盈余公积和未分配利润的比重越大,意味着对股本的担保越可靠,债权也越安全;从企业自身看,盈余公积和未分配利润的比重越大,说明公司可长期使用而相对筹资成本较低的资金就越多,从而公司越有能力应付和承担财务风险。如表 7-7 所示。

表 7-7 所有者权益项目的比重变动分析表

项目	年初比重(%)	年末比重(%)	变动差异(%)
股本	16.42	16.97	+0.55
资本公积	30.84	31.88	+1.04
盈余公积	37.18	37.88	+0.70
未分配利润	15.53	13.19	-2.34
少数股东权益	0.03	0.08	+0.05
所有者权益合计	100%	100%	—

由表 7-7 可知:

①该公司主权资本融资结构相对稳定,股本融资由年初的 16.42% 增加到年末的 16.97%,变化微小,资本公积由年初的 30.84% 增加到年末的 31.88%,几无变化。这印证了公司未发生大规模的产权变动(如资本重组)或其他变动(如债务重组)的情况。

②公司未分配利润占所有者权益总额的比重从 15.53% 下降到 13.19%,盈余公积融资则由年初的 37.18% 上升到年末的 37.88%,几无变化。公司留存收益下降,这对改善资本结构,保障投资人、债权人等各方利益有一定负面影响。因为公司留存收益比重越小,意味着可长期使用无需筹资成本的资金就越少,公司的抗风险能力就越低。

三、融资结构的弹性分析

(一) 融资结构弹性的含义

所谓融资结构弹性是指企业融资结构随着经营和理财业务的变化,能够适时调整和改变的可能性。一般而言,融资结构一旦形成就具有相对的稳定性,但这种稳定性并不排斥调整的可能。

融资结构弹性是以各种融资本身所具有的弹性为基础,按照各种融资弹性的不同可把融资分成三类:其一,弹性融资,即可以随时清欠、退还和转换的融资,主要指流动负债融资以及企业的未分配利润;其二,刚性融资,即不能随时清欠、退还和转换的融资,主要指主权资本融资;其三,半弹性融资,即介于以上两种类型之间的融资,主要指长期负债融资,可视具体情况分别划入弹性融资(如可提前收兑的企业债券)和刚性融资(如融资租赁的固定资产等)。

企业使融资结构保持一定弹性是必要的,当成本更低、条件更优惠的融资方式出现时,便可迅速实现转换,这对企业的长期债权人来说,有益无害。实践中,企业应力求在一定的融资成本与风险下,寻求弹性最大的融资结构。

(二) 融资结构调整

企业在筹措资金时,不仅要考虑融资总量,而且要注意分析融资结构是否合理。由于企业环境的变化,融资结构是否合理不是表现为一种静态的结构合理性,而是表现为一种动态的结构调整过程。这种融资结构的合理性可以通过融资存量调整和流量调整来改变。

1. 存量调整

存量调整是在企业现有资产规模下对现存自有资本和负债进行结构上的相互转化。这种调整主要是在负债比例过高时采用,具体表现为两种类型:其一,直接调整,即将企业的可转换债券、优先股等可转换证券按规定的转换比例转换为普通股股票,从而增加股本,减少负债;其二,间接调整,即先将某类融资收缩,然后将相应数额的融资量扩充到其他类融资中,例如,先偿还短期债务,再借入长期负债,以此进行流动负债与长期负债的期限搭配、利率搭配的调整。

2. 流量调整

流量调整是通过追加或缩小企业现有资产数量,以实现原有融资结构的合理化调整。这种调整通常适用于以下情况:(1)资产负债比例过高时,为改变不佳财务形象,提前偿还旧债,伺机举借新债;或增资扩股,加大主权资本融资;(2)资产负债比例过低且企业效益较好时,为充分发挥财务杠杆效用,可追加贷款;若企业生产规模缩小,效益下滑,可实施减资措施,如企业购回并注销在市场流通的股票。

(三)融资结构弹性分析

在资产负债表中,负债及所有者权益一方的结构,既包括了财务风险和资金成本的高低,也包括了融资弹性的大小。

仍以 ABC 公司 2001 年度的资产负债表、利润表和现金流量表的资料为例(见附录 3 表 1、表 2 和表 3)进行分析。

1.融资结构弹性的总体分析

融资结构弹性的总体分析是整体判断企业在不同时期的弹性融资与融资总量的变化情况。其计算公式为:

$$融资结构弹性 = \frac{弹性融资}{融资总量} \times 100\%$$

表 7-8 融资结构弹性总体分析表

单位:万元

	项 目	年 初 数	年 末 数	变动差异
弹性融资	流动负债	175 243	243 838	+68 595
	长期借款	300	—	−300
	未分配利润	102 354	84 113	−18 241
	弹性融资合计	277 897	327 951	+50 054
非弹性融资	长期应付款	—	—	
	股本	108 210	108 210	—
	资本公积	203 225	203 258	+33
	盈余公积	244 942	241 484	−3 458
	非弹性融资合计	556 377	552 952	−3 425
总融资	融资合计	834 274	880 903	+46 629
弹性	融资结构弹性	33.31%	37.23%	+3.92%

从表 7-8 中可以看出,ABC 公司的融资结构弹性从 2001 年年初的 33.31% 增长到年末的 37.23%,融资结构弹性加大了近 4%,这意味着该公司调整融资结构的灵活度基本不变,可用于随时清欠、转换、转让的资金相应不足。

2. 融资结构弹性的结构分析

融资结构弹性的结构分析是根据不同弹性的融资分别计算分析企业在不同时期占总弹性融资比重的变化情况,以此了解企业融资结构弹性的内部结构变化。结构分析可以揭示融资结构弹性的强度,也就是弹性大的融资所占比重越大则弹性强度越大,反之亦然。

在弹性融资中,流动负债的弹性最大,因为流动负债不仅能随时清欠、转让,而且其物质基础——流动资产的流动性最强,变现最快,从而为清欠和回购短期证券提供了资金来源;与此不同的是,长期负债(长期借款)即使能够随时清欠、转让,但由于其相应的资产通常为长期资产,其变现能力较弱,制约了长期负债的弹性;至于未分配利润只是企业临时可用的资金,不可以转换为其他类型的资金,它的弹性较小。其计算公式为:

$$某类弹性融资强度 = \frac{某类弹性融资}{弹性融资总额} \times 100\%$$

根据以上原理,编制 ABC 公司融资结构弹性的结构分析表如表 7-9 所示。

表 7-9 融资结构弹性的结构分析表

项 目	年初比重(%)	年末比重(%)	变动差异(%)
流动负债	63.06	74.35	+11.29
长期负债(长期借款)	0.11	—	-0.11
未分配利润	36.83	25.65	-11.18
弹性融资总额	100%	100%	—

由上表可知,ABC 公司的融资结构弹性发生了以下变化:弹性最强的流动负债融资的比重 2001 年年末比年初增加了 11.29%,这是由于弹性相对较弱的长期借款(-0.11%)与未分配利润(-11.18%)存在一定幅度的下降,是两项比重综合作用的结果(0.11%+11.18%=

11.29%),其中尤以受弹性较大的未分配利润下降影响最大。所以,该公司融资结构的弹性强度也在增强。

思 考

财务理论认为,弹性融资由流动负债、长期借款和未分配利润三部分构成。甲公司原是一家大型电器业国有企业,2001年改制为上市公司,股本为2亿元人民币。该公司2002年年报显示,其融资结构弹性仅为2%,而公司的未分配利润数额(500万元)占弹性融资总额的60%,流动负债(应付账款、应付票据等)占40%。根据以上资料,你认为这种融资结构是否合理?为什么该公司的弹性融资仅为2%?试分析其原因。

第三节 企业短期偿债能力分析

企业的偿债能力按其紧迫性分为短期偿债能力和长期偿债能力。短期偿债能力是指企业在短期(一般为一年)内偿还债务的能力。短期偿债能力对企业至关重要,如果企业无法保持一定的短期偿债能力,则意味着不仅不能满足短期债权人的要求,而且在偿还长期债务方面也存在问题。即使是一个盈利企业,也会面临由于资金调度不畅,不能偿还到期债务而破产的风险。

一、短期偿债能力的比率分析

在分析企业的短期偿债能力时,企业资产的流动性问题十分突出。在权责发生制下,企业有盈利并不足以说明具有短期偿债能力。这是因为偿还到期债务要以货币资金支付,而企业的利润与企业实际持有的现金有一定差距。也就是说,一个企业可以有很高的利润,但如果缺乏可支配的现金,就没有能力偿还到期债务;反之,一个企业也可以有亏损,但只要它实际持有一定量的现金,即说明其具有相应的短期偿债能力。因此,企业短期偿债能力的强弱往往表现为资产变现能力的强弱。关于企业资产质量优劣的判断,已在第二章资产项目分析中介绍,于此,不再赘述。

如前所述,分析企业短期偿债能力需要对流动资产与流动负债之间的关系进行判断,对此采用比率分析法更为有效。此类比率主要有:流动比率、速动比率和现金比率。

(一)流动比率

流动比率是指一定时期内企业的流动资产除以流动负债的比率,是衡量企业短期流动性方面最常用的比率之一,它代表企业用其流动资产偿还到期债务的保障程度。其计算公式如下:

$$流动比率 = \frac{流动资产}{流动负债}$$

由于流动资产中的存货存在潜亏,应收账款存在坏账等风险,且这些项目的变现性较弱,因此,一般认为流动比率达到 2∶1,企业财务状况才比较稳妥可靠。这种说法已经被实际情况的发展逐步否定,随着社会化大生产的发展,该比率不断趋于下降。根据附录 3 表 1 的有关数据,ABC 公司的流动比率计算如表 7-10 所示。

表 7-10 流动比率计算表

单位:万元

项 目	1999 年	2000 年	2001 年
流动资产	689 878	635 771	712 334
流动负债	178 229	175 243	243 838
流动比率	3.87	3.63	2.92

由上表可知,从流动比率的数值来看,该公司短期偿债能力较强;从发展趋势来看,该公司连续 3 年流动比率呈逐年下降的态势,表明短期偿债能力减弱。其原因除了各年流动负债的提高速度快于流动资产的提高速度,致使流动比率逐年降低外,还可能存在引起流动比率变动的深层次因素,应分析流动资产的质量和流动负债的构成。至于流动比率是否偏高,应结合同行业标准进行评价。

流动比率也有局限性,使用时应注意:

1. 较高的流动比率仅仅说明企业有足够的可变现资产用来还债,并不能表明有足够的现金来还债。因为较高的流动比率很可能是存货的积压或应收账款的呆账造成的,在此情况下,如果现金不足,仍会出现偿债困难。此外,在运用该比率时还应在流动资产中剔除待摊费用等不可变现的因素。

2. 从合理利用资金的角度而言,各行各业、各个不同企业应根据自身的情况和行业特点,确定一个流动比率的最佳点。例如,存货周转较快、结算资产较好的企业,其流动比率可以小于2,这样既满足偿债需要,又使该比率不致过高。若流动比率过高,往往说明企业在资金使用上不足,此时,应将其多余的资金用于收益性较好的项目或用于其他目的。

流动比率的合理性标准是个复杂问题,不应把复杂问题简单化。首先,不同国家的金融环境不同,使得企业采用不同的营运资金政策,导致不同的流动比率。例如美国平均在1.4左右,日本平均在1.2左右。其次,同一国家不同行业的平均流动比率有明显区别。美国的纺织业接近2.5,而食品业只有1.1。2000年度我国上市公司中,流动比率不到2的占了多数,因其长期资金充裕,只有很少的短期借款。最后,平均的流动比率近些年有不断下降的趋势,因为新的经营方式使得所需要的流动资产逐渐减少了。美国、英国、欧共体和日本的流动比率在1.2至1.4之间,达到或超过2的企业已经是个别现象。因此,流动比率的合理性,必须通过动态分析、历史比较和类似企业比较来评价。

3. 当企业用流动资产偿还流动负债或通过增加流动负债来购买流动资产时,流动比率计算公式的分子与分母将等量金额地增加或减少,并造成流动比率本身的变化。流动比率的这一特点,使得企业管理当局有可能在该比率不理想时,通过年末突击偿还短期负债,下年初再如数举新债等手段粉饰其流动比率的状况。例如,假定某企业年末流动资产为400万元,流动负债为250万元,则流动比率为1.6,为粉饰财务指标,在年末暂时用100万元的货币资金偿还应付账款,则流动比率立即"漂亮"地变为2。因此,使用流动比率,还应注意分析其会计期末前后一段时间流动资产与流动负债数额方面的变化情况。

(二)速动比率

速动比率是指一定时期内企业的速动资产除以流动负债的比率。速动资产是指现金和易于变现、几乎可以随时用来偿还债务的那些流动资产,一般由货币资金、短期投资、应收票据、应收账款等构成,但不包括存货、待摊费用。存货的流动性较差,其变现不仅要经过销货和收款两个环节,所需时间较长,而且存货中有可能存在冷背残次商品;而待摊费用本身是费用的资本化,不能变现。因此,用流动资产扣除了存货等流动性较差项目而计算出来的速动比率,代表了企业直接的偿债能力。速动比率的计算公式如下:

$$速动比率=\frac{速动资产}{流动负债}$$

速动比率与流动比率相比,在对短期偿债能力的分析考核上,向具体化迈进了一大步,其更加稳妥可信。一般认为,速动比率等于或稍大于1比较合适。按前例,ABC公司的速动比率计算如表7-11。

表7-11 速动比率计算表

单位:万元

项 目	1999年	2000年	2001年
速 动 资 产	382 041	312 819	415 043
流 动 负 债	178 229	175 243	243 838
速 动 比 率	2.14	1.79	1.70

由上表可知,从速动比率的数值来看,该公司短期偿债能力较强;从发展趋势来看,该公司连续三年速动比率呈逐年下降的态势,表明短期偿债能力减弱。该公司1999年速动比率为2.14偏高,而2000年和2001年速动比率为1.79和1.70,说明其流动资产的结构比重趋于合理。

使用该指标时,一方面也应注意企业管理当局人为粉饰指标,以及立即的偿债能力(现金持有量)问题;另一方面,对于判断速动比率的标准不能绝对化,如零售企业大量采用现金结算,应收账款很少,因而,允许保持低于1的速动比率,但不同行业、不同企业要具体分析。

(三)现金比率

现金比率是指一定时期内企业的现金以及现金等价物除以流动负债的比率。现金指企业的货币资金,现金等价物指有价证券(一般为短期投资和应收票据),它代表了企业随时可以偿债的能力或对流动负债的随时支付程度。其计算公式为:

$$现金比率=\frac{货币资金+有价证券}{流动负债}$$

按前例,ABC公司的现金比率计算如表7-12。

表7-12 现金比率计算表

项 目	1999年	2000年	2001年
现金及现金等价物	126 700	180 754	191 190
流动负债	178 229	175 243	243 838
现金比率	0.71	1.03	0.78

速动比率已将存货、待摊费用等变现能力较差的流动资产剔除,但速动资产中的应收账款等有时也会因客户倒闭、抵押等情况使变现能力受影响,甚至出现坏账,最终减弱企业的短期偿债能力。尤其是在企业面临财务危机时,即使有较高的流动比率和速动比率,也无法满足债权人的要求。因此,最稳健或者说保守的方法是采用现金比率来衡量企业的短期偿债能力。

使用时应注意:企业在正常经营的情况下,该指标数值越高,说明短期偿债能力越强,但企业的资金使用效果不佳,分布不太合理,因为现金往往是企业中收益率最低的资产。所以企业只有在特定情况下(如债务重组、破产清算),使用现金比率才有意义。

(四)经营活动净现金比率

经营活动净现金比率是一个以本期经营活动净现金流量偿还债务能力的比率,既可以衡量企业偿还短期债务的能力,也可以衡量企业偿还全部债务的能力。它的计算公式是:

$$经营活动净现金比率=\frac{经营活动净现金流量}{流动负债}$$

式中,经营活动净现金流量可以从现金流量表中的"经营活动产生的现金流量净额"项目取得数据,流动负债可以从资产负债表中取得数据,该数据最好应为全年平均占用数。

根据附录3表1和表3的有关数据,ABC公司的经营活动净现金比率分析表,如表7-13所示。

表7-13 经营活动净现金比率计算表

单位:万元

项　　目	1999年	2000年	2001年
经营活动净现金流量	151 648	113 749	68 671
流 动 负 债	178 229	175 243	243 838
经营活动净现金比率	0.85	0.65	0.28

经营活动净现金比率是以本期经营活动所产生的净现金流量来衡量偿还流动负债或全部负债的能力,比率越大,偿债能力越强。从表7-13中可以看出,该公司经营活动净现金比率,1999年为0.85,2000年为0.65,2001年为0.28,呈不断下降的态势。这与该公司流动比率、速动比率以及现金比率等指标数值偏高的情况相比较,应有所警觉,因为企业的偿还债务能力最终依赖于经营活动净现金,还必须根据具体环境,结合相关指标作比较,才能作出正确判断。

(五)流动比率、速动比率、现金比率以及经营活动净现金比率的相互关系

流动比率、速动比率与现金比率是反映企业短期偿债能力的主要指标,它们各自的作用程度不同,三者之间的相互关系可用图7-1表示。

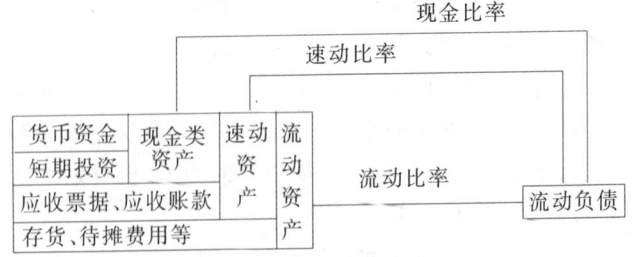

图7-1 流动比率、速动比率、现金比率关系图

由图7-1可知：(1)以全部流动资产作为偿付流动负债的基础，计算的指标是流动比率。它包括了变现能力较差的存货和不能变现的待摊费用，若存货中存在超储积压物资时，会造成企业短期偿债能力较强的假象。(2)速动比率以扣除变现能力较差的存货和不能变现的待摊费用作为偿付流动负债的基础，它弥补了流动比率的不足。(3)现金比率以现金类资产作为偿付流动负债的基础，但现金持有量过大会对企业资产利用效果产生负作用，这一指标仅在企业面临财务危机时使用，相对于流动比率和速动比率来说，其作用程度较小。

而经营活动净现金比率是从现金流量的角度考察企业的短期偿债能力，它是以上三个指标的补充分析工具，它可弥补以上三个指标的不足(如时点数据的偏差、人为粉饰等)。

二、影响短期偿债能力的其他因素

分析企业短期偿债能力时还应注意未在财务报表上充分披露的如下其他因素：

(一)准备变现的长期资产

企业依据本身的经营战略往往在特定时期准备将一些长期资产变现，例如，由于机器设备使用年限的较长，企业准备将其清理出售，这无疑会增强企业以后会计期间资产的流动性。分析时应谨慎处理此类情况，因为长期资产一般是企业的生产资料，是经营活动中所必需的，即使是过剩的长期资产在短期内也不易变现。在分析这项潜在现金流时，要注意固定资产变现的速度、变现的金额。固定资产新旧程度、专用化程度(通用设备还是专用设备)都会影响固定资产的变现能力。

(二)良好的商业信用

企业良好的商业信用主要表现在：一是企业拥有著名品牌，与债权人关系良好，在出现短期债务偿还困难的时候通常比较容易通过与债权人的协商达成延期付款或者取得较为宽松的贷款，以新债还旧债。当然，这种增强偿债能力的潜在因素具有高度不确定性，容易受整体资金环境的影响。二是具备发行企业股票或企业债券的能力，增强企业资产的流动性。良好的长期融资能力往往是缓解短期偿债危机的重要保证。

此外，还应当参考查阅政府有关机构(如工商行政管理局)列示的企业信用档案。

(三)尚未使用的银行授信额度

在企业长期业务往来中，银行基于对客户多年来信用状况的考察和"与客户共同成长"的理念，通常会给予优质客户以一定授信额度。在这个额度之内，企业可以随时向银行提出申请取得贷款，从而提高企业现金支付的能力。正是因为银行给予企业的授信额度有助于改善企业的财务形象，增强企业的现金支付能力，所以那些有幸得到银行授信的企业都会迫不及待地向市场宣布这一好消息。例如，2002年5月28日，首创股份(600008)发布董事会临时公告，披露福建省兴业银行中关村支行继续给予企业2亿元授信额度、招商银行继续给予公司3亿元授信额度、上海浦东发展银行雅宝路支行继续给予公司4亿元授信额度。除了及时宣布好消息以外，公司还会在定期财务报告、附注和财务状况说明书当中予以说明。

(四)担保责任、已贴现的商业汇票引起的债务

担保责任、已贴现的商业汇票引起的债务，会计上称之为"或有负债"。根据我国《票据法》规定，债务担保人负有连带偿债责任。一旦被担保人无法偿还债务，就将由担保人偿付。可见，对担保人而言，提供担保时就形成了对金融机构的或有负债，此项或有负债最终是否转变为一笔实际的负债，取决于到期时被担保人能不能偿还债务，此项或有负债也只有在被担保人到期偿还了债务后才消失。目前，我国企业互为债务担保的很多，而由此造成企业破产的也时有发生，如郑州亚细亚集团；另外，企业已向银行贴现的商业汇票，银行仍对企业拥有资金追索权，即如果票据到期出票人无力还款给贴现银行，银行将向贴现人收取款项。因此，企业担保责任和已贴现的商业汇票引起的债务必然减弱企业的短期偿债能力。

(五)未作记录的或有负债

未作记录的或有负债范围较广，如有纠纷的税款、尚未了结的诉讼案件、有争议的财产纠纷、销售创新(如企业许诺顾客如果全年累计消费10 000元，企业返给顾客500元的现金)、大件商品的售后服务等均

会对企业短期偿债能力产生负面影响。例如,未决的诉讼,这种情况是指在资产负债表日诉讼已经发生,但其最后结果有赖于法院的判决,在涉及赔偿的案子中,若法院判决败诉,企业就必须赔偿,但赔偿多少是个未知数。按照新出台的《会计法》规定:"单位提供的担保、未决诉讼等或有事项,应当按照国家统一的会计制度的规定,在财务会计报告中予以说明。"

对于影响企业短期偿债能力的其他因素,可以侧重于对企业的会计报表附注和财务状况说明书的相关内容进行分析、评价。

思 考

从理论上看,评价一个企业的短期偿债能力,一般而言,流动比率等于2,速动比率等于1较好。因为流动资产中有一半是存货,而存货不易变现。据有关资料披露,目前,美国和德国制造业的流动比率分别为1.4和1.2,速动比率分别为1.1和0.7。而我国业界有人认为流动比率和速动比率均应大大高于其理论系数才适宜。针对以上的情况,你认为西方国家的流动比率和速动比率为什么会远远低于理论系数?而我国企业应大大高于理论系数是否合理?

第四节 企业长期偿债能力分析

长期偿债能力是指企业偿还长期债务的能力,它表明企业对债务的承担能力和偿还债务的保障能力。对于长期负债,企业可以长期使用,在西方国家往往将其视为长期资本的一部分。企业举借长期负债有利于扩大企业的生产经营和规模,但同时也加大了企业的资金成本与财务风险。长期偿债能力的强弱是反映企业财务安全和稳定程度的重要指标。

一、长期偿债能力的比率分析

企业对一笔债务总是要负两种责任:一是偿还债务本金的责任;二是支付债务利息的责任。对企业长期偿债能力的分析,主要是为了确定该企业偿还债务本金和支付债务利息的能力,一般常用如下比率。

(一)资产负债比率

资产负债比率也称负债比率,是企业全部负债总额与全部资产总额的比率,表示在企业全部资金来源中,从债权人方面取得数额的比重。该指标用于衡量企业利用负债融资进行财务活动的能力,也是显示企业财务风险的重要指标。其计算公式如下:

$$资产负债比率 = \frac{负债总额}{资产总额} \times 100\%$$

资产负债率是从总体上反映企业偿债能力的指标。该指标越低,表明企业偿债能力越强。但资产负债率也并非是越低越好。采用资产负债比率时应注意:

1.各利益主体(如债权人、所有者、经营者)往往因不同的利益驱动而从不同的角度来评价资产负债比率:

(1)对企业债权人而言,他们最为关心的就是所提供的信贷资金的安全性,期望能于约定时间收回本息。这必然决定了债权人总是要求资产负债比率越低越好,希望企业的每一元债务有更多的资产作后盾。如果企业的主权资本较少,表明投资者投入的份额不足,经营过程中创造和留存收益的部分较少,债权人就会感到其债权风险较大,因此作出提前收回贷款、转移债权或不再提供信贷的决策。

(2)对企业所有者来说,首要目标就是要提高投资收益水平,并将投入的资本维持在适度的风险水平上。由于负债能为投资者带来杠杆收益,而且不会稀释其股权,因此投资者希望利用债务提高企业的盈利水平。但债务同时也会给投资者带来风险,因为债务的成本是固定的,如果企业经营不善或遭受意外打击而出现经营风险时,由于收益大幅度滑坡,贷款利息还需照常支付,损失必然由所有者负担,由此增加了投资风险。对此,投资者往往用预期资产报酬率与借款利率进行比较判断,若前者大于后者时,表明投资者投入企业的资本将获得双重利益,即在获得正常利润的同时,还能获得资产报酬率高于借款利率的差额,这时,资产负债比率越大越好;反之,若前者小于后者时,则表明借入资本利息的一部分,要用所有者投入资本而获得的利润数额来弥补,此时,投资者希望资产负债比率越小越好。

【例】某企业资产报酬率为15%,全部资本为800万元,则企业获利120万元。其中,借入资本500万元,利率10%,利息费用50万元。主权资本300万元,所有者获利为120万元－50万元＝70万元,则所有者权益报酬率为23.33%。此时,资产报酬率＞借款利率,举债经营对投资者有利。

承上例,若企业资产报酬率为7%,其他条件不变,企业获利56万元,而所有者获利仅为56万元－50万元＝6万元,所有者权益报酬率为2%。此时,资产报酬率＜借款利率,显然,举债经营对投资者不利。

(3)从企业经营者角度来看,应将资产负债比率控制在适度水平上。由于债务成本的税前扣除和杠杆收益功能,任何企业均不可避免地要利用债务,但负债超出某一程度时,则不能为债权人所接受,企业的后续贷款难以为继。随着负债的增加,企业的财务风险不断加大,进而危及主权资本的安全和收益的稳定,也会动摇投资者对经营者的信任。因此,经营者利用债务时,既要考虑其收益性,又要考虑由此而产生的风险,审时度势,作出最优决策。

2.企业资产负债比率多少为佳,并没有一个公认的标准,在分析和评价时,通常要结合国情、同行业的平均水平或先进水平、本企业的前期水平及其预算水平来进行。

(1)就国情比较而言,可通过表7-14分析。

表7-14 中日美德四国制造业偿债能力指标

国　别	比　率		
	资产负债率	流动比率	速动比率
中　国	65.06%	92.40%	59.47%
日　本	61.24%	140.04%	108.08%
美　国	62.48%	139.44%	89.28%
德　国	72.51%	116.59%	72.55%

从上表中可看出,中国国有工业企业的资产负债率略高于日本和美国,但低于德国。将这个数据与美日德三国比较,中国国有工业企业并不存在资产负债率偏高的问题。但是,对比流动比率和速动比率,中国国有工业企业均低于美日德三国,其中流动比率比日本低 47.64 个百分点,比美国低 47.04 个百分点,比德国低 24.19 个百分点;速动比率比日本低 48.61 个百分点,比美国低 29.81 个百分点,比德国低 13.08 个百分点,表明中国国有工业企业资产流动性差,变现偿债能力不强,确实存在负债过重的问题。

(2)就行业比较而言,一般来讲,第一产业为 20%、第二产业为 50%、第三产业为 70%较为合理。就我国而言,可以参照附录 4 沪深两市行业 2002 年主要财务指标平均值。

(3)就企业比较而言,由于企业的负债总额和资产总额包含着丰富的内容,而各个企业在计算这一指标时,口径并不完全一致,如坏账准备、存货跌价损失准备、长期投资减值准备、固定资产减值准备、递延税项等项目的处理就存在着广泛的差异。因此,将该指标与其他企业或行业平均水平进行对比分析时,注意斟酌用于计算的各个数字的实际内涵,剔除差异因素后,再作评价。

根据附录 3 表 1 的有关数据,ABC 公司的资产负债比率计算如表 7-15 所示。

表 7-15 资产负债比率计算表

单位:万元

项 目	1999 年	2000 年	2001 年
资产总额	825 344	830 250	881 876
负债总额	179 080	171 361	244 267
资产负债比率	21.70%	20.64%	27.70%

由上表可知,该公司融资渠道较单一,总资产中的 70%以上是由投资人提供的,投资人面临的风险较大。2001 年资产负债比率下降,为 27.70%,表明投资人承担的风险减弱,该公司正处于成熟期,可以考虑运用财务杠杆,提高资产负债比率,有利于利润增长。

(二)所有者权益比率和权益乘数

所有者权益比率(在股份有限公司称之为股东权益比率)是企业所有者权益总额与资产总额之比,表明主权资本在全部资产中所占的份额。其计算公式为:

$$\text{所有者权益比率} = \frac{\text{所有者权益总额}}{\text{全部资产总额}} \times 100\%$$

所有者权益比率与资产负债比率之和应该等于1。因此,这两个比率是从不同的侧面反映企业的长期资金来源的。所有者权益比率越大,资产负债比率就越小,企业的财务风险就越小,反之亦然。

所有者权益比率的倒数,称作权益乘数,即企业的资产总额是所有者权益的多少倍。该乘数越大,说明投资者投入的一定量资本在生产经营中所运营的资产越多。可以用下列公式表示:

$$\text{权益乘数} = \frac{\text{全部资产总额}}{\text{所有者权益总额}}$$

所有者权益比率和权益乘数也是对资产负债率的必要补充。运用这些指标分析企业长期偿债能力时,还应注意以下几点:(1)它们与资产负债率都是用于衡量长期偿债能力的,两个指标可以互相补充。在资产负债率分析中应注意的问题,在所有者权益比率和权益乘数分析中也应引起注意。(2)它们与资产负债率之间是有区别的。其区别是反映长期偿债能力的侧重点不同。所有者权益比率和权益乘数侧重于揭示资产总额与所有者权益的倍数关系,倍数越大,说明企业资产对负债的依赖程度越高,风险越大;资产负债率侧重于揭示总资本中有多少是靠负债取得的,说明债权人权益的受保障程度。

ABC公司的所有者权益比率及权益乘数计算如表7-16所示。

表7-16 所有者权益比率及权益乘数计算表

单位:万元

项 目	1999年	2000年	2001年
资产总额	825 344	830 250	881 876
所有者权益总额	646 264	658 889	637 609
所有者权益比率	78.30%	79.36%	72.30%
权益乘数	1.28	1.26	1.38

(三)产权比率

产权比率也称负债与所有者权益比率,是企业负债总额与所有者权益总额之比。其计算公式为:

$$产权比率 = \frac{负债总额}{所有者权益总额} \times 100\%$$

产权比率实际上也是资产负债比率的另一种表现形式,只不过其表达得更为直接、明显,更侧重于揭示企业财务结构的稳健程度,以及所有者权益对偿债风险的承受能力。产权比率越低,表明企业的长期偿债能力越强,债权人承担的风险越小。但当这一比率过低时,所有者权益比重过大,意味着企业有可能失去充分发挥负债的财务杠杆作用的大好时机;反之,当该指标过高时,表明企业过度运用财务杠杆,增加了企业财务风险。

运用产权比率衡量企业长期偿债能力时,还应注意以下几点:

1. 产权比率与资产负债率都是用于衡量长期偿债能力的指标,具有共同的经济意义,两者可以互相补充。因此,对产权比率的分析可以参考对资产负债率的分析。对资产负债率分析时应注意的问题,在产权比率分析中也应引起注意。例如,将本企业产权比率与其他企业对比时,应注意计算口径是否一致。

2. 尽管产权比率与资产负债率都是用于衡量长期偿债能力的,但两个指标之间还是有区别的。产权比率侧重于揭示债务资本与权益资本的相互关系,说明企业财务结构的风险性,以及所有者权益对偿债风险的承受能力;资产负债率侧重于揭示总资本中有多少是靠负债取得的,说明债权人权益的受保障程度。

3. 所有者权益就是企业的净资产,产权比率所反映的偿债能力是以净资产为物质保障的。但是,净资产中的某些项目,如无形资产、递延资产、待摊费用、待处理财产损益等,其价值具有极大的不确定性,且不易形成支付能力。因此,在使用产权比率时,必须结合有形净值债务率指标,做进一步分析。

ABC 公司的产权比率计算如表 7-17 所示。

表7-17 产权比率计算表

单位:万元

项 目	1999年	2000年	2001年
负债总额	179 080	171 361	244 267
所有者权益总额	646 264	658 889	637 609
产权比率	27.71%	26.01%	38.31%

(四)有形净值债务比率

有形净值债务比率,就是将无形资产、长期待摊费用从所有者权益中予以扣除,从而计算企业负债总额与有形净值之间的比率。该指标实际上是一个更保守、谨慎的产权比率。其计算公式为:

$$有形净值债务比率 = \frac{负债总额}{所有者权益 - (无形资产 + 长期待摊费用)} \times 100\%$$

所有者权益代表了企业的净资产,而它减去无形资产和长期待摊费用后被称为有形资产。之所以进一步考察负债对有形资产的比例关系,是因为无形资产的价值具有很大的不确定性,而长期待摊费用本身就是企业费用的资本化,它们往往不能用于偿债。因此,在企业陷入财务危机或面临清算等特殊情况下,强调对债权人有形财产的保障。有形净值债务比率实际上是产权比率的延伸,是更谨慎、保守的反映债权人利益的保障程度的指标。该比率越低,保障程度越高,企业有效偿债能力越强;反之亦然。

ABC公司的有形净值债务比率计算如表7-18所示。

表7-18 有形净值债务比率计算表

单位:万元

项 目	1999年	2000年	2001年
有形资产总额	635 702	630 052	6138 78
负债总额	179 080	171 361	244 267
有形净值债务比率	28.17%	27.20%	39.79%

由上表可知,

(1)该公司1999年和2000年有形净值债务比率为28.17%、27.20%,且比产权比率的27.71%、26.01%略高,长期债权人面临的风险较小。

(2) 2001年有形净值债务比率明显上升,即39.79%,该指标与产权比率的38.31%相比,差距不大,尚可接受。这表明债权人承担的风险加大,而投资人承担的风险相应减少,公司财务风险增高,债权人利益受保护的程度下降。

(五) 利息保障倍数

利息保障倍数又称已获利息倍数,是企业息税前利润(利息费用+税前利润)与所支付的利息费用的倍数关系。该指标测定企业以获取的利润承担借款利息的能力,是评价债权人投资风险程度的重要指标之一。其计算公式为:

$$利息保障倍数 = \frac{税前利润 + 利息费用}{利息费用}$$

利息保障倍数是从企业的收益方面考察其长期偿债能力,利息保障倍数越高,表明企业对偿还债务的保障程度就越强。而拥有较高的、稳定的利息保障倍数的企业,通常可以比较容易地进行债务融资,甚至在其资产负债比率相对偏高的情况下也是如此。

运用该指标进行分析评价时,还应注意如下问题:

1. 利息费用的计算。公式中的利息费用一般取自企业当期损益表中的财务费用,但其并不准确,因为借款利息费用应包括计入当期损益(财务费用)和予以资本化两部分,且当期财务费用项目不仅仅有利息费用,还包括汇兑损益、利息收入等内容。因此,对于利息费用应尽量通过有关账簿取得准确数据。

2. 利息费用的实际支付能力。由于到期债务是用现金支付的,而企业的当期利润是依据"权责发生制"原则计算出来的,这意味着企业当期可能利润很高,但不一定具有支付能力。所以,使用这一指标进行分析时,还应注意企业的现金流量与利息费用的数量关系。

3. 如果利润表上的利息费用为负数,表明它实质是企业的利息收入,意味着该企业银行存款大于银行借款。此时,利息保障倍数为负数就无意义了。

ABC公司的利息保障倍数计算如表7-19所示。

表 7-19 利息保障倍数计算表

单位：万元

项 目	1999 年	2000 年	2001 年
利息费用	5 236	757	1 315
税前利润	31 050	16 348	5 580
利息保障倍数	6.93	22.60	5.24

注：根据 ABC 公司资产负债表、利润表和现金流量表提供的有关资料，测算出该公司的利息支出分别为：1999 年 5 236 万元、2000 年 757 万元、2001 年 1 315 万元。

由上表可知：

(1) 通过比较本企业连续几年的该项指标可以看出公司的利润情况，因为不论经营好坏都要偿还债务。ABC 公司 1999 年和 2000 年利润较高，因此利息保障倍数较高，说明企业有能力偿付利息，但 2001 年公司的利息保障倍数降低幅度较大，主要是由于利润下降造成的。

(2) 从另一方面而言，该公司置存了大量的货币资金（2000 年为 47 804 万元，2001 年为 55 216 万元），同期的利润总额却不断下降（2000 年为 16 348 万元，2001 年为 5 580 万元），说明公司资金运用成本较高，而使用效果（利润）却不高，对报表使用者而言，这是一个危险的信号。

(六) 营运资金与长期负债比率

营运资金与长期负债比率是指企业的营运资金（即流动资产－流动负债）与长期负债的比例关系。其计算公式为：

$$营运资金与长期负债比率 = \frac{流动资产 - 流动负债}{长期负债} \times 100\%$$

长期负债会随着时间的推移不断地转化为流动负债，因此，流动资产除了满足偿还流动负债的要求，还须有能力偿还长期负债。一般而言，如果保持长期负债不超过营运资金就较好，营运资金与长期负债比率越高，不仅表明企业的短期偿债能力越强，而且预示着企业未来偿还长期债务的保障程度也越强。但该指标在一定程度上受企业筹资策略的影响，因为在资产负债比率一定的情况下，流动负债与长期负债的结构安排因筹资策略的改变而不同，保守的做法是追求财务稳定性，更多地筹措长期负债；而激进的做法是追求资金成本的节约，更多地用流动负债来筹资。

ABC 公司的营运资金与长期负债比率计算如表 7-20 所示。

表 7-20　营运资金与长期负债比率计算表

单位：万元

项　　目	1999 年	2000 年	2001 年
营 运 资 金	511 649	460 528	468 496
长 期 负 债	300	－4 372	—
营运资金与长期负债比率	1705.50%	*	—

＊注：长期负债－4 372 万元是由于该公司以企业的资金多支付住房周转金的数额，则 2000 年该指标计算无意义。

由上表可知，该公司基本上是主权资本融资，长期负债融资较差。但 2001 年营运资金有所下滑，表明该公司营运资金对长期负债的保障程度有所降低。

(七)长期负债比率

长期负债比率是指企业的长期负债与负债总额之间的比例关系，用以反映企业负债中长期负债的份额。其计算公式为：

$$长期负债比率 = \frac{长期负债}{负债总额} \times 100\%$$

长期负债比率的高低可以反映企业借入资金成本的高低，也可反映企业筹措长期负债资金的能力。相对而言，长期负债具有期限长、成本高、风险低、稳定性强的特点。在资金需求量一定的情况下，提高长期负债比率，就意味着企业对短期借入资金依赖性的降低，从而减轻企业的当期偿债压力。

ABC 公司的长期负债比率计算如表 7-21 所示。

表 7-21　长期负债比率计算表

单位：万元

项　　目	1999 年	2000 年	2001 年
长 期 负 债	300	－4 372	—
负 债 总 额	179 080	171 361	244 267
长期负债比率	0.17%	*	—

＊注：长期负债－4 372 万元是由于该公司以企业的资金多支付住房周转金的数额，则 2000 年该指标计算无意义。

由上表可知，该公司债务融资中长期负债所占比重很小，表明该公司对流动负债的依赖性较强，增加了短期偿债的压力，但减少了一定的资金成本，对其合理性应结合其他财务指标进一步考察评价。

(八) 债务保障比率

债务保障比率是以年度经营活动所产生的现金净流量与全部债务总额相比较，表明企业现金流量对其全部债务偿还的满足程度。其计算公式为：

$$债务保障比率 = \frac{经营活动净现金流量}{负债总额} \times 100\%$$

现金流量与负债总额之比的数值也是越高越好。该比率越高，企业承担债务总额的能力越强。它同样也是债权人所关心的一种现金流量分析指标。债务保障比率是以本期经营活动所产生的净现金流量来衡量偿还全部负债的能力，比率越大，偿债能力越强。债务保障比率与经营活动净现金比率的差别在于，后者可能为短期债权人所重视，而前者则更为长期债权人所关注。

根据附录3表1和表3的有关数据，ABC公司的经营活动净现金比率分析表，如表7-22所示。

表7-22 债务保障比率计算表

单位：万元

项　　目	1999年	2000年	2001年
经营活动净现金流量	151 648	113 749	68 671
负债总额	179 080	171 361	244 267
债务保障比率	0.85	0.66	0.28

从表7-22中可以看出，该公司债务保障比率逐年下降，且幅度较大，表明公司的偿还债务能力减弱。

(九) 固定支出保障倍数

除了债务利息，企业还有一些与负债相关的固定支出，如租入固定资产的租赁费用等。这部分费用要定期支付，在评价企业长期偿债能力时，也应考虑在内。固定支出保障倍数是利息费用保障倍数更完善的扩展形式。利息保障倍数忽略了其他必须支付的费用，有一定的误导性。

固定支出保障倍数是指企业经营业务收益与固定支出的比率。其计算公式如下：

$$固定支出保障倍数 = \frac{税前利润 + 固定支出}{固定支出}$$

式中,固定支出包括:(1)因短期借款、应付票据而定期支付的利息。(2)因经营租赁而定期支付的应付经营租赁费。(3)因融资租赁的而定期支付的应付融资租赁费。(4)因长期借款而定期支付的利息。

根据附录3有关数据,ABC公司在生产经营过程中运用负债融资活动较少,则该公司的固定支出保障倍数与利息保障倍数水平相近。列表分析从略。

二、影响长期偿债能力的其他因素

分析公司长期偿债能力时,除了对上述直接表达长期偿债能力的指标进行分析评价之外,还应注意未在财务报表上充分披露的如下其他因素。

(一)资产价值的影响

资产负债表上的资产价值主要是以历史成本为基础确认计量的,这些资产的账面价值与实际价值往往有一定差距,表现在:

1.资产的账面价值可能被高估或低估。如前所述,资产的账面价值是历史数据,而市场处于不断变化之中,对于某些资产的账面价值已不能完全反映其实际价值,如企业处于城市中心地段的厂房会发生大幅度增值,而一些技术落后的设备其账面价值又会大大低于市场价值。

2.某些入账的资产毫无变现价值。这类项目包括待摊费用、长期待摊费用以及某些人为制造的应收账款、存货等,前者已作为费用支出,只是因为会计上的配比原则才作为资产保留在账面上的;而后者是"粉饰"的结果,这类资产的流动性几乎为零,对于企业的偿债能力毫无意义。

3.尚未全部入账的资产。按照现行会计制度,企业的资产并非全部在资产负债表中得到反映,往往一些非常重要的项目未被列作资产入账,例如企业自行开发的、成本较低而计入期间费用的商标权、专利权等,其商用价值是不容忽视的。又如一些企业的衍生金融工具是以公允价值披露在会计报表附注中,这种揭示有助于使用者分析与之相关的企业的重大盈利机会或重大潜在风险。

(二)长期经营性租赁的影响

当企业急需某项设备而又缺乏足够的资金时,可以通过租赁方式解决。财产租赁有融资租赁与经营租赁两种形式,融资租赁的设备可视同企业的自有资产,相应的租赁费作为长期负债处理;而企业经营租赁的设备则不包括在固定资产总额中,如果该设备被长期占用,形成了一项长期固定的租赁费用,实际上是一种长期筹资行为,但其租赁费用又不能作为长期负债处理。因此,需要偿还的债务和用作偿债保障的资产两方面都出现了特殊情况,若被忽略就会对企业的长期偿债能力产生负面影响。

(三)或有事项和承诺事项的影响

或有事项是指企业现存的一种状态或处境,其最终结果是否发生损失或收益,依其未来不确定事项是否发生而定。按照谨慎性原则,企业应尽量预计可能发生的损失和负债,而不得预计可能发生的收益和资产(如预计合同方的违约罚款收入)。目前,我国已出台了《企业会计准则——或有事项》,要求企业在资产负债表内确认"预计负债",在表外披露已贴现的应收票据及为其他企业的贷款担保、未决诉讼等或有负债。此外,中国证监会要求股份有限企业在招股说明书中披露或有负债及重大未决诉讼事项。

承诺事项是指企业由具有法律效力的合同或协议的要求而引起义务的事项。例如,与贷款有关的承诺、信用证承诺、售后回购协议下的承诺。又如,企业在与职工签订的劳动合同中,承诺对企业职工聘用期间及解聘或退休时,可以享受一定的待遇等。这些往往构成企业的一种长期负担,但又没有出现在财务报表上。在未来的特定期间内,只要达到特定条件,即发生资产减少或负债增加。目前,我国《企业会计制度》要求企业在会计报表附注中详细披露承诺事项。

由此可见,无论是或有事项,还是承诺事项,均有可能减弱企业长期偿债能力,必须对此严加观察和分析,以防患于未然。

思 考

资产负债比率表示在企业全部资金来源中,从债权人方面取得数额的所占比重。该指标用于衡量企业利用负债融资进行财务活动的能力,称之为"财务杠杆",也是显示企业财务风险的重要标志。有人说该指标越高越好:指标低说明企业不会利用财务杠杆"借鸡下蛋";有人认为越低越好:指标高,对债权人或是投资人都意味着"血本无归"的财务风险。目前,中、美、德三国制造业的资产负债比率分别为65%、61%和73%。针对以上的不同观点,结合中、美、德三国制造业的资产负债比率的资料,你的观点是什么?

本章小结

企业偿债能力是企业生存和健康发展的基本前提。本章从企业融资结构、短期偿债能力和长期偿债能力三个方面展开论述:

1. 融资结构也称资本结构,是指企业在筹集资金时,由不同渠道取得的资金之间的有机构成及其比重关系。最佳的融资结构应是资金成本最低而财务风险最小的融资结构。事实上,低资金成本往往伴随着高财务风险,而低财务风险又与高资金成本相联系。通过对融资结构进行分析,可以对企业资金成本与财务风险作出正确的评价。

2. 分析企业短期偿债能力需要对流动资产与流动负债之间的关系进行判断,对此采用比率分析法更为有效。同时,还应注意未在财务报表上充分披露的准备变现的长期资产、良好的商业信用以及未作记录的或有负债等其他因素。

3. 长期偿债能力的强弱是反映企业财务安全和稳定程度的重要标志。分析长期偿债能力,主要采用资产负债比率、权益乘数等财务指标。同时,还应注意资产价值(账面与实际)的变化、或有事项和承诺事项等其他因素。

综合复习题

一、思考题

1. 为什么要进行企业偿债能力分析？
2. 影响融资结构的因素是什么？
3. 什么是融资结构弹性？它有几种类型？为什么要保持融资结构弹性？
4. 如何进行流动比率分析？流动比率的局限性有哪些？
5. 如何理解流动比率、速动比率和现金比率的相互关系？
6. 如何对影响短期偿债能力的其他因素进行分析？
7. 为什么说资产负债率是反映企业偿债能力的核心指标？如何进行资产负债比率分析？
8. 如何进行产权比率分析？产权比率与有形净值债务比率的关系？
9. 运用利息保障倍数进行分析与评价时应注意哪些问题？
10. 在现行会计制度下，财务报表上的资产价值为什么会对企业的长期偿债能力产生影响？

二、单项选择题

1. 在流动比率小于1的情况下，用银行存款偿还应付账款，则流动比率（　　）

   A. 提高　　　　　　　　　　B. 下降
   C. 保持不变　　　　　　　　D. 提高或下降不一定

2. 通过分析企业流动资产与流动负债之间的关系可以判断企业的（　　）。

   A. 短期偿债能力　　　　　　B. 长期偿债能力
   C. 盈利能力　　　　　　　　D. 营运能力

3. 对企业长期偿债能力进行分析，下列（　　）与资产负债率之和等于1。

   A. 所有者权益比率　　　　　B. 权益乘数
   C. 利息保障倍数　　　　　　D. 有形净值债务比率

4. 拥有较高的、稳定的利息保障倍数的企业，通常可以比较容易进行债务融资,甚至在其资产负债比率( )的情况下也是如此。

  A.相对偏高   B.相对偏低

  C.相对平均   D.偏高或偏低不一定

  5.存量调整是在企业现有资产规模下对现存自有资本和负债进行结构上的相互转化,这种调整主要是在负债比例( )时采用。

  A.较低   B.较高

  C.过低   D.过高

三、多项选择题

  1.融资结构是否合理不是表现为一种静态的结构合理性,而是表现为一种动态的结构调整过程。而这种调整往往通过以下方式:( )。

  A.增量调整   B.存量调整

  C.流量调整   D.变量调整

  E.定量调整

  2.下列( )等因素均有可能减弱企业的长期偿债能力,必须对此严加观察和分析,以防患于未然。

  A.或有事项   B.承诺事项

  C.长期经营性租赁   D.准备变现的长期资产

  E.准备接受的捐赠资产

  3.侧重于分析企业短期偿债能力的财务指标有:( )。

  A.资产负债率   B.流动比率

  C.现金比率   D.利息保障倍数

  E.应收账款周转率

  4.资产负债比例过高时,为改变不佳财务形象,可以( )。

  A.发行债券   B.提前偿还旧债

  C.减资缩股   D.增资扩股

  E.以新债抵旧债

  5.速动资产是指现金和易于变现、几乎可以随时用来偿还债务的那些流动资产,一般由( )等构成。

  A.存货   B.货币资金

C. 短期投资 D. 应收票据
E. 应收账款

四、案例分析题

(一)资料(如下表所示)

某企业某年末资产负债表(假定全部数据均在表中)

单位:万元

资产	年初数	年末数	负债及所有者权益	年初数	年末数
货币资金	500	480	短期借款	1 000	1 400
应收账款	?	960	应付账款	500	400
存货	?	2 200	预收账款	300	100
待摊费用	—	32	长期借款	2 000	2 000
固定资产	2 880	3 200	所有者权益	2 824	2 972
总计	6 624	6 872	总计	6 624	6 872

补充资料:

1. 年初速动比率为 0.75,年初流动比率为 2.08;
2. 该企业所在行业的平均流动比率为 2;
3. 该企业为摩托车生产厂家,年初存货构成主要为原材料、零配件;年末存货构成主要为产成品(摩托车)。

(二)要求

1. 计算该企业年初应收账款、存货项目的金额;
2. 计算该企业年末流动比率,并作出初步评价;
3. 分析该企业流动资产的质量,以及短期偿债能力。

第八章 企业盈利能力分析

本章学习目的
1. 企业盈利能力分析的内涵。
2. 企业盈利能力的结构分析。
3. 企业(一般企业)盈利能力的比率分析。
4. 企业(股份有限公司)盈利能力的比率分析。

第八章 企业盈利能力分析

范 例

粤发股份有限公司1998年中期报告670万元的净利润,净资产收益率为1.57%,业绩平平。该公司利润表显示,主营业务利润项目是亏损,主营业务利润率为－5.82%,但是"东方不亮,西方亮",表现突出的是营业利润之外的投资收益项目为近4000万元,以此"一举为盈"。会计报表附注披露:该公司将一项账面价值56万美元的股权作价4000万元人民币,与其母公司所拥有的一项股权进行置换,从而将56万美元的不良资产转化为4000万人民币的优质资产,仅此一项就为粤发股份有限公司增加了3500多万元的收益,不仅使该公司上半年免于亏损,而且在弥补了以前年度2558万元亏损后,还剩下相当一部分的可供分配利润。

企业作为以盈利为目的的社会组织,它存在和发展的最基本的意义便是盈利。由上例可知,我们不仅需要知道企业盈利的结果,更需要掌握其盈利的过程,即具有良好的盈利结构和持久的创造利润能力。因此,本章就企业的盈利能力展开讨论。

第一节 企业盈利能力分析的内涵

盈利能力也称企业的资金增值能力,通常是指企业在一定时期内获取利润的能力。表现为企业在一定期间内收益额的大小及收益数额的构成。盈利能力的大小是一个相对的概念,即利润相对于一定的资源投入、一定的收入而言,利润率越高,盈利能力越强,反之亦然。所谓盈利能力分析,就是通过一定的分析方法,判断企业能获取多大利润数的能力,它包括企业在一定会计期间内从事生产经营活动的盈利能力的分析和企业在较长时期内稳定地获取较高利润能力的分析。

企业的盈利能力无论对于企业的投资者、债权人、政府财政收入，还是对于衡量企业经理人员的经营业绩和企业职工的工作效率都是至关重要的。因此，企业盈利能力分析是企业利益相关的各个方面了解企业、认识企业、改进企业经营管理的重要手段之一。但是，由于会计报表的不同使用者使用会计报表的出发点不同，因而企业盈利能力分析对于不同的财务报表使用者也有着不同的意义。

一、有利于保护投资者的所有者权益

就投资者而言，他们的直接利益是其所投资的企业的资产或净资产的增值程度以及投资报酬的高低。在所有关心企业的人士中，没有比投资者更关心企业盈利能力的了。企业投资者不仅关心企业一定时期的盈利能力大小，而且更关心企业盈利能力的稳定性和持久性以及资本的保全程度和可靠性。因此，投资者对企业盈利能力分析是为了判断企业盈利能力的大小、盈利能力的稳定性和持久性以及预测企业盈利能力的变化趋势。

在市场经济条件下，投资者们往往认为企业的盈利能力比财务状况、营运能力更重要。投资者们的直接目的就是获得更多的利润，因为对于信用相仿的几个企业来说，人们总是将资金投向盈利能力强的企业。投资者们关心企业赚取利润的多少并重视对利润率的分析，是因为他们的股息与企业的盈利能力紧密相关。此外，企业盈利能力增加还会使股票价格上升，从而使投资者们获得资本收益。

二、有利于债权人衡量投入资金的安全性

债权人可以通过分析企业的盈利能力来衡量能否收回本息的安全程度，从而使借贷资本流向安全、利润率高的社会生产部门。企业短期债权人在企业中的直接利益是在短期内要求短期债务的还本付息，因此主要分析企业当期盈利水平，即短期借款期的盈利水平高，短期债权人的利益就比较有保证，而较少关心未来盈利水平的稳定性和持久性。另外，短期债权人是否能收回其借款本息，还常常取决于企业的现金净流量，因此，短期债权人还特别关心企业盈利情况下的现金支付能力。

企业长期债权人的直接利益是企业在较长时期的债务到期时，能及时足额还本付息。长期债务的偿还要以高水平、稳定和持久的获利能力为基础，因此长期债权人的分析侧重于分析判断企业长期的获利水平的高低、获利的稳定性和持久性，并以此预计长期放款能否在债务到期后，及时足额收回本金和利息。

三、有利于政府部门行使社会管理职能

政府行使其社会管理职能，要有足够的财政收入作保证。税收是国家财政收入的主要来源，而税收的大部分又来自于企业。企业盈利能力强，就意味着实现利润多，对政府税收贡献大。各级政府如能集聚较多的财政收入，就能有更多的资金投入于基础设施建设、科技教育、环境保护以及其他各项公益事业，更好地行使社会管理职能，为国民经济的良性运转提供必要保障，推动社会向前发展。

四、有利于保障企业职工的劳动者权益

企业盈利能力强弱、经济效益大小，直接关系到企业员工自身利益，实际上也成为人们择业的一个比较主要的衡量条件。企业的竞争说到底是人才的竞争。企业经营得好，具有较强的盈利能力，就能为员工提供较稳定的就业位置、较多的深造和发展机会、较丰厚的薪金及物质待遇，为员工工作、生活、健康等各方面创造良好的条件，同时也能吸引人才，使他们更努力地为企业工作。

五、有利于企业经理人员对企业进行经营管理

从企业的角度来看，企业从事生产经营活动，其根本目的是最大限度地赚取利润并维持企业持续稳定地经营和发展。持续、稳定地经营和发展是获取利润的基础，而最大限度地获取利润又是企业持续稳定发展的目标和保证。因此，对企业经理人员来说，分析企业的盈利能力具有十分重要的意义。首先，用已达到的盈利能力指标与标准、基期、同行业平均水平、其他企业相比较，则可以衡量经理人员工作业绩的优劣；其次，通过对盈利能力的深入分析或因素分析，可以发现经营管理中的

重大问题,进而采取措施解决问题,提高企业收益水平。

总之,盈利能力分析能够用以了解、认识和评价一个企业的经营业绩、管理水平,乃至预期它的发展前途。因此,盈利能力分析成为企业以及其他利益相关群体极为关注的一个重要内容。

思 考

你负责制定公司在证券交易所上市的规则,几个分析师团体请求你增加收益的信息披露要求,包括收益组成部分及报表附注披露。你同样受到了来自社团组织和小规模投资者的请求,要求精简并浓缩财务报告并改善总收益的有用性。这些团体的请求存在明显差异的原因是什么呢?你如何评价他们的信息需要呢?

第二节 企业盈利能力的结构分析

企业的盈利结构是指构成企业利润的各项收支及不同性质的盈利的有机构成和比例。它表现为企业盈利由什么样的收支项目或怎样的盈利项目组成。不同的收支项目和盈利项目及其占总收支和总盈利的比重,对评价企业盈利能力有着极不相同的作用和影响。虽然盈利构成分析并不直接分析企业盈利能力的大小,但可据以确定对企业盈利能力产生重要影响的因素,并在此基础上进一步分析这些因素盈利能力的高低,从而达到分析企业盈利质量的目的。

一、盈利结构对企业盈利质量的影响

企业盈利质量就是指盈利的趋高性、可靠性、稳定性和持久性。企业的盈利总额可以揭示企业的盈利总水平,却不能表明这一总盈利是怎样形成的,即它无法揭示这一盈利的内在质量。因而,盈利质量这一对财务报表使用者来说最为重要的信息,只能通过盈利结构分析来满

足。盈利结构对企业盈利质量的影响,具体说来表现在以下几个方面:

(一)盈利结构对盈利水平的影响

盈利水平通常以盈利总额反映,它与盈利结构之间的内在联系是:

1.企业生产经营的各种产品(商品)具有不同的盈利水平,盈利水平相对较高的商品的生产经营比重越大,总盈利水平越高;反之则会越低。

2.企业的不同生产经营业务有着不同的盈利水平,一般而言,主营业务是形成企业利润的主要因素,企业一定时期主营业务扩展越大,主营业务利润占总利润的比重越高,则企业的总利润水平也会相应提高。

总之,收入水平高而相应成本费用水平较低的商品、业务、项目在盈利结构中所占的比重越大,企业现在或未来的盈利水平也将较高,反之则会较低。通过对盈利结构的分析,我们不仅应把握其变动对盈利水平的现实影响,还应预计其对未来盈利水平变动趋势的影响。

(二)盈利结构对盈利稳定性的影响

盈利的稳定性表现为企业盈利水平变动的基本态势。有的企业盈利水平可能很高,但由于缺乏稳定性,也不能将其视作很好的经营状况。盈利的稳定性最终表现为盈利水平或利润总额的稳定性,即利润总额始终在某一固定数额附近上下波动或在企业最低盈利水平的基点上呈现稳定上升的态势。

盈利结构与盈利稳定性的内在联系:

1.盈利的稳定性受制于企业收支结构的稳定性。当收支同方向变动时,如果收入增长低于支出增长,或者收入下降高于支出下降,企业财务可能会面临因货币资金短缺而形成的周转和付现压力。

2.盈利的稳定性受制于产品或劳务项目的稳定性。长久发生的收支、业务和商品是企业保持盈利水平持久或增长的前提,所以,这部分业务所提供的利润占总利润的比重越大,表明企业的盈利水平保持持续稳定增长的可能性越大;反之亦然。

由此可以看出,企业主营商品的盈利水平,从根本上决定了企业利润的多少,如果主营商品等经营状况稳定,则主营商品利润也相对稳定。企业的主营商品比重越大,则企业的盈利稳定性也会随之提高。

(三)盈利结构对财务安全性的影响

企业财务的安全性受企业盈利能力的重要影响,盈利能力强的企业往往现金流量充足,可以满足企业偿债的需要,并且财务形象好,易于筹措资金。企业的盈利结构作为影响企业利润的重要因素,对财务的安全性和稳定性也有着重要的影响。因此,在分析企业财务安全性时,除了要对企业的盈利总水平进行考察外,还要结合盈利结构进一步分析。例如,一个企业有较高的当期盈利水平,从而拥有充足的现金流量用于支付到期债务,仅从财务报表的总量分析和比率分析数字中,可能会简单地认为该企业是一个盈利能力较高、财务安全性良好的企业,但当报表使用者结合盈利结构对该企业进行进一步的分析时,却可能发现企业的当期盈利主要是依靠临时性收支的商品、业务和项目取得的。这样看来,该企业的长期的盈利能力将不能永久保持,企业可能很快就会面临财务困境,特别是在当期的高盈利水平导致企业和潜在投资者盲目乐观地按现有水平组织融资和投资的情况下,一旦企业盈利水平有所下降,企业将会陷入更大的财务困境。

二、盈利结构分析

企业盈利结构的分析主要包括盈利的收支结构、盈利的业务结构、盈利的商品(产品或劳务项目)结构等几个方面的内容。

以下,我们仍以 ABC 公司 2001 年度的资产负债表、利润表和现金流量表的资料为例(见附录 3 表 1、表 2 和表 3)进行分析。

(一)盈利收支结构分析

企业的利润是由收入抵扣支出以后形成。所谓盈利收支结构,就是指不同性质的收入、支出与相应总收入、总支出及企业盈利的关系。它反映各个具体的收入和支出项目占总收入和总支出的比重,指出企业的收入和支出是如何通过影响各种收入和支出项目的形成从而影响企业利润的。

一般来说,企业的收入可按取得收入的业务性质分为:主营业务收入、其他业务收入、投资收益和营业外收入等。不同业务在企业经营和理财中的作用不同,对企业生存和发展的影响程度也不一样,不同业务取得的收入对企业盈利能力的数量和质量都有影响,分析收入结构对于把握这种差别有着重要的作用。

企业的支出也可以按支出的业务性质和期间性质进行分类。期间支出只与时间的长短相联系,凡本期发生的收支都在本期列支。业务支出则与业务量相联系,随着业务量增减变动而相应变动,凡在本期实现的业务量都在本期列支。这种分类揭示了不同收入和支出的相称关系,可以判断企业支出结构的合理性和有效性。在此基础上,还可将这两类支出进一步细分,期间支出可以分为营业费用、管理费用、财务费用、营业外支出等;业务支出可以分为主营业务成本、主营业务税金及附加、其他业务支出等。通过这种分类结构分析,能够进一步揭示不同业务性质的支出对企业总支出的水平、必要性及稳定性产生的影响。

对于ABC公司的盈利收支结构可以通过表8-1进行分析。

表8-1 ABC公司收支分析表

单位:万元

收入项目	2000年	2001年	支出项目	2000年	2001年
主营业务收入	535 361	475 731	主营业务成本	455 396	416 025
其他业务收入	22 230*	21 720*	主营业务税金及附加	2 565	2 896
投资收益	822	6 013			
补贴收入	26	176	其他业务支出	17 784*	17 376*
营业外收入	391	439	营业费用	59 548	51 706
			管理费用	9 517	12 277
			财务费用	−2 620	−3 913
			营业外支出	292	2 132
			所得税	3 106	1 060
			少数股东损益	−765	70
收入总计	558 830	504 079	支出总计	544 823	499 629

* 注:假定其他业务利润率为20%,则2000年的其他业务收入=4 446÷20%=22 230万元,其他业务支出=22 230×80%=17 784万元;2001年的其他业务收入=4 344÷20%=21 720万元,其他业务支出=21 720×80%=17 376万元。

由上表可知:

1. 该公司业务比较单一,主营业务收入占收入总额的比例,2000年为95.80%,2001年为94.38%。公司经营稳健,但也表明企业的其他业务经营不足,应加强企业的附营业务以及对外投资项目的运营。

2. 该公司业务总量趋于下滑,销售收入由 2000 年的 535 361 万元下降到 2001 年的 475 731 万元。主要原因:一是由于本公司以经营电器为主,市场竞争加剧,本地区海外同行业竞争对手增加,二是产品价格下降。

3. 在销售收入下滑的情况下,企业的支出总体水平下降幅度小于销售收入下降幅度,使企业的净利润由 2000 年的 14 007 万元下降到 2001 年的 4 450 万元。这说明企业管理水平下滑,费用控制不力,如管理费用由 2000 年的 9 517 万元上升到 2001 年的 12 277 万元,上升幅度为 29%。

4. 2000 年和 2001 年的财务费用均为负数,是因为同期没有向金融机构贷款,负数表示为因存入银行的货币资金而生成利息收入,同期的利润总额却不断下降(2000 年为 16 348 万元,2001 年为 5 580 万元),说明公司资金运用成本较高,而使用效果却不高,对报表使用者而言,这是一个危险的信号。

(二)盈利业务结构分析

盈利业务结构是将盈利直接按业务的性质进行划分,将不同的业务收支归为一类,相应计算不同业务的利润,利润表就是按这种盈利分块结构设计的。盈利的业务结构由主营业务利润、其他业务利润、营业利润、投资收益和营业外收支构成,它们也是形成利润总额和净利润的基础。利润表中的盈利分析正是伴随利润的累计同时进行和完成的。通过分析盈利的业务结构可以揭示不同业务的盈利水平和盈利能力,判明它们各自对企业总盈利水平的影响方向和影响程度。

盈利业务结构分析侧重于考察企业盈利的时效性和稳定性。对此,通常将企业的盈利分为三类:一是营业利润。营业利润由企业的营业业务而得,这种利润作为可持续或长久取得的利润,它是以营业业务作为企业的主体业务为前提和基础的。可见,营业利润的最大特点就在于其稳定性、持续性和发展性。如果企业的营业利润比重太小,变动频繁,表明企业的营业业务已经处于衰落之中。二是经常利润。经常利润由营业业务和非营业业务而得,这种利润作为企业可经常取得的利润,它是以营业业务永续进行、非营业业务经常发生为前提和基础的。经常利润的最大特点之一就是它将在企业的存续期间不断取得，但是形成经常利润的非营业业务(即营业外收支业务)并不像营业业务那样具有持续稳定和连续发展性，而且发生数额也存在很大的差别。可以说，非营业业务是一种经常发生但不具连续发展可能性的业务。三是当期利润。当期利润由营业业务、营业外收支业务和特别损益业务所而得的全部利润组成，它不仅包括能持续经营、经常取得的利润，而且包括临时发生的特别项目利润(如国家财政部门给予企业的补贴收入)。由于形成当期利润之一的特别损益项目既非持续也非经常项目，它带有临时波动的性质。由此可以看出，营业利润、经常利润和当期利润在数量上具有累加的性质；在稳定性上，具有由强到弱的特性；在时效性上，具有由长久持续到临时波动的特点。

对于规模大、业务种类多、利润构成因素复杂的企业来说，在了解主要获利因素、分析利润变化原因和预期今后利润水平及获利趋势等方面能够揭示更充分的信息，并从中可以清楚地看到利润构成中主要的、基本的、相对稳定持久的营业成果和临时的、特殊的、非正常的业务或事项的影响结果，信息相关性更强。现行会计实务中普遍采用这种结构分析方法。

ABC公司的盈利业务结构可以通过表8-2进行分析。

表8-2 ABC公司收益分析表

项 目	2000年		2001年	
	金额(万元)	比例(%)	金额(万元)	比例(%)
一、主营业务收入	535 361	100.00	475 731	100.00
减：主营业务成本	455 396	(85.06)	416 025	(87.45)
主营业务税金及附加	2 565	(0.48)	2 896	(0.61)
二、主营业务利润	77 400	14.46	56 810	11.94
加：其他业务利润	4 446	0.83	4 344	0.91
减：营业费用	59 548	(11.12)	51 706	(10.87)
管理费用	9 517	(1.78)	12 277	(2.58)
财务费用	−2 620	−0.49	−3 913	−0.82

续表

项　　目	2000年		2001年	
	金额(万元)	比例(%)	金额(万元)	比例(%)
三、营业利润	15 401	2.88	1 084	0.23
加:投资收益	822	0.15	6 013	1.26
补贴收入	26	0.00	176	0.04
营业外收入	391	0.07	439	0.09
减:营业外支出	292	(0.05)	2 132	(0.45)
四、利润总额	16 348	3.05	5 580	1.17
减:所得税	3 106	(0.58)	1 060	(0.22)
减:少数股东权益	－765	－0.14	70	(0.01)
五、净利润	14 007	2.62	4 450	0.94

由上表可知:

1. 净利润的变化:2000年为2.62%,2001年为0.94%,两年比较相差很大,并且2001年数值偏低,可以看出企业2001年利润下滑比较严重,经营状况不容乐观。真实的原因还须通过净利润的结构分析才能作出判断。分析时,将净利润构成项目内容的变化和各项目数额的变化结合起来一并说明。

2. 主营业务成本从2000年的85.06%上升到2001年的87.45%,上升了2.39个百分点,在2001年销售收入下降的情况下,主营业务成本反而上升。这说明企业在生产环节的成本管理工作质量有所下降,可以作为一个有待深入分析的切入点。

3. 其他业务利润,由2000年的0.83%上升到2001年的0.91%,从绝对额到相对数差异变化均不大,且占主营业务收入的比重较小,可以考虑加强开展附营业务。

4. 营业环节的营业费用有所下降,管理费用上升幅度较大;两年的财务费用均为负数(利息收入),这是由于该公司融资渠道单一,且以主权资本为主,但2001年财务费用－3 913万元与同期的货币资金82 276万元不配比,对此值得关注。此消彼长,其结果是期间费用有所下降。期间费用应是企业增收节支、费用控制的重点。

5. 2001年企业的补贴收入、投资收益均大幅上升,因而在对外投资方面获得一定成绩(占主营业务收入的1.26%),营业外支出大幅上升,表明企业的生产经营质量有所下降。

分析时还应注意:(1)如果报告期比上期利润(利润总额或净利润)共同比发生较大变化,一定是由利润构成中某个或某几个组成项目本期发生了较大的变动所引起(虽然本例在这一点上并不典型)的,这从各项目共同比数字对比中可以一目了然。对于其中数字变化不大的项目可略去,而变化较大的项目,特别是导致利润大幅度减少的项目,一定应作为重点再进行深入分析。(2)即使报告期与上期利润共同比并无多大差异(本例情况如此),也不能简单认为整个经营情况良好。因为在利润构成内部,很可能发生了较大的结构变动,特别是数额较大的变动可能被抵消于相互之间。因此,必须同时了解每一个构成项目的共同比变化,借以分析掌握净利润的结构发生了怎样的变动,选择其中变动较大的项目作为下一步分析的重点。

(三)盈利商品(产品或劳务项目)结构分析

所谓盈利商品(产品或劳务项目)结构,是指各类商品(产品或劳务项目)的盈利占总盈利的比重。企业的收入主要是通过出售商品(产品或劳务项目)而取得的,伴随着这种收入的取得相应也会发生支出,不同商品的不同收支水平,形成了各类商品的盈利能力的差别。因此,当商品(产品或劳务项目)的销售构成发生变化时,就会影响企业盈利数额的大小。这种影响正是考察企业盈利的商品(产品或劳务项目)结构的意义所在。

盈利的商品(产品或劳务项目)结构是分别就品种和商品大类计算的,是对企业盈利按业务分类的进一步扩展。由于企业的具体业务都以商品(产品或劳务项目)为对象,所以按该种分类方法进行结构分析,可以掌握影响企业盈利水平和能力的商品(产品或劳务项目)因素,并从中发现重点,揭示企业盈利水平变动的根本原因。目前,我国《企业会计制度》尚未规定企业提供的"商品(产品)销售利润明细表",这对报表使用者进行盈利商品(产品或劳务项目)结构分析造成一定的困难,对此,可以借助于会计报表附注中的存货明细披露表来进行商品(产品或劳务项目)的盈利结构分析。

ABC 公司的盈利商品（产品或劳务项目）结构分析，从略。

思 考

假设你是商业银行的金融部主任，正在考虑两家公司的贷款请求。对两家公司财务报表的分析显示了相似的风险和回报特征，而且两家都是勉强够格的申请者。在与资深贷款经理探讨这些情况时，她指出，一家公司的收益来自10个不同的行业业务，而另一家则集中于一个行业业务。这一信息是如何影响您的贷款决策的呢？它影响到你对两家公司的比较吗？

第三节 企业盈利能力的比率分析

企业盈利能力分析主要是分析收入、费用及利润各要素的增减变化及其原因；同时，由于收入、费用和利润与资产、负债及所有者权益存在着内在的必然联系，因此，盈利能力分析必然通过对各会计要素之间的相互联系及变化情况的分析，来达到分析目的。在实际工作中，人们通常按照会计要素的内在联系设置企业盈利能力分析指标，即往往采用比率分析法。这种方法的评价角度可以是多方面的，因此可以使用多种财务比率。计算各种财务比率时，主要利用利润表、资产负债表以及现金流量表中的资料，必要时还需借助一些详细资料（如会计报表附注）。

由于上市公司和非上市公司在企业的融资及其生产经营管理上存在着一定的差别，因此，对企业盈利能力分析，可以分为一般企业盈力能力和上市公司盈利能力。

一、一般企业盈利能力的比率分析

一般企业在这里泛指除上市公司以外的其他各种形式的经济组

织。评价一般企业盈利能力的财务比率可分为以销售为基础分析盈利能力、以投资回报为基础分析盈利能力和以资源盈利能力为基础分析盈利能力三个部分。

(一)销售盈利能力分析

企业的销售盈利能力是指每实现百元销售额所取得的利润。关注企业盈利能力的财务报表使用者都很重视销售盈利能力指标的变动,因为这是衡量投资报酬率、资源利用率的基础,也是同一行业中各个企业之间比较工作业绩、考察管理水平的重要依据。

1. 销售毛利率

销售毛利是指企业销售收入扣除销售成本之后的差额,它可以在一定程度上反映企业生产环节的效率高低。销售毛利率是指销售毛利与销售收入的对比关系,它被广泛用来匡算企业获利能力的大小。销售毛利对于企业是至关重要的。毛利是企业创造利润的起点,也是企业向利益相关的各方分配现金流的起点。一般而言,管理费用(含研究开发费)和营业费用具有刚性,企业在一定的经营范围和规模内,这些费用不会随着企业的生产量或者销售量而改变,利息费用也是较稳定的,与生产量或者销售量无关。企业的毛利首先应补偿近乎不变的期间费用、利息费用后,才能为所有者创造利润。因此,企业如没有足够大的毛利率,就很可能陷入亏损状态。较高的销售毛利率则预示着企业获取较多利润的把握性比较大。销售毛利率的计算公式为:

$$销售毛利率 = \frac{销售毛利}{销售收入} \times 100\%$$

该公式可理解为每百元销售收入能为企业带来多少毛利。与毛利率相联系的是销售成本率,其计算公式为:

$$销售成本率 = \frac{销售成本}{销售收入} \times 100\%$$

$$或 = 1 - 销售毛利率$$

分析时应注意:

(1)销售毛利率也是企业产品定价政策的指标,不同行业之间有时毛利率会有很大差别。国家对价格控制的原则是国计民生必需品的销售毛利率应低一些,而奢侈品或者新产品则往往倾向于获得更多的毛利,有时候企业为了增加产品的市场份额,也会采取薄利多销政策,从而使企业销售毛利率偏低。

(2)销售毛利率指标有明显的行业特点。一般说来,营业周期短、固定费用低的行业毛利率水平比较低,如商品零售行业;而营业周期长、固定费用高的行业则有较高的毛利率,以弥补其巨大的固定成本,如重工业企业。因此,在分析企业的毛利率时,必须与企业的目标毛利率、同行业平均水平及先进水平的毛利率加以比较,以正确评价本企业的盈利能力,并分析差距及其产生的原因,寻找提高盈利能力的途径。

ABC公司的销售毛利率计算如表8-3所示。

表8-3 销售毛利率计算表

单位:万元

项 目	1999年	2000年	2001年
销售毛利	81 113	79 965	59 706
销售收入	504 758	535 361	475 731
销售毛利率	16.07%	14.94%	12.55%

由上表可知,该公司销售毛利率在逐年下降,2000年的销售收入有所增长但销售毛利率下降,这主要是由于该公司所处的电器行业竞争激烈,销售价格下降,同时又没有找到大幅度降低成本的方法所致;2001年销售收入大幅度下滑,降幅为11.1%,这是由于行业竞争日趋激烈,市场份额和销售价格进一步下降所致。这是一个危险的信号,表明ABC公司的经营存在薄弱环节,应采取措施加以改进。

2.营业收益率

营业收益是指企业在正常的经营活动中产生的收益。正常的经营活动是指企业管理当局可以控制的经营活动,如成熟产品的生产和销售。而企业管理当局不可以控制的就不属于正常的经营活动,如投资收益。正常的经营活动是指不受理财活动影响的经营活动,即必须剔除资本结构对企业经营绩效的影响,也就是营业收益应包含财务费用。因此,营业收益能够反映管理当局运用其控制的营业用资产创造收益的能力。

从以上的分析可以看出,营业收益这一概念对于报表使用者而言,是一个极有用的数据。但是遗憾的是,我国企业对外披露的利润表中没有这一项目。因此,我们在利用这一比率分析企业业绩时,需要根据营业收益的概念和企业编报的利润表进行调整,即营业收益等于营业利润加上利息支出净额。

营业收益率是指企业营业收益与销售收入的对比关系。其计算公式为:

$$营业收益率 = \frac{营业利润 + 利息支出净额}{销售收入} \times 100\%$$

该公式可理解为每实现百元销售收入可带来多少营业利润。作为考核利润的指标,营业收益率比销售毛利率更趋于全面,由于这个比率的分子为息前利润,因而反映出企业的融资结构对获利能力的影响。

分析该比率时应注意:

(1)企业要想提高营业收益率,应在保持一定销售规模的基础上,力求控制成本费用水平,否则即使增加了销售收入,也不会带来良好的利润率水平。

(2)企业的营业收益率反映企业销售收入扣除成本费用后的盈利能力,即它不仅反映产品销售收入与其直接相关成本的关系,而且将期间费用从收入中扣减。因为期间费用中大部分是维持企业一定时期的生产经营能力所必须发生的费用,只有将这部分费用从企业的当期收入中扣减后,所剩余的部分才能构成企业稳定可靠的盈利能力。该比率越高,说明企业获利能力越强。本企业的营业收益率高于行业平均利润率是企业经营管理良好的标志。但过高的营业收益率可能意味着企业未来会面临激烈竞争,除非有某些例外情况,使其他企业难以进入本行业,例如国家行业专营政策保护、巨额的开办费和高新技术要求等。

ABC公司的营业收益率计算如表8-4所示。

表8-4 营业收益率计算表

单位:万元

项目	1999年	2000年	2001年
营业收益	32 771	15 401 *	1 084 *
销售收入	504 758	535 361	475 731
营业收益率	6.49%	2.88%	0.23%

由上表可知,该公司营业收益率较低,有迅速持续下跌的态势,至2001年营业收益率仅为0.23%,处于亏损的边缘。

3. 销售净利率

销售净利率是指企业实现的净利润与销售收入的对比关系,用以衡量企业在一定时期的销售收入获取利润的能力。其计算公式为:

$$销售净利率 = \frac{净利润}{销售收入} \times 100\%$$

该公式可理解为每实现百元销售收入最终给企业带来多少利润。销售净利率低,表明企业经营管理者未能创造出足够多的销售收入业绩或未能控制好成本费用,或者两方面兼有,因此也被广泛地用来衡量企业经营管理水平。一般来说,以上述几项比率作为评价指标,数值越高越好,因为数值越高说明企业盈利能力越强。

对销售净利率分析时应注意以下问题:

(1)由于净利润中包含波动较大的营业外收支净额和投资收益,该指标年度之间的变化相对较大。企业的短期投资者和债权人的利益主要在企业当期,他们更关心企业总盈利能力的大小,所以他们通常可以直接使用这一指标。而对于企业管理者及所有者来说,则应将该指标数额与净利润的内部构成结合分析,以正确判断企业的盈利能力。例如,如果本期销售净利率的升降主要是营业外项目(比如,企业处理了一批固定资产)起了很大影响作用,就不能简单认为是企业管理水平提高或下降的问题。

(2)对单个企业来说,销售净利率指标越大越好,但各行业内的竞争能力、经济状况、利用负债融资的程度及行业经营的特征,都使得不同行业各企业间的销售净利率大不相同。因此,在使用该指标分析时,还要注意将企业的个别销售净利率指标与同行业内其他企业进行对比分析。

(3)从销售净利率的公式可以看出,企业的净利润与销售净利率成正比关系,而销售收入额与之成反比关系。企业在增加销售收入额的同时必须相应获得更多的净利润,才能使销售净利率保持不变或有所提高。通过这一指标的分析,可以促使企业在扩大销售的同时,注意改进经营管理,提高盈利水平。

ABC 公司的销售净利率计算如表 8-5 所示。

表 8-5 销售净利率计算表

单位:万元

项　　目	1999 年	2000 年	2001 年
净利润	25 150	14 007	4 450
销售收入	504 758	535 361	475 731
销售净利率	4.98%	2.62%	0.94%

由上表可知,该公司销售净利率持续下降,至 2001 年仅为 0.94%,公司已处于亏损的边缘,这表明 ABC 公司在经营管理方面存在较严重的问题。

以销售收入为基础的盈利能力分析,是一种产出与产出的比较,而没有考虑投入与产出的比较分析,仅依靠这一类型的利润率指标并不能全面反映企业的盈利能力,因为较高的销售利润率也可能是依靠较大的资产或资本的投入来维持的,因此还必须分析企业运用资源的效益和投资报酬,才能真正判明企业盈利水平的高低。

(二)投资回报能力分析

投资回报能力是从企业投资人(包括所有者和债权人)的角度,根据投资与利润之间的内在联系,来考察投资回报水平,同时用以说明企业的盈利能力。

1. 资本金利润率

资本金利润率是指净利润与企业所有者投入资本的对比关系,用以表明企业所有者投入资本赚取利润的能力。用公式表示为:

$$资本金利润率 = \frac{净利润}{资本金总额} \times 100\%$$

在这个公式中资本金是指企业的注册资金总额,公式中资本金总额的数据取自于资产负债表中的实收资本项目,在本期实收资本发生较大变化的情况下,应取期初期末平均值,否则可直接以期末数计算。该指标越高说明投入企业资金的回报水平越高,而且企业盈利能力越强。

资本金利润率指标是站在所有者立场来衡量企业盈利能力的,是最被所有者关注的对企业具有重大影响的指标。所有者投资于企业的最终目的是为了获取利润,资本利润率直接关系到投资者权益的实现程度,因而是投资者最关心的问题。一方面,资本金利润率指标体现了企业管理水平的高低、经济效益的优劣、财务成果的好坏,尤其是直接反映了所有者投资的效益好坏,是所有者考核其投入企业的资本的保值增值程度的基本方式;另一方面,通过对该指标的分析,还可以判定企业的投资效益,影响所有者的投资决策和潜在投资人的投资倾向,从而影响着企业的筹资方式、筹资规模,进而影响企业的发展规模及发展趋势。

此外,国家有关经济管理部门也很关注资本金利润率,因为:一是从宏观经济角度来看,资本金利润率是引导投资方向的指示器。因此,国家宏观经济监管部门可以利用资本金利润率来调控经济协调发展。二是资本金利润率与市场信贷利息率之间存在着一定的关系。一般而言,资本金利润率都高于信贷利息率,当信贷利息率提高时,信贷资金必然增多,直接用于投资的资金必然减少;反之,当资本金利润率提高,用于直接投资的资金自然也会增多,而信贷规模必然收缩。三是资本金利润率过高,也是通货膨胀的一个诱发因素。国家有关部门可以根据不同时期的具体情况,来调节资本金利润率的高低。

对资本金利润率分析时应注意:

(1)资本金是指企业在工商行政管理部门登记的注册资金,即注册资本。在实收资本制下,投资者需一次缴付其出资额,实收资本与注册资本保持一致;但在授权资本制下,投资者只需缴纳第一期出资,公司便可成立,成立之后再委托董事会继续筹措资本,这样,资本金与注册资本可能并不相等。因此,资本金实际是指实收资本。

(2)资本金利润率反映了投入资本的获利水平,它并非企业每期实际支付给所有者的利润率。因为利润净额须按规定提取公积金等,不可能全部用来作为股利分配。

(3)这个比率是从企业所有者投入资本角度来考察企业的盈利能力,因此,要注意资本结构是否大体一致,否则不宜进行横向或纵向的比较。例如,A和B两个企业某期实现利润数额大体一致,运用资本总量也接近,但资本结构相差较大,其中A企业以所有者投入资本为主,B企业借入资本比重很大。在这种情况下,计算出来的资本金利润率悬殊很大,如果就此下结论说 B 企业盈利能力较 A 企业更强,就不符合实际情况了。因此说该比率的使用存在一定的局限性。

根据附录 3 的有关数据,ABC 公司的资本金利润率计算如表 8-6 所示。

表 8-6 资本金利润率计算表

单位:万元

项 目	1999 年	2000 年	2001 年
净利润	25 150	14 007	4 450
资本金总额	108 210	108 210	108 210
资本金利润率	23.24%	12.94%	4.11%

由上表可知,近三年该公司资本金利润率迅速持续下跌,至 2001 年已降至 4.11%,这表明公司投入资本的回报率较低,企业盈利能力较差。这是危险的信号。投资者可能会转移资金,会影响公司近期的筹资方式、筹资规模,还会影响企业的发展规模及发展趋势。

2. 净值报酬率

净值报酬率,亦称所有者权益报酬率或净资产收益率,是企业利润净额与平均所有者权益之比。该指标表明企业所有者权益所获报酬的水平。其计算公式为:

$$净值报酬率 = \frac{净利润}{所有者权益(净资产)} \times 100\%$$

式中,所有者权益也就是企业的净资产,其数量关系是:

所有者权益 = 资产总额 − 负债总额

或 = 实收资本 + 资本公积 + 盈余公积 + 未分配利润

对于所有者权益,一般取期初与期末的平均值。但是,如果要通过该指标观察分配能力的话,则取年度末的净资产额更为恰当。

净值报酬率是从所有者权益角度考核其盈利能力,该指标与资本金利润率的差异仅在于两者分母涵盖的范围不同。资本金利润率使用所有者权益中最基本、最主要的内容——实收资本,而净值报酬率则使用所有者权益总额。两个指标所说明的问题、考核的目的、受到的影响、注意的事项基本相似,此处不再赘述。

ABC公司的所有者权益报酬率计算如表8-7所示。

表8-7 所有者权益报酬率计算表

单位:万元

项 目	1999年	2000年	2001年
净利润	25 150	14 007	4 450
所有者权益平均值	646 264	652 577	648 249
净值报酬率	3.89%	2.15%	0.69%

注:假定1999年所有者权益的年初数与年末数相等。

3. 长期资本报酬率

长期资本报酬率是指利润总额与公司长期资本之间的对比关系,可以说明企业运用长期资金赚取利润的能力。用公式表示为:

$$长期资本报酬率 = \frac{利润总额 + 利息费用}{长期负债平均值 + 所有者权益平均值} \times 100\%$$

该公式表明运用每百元长期资金可以赚取多少利润,这个比率是以将长期负债视作投资为前提的,因此对投资的界定,是从长期债权人和企业所有者所提供的长期资金角度来考虑,目的是关注两种长期融资提供者——长期债权人和投资者的报酬率上,它能够同时体现出企业吸引未来资金提供者的能力。

运用这个比率时需要注意:公式中分子的利息只应包含长期负债负担的部分(负债中若包含短期借款,则应将相应的利息剔除,实际计算时有赖于资料的详实)。

ABC公司的长期资本报酬率计算如表8-8所示。

表8-8 长期资本报酬率计算表

单位:万元

项 目	1999年	2000年	2001年
利润总额	31 050	16 348	5 580
利息费用	5 236	757	1 315
长期负债平均值	300	0	0
所有者权益平均值	646 264	652 577	648 249
长期资本报酬率	5.61%	2.62%	1.06%

由上表可知,近三年该公司长期资本报酬率快速下降,至2001年长期资本报酬率已降至1.06%,这表明公司利用长期资金赚取利润的能力快速下降。这是危险的信号,它会影响长期债权人和企业所有者对企业的信心,进而影响公司筹措长期资金的能力。

4. 净利润现金保证比率

净利润现金保证比率是指企业一定时期经营活动净现金流量与净利润之间的对比关系。这一指标是评价净收益质量的重要比率,反映以现金流量为基础的资产报酬率。其计算公式为:

$$净利润现金保证比率 = \frac{经营活动净现金流量}{净利润} \times 100\%$$

式中,经营活动净现金流量可以从现金流量表中取得数据,净利润可从利润表中取得数据。这一比率越高,说明净利润中已经收到现金的程度越高。

在市场经济条件下,企业现金流量在很大程度上决定企业的生存和发展的能力,在很大程度上也决定着企业的盈利能力。这是因为若企业的现金流量不足,现金周转不畅,现金调配不灵,将会影响企业的生存和发展,进而影响企业的盈利能力。常见的盈利能力评价指标基本上都是以权责发生制为基础的会计数据进行计算,并给出评价的,如净值报酬率、总资产利润率和成本费用利润率等指标,它们不能反映企业有现金流入时的盈利状况,存在着只能评价企业盈利能力的"数"量、不能评价企业盈利能力的"质"量的缺陷和不足。

在我国企业的实践中,现金流入滞后于盈利确认的现象较为普遍。有关调查显示,在1998年年报和1999年中报两期A股公司会计报告中,现金流入滞后盈利确认的约占选取样本总量的67%,约有一半的公司滞后量超过盈利量确认的1/3。因此,在进行企业盈利能力评价和分析时,补充和增加企业有现金流入时的盈利能力指标进行评价,显得十分必要。企业只有把净利润这一指标建立在与之相对称的现金流量和较高的支付能力的基础之上,才能防止由于现金短缺而陷入经营困难的境地。

根据附录3的有关数据,ABC公司2001年的净利润现金保证比率计算如下:

$$净利润现金保证比率 = \frac{68\ 671}{4\ 450} \times 100\% = 1\ 543.17\%$$

由此可知,净利润现金保证比率大于1,表明该企业当期收益质量较好,但存在净利润较低的问题。对此,还应结合企业的历年情况、行业水平进行比较评价。

5. 资本保值增值率

资本保值增值率是指企业期末所有者权益总额与期初所有者权益总额之间的对比关系。它可以衡量企业投资者拥有企业主权资本的完整性、保全性和增值性。其计算公式为:

$$资本保值增值率 = \frac{期末所有者权益总额}{期初所有者权益总额} \times 100\%$$

如果资本保值增值率大于100%,说明所有者权益增加;反之,如果这一比率小于100%,则意味着所有者权益遭受损失。一般而言,资本保值增值率越高,说明企业生产经营的效果越好;反之,则说明企业经营业绩不佳。运用该指标分析时应注意,有时资本保值增值率有较大增长,并不是通过企业自身生产经营,提高经济效益的结果,而是由于投资者对企业新注入了资金。因此,分析时要区别是投资者的新投资(实收资本、资本公积),还是企业经营所得(盈余公积、未分配利润)。

根据附录3有关数据,ABC公司2001年的资本保值增值率计算如下:

$$资本保值增值率 = \frac{637\ 609}{658\ 889} \times 100\% = 96.77\%$$

由此可知,资本保值增值率小于1,表明所有者权益遭受损失,公司经营效益较差。

6. 社会贡献率

社会贡献率是指企业运用全部资产为国家或社会创造或支付价值的能力。其计算公式为:

$$社会贡献率 = \frac{企业社会贡献总额}{平均资产总额} \times 100\%$$

式中,企业社会贡献总额是指企业为国家或社会创造或支付的价值总额,包括工资(含奖金、津贴等工资性收入)、劳保退休统筹和其他社会福利支出、利息支出净额、应交各种税金和净利润。其中净利润、应交税金(流转税)和所得税根据利润表的"净利润"、"主营业务税金及附加"、"应交税金——增值税(已交税金)"和"所得税"科目计算;工资根据"应付工资"科目计算;劳保社会统筹、房产税、车船税、印花税、土地使用税根据"管理费用"有关明细科目计算;利息支出净额是利息支出减利息收入的差额,负数不计,它要根据"财务费用"的有关明细科目计算。

这一比率用于衡量企业运用全部资产为国家或社会创造或支付价值的能力,比率越高,说明企业资产利用效果好,企业对国家或社会的贡献越大;反之,则说明企业业绩不佳。若指标的分子为负数(即为亏损),该指标无意义。

ABC公司的社会贡献率计算,从略。

(三)资源盈利能力分析

企业进行生产经营活动必须以拥有一定的资产为前提,资产的结构要合理地配置,并要有效运用。企业在一定时期占用和消耗的资源,同时获取的利润越大,则企业所占用资产的盈利能力越强,经济效益越好。资产盈利能力分析可以衡量资产的运用效益,从总体上反映投资效果,这对企业管理当局和投资者来说都是至关重要的会计信息。财务报表使用者关心的是公司的资产盈利能力是否高于社会平均的资产利润率和同行业的资产利润率。如果某个企业的盈利能力长期低于社会平均盈利能力,不仅无法继续吸引投资,原有的投资也会转移到其他行业或本行业的其他企业,只有企业的资产盈利能力在同行业或社会平均水平之上,企业才能吸收到社会游资,企业的发展才会处于有利的地位。反映公司的资产盈利能力的指标一般包括两个,即总资产利润率和成本费用利润率

1. 总资产利润率

总资产利润率是指企业一定期间内实现的利润净额与该时期企业平均资产总额的比率。计算公式如下:

$$总资产利润率① = \frac{净利润}{总资产平均值} \times 100\%$$

公式的直观经济含义是每百元资产能创造的净利润额,它是反映企业资产综合利用效果的指标。总资产利润率指标越高,表明资产利用

的效益越好,利用资产创造的利润越多,整个企业盈利能力越强,财务管理水平越高;反之亦然。

该比率的分子是净利润,净利润属于所有者,其分母则利用了总资产这一概念,而总资产是由所有者和债权人共同所有。该比率的分子、分母的计算口径不一致,这是该种计算方法最主要的缺陷,因而限制了它的运用。因此,有的教材推荐一种剔除资本结构影响、分子与分母的计算口径一致的方法。具体而言,将企业的净利润加上计入财务费用的利息支出和计入固定资产原值的利息费用,计算公式如下:

$$总资产利润率② = \frac{净利润 + 利息支出}{总资产平均值}$$

对总资产利润率分析时应注意:

(1)总资产利润率集中体现了资金运动速度与资金利用效果之间的关系。从其计算公式可以看出,资金运动速度快,必然资金占用额小而业务量大,表现为较少的资产投资能够获得较多的利润。通过对总资产利润率分析,能使企业管理者形成一个较为完整的资产与利润关系的概念,实现资产运用与获取挂钩。企业要想创造高额利润,就必须重视"所得"和"所费"的比例关系,合理使用资金,降低消耗,避免资产闲置、资金沉淀、资产损失浪费、费用开支过大等不合理现象。

(2)总资产利润率的高低反映企业经营管理水平的高低和经济责任制的落实情况。企业经营管理水平高,通常表现为资产运用得当,费用控制严格,利润水平高,反之则是经营管理水平低的表现。通过对总资产利润率的分析,能够考察各部门、各生产经营环节的工作效率和工作质量,有利于分析内部各有关部门的责任,从而调动各方面生产经营和提高经济效益的积极性。

(3)保持分析的连续性。仅仅测算一个企业某一年的总资产利润率,往往很难对该企业的盈利能力作出全面评价。因此,通常须测算连续几年的总资产利润率指标,才能取得足以作出准确评价的信息。如果能够获得同行业的有关资料,将不同企业若干年的总资产利润率指标进行对比则可进一步提高分析质量。

ABC公司的总资产利润率计算如表8-9所示。

表 8-9 总资产利润率计算表

单位:万元

项 目	1999年	2000年	2001年
净利润	25 150	14 007	4 450
总资产平均值	825 344	827 797	856 063
总资产利润率	3.05%	1.69%	0.52%

注:假定1999年资产的年初数与年末数相等。

由上表可知,近三年该公司总资产利润率迅速下降,至2001年已降至0.52%,这大大低于社会平均的资产利润率和同行业的资产利润率。这是危险的信号,因为如果公司盈利能力长期低于社会平均盈利能力,不仅无法继续吸引投资,原有的投资也会转移到其他行业或本行业的其他企业,进而影响企业的发展规模及发展趋势。

2.成本费用利润率

成本费用利润率是指企业的净利润与成本费用总额的比率。它是反映企业成本费用与净利润之间的关系,从总耗费的角度考核获利情况的指标。其计算公式如下:

$$成本费用利润率 = \frac{净利润}{成本费用} \times 100\%$$

式中,成本费用包括主营业务成本、主营业务税金及附加、营业费用、管理费用、财务费用、投资损失、营业外支出以及所得税。

成本费用利润率是全面考核企业耗费所取得收益的指标。当获利总额不变时,成本费用总额越小,成本费用利润率越高;当成本费用总额不变时,利润总额越大,成本费用率亦越高,说明每百元总耗费的盈利越多,效益越好。反之,利润不变而成本费用额增加,或成本费用额不变而利润额减少,则成本费用利润率会下降,说明每百元总耗费的盈利能力降低,经济效益下滑。

企业为了选择经营品种,有时需要测量每一品种的经营效益,因而在企业的管理工作中,还有使用成本利润率指标测算盈利能力的做法。成本利润率就是企业净利润与产品销售成本的比率。其计算公式如下:

$$成本利润率 = \frac{净利润}{主营业务成本} \times 100\%$$

对于企业内部的经营管理决策来说,成本利润率是非常有益的指标,它可以告诉经营决策者应该加强哪个品种的经营,应该取消哪个品种的经营。而对于企业外部财务报表使用者来说,他们更关心的是企业耗费取得的经济效益,而并不很注意企业经营什么品种及经营这种品种的利润是多少。因此,外部报表使用者在分析企业的盈利能力时,经常使用的仍然是成本费用利润率指标。

根据表 8-1 和附录 3 有关数据,ABC 公司的成本费用利润率计算如表 8-10 所示。

表 8-10 成本费用利润率计算表

单位:万元

项 目	1999 年	2000 年	2001 年
净利润	25 150	14 007	4 450
成本费用	515 576	544 823	499 629
成本费用率	4.88%	2.57%	0.89%

二、股份有限公司盈利能力的比率分析

对于股份有限公司尤其是上市公司而言,除了应用上述有关比率外,还常用以下若干比率来说明股份有限公司的盈利能力,评价股东投资回报水平的高低。

(一)股东权益报酬率

股东权益报酬率,也可称为股东权益收益率或净值报酬率,它是指股东权益与利润的对比关系。它站在股东的角度,用来衡量股东权益的收益水平。从评价公司盈利能力的角度看,该比率与资本金收益率的道理相似,只是对投资的界定从投入资本扩大到所有者的全部权益。其计算公式为:

$$\text{股东权益报酬率} = \frac{\text{净利润}}{\text{股东权益平均值}} \times 100\%$$

就股东而言,关注的是属于他们的最终利益,因此分子使用税后利润(净利润)。如果公司股份中含有优先股,还应将这部分因素剔除。财务制度规定,优先股股利在提取任意盈余公积和支付普通股股利之前

支付,而且无论公司的收益是多少,优先股股利是固定不变的。因此,可以说普通股股东是公司资产的真正所有者和风险的主要承担者。在股份有限公司中,资本金利润率应以普通股股东所创造的利润进行考核,公式可进一步表示为:

$$\text{普通股股东权益报酬率} = \frac{\text{净利润} - \text{优先股股利}}{\text{股东权益平均值} - \text{优先股股东权益平均值}} \times 100\%$$

该比率数值越高,说明股东投资的收益水平越高。

(二)普通股每股收益

普通股每股收益,也称为普通股每股利润或每股盈余,它是指公司净利润与流通在外普通股的比值。该比率反映普通股的盈利水平,是衡量上市公司盈利能力的重要财务指标,对于公司股票市价、股利支付能力等均有重要影响,因而是股市投资人最为关心的指标之一。将历年普通股每股收益进行比较,观察变化趋势,对于投资决策很有帮助。其计算公式为:

$$\text{普通股每股收益} = \frac{\text{净利润} - \text{优先股股利}}{\text{流通在外普通股股数}} \times 100\%$$

公式表明在某一时期内每股普通股能获得多少净利润。

关于公式中的分母有几点需要说明:(1)流通在外普通股股数不同于已发行股数,它不包括已发行又购回的库藏股数。(2)由于某些原因可能导致流通在外普通股股数的发行时间不一样,比如年度中间增资发行新股、分派股票股利等都会导致不同的时间段里增加外发股份。为使该指标更加合理,遇有这种情况,应以流通时间为权数,计算加权平均股数。因股票股利而增加的股份,应视为全年的变化,用12个月加权,增资发行的股份按其实际流通的月数加权。(3)若公司资本结构复杂,发行在外有可转换为普通股的优先股、公司债券、认股权证等(称为"约当普通股"),还应考虑这些因素。假定它们在年初时就转换为普通股,按照谨慎和充分反映原则再计算一个普通股每股收益,以警示普通股股东,未来的每股收益可能会由于证券的转换而受到"稀释"。

对投资者而言,普通股每股收益的高低比公司财务状况的好坏或其他收益率指标更重要,也更为直观。因此,可从同一公司不同时期普通股每股收益的纵向对比中,了解其投入股本获利能力的大小及变动

情况。但是在使用普通股每股收益分析盈利性时要注意以下问题:

1. 普通股每股收益不反映股票所含有的风险。例如,假设A公司原来经营日用品的产销,最近转向房地产投资,公司的经营风险增大了许多,但每股收益可能不变或提高,并没有反应风险增加的不利变化。

2. 投资者不应以股本收益率直接衡量上市公司的盈利水平和资金利用效果,这是因为公司通过生产经营活动所获税后利润,并非只动用了股本,而是使用了所筹集的全部资金。基于同样的理由,以普通股每股收益进行不同公司股票投资价值对比分析时,也必须注意这点。

3. 股票是一个份额的"概念",不同股票的每一股在经济上不等量,它们所含有的净资产和市价不同即换取每股收益的投入量不相同,限制了每股收益的公司间的比较。

4. 每股收益多,不一定意味着多分红,还要看公司的股利分配政策。

5. 股票投资是对公司未来的投资,而普通股每股收益所反映的是过去的情况,投资者应结合公司其他财务指标进行综合分析和判断。

(三)普通股每股股利

普通股每股股利是指普通股股利总额与流通在外普通股的比值。其计算公式为:

$$普通股每股股利 = \frac{普通股股利总额}{流通在外普通股股数} \times 100\%$$

公式表明在某一时期内每股普通股能够分享多少股利收益。公式中的分子也可采用现金股利而不考虑股票股利,因为大多数小股东的投资目的还是在于取得现金收益。该指标的数值越高不仅能够体现公司具有较强的获利能力,而且能引起股东的关注。

分析这项指标时应注意公司所采用的股利政策。若公司准备扩充,就可能多留少分,势必会造成每股现金股利的减少。若公司采取股票股利政策,虽可减少公司现金压力,将其用于扩大生产规模和经营活动,而每股股利也不致减少,但经常如此则会增加流通在外股数,引起股价下跌,对公司和股东均不利。一般认为,每股股利如能逐年持续稳定地增长,就能提高该股票的质量。

(四)股利支付率

股利支付率又称为股利发放率,它是指普通股每股股利与普通股每股收益的比率,用于衡量普通股的每股收益中,有多大比例用于支付股利。合理的股利支付率没有一个固定标准,各公司可根据自己的股利政策以及股东大会决议支付股利。其计算公式为:

$$股利支付率 = \frac{普通股每股股利}{普通股每股收益} \times 100\%$$

从稳健性原则出发,公式中的分母应采用充分稀释后的每股收益。另外,股利支付率只反映当年税后利润中用以支付股利的程度。有些公司动用积累资本公积金、以前年度的盈余公积金派送红股或支付现金股利时,不应在本指标内反映。

在公司没有发行优先股的情况下,股利支付率与留存收益率之间存在着此消彼长的关系,两者之和为1。显而易见,股利支付率过高,留存收益率就会偏低,公司可用于扩大再生产的自有资金就会相应减少,因从外部筹资所支付的资本成本相应增加,最终导致公司未来可能发放的股利减少。反之,股东在未来可获得更多的股利。但是,不同目的的投资者有不同的偏好,短期投资者希望当期多分红,而长期投资者可能希望公司将更多的利润用于投资。因此,与留存收益指标相对应,新企业、高速发展企业和外界认为正在日益取得进步的企业的股利支付率通常比较低。例如,世界最大的电脑软件公司微软在其成立的20年间从未发放过现金股利,而是将这些资金再次投资,用于开发新产品,这一期间是微软公司惊人的高增长时代,利润率可达40%至50%。结束了20年的高增长、高获利期之后,微软公司于2003年3月首次宣布发放现金股利。

(五)市盈率

市盈率是指普通股每股市价与每股收益的比值。其计算公式为:

$$市盈率 = \frac{普通股每股市价}{普通股每股收益} \times 100\%$$

该公式可理解为投资人为获取公司每1元收益所付出的价格。若公司在股票市场上连续维持较高的市盈率,或较其他上市公司市盈率高,则说明公司具有潜在的成长能力,公司有较高的声誉,对股东有较大的吸引力。因为股东购买股票获取的收益由两部分组成:一是股利收入;二是股票本身市价上涨。股东认为,虽然从目前盈利情况分析,每获取1元钱付出代价较高,但相信将来公司股票市价必会上扬,股东们会取得更高的差价。

但是,在运用该指标进行分析时应注意几个问题:

1. 该指标不宜用于不同行业的公司之间的比较,因为资本对于新兴产业、成熟产业和夕阳产业的青睐程度是不同的。

2. 每股收益值很小时,可能会导致一个没有多少实际意义的高市盈率。

3. 由于某些异常原因引起的股票市价变动会造成市盈率发生不正常变动,因此必须对股票市场整个形势作出全面分析,才能对市盈率的升降作出正确的评价。

(六) 普通股每股账面价值

普通股每股账面价值也称为普通股每股净资产,它是指普通股权益与流通在外普通股股数的比值。其计算公式为:

$$普通股每股账面价值 = \frac{期末股东权益总额 - 优先股股利}{期末流通在外普通股股数} \times 100\%$$

该指标显示了每一普通股所能分配的账面净资产的价值,它反映出每一普通股在会计期末账面价值,它与股票的面值、发行价值、市场价值、内在价值、清算价值等可能会有较大差异。利用该指标进行纵向和横向的对比及结构分析等,可以衡量公司的发展进度、发展潜力,间接地表明了企业盈利能力的大小。虽然净资产账面价值反映的是其历史成本而非现实价值,但它至少在理论上提供了每股股票的最低价格,进而可用来估计其上市股票或拟上市股票的合理市价,判断投资价值及投资风险的大小。例如,在公司性质相同、股票市价相近的条件下,某一公司股票每股净资产越高,则该公司发展潜力与股票的投资价值越大,投资者所承受风险越小。

需要注意的是,计算每股账面价值时,分子用期末股东权益,分母也用期末普通股股数,而计算每股净收益时,分母用的是加权平均普通股股数,造成这一差异的原因是每股账面净值的分子和分母是存量,而每股净收益的分子是流量,分母是存量。

（七）每股现金流量

每股现金流量是反映每股发行在外的普通股票所平均占有的现金流量，或者是反映公司为每一普通股获取的现金流入量的指标。其计算公式为：

$$每股现金流量 = \frac{现金净流量 - 优先股股利}{发行在外的普通股股数} \times 100\%$$

在现代经济社会中，商业信用成为企业之间购销活动的主要方式。在商业信用大量存在的情况下，收现能力便成为影响企业获利能力的主要因素之一。因为未收现的销售额只是观念上的获利能力。该指标所表达的实质是作为每股盈利的支付保障的现金流量，因而每股现金流量指标越高，股东们就越乐意接受。

每股现金流量反映了每股流通在外的普通股的现金流量。它通常高于每股收益，因为现金流量中没有减去折旧等非付现成本。在短期经营中，每股现金流量在反映企业进行资本支出和支付股利的能力方面，要优于每股收益。但该比率不能替代衡量企业获利能力的每股收益，它是与投资者有关比率的补充比率。其中，发行在外普通股股数的计算口径应与每股收益一致，以便该指标同每股收益进行比较，避免曲解。

三、利润表的表外损益项目对企业盈利能力的影响

根据我国会计准则和《企业会计制度》的要求，企业有部分损益项目不在利润表中反映。例如，以前年度损益调整项目、或有事项（或有收益或或有损失）等。这些损益项目和或有项目尽管并不要求企业在利润表中反映，但对企业报表使用者来说，它们却可能是非常重要的项目。这种分析往往要借助于会计报表附注进行。因此，报表使用者应该注意：

1. 关注"利润分配——未分配利润"账户与会计报表附注有关项目（会计差错的更正等），分析是否存在前期损益调整项目。

2. 关注会计报表附注中由于会计准则和财务制度变更带来的累积影响等因素。

3. 关注会计报表附注的重要项目中是否存在长期权益投资的未实现损失或收益。

4. 查看会计报表附注的或有事项说明中或有负债可能发生的损失。例如,贷款担保责任、已贴现的商业汇票、有纠纷的税款、尚未了结的诉讼案件、有争议的财产纠纷等等。

5. 查看会计报表附注的资产负债表日后事项的说明,尤其关注由于股票和债券的发行、对一个企业的巨额投资、自然灾害等原因而导致资产损失等非调整事项的内容。

6. 查看会计报表附注的不包括在固定资产总额中的经营性租赁的设备,如果该设备被长期占用,形成了一项长期固定的租赁费用。

7. 关注会计报表附注中重要资产项目的会计政策的制定和运用。对于同一会计事项,运用不同的会计政策,会使企业当期得出不同的经营成果和结论。例如,存货发出成本计价方法(先进先出法、后进先出法、加权平均法)、八项减值准备(坏账准备、存货跌价准备、短期投资跌价准备、长期投资减值准备、固定委托贷款减值准备、在建工程减值准备、固定资产减值准备、无形资产减值准备)的计提方法和比例、固定资产折旧方法(双倍余额递减法、直线法),等等。

对于上述项目,报表使用者应注意剔除这些影响因素,以正确评价企业的盈利能力,减少决策的失误。

思 考

AAA 公司利润表

单位:万元

项 目	1999 年	2000 年	2001 年
主营业务收入	8 839	19 898	76 505
主营业务成本	1 996	4 187	23 501
毛利	6 843	15 711	53 004
毛利率	77.42%	73.86%	69.28%
管理费用	2 473	3 288	30 993
营业费用	1 161	3 219	9 654
营业利润	2 564	6 764	11 305
营业利润率	29.01%	31.45%	14.78%

AAA公司每股收益和每股经营活动现金净流量

单位:万元

元/股	1999年	2000年	2001年
每股收益	0.2	0.4	0.36
每股经营活动现金净流量	−0.13	−0.71	−0.37

假如你是AAA公司(其为生物制品企业)的潜在投资者,请利用本节所学知识,根据所给资料评价AAA公司的盈利质量及其盈利能力。

本章小节

企业作为以盈利为目的的社会组织,它存在和发展的最基本的意义便是盈利。本章对企业盈利能力分析,主要从三个方面进行介绍:盈利能力分析的内涵、盈利结构的分析、盈利能力的比率分析。

1. 企业的盈利能力无论对于企业的投资者、债权人、政府的财政收入,还是对于衡量企业经理人员的经营业绩和企业职工的工作效率都是至关重要的。因此,企业盈利能力分析就表现得十分重要,但是由于财务报表的不同使用者的出发点不同,对企业盈利能力分析各有所侧重。

2. 企业的盈利结构是指构成企业利润的各项收支及不同性质的盈利的有机构成和比例。虽然盈利构成分析并不直接分析企业盈利能力的大小,但可据以确定对企业盈利能力产生重要影响的因素,并在此基础上进一步分析这些因素盈利能力的高低,从而达到分析企业盈利质量的目的。企业盈利结构的分析主要包括盈利的收支结构、盈利的业务结构、盈利的商品(产品或劳务项目)结构等方面的内容。

3. 评价一般企业盈利能力的财务比率可分为三个方面:以投资报酬为基础的比率,如资本金利润率、净值权益报酬率等;以销售为基础的比率,如销售毛利率、营业收益率等;以利用资源为基础的比率,如总资产利润率、成本费用利润率。评价股份有限公司盈利能力的比率有:

股东权益报酬率、普通股每股收益、股利支付率、市盈率、每股现金流量等。同时，还应注意分析利润表的表外损益项目对企业盈利能力的影响因素。

综合复习题

一、思考题

1. 为什么要进行企业盈利能力分析？
2. 什么是企业的盈利结构？盈利结构分析包括哪些内容？
3. 什么是盈利质量？盈利结构对企业的盈利质量有什么影响？
4. 一般企业盈利能力分析的财务比率分为哪些方面？
5. 净值报酬率与资本金利润率两个财务指标的联系与差异？
6. 考核企业的盈利能力是否需要计算社会贡献率？
7. 什么是销售毛利率？分析销售毛利率时应该注意哪些问题？
8. 评价股份有限公司的盈利能力需要用哪些比率？为什么这些比率一般企业不能利用？
9. 什么是市盈率？它有何作用？
10. 如何分析利润表的表外损益项目对企业盈利能力的影响因素？

二、单项选择题

1. 能够反映所有者投入资金获利能力及企业筹资、投资、资产运营等活动的效率的是（   ）
   A. 总资产报酬率   B. 销售利润率
   C. 总资产周转率   D. 权益报酬率

2. 下列有关每股收益说法错误的是（   ）。
   A. 每股收益是衡量上市公司盈利能力的主要财务指标
   B. 每股收益可反映股票所含有的风险
   C. 每股收益适宜不同行业公司间的横向比较
   D. 每股收益多，不一定意味着分红多

3. 管理部门若想提高总资产报酬率，则不需要考虑的有（   ）。
   A. 提高单价   B. 增加销售额
   C. 降低投资额   D. 扩大权益乘数

4. 下列有关市盈率指标的论述,正确的是( )。

A. 正常的市盈率为5~30倍

B. 投资者根据市盈率指标就可以对股票的投资价值作出判断

C. 该指标不能用于不同公司的比较

D. 企业通常是在市盈率较高时,以收购股票的方式实现对其他公司的兼并,然后进行改造,从中获利

5. 下列哪一指标不能用来分析一般企业的盈利能力( )。

A. 净资产收益率 B. 销售毛利率
C. 市盈率   D. 销售利润率

三、多项选择题

1. 可用来分析说明资产净利率变化原因的指标有( )。

A. 销售收入   B. 资产负债率
C. 销售利润率   D. 资产周转率
E. 长期资产和流动资产

2. 下列指标中反映企业盈利能力的指标有( )。

A. 产权比率   B. 负债比率
C. 资产利润率   D. 销售毛利率
E. 流动比率

3. 影响获利能力的会计政策有( )。

A. 存货计价   B. 外币折算
C. 租赁   D. 收入确认原则
E. 无形资产的摊销

4. 从一般原则上讲,影响每股盈余指标高低的因素有( )。

A. 企业采取的股利政策   B. 企业购回的普通股股数
C. 优先股股息   D. 所得税率
E. 每股股利

5. 下列关于市盈率的说法中,正确的有( )。

A. 市盈率很高,则投资风险大

B. 市盈率很低,则投资风险小

C. 预期将发生通货膨胀或提高利率时市盈率会普遍下降

D. 市盈率比较高,投资风险比较小
　　E. 债务比重大的公司市盈率较低

四、业务题

(一)资料

某股份有限公司1996年销售收入为125 000元,毛利率为52%,赊销比例为80%,销售净利润率为16%,存货周转率为5次,期初存货余额10 000元,速动比率为1.6,流动比率为2.16,流动资产占资产总额27%,负债比率为37.5%,该公司只发行普通股,流通在外股数为5 000股,每股市价25元,期末无待摊费用。

(二)要求

计算:(1)资产净利率;(2)净值报酬率;(3)每股盈余;(4)市盈率。

第九章 企业营运能力分析

本章学习目的
1. 企业营运能力分析的内涵。
2. 企业营运能力的结构分析。
3. 企业营运能力的比率分析。

范 例

甲、乙两家企业的总资产均为100万元,其中存货占10%,毛利率为20%。甲企业存货周转率为每年10次,它的年毛利润为:$100×10\%×20\%×10=20$万元;而乙企业存货周转率为每年20次,它的年毛利润为:$100×10\%×20\%×20=40$万元。虽然占有等量的资源,乙企业由于周转速度快而创造了更多的收益,盈利能力较强。如果乙企业的目标利润为30万元,那么它只需投入7.5万元的存货而增加2.5万元的现金持有量,这样,它不仅在利润上仍能超过甲企业,而且在速动比率及短期偿债能力上占有优势。

从这个例子可以看出,企业的营运能力直接影响和关系着企业的偿债能力和盈利能力,从某种程度来说是二者的基础,体现着企业的经营绩效。因此,投资者、债权人、企业管理当局等为了更加深刻地理解和掌握企业的偿债能力和盈利能力,对企业的经营业绩作出全面的客观公正的评价,就必须再对企业的营运能力作专门的详细的分析。

第一节 企业营运能力分析的内涵

一般来说,企业营运能力就是指企业充分利用现有资源创造社会财富的能力。其实质就是要以尽可能少的资产占用,尽可能短的时间周转,生产尽可能多的产品,创造尽可能多的销售收入。因此,企业营运能力分析是影响企业财务状况稳定与否和获利能力强弱的关键环节。

一、有利于企业管理当局改善经营管理

企业经营者受业主或股东的委托,对其投入企业的资本负有保值

增值的责任。他们负责企业的日常经营活动,必须确保公司支付给股东与风险相适应的收益,并能使企业的各项经济资源得到有效的利用。因此,虽然他们也关心盈利能力,但在财务分析中他们关心的不仅仅是盈利的结果,而是盈利的原因及过程。如资产结构分析、资产利润率分析、营运状况与效率分析等。通过资产结构分析,可发现和揭示与企业经营性质、经营时期不相适应的资产结构比例,并及时加以调整,形成合理的资产结构,使资产保持足够的流动性,提高资金周转速度,改善财务状况,以赢得外界对企业的信心。特别是对于低质量资产或虚拟资产进行分析,摸清存量资产结构,并迅速处理有问题的资产,可以有效防止或消除资产经营风险,提高盈利能力,使企业现有资源盈利更多,而且保持持续增长。同时,通过营运能力分析,还可为财务决策和财务预算指明方向,为预测财务危机提供必要信息。

二、有助于投资者进行投资决策

企业的投资者包括企业所有者和潜在投资者,他们进行财务分析的目的是看企业的盈利能力和财务安全性,只有投资者认为企业有良好的发展前景才会保持或增加投资。

企业营运能力分析恰恰有助于判断企业财务的安全性、资本的保全程度以及评估企业的价值创造能力,可用以进行相应的投资决策。一是,企业的安全性与资产结构密切相关,一般企业流动性及变现能力强的资产所占的比重越大,企业的偿债能力越强,企业的财务安全性也就越高;二是,要保全所有者或股东的投入资本,除要求在资产的运用过程中,资产的净损失不得冲减资本金外,还要有高质量的资产作为物质基础,通过资产结构和资产管理效果分析,可以很好地判断资本的安全程度;三是,企业的资产结构直接影响着企业的收益。企业存量资产的周转速度越快,实现收益的能力越强;存量资产中商品资产越多,实现的收益额也越大;商品资产中毛利额高的商品所占比重越高,取得的利润率越高。良好的资产结构和资产管理效果预示着企业未来收益的能力。

另外,对企业所有者而言,企业营运能力分析也可以评价经营者的经营业绩,发现经营中的不足,从而通过行使股东权利为企业未来的发展指明方向。

三、有助于债权人进行信贷决策

从债权人角度来看财务分析的主要目的,一是企业的债权能否及时、足额收回,即研究企业偿债能力的大小;二是收益状况和风险程度是否相适应,即研究企业的盈利能力。企业的营运能力直接影响和关系着企业的偿债能力和盈利能力,体现着企业的经营绩效。资产结构和资产管理效果分析有助于判明其债权的物资保证程度或安全性,可用来进行相应的信用决策。

短期债权人通过了解企业流动比率、应收账款平均收账期、存货周转率等指标,加上对支持有关比率的各个变量进行质量分析,可以判明企业短期债权的物资保证程度;长期债权人通过了解与长期债务偿还期相接近的可实现长期资产,可以判明企业长期债权的物资保证程度。另外,通过对企业的营运能力进行分析,还可以了解企业的长期获利能力及现金流动性,这些都是企业按期清偿长期贷款及利息的基础。在通过资产结构分析企业债权的物资保证时,应将资产结构与债务结构相联系,进行匹配分析,考察企业的资产周转期限(变现期限)结构与债务的期限结构的匹配情况、资产的周转(变现)实现日结构与债务的偿还期结构的匹配情况,以进一步掌握企业的各种结构是否相互适应。

此外,对于其他与企业具有密切经济利益关系的部门和单位而言,企业的营运能力分析同样具有重要意义;有助于政府及有关管理部门判明企业经营是否稳定,财务状况是否良好;有利于监督各项经济政策、法规的执行情况;有利于为宏观决策与调控提供可靠信息;有助于业务关联企业判明企业是否有足量合格的商品供应或有足够的现金支付能力;有助于判明企业的供销能力及其财务信用状况是否可靠,以确定可否建立长期稳定的业务合作关系或者所能给予的信用政策的松紧度。总之,营运能力分析能够用以评价一个企业的经营水平、管理水平,乃至预期它的发展前景,对各个利益主体来说关系重大。

思　考

一个企业有无投资价值,从财务的角度来评价,取决于其盈利能力的强弱和偿债能力的高低。一个决策正确、管理有效的企业往往同时表现为较高的盈利能力和较强的偿债能力。这是因为一个盈利能力强的企业,往往能获得较多的销售利润,实现较多的净现金流量,从而有助于提高其偿债能力。然而,某上市公司——SS公司的财务分析表明该公司盈利能力较好而偿债能力较差。试从营运能力的角度揭示其中的原因,作为投资者你如何取舍对该公司的投资。

第二节　企业营运能力的结构分析

一、资产结构分析的含义

一个企业的资产,按变现速度及其价值转移形式可以分成流动资产和非流动资产两大部分,其中非流动资产包括固定资产、无形资产、长期投资等。企业资产总额中流动资产和非流动资产各自占有的比例以及各自的内部结构即称为企业的资产结构。通常,企业的存货水平、流动资产与固定资产的比例等应保持相对稳定,出现移动则意味着企业生产经营可能存在某种潜在危机。由于资产结构中包含着经营风险、流动性、收益能力等信息,对其深入分析可以了解企业的财务状况和营运能力。

进行资产结构分析具有重要的作用,对此应遵循以下原则:

1. 把握资产流动性。资产的流动性是指资产变现的速度(或能力),一般是指周转速度。资产负债表中资产的分类和排序就是按照其流动性大小进行的,也就是说,在正常情况下,企业流动资产比非流动资产、短期资产比长期资产的流动性强;货币资产比非货币资产、金融资产比实物资产、临时波动资产比永久固定资产的流动性强。但是,在非正常情况下,比如资产质量出现问题,则应按照资产的质量,即变现速度进行重新排列。最易出现质量问题的资产主要是存货资产,一旦存货滞销、停销,其流动性几乎为零,那么按流动性排列它可能居于全部资产的最后。可见,企业资产甚至是资产结构不同,企业资产的流动性大小也就不一样。资产的流动性与资产的风险性及其收益性均具有密切联系。就整体而言,流动性大的资产风险相对较小,收益相对较高;反之则相反。因此,企业应通过调整资产结构,尤其是质量结构,增强企业资产的流动性。

2. 突出资产的收益性。企业资产对收益形成的影响有三种:一是直接形成企业收益的资产,主要包括产品、商品等存货资产,应收账款等结算资产和有价证券等投资资产等,其中结算资产中已包括了收益或毛利,其他资产的收益或毛利则需在市场销售中实现。二是对企业一定时期收益不产生影响的资产,主要如货币资产。货币资产通常是企业收益的结果,在正常情况下既不会增值也不会减值,其价值也不会转移,因此也不会产生收益。三是抵扣企业一定时期收益的资产,主要包括非产品(商品)资产、固定资产、支出性无形资产等,这些资产是企业收益实现的必要条件,在一定时期内有助于收益的实现,但从收益的计算过程可以看出它们的转移或摊销价值是收益的抵扣项目。因此,在总资产一定的条件下,这类资产的占用越多,要抵扣的收益就越多,所得收益越小。由此可见,资产结构中直接形成企业收益的资产比重相对越大,其余两类资产的比重相对越小,将有利于企业收益的最大化。但是,资产类别之间、项目之间的结构必须合理,若走向某种极端,结果只能适得其反。

3. 考虑表外信息因素。根据现行会计制度规定,列入企业报表的仅仅是可以用货币计量的经济资源。实际上,有些资本项目由于会计处理的原因或计量手段的限制未能在资产负债表中体现净值,但仍能对企业未来作出贡献。这些账外资产主要包括:(1)已经提足折旧,但企业仍然继续使用的固定资产。(2)表外存在的大量无形资产,例如,具有悠久历史、良好信誉、知名度高的企业账外存在着价值巨大的商誉。目前的财务会计还难以将其列入企业的资产负债表。

因此,对企业资产结构与质量的整体把握,应当结合表内与表外因素综合考虑。

二、资产结构的比重分析

资产结构比重分析即运用比重或比例的方法,对资产结构进行多侧面、多角度的具体分析,包括资产类别比重分析、主要资产项目比重分析等。

(一)资产类别比重分析

所谓资产类别比重分析,就是对构成资产的各大类别与总资产的比例关系,以及各大类资产之间的比例关系所进行的分析。

1. 流动资产比率分析

流动资产比率是指流动资产占总资产的比例关系。其计算公式为:

$$流动资产比率 = \frac{流动资产}{总资产} \times 100\%$$

流动资产代表企业短期内可运用的资金,一般是指企业可以或准备在一年内或超过一年的一个营业周期内转化为货币、或被销售、被耗用的资产。流动资产具有变现时间短、周转速度快的特点。一般而言,流动资产因能在短期内完成周转,实现其价值,所以,企业对其预测往往较容易且准确。而且,短期内市场变动较少,也就较少出现市场预测与市场变动不一致的情况,这就为有效经营资产提供了可能。因此,这类资产的经营风险也相对较小。流动资产比率越高,说明企业资产的流动性和变现能力越强,偿债能力无疑也越强,企业承担风险的能力也越强。但过高的流动资产比率并非好事,它表明企业实力不强,持续经营能力不足,缺乏发展后劲。企业为了增加收益,必须加速流动资产周转,而加速流动资产周转,一方面取决于销售的扩大,另一方面取决于降低流动资产的占用。如果其他类资产数量不变,流动资产的增加将引起资产总量的增加,流动资产的占用越多,其周转速度便越慢,此时既会增加流动资产的占用成本,还会降低周转价值或收益,从而降低其收益能力。可见,确定适宜的流动资产比率实质上是企业资产流动性及其获利能力的权衡问题。

关于流动资产比率合理性的分析，一方面取决于企业的业务属性和行业性质；另一方面应与同行业平均水平或行业先进水平进行比较，或者进行若干期的趋势分析。进行趋势分析时若能结合销售的变动状况，了解流动资产比率的增长是否超过销售的增长，就能更好地说明流动资产比率的变动情况。

根据附录3有关数据，ABC公司的流动资产比率变动分析如表9-1所示。

表9-1 流动资产比率变动分析表

项目	1999年末	2000年末	2000年增(减)幅度		2001年末	2001年增(减)幅度	
			金额	比例		金额	比例
流动资产	689 878	635 771	−54 107	−7.84%	712 334	76 563	12.04%
资产总计	825 344	830 250	4 906	0.59%	881 876	51 626	6.22%
流动资产比率	83.59%	76.58%	−7.01%	—	80.77%	4.19%	—

由表9-1可知：

(1)公司三年内资产总额变化不大，2000年末比1999年末增加4 906万元，增加幅度为0.59%；2001年末比2000年末增加51 626万元，增加幅度为6.22%。

(2)2001年流动资产年末数比年初数增加了76 563万元，总资产年末数比年初数增加了51 626万元，二者综合作用的结果，使流动资产比率年末比年初增长了4.19%。该公司流动资产比率很高，1999年末为83.59%，2000年末为76.58%，2001年末为80.77%。该公司属于电器行业，如此高的流动资产比率说明该公司生产经营结构存在问题，对远期的投资力度不足，应加强对固定资产、无形资产等项目的投入。

2.固定资产比率分析

固定资产比率是指固定资产占总资产的比例关系。其计算公式为：

$$固定资产比率 = \frac{固定资产}{资产总额} \times 100\%$$

固定资产是指使用期限在一年以上，单位价值在规定的标准以上，并在其使用过程中保持原来的物质形态的资产，如机器设备、房屋建筑物等。相对而言,固定资产具有投入资金多、收回时间长、变现能力差、对企业的经济效益和财务状况影响大等特征。

同一产业中,固定资产比率过低,企业的生产经营规模受到限制,生产能力不足,会对企业的长期发展产生不良影响;反之,适当提高固定资产比率,寻求规模经济,有利于降低企业总成本,从而提高总资产的获利能力。然而,由于固定资产的流动性和变现能力较差,过高的固定资产比重必然会影响企业的支付能力,从而加大企业的财务风险。这时,应首先减少多余的和即将从技术上淘汰的固定资产。另外,该指标只反映了总资产中固定资产的数量,而不能表明其质量构成状况。如果非经营用或未使用和不许用的固定资产占很大比重,说明固定资产的结构不合理,利用效率不高。

根据附录3有关数据,ABC公司的固定资产比率变动分析如表9-2所示。

表9-2 固定资产比率变动分析表

项 目	1999年末	2000年末	2000年增(减)幅度		2001年末	2001年增(减)幅度	
			金额	比例		金额	比例
固定资产	115 920	158 386	42 466	36.63%	138 210	−20 176	−12.74%
资产总计	825 344	830 250	4 906	0.59%	881 876	51 626	6.22%
固定资产比率	14.05%	19.08%	5.03%	—	15.67%	−3.41%	

由表9-2可知:

(1)该公司固定资产比率过低,难以发挥规模效应,1999年为14.05%,2000年为19.08%,2001年为15.67%,应结合行业特点进一步分析。

(2)2001年固定资产年末数比年初数减少了20 176万元,而总资产年末数比年初数增加了51 626万元,二者综合作用的结果,使固定资产比率年末比年初降低了3.41%,固定资产增长率为−12.74%。虽然当期总资产有所增加,但该公司固定资产绝对数及相对比率反而有下降的趋势,这可能影响公司未来生产经营的扩大,进而影响公司的获利水平。

3.非流动资产比率分析

非流动资产是指除流动资产以外的所有资产,主要包括固定资产、长期投资、无形资产、长期待摊费用及其他资产等。非流动资产比率即非流动资产占总资产的比率,计算公式如下:

非流动资产比率

$$= \frac{固定资产 + 长期投资 + 无形资产 + 长期待摊费用 + 其他资产}{资产总额} \times 100\%$$

$$或 = \frac{资产总额 - 流动资产}{资产总额} \times 100\%$$

或 = 1 − 流动资产比率

非流动资产代表企业长期可使用的资源,它们需要在较长时期内完成周转,实现其价值。在这一较长时期内,企业的市场预测与市场变动极易相背离。而固定资产等长期资产主要是劳动手段,它们所能加工的产品或商品具有相对稳定性和单一性,一旦市场需求发生变化,这些产品或商品就可能卖不出去,固定资产等长期资产也就相应地成为废品。所以,过高的非流动资产比率将导致一系列问题:一是产生巨额固定费用(固定资产折旧、无形资产摊销),增大亏损的风险;二是降低资产周转速度,增大了营运资金不足的风险;三是降低了资产弹性,削弱了企业的相机调整能力。显然,无论是对于企业的资金运用,还是对于资本结构的安全和稳定,或是对资产风险的回避,非流动资产比率一般应以低为好。

根据附录3有关数据,ABC公司的非流动资产比率变动分析如表9-3所示。

表 9-3 非流动资产比率变动分析表

单位:万元

项 目	1999年末数	2000年末数	2001年末数
非流动资产	135 466	194 479	169 542
总资产	825 344	830 250	881 876
非流动资产比率	16.41%	23.42%	19.23%

由表 9-3 可知:该公司非流动资产比率不高,1999 年末为 16.41%,2000年末为23.42%,2001年末为19.23%,呈先上升后下降

的趋势。2001年非流动资产年末数比年初数减少了24 937万元,而总资产年末数比年初数增加了51 626万元,二者综合作用的结果,使非流动资产比率年末比年初下降了4.19%。针对该公司的行业特点,这一比率还应进一步降低。

4.金融资产比率分析

金融资产是指可以随时用于清欠、退还融资或购买其他资产的资产,主要包括货币资金、应收票据、有价证券等。金融资产比率即金融资产占总资产的比例,计算公式如下:

$$\text{金融资产比率} = \frac{\text{现金} + \text{应收票据} + \text{短期投资} + \text{一年内到期的长期债券投资}}{\text{资产总额}} \times 100\%$$

这一比率的意义在于它表明企业资产的弹性。资产弹性是指资产占用总量和结构能被随时调整的可能性。由于市场的波动和产品季节性波动,企业的资产占用总量和结构也应相机调整,这种调整必须建立在资产弹性的基础上。流动资产中的其他实物资产、固定资产、无形资产及长期待摊费用等都具有一定的实物凝固性和时间凝固性,不能随时转换为别的资产,因而不能灵活调整企业的资产结构。可见,一个企业的资产弹性大小只能由资产中金融资产的比重来衡量:金融资产比重越大,企业的资产结构弹性也越大。持有金融资产必然带来较大的机会成本,即由于保有货币性金融资产所丧失的潜在投资或周转利益、由于保有证券和票据性资产(一般为短期投资)而丧失的潜在长期投资或周转利益,因而可能影响资产的收益性。显然,如果企业的资产结构缺乏弹性,则企业资产的内部结构难以随时进行适当调整,同时企业还会面临难以满足临时支付的需要,以至带来不能及时偿付的风险;如果企业的资产弹性过大,企业没有投入生产经营的资产,从而会丧失大量的周转利益,给企业带来巨大的机会成本。企业应根据自己的经验选择一个恰当的比例。

根据附录3有关数据,ABC公司的金融资产比率变动分析如表9-4所示。

表 9-4　金融资产比率变动分析表

单位:万元

项　　目	1999 年末数	2000 年末数	2001 年末数
金融资产	126 700	180 754	191 190
总资产	825 344	830 250	881 876
金融资产比率	15.35%	21.77%	21.68%

由表 9-4 可知:该公司金融资产比率一直很高,1999 年末为 15.35%,2000 年末为 21.77%,2001 年末为 21.68%,2001 年金融资产年末数比年初数增加了 10 436 万元,而总资产年末数比年初数增加了 51 626 万元,二者综合作用的结果,使金融资产比率年末比年初下降了 0.09%,变化不大。这说明该公司的资产弹性非常大,安全性较高,但收益性较差,是否应增加其他长期投资或周转,还应结合行业特点作进一步分析。

5. 不良资产比率分析

这里的不良资产,特指那些纯摊销性的"资产",也就是那些由于会计核算要求而暂作资产处理的有关项目,包括待摊费用、待处理资产(固定、流动)净损失、递延资产等项目。该比率的计算公式为:

$$不良资产比率 = \frac{待摊费用 + 待处理财产损失 + 递延资产}{资产总额} \times 100\%$$

上述项目中,除个别项目有可能包含对企业未来有利的资产性质的内容外,绝大多数并不能对企业的生产经营提供任何实质性帮助,没有实际的利用价值。由于这些不良资产的实际价值趋近于零,如果企业的不良资产比率较高,说明企业的资产质量较差,应努力改善资产的结构,提高资产质量,否则对企业的经营运转十分不利。

根据附录 3 有关数据,ABC 公司的不良资产比率变动分析如表 9-5 所示。

表 9-5　不良资产比率变动分析表

单位:万元

项　　　目	1999 年末数	2000 年末数	2001 年末数
不良资产	1 525	559	226
总资产	825 344	830 250	881 876
不良资产比率	0.18%	0.07%	0.03%

由表 9-5 可知:该公司不良资产比率比较低,1999 年末为 0.18%,2000 年末为 0.07%,2001 年末为 0.03%,如此低的比率说明该公司的资产质量结构较好。2001 年不良资产年末数比年初数减少了 333 万元,而总资产年末数比年初数增加了 51 626 万元,二者综合作用的结果,使非流动比率年末比年初下降了 0.04%,资产质量有进一步提高,这对公司的运转非常有利。

(二)主要资产项目比重分析

资产负债表中的各大类资产,必然包含着各个不同的资产项目,各项资产在企业经营中具有不同的特点和作用,在企业生产经营活动中的重要性亦有所不同。进行主要资产项目比重分析,企业可以进一步了解各项资产的结构,以便根据企业的行业特点和营运目标进行调整。一般而言,企业往往从流动资产、非流动资产中选择主要项目进行比重分析。

1. 流动资产的主要项目比重分析

货币资金是流动性最强的资产,企业必须经常持有一定量的货币资金以支付各项日常费用以及偿还债务等,它是维持企业的支付能力和资产弹性所不可缺少的。但货币资金又是资金运动的暂时停滞,它不能给企业带来收益,所以货币资金将带来较大的机会成本,不宜过多持有;短期投资是指各种准备随时变现的有价证券以及不超过一年的其他投资,短期投资的流动性仅次于货币资金,但其投资收益通常高于货币资金,因此它通常作为企业协调流动资产流动性和收益性的一种财务运作手段,凡暂时闲置的资金均可用于此;应收账款作为商业信用的产物,在商品经济条件下,为了增强市场竞争能力,也是不可避免的,它通常应与销售保持一定的依存关系;存货对于稳定企业生产经营也具有重要意义,但存货的存在既增加企业的成本费用,又可因其质量问题而影响到存货资产价值的实现。

根据附录3有关数据,ABC公司的流动资产主要项目变动分析如表9-6所示。

表9-6 流动资产主要项目的结构比重分析表

项　　目	1999年比重(%)	2000年比重(%)	2001年比重(%)
货币资金	14.22	11.98	11.55
短期投资	0	8.93	7.54
应收票据	4.14	7.52	7.75
应收账款净额	22.55	14.30	20.22
预付账款	1.89	0.36	0.88
其他应收款	12.46	6.04	10.32
存货净额	44.52	50.78	41.71
待摊费用	0.10	0.02	0.03
待处理流动资产损失	0.12	0.07	0
流动资产合计	100	100	—

由表9-6可知:该公司流动资产的构成主要为货币资金(1999年14.22%,2000年11.98%,2001年11.55%)、存货(1999年44.52%,2000年50.78%,2001年41.71%)、应收账款(1999年22.55%,2000年14.30%,2001年20.22%)等,存货项目比重偏小,应收账款和货币资金比重较大,表明其流动资产的变现能力较高。但应注意应收账款的质量以及收回的可能性,警惕坏账损失"挂账",公司产品结构不佳,形成资产"泡沫"。另外,应结合行业的特点分析一下存货水平是否过低,是否会影响公司的正常经营。

2.非流动资产主要项目比重分析

对于非流动资产主要项目比重分析,也应选择本项目内的有关内容分别进行构成比较的分析,如固定资产主要项目比重分析,应将固定资产原值、固定资产折旧、固定资产减值、在建工程、固定资产清理等主要项目进行比重分析。关于固定资产的作用及其特征前已述及,不再赘述。

根据附录 3 有关数据，ABC 公司的固定资产主要项目变动分析如表 9-7 所示。

表 9-7　固定资产主要项目的结构比重分析表

项　　目	1999 年比重(%)	2000 年比重(%)	2001 年比重(%)
固定资产净值	77.02	86.83	86.09
工程物资	0.02	0.015	0
在建工程	22.95	13.14	13.88
固定资产清理	0.01	0.015	0.03
固定资产合计	100	100	100

由图表 9-7 可知：该公司固定资产的构成主要为固定资产净值（1999 年 77.02%，2000 年 86.83%，2001 年 86.09%），固定资产清理比重极小，待处理固定财产损失为零，说明 ABC 公司的固定资产结构较好。

长期投资、无形资产、长期待摊费用以及其他长期资产的主要项目比重分析，从略。

第三节　企业营运能力的比率分析

资产管理效果好坏可以通过资产周转速度快慢和资产利润率高低两方面来体现。资产周转速度反映企业资产周转使用效率的情况，而资产利润率则反映资产价值增值或获利能力的情况。

一、资产周转速度比率分析

反映资产周转速度的财务指标分别有总资产周转率、固定资产周转率和流动资产周转率及主要流动资产项目的周转率等。

（一）总资产周转率

总资产是指企业所拥有或控制的能以货币计量的全部经济资源。总资产周转率是指企业产品或商品销售收入净额与资产总额的比率，即企业的总资产在一定时期内（通常为一年）周转的次数。总资产周转

率是反映企业的总资产在一定时期内创造了多少销售收入或周转额的指标,反映了资产利用的效率。其计算公式如下:

$$总资产周转率(次数) = \frac{主营业务收入净额}{平均资产总额}$$

其中:平均资产总额=(期初资产总额+期末资产总额)÷2

$$\frac{主营业务}{收入净额} = 销售收入-销售折扣-销售折让-销货退回等$$

总资产周转率也可用周转天数表示。其计算公式为:

$$总资产周转天数 = \frac{计算期天数}{总资产周转率(次数)}$$

其中,计算期天数取决于实际计算期的长短,通常为一年,即360天。

企业的总资产周转率反映总资产的周转速度。总资产周转率越高,表明总资产周转速度越快,企业的销售能力越强,企业利用全部资产进行经营的效率越高,进而使企业的偿债能力和盈利能力得到增强。反之,则表明企业利用全部资产进行经营活动的能力差,效率低,最终还将影响企业的盈利能力。但需要注意的是,较高的总资产周转率也可能是由于总资产过少引起的。如果企业的总资产周转承突然上升,而销售收入与以往持平时,则有可能是企业本期报废了大量固定资产造成的,那么这时的总资产周转率就不具有可比性,并不说明资产利用率提高。同样,异常的供应问题或者停工也是影响资产使用效率的原因,需要对此进行特殊的评估和揭示。

根据附录3有关数据,ABC公司的总资产周转次数和周转天数计算如表9-8所示。

表9-8　总资产周转次数和周转天数计算表

单位:万元

项目	1999年	2000年	2001年
主营业务收入	504 758	535 361	475 731
平均资产总额	825 344	827 797	856 063
总资产周转次数	0.61	0.65	0.56
总资产周转天数	589	557	648

有表9-8可知:该公司2001年总资产周转率为0.56次,即平均约648天周转一次,周转速度较快。至于这意味着公司资产管理效果是好还是坏,则应结合行业平均水平以及该公司该指标的变动情况相比较,才能作出判断。例如,如果行业的平均周转率为0.4次,则该公司的资产利用率较好;反之,若该行业是高科技公司,技术更新很快,产品寿命很短,平均的资产周转率为0.8次,则说明该公司的资产利用率较低,公司营运能力低下。当然,仅靠总资产周转率这一个指标还不足以找出产生问题的原因,还应结合对流动资产周转率、固定资产周转率等有关资产组成部分的使用效率的分析,作更进一步判断。

(二)固定资产周转率

固定资产周转率是指企业年产品(或商品)销售收入净额与固定资产平均净值的比率。它反映企业固定资产周转状况和运用效率。其计算公式为:

$$固定资产周转率(次数)=\frac{主营业务收入净额}{平均固定资产总额}$$

其中:平均固定资产总额=(期初固定资产+期末固定资产)÷2

固定资产是指固定资产净额,即固定资产减去累计折旧。

主营业务收入净额=销售收入-销售折扣-销货退回等。

固定资产周转率也可用周转天数表示。其计算公式为:

$$固定资产周转天数=\frac{计算期天数}{固定资产周转率(次数)}$$

其中,计算期天数取决于实际计算期长短,通常为一年,即360天。

一般情况下,固定资产周转率越高,表明企业固定资产利用越充分,说明企业固定资产投资得当,能够较充分地发挥固定资产的使用效率;反之,则表明固定资产使用效率不高,企业的营运能力较差。企业生产经营用固定资产越多,设备生产能力利用效率越好,就越能提高产量,增加产值。所以,管理者应促进改善固定资产的配备,提高设备生产率,并加速产品的销售与利润的实现,提高生产经营活动的经济效果。因而,固定资产周转率还可以做进一步分解:

固定资产周转率
$$= \frac{\text{主营业务收入}}{\text{平均生产设备}} \times \frac{\text{平均生产设备}}{\text{平均生产用固定资产}} \times \frac{\text{平均生产用固定资产}}{\text{平均固定资产}}$$
$$= \text{生产设备产出率} \times \text{生产设备构成率} \times \text{生产用固定资产构成率}$$

生产设备产出率反映了生产设备生产适销产品的能力和利用效果,生产设备占全部固定资产的比重和生产用固定资产占全部固定资产的比重,标志着固定资产的结构状况和配置的合理程度,其比重越大或与企业生产经营特点之间的吻合程度越强,说明固定资产的生产能力越强。所以,企业固定资产周转率的分析,应从固定资产的配置和使用两方面进行,在合理配置固定资产的同时,努力改善生产设备的利用效率,不断提高单位时间的产量。当然,固定资产周转率的提高还必须有一定的销售力度作保障。

运用固定资产周转率分析时,应注意以下问题:

1. 一般而言,固定资产的增加通常不是渐进的,而是陡然上升的,这会导致固定资产周转率的变化。

2. 固定资产的不同来源和折旧率的高低将会对该比率的大小产生重要影响。如果一家公司的厂房或生产设备是通过经营性租赁得来的,而另一家公司的固定资产全部是自有的,那么对这两家的固定资产周转率进行比较就会产生误导,显然前者会较高。另外,即使同样的固定资产,由于企业所采用的折旧方法和使用的折旧年限长短不同,也会导致不同的固定资产账面净值,造成该指标的人为差异。

3. 企业的固定资产一般采用历史成本法记账,在企业的固定资产、销售情况都并未发生变化的条件下,也可能由于通货膨胀导致物价上涨等因素而使销售收入虚增,导致固定资产周转率提高,而实际上企业的固定资产效能并未增加。

根据附录 3 有关数据,ABC 公司的固定资产周转次数和周转天数计算如表 9-9 所示。

表 9-9 固定资产周转次数和周转天数计算表

单位:万元

项目	1999年	2000年	2001年
主营业务收入	504 758	535 361	475 731
平均固定资产总额	115 920	137 153	148 298
固定资产周转次数	4.35	3.90	3.21
固定资产周转天数	83	92	112

注:1999年平均固定资产总额115 920万元为假定数。

由表9-9可知:该公司三年的固定资产周转率都在3次以上,固定资产的使用效率较好,营运能力较强,2001年由于主营业务收入的下降幅度大于固定资产的下降幅度,固定资产的周转次数有所降低,对此应进一步分析销售情况和固定资产的使用和配置情况,找出问题的根源所在。

(三)流动资产周转率

流动资产周转率是反映企业的流动资产周转速度和综合利用效率的指标,它是指企业年产品(或商品)销售收入净额与流动资产平均占用额的比率,即企业的流动资产在一定时期内(通常为一年)周转的次数。其计算公式如下:

$$流动资产周转率(次数)=\frac{主营业务收入净额}{平均流动资产总额}$$

其中:平均流动资产总额=(期初流动资产+期末流动资产)÷2

主营业务收入净额=销售收入-销售折扣-销货退回等

流动资产周转率也可用周转天数表示。其计算公式为:

$$流动资产周转天数=\frac{计算期天数}{流动资产周转率(次数)}$$

其中,计算期天数取决于实际计算期的长短,通常为一年,即360天。

由以上公式分解可得:

$$流动资产周转率(次数)=\frac{主营业务收入净额}{平均流动资产总额}$$

$$=\frac{主营业务成本}{平均流动资产总额} \times \frac{主营业务收入净额}{主营业务成本}$$

$$=以成本计算的流动资产周转率 \times 成本收入率$$

可见,由销售收入计算的流动资产周转率不仅反映流动资产的周转速度,而且反映生产经营过程中新创纯收入的情况;不仅受流动资产周转速度的影响,还受成本收入率的影响。同时,流动资产周转率还可以用产品(或商品)销售成本来计算,使用这种方法得出的流动资产周转率仅反映企业流动资产占用资金的周转速度,而剔除了企业盈利水平的影响。当成本收入率大于1时,说明企业有经济效益,此时流动资产周转越快,其营运能力越好;反之,当成本收入率小于1,说明所得弥补不了所费,这时流动资产周转加快,反而不利于企业经济效益的提高。

企业的流动资产周转率越高,流动资产周转速度越快,周转次数越多,表明企业以相同的流动资产完成的周转额越高,企业流动资产的经营利用效果越好,企业的经营效率越高,进而使企业的偿债能力和盈利能力得到增强。反之,则表明企业利用流动资产进行经营活动的能力差,效率低。由于流动资产反映企业短期偿债能力的强弱,企业应该有一个较稳定的流动资产数额,在此基础上提高使用效率,但应注意不能在现有管理水平下以大幅降低流动资产为代价去追求高周转率。

根据附录3有关数据,ABC公司的流动资产周转次数和周转天数计算如表9-10所示。

表9-10 流动资产周转次数和周转天数计算表

单位:万元

项 目	1999年	2000年	2001年
主营业务收入	504 785	535 361	475 731
平均流动资产总额	689 878	662 825	674 053
流动资产周转次数	0.73	0.81	0.71
流动资产周转天数	493	444	507

由表9-10可知:该公司2001年主营业务收入下降,而平均流动资产有所上升,二者结合导致流动资产周转率下降了0.1次,表明流动资产利用效率降低。当然,该公司的流动资产周转率是高是低,也应结合公司的历史资料或行业平均(或先进)水平判断。同理,仅靠流动资产周转率这一个指标也不足以找出产生问题的原因,还应进一步分析应收

账款、存货等主要流动资产项目的周转速度状况。

(四) 现金周转率

现金周转率是指企业主营业务收入与现金平均余额的比率。它表明一个企业对现金的管理水平和利用效率,可以用来分析企业利用现金头寸产生收益的能力。其计算公式如下:

$$现金周转率 = \frac{主营业务收入}{现金平均余额} \times 100\%$$

其中:现金包括库存现金和可随时支取的银行存款。

$$现金平均余额 = (期初现金 + 期末现金) \div 2$$

持有现金主要是为了满足日常的交易需要,并作为一个流动储备以弥补现金流入和流出不平衡时出现的短缺。较高的现金周转率意味着企业对现金的利用效率较好,但并不说明这一比率越高越好。过高的现金周转率一方面表明现金利用效率高,另一方面也表明了企业日常所持有的现金过少,这可能是出现潜在财务困难的先导信号。相反,过低的现金周转率一方面可以反映企业现金充裕,另一方面也说明了企业持有现金过多,现金闲置则利用效率低,说明管理者没有充分利用机会将现金投入企业运行或投资。因此,一个企业的现金周转率是否恰当,现金持有量是否合理,应充分考虑企业的行业性质和业务性质,最基本的权衡是在流动性与无报酬率或者低报酬率基金积累之间的权衡。

根据附录3有关资料,ABC公司的现金周转次数计算如表9-11所示。

表9-11 现金周转次数计算表

单位:万元

项目	1999年	2000年	2001年
主营业务收入	504 785	535 361	475 731
现金平均余额	98 108	87 149	79 233
现金周转率	5.15	6.14	6.00

由表9-11可知:由于该公司的现金平均余额较大,因此不存在现金持有量过少的问题,存在闲置的隐患,对此,应进一步结合行业性质

和平均水平进行分析。

(五)应收账款周转率

应收账款周转率是指企业商品或产品赊销净额与应收账款平均余额的比率,即企业的应收账款在一定时期内(通常为一年)周转的次数。应收账款周转率是反映企业的应收账款变现速度和管理效率的指标。其计算公式如下:

$$应收账款周转率(次数) = \frac{赊销收入净额}{应收账款平均余额}$$

其中:赊销收入净额＝主营业务收入－现金销售收入－销售折扣－销货退回等

应收账款平均余额＝(期初应收账款＋期末应收账款)÷2

赊销收入净额在企业内部进行分析时是适用的。在市场经济条件下,由于赊销活动属于商业机密,不要求企业在报表中披露赊销额,因此会计报表外部使用者可以用销售收入净额来代替,但要注意一贯性和可比性。

应收账款周转率也可以用周转天数来表示。应收账款周转天数也称应收账款平均收账期,是指企业自商品或产品销售出去开始至应收账款收回为止经历的天数。其计算公式为:

$$应收账款周转天数 = \frac{计算期天数}{应收账款周转次数}$$

$$或 = \frac{应收账款平均余额 \times 计算期天数}{赊销收入净额}$$

应收账款周转率是评价企业应收账款流动性大小的指标,可以用来分析应收账款变现速度的快慢与管理效率。一般来说,企业的应收账款周转率越高,周转次数越多,表明企业应收账款回收速度越快,企业经营管理的效率越高,资产流动性越强,短期偿债能力也越强,同时可以有效地减少收款费用和坏账损失,从而相对增加企业流动资产的收益。反之,较低的应收账款周转率,则表明企业的流动资金过多地滞留在应收账款上,影响正常的资金周转。企业需加强应收账款的管理和催收工作,还要根据应收账款周转率更细致地评价客户的信用程度及企业所制定的信用政策是否合理。当然,如果应收账款周转率过高,也可能是因为企业奉行了比较严格的信用政策、信用标准和付款条件的结果。这样会限制企业销售量的扩大,从而影响盈利水平。这种情况往往与存货周转率偏低同时出现。

在计算并分析应收账款周转率指标时,应注意以下两个问题:

1. 平均应收账款并不代表应收账款的总体情况,例如,较长的平均收账期并不代表顾客总体上的拖延,有可能是因为一两个极端客户的逾期未付款项造成的。考察极端收款期的一个非常好的工具就是应收账款账龄分析,它按过期天数列示了每一笔过期账款的分布情况,揭示了付款拖延究竟是普遍现象,还是个别客户的特殊现象。

2. 有些因素会对应收账款周转率的计算结果产生较大的影响:(1)季节性经营的企业使用这个指标时不能反映实际情况;(2)企业大量使用分期付款结算方式时,会高估该指标;(3)当企业年初年末销售额有大幅上升或下降时,会影响该指标的准确性;(4)当两个企业计提坏账准备的方法和比例有很大差异时,它们的应收账款周转率便不具有可比性。

根据附录 3 有关数据,并假定该企业赊销收入占销售收入的 90%,ABC 公司的应收账款周转次数和周转天数计算如表 9-12 所示。

表 9-12 应收账款周转次数和周转天数计算表

单位:万元

项 目	1999 年	2000 年	2001 年
赊销收入净额	454 282 *	481 825 *	428 158 *
平均应收账款	155 535	123 225	117 476
应收账款周转次数	2.92	3.91	3.64
应收账款周转天数	123	92	99

注:1999 年赊销收入净额=504 758×90%=454 282.2(万元),2000 年赊销收入净额=535 361×90%=481 824.9(万元),2001 年赊销收入净额=475 731×90%=428 157.9(万元),应收账款=应收账款账面余额-坏账准备。

由表 9-12 可知:该公司应收账款的变现总体情况应结合行业平均水平来分析,但 2001 年平均应收账款增加,赊销收入净额反而减少,导致应收账款周转次数有所下降。对于这种情况应着重分析原因,有可能是以下情况:(1)企业的收款力度较差;(2)客户拖延付款;(3)客户发生财务困难。第一种情况需要加强相应的管理措施,而后两种情况反映了应收账款的质量和流动性,需要采取明智的信用政策,并进行账龄分析。

(六)存货周转率

存货周转率也称存货利用率,是指企业一定时期产品或商品销货成本与存货平均余额的比率,即企业的存货在一定时期内(通常为一年)周转的次数。存货周转率是反映企业的存货周转速度的指标,计量了存货的质量和流动性,也是评价企业购入存货、投入生产、销售收回等环节的管理状况和运营效率的综合性指标。其计算公式如下:

$$存货周转率(次数)=\frac{主营业务成本}{存货平均余额}$$

其中:存货平均余额=(期初存货+期末存货)÷2

存货周转率也可以用周转天数来表示。其计算公式为:

$$存货周转天数=\frac{计算期天数}{存货周转次数}$$

$$或=\frac{存货平均余额\times 计算期天数}{主营业务成本}$$

在一定期间内,如果企业经营顺利,企业的存货周转率越高,库存的占用水平越低,表明企业存货转化为现金或应收账款的速度快,经营管理效率高,资产流动性和销售能力较强,进而企业的利润率较高,短期偿债能力也较强。但是,存货周转率过高,也可能说明企业在管理方面存在一些问题,如企业存货资金投入过少,甚至可能会因存货储备不足影响生产或销售业务的进一步发展,特别是那些采购困难的存货,或者是采购次数过于频繁,批量太小等。反之,如果存货周转率过低,则表明企业存货的管理效率较低,存货周转较慢,存货占用资金较多,企业的利润率较小。

在计算并分析存货周转率指标时,应注意以下问题:

1. 如果企业的生产经营活动具有很强的季节性,则年度内各季度的销售成本与存货都会有较大幅度的波动。因此,为了客观反映企业的营运状况,平均存货应该按月份或季度余额来计算,先求出各月份或各季度的平均存货,然后再计算全年的平均存货。

2.关注企业的竞争战略。企业之间的差别常常表现为是采用高周转率/低毛利的战略,还是低周转率/高毛利的战略。采用高周转率/低毛利策略的企业应当是薄利多销。由于价低毛利较低,要获得成功,企业必须严格控制成本,以保证毛利不至于过低。如零售超级市场通常采用这种战略。

采用低周转率/高毛利策略的企业的竞争基础为产品的差别性。企业试图生产消费者需要的产品,吸引消费者的是产品的花色品种,而不是价格。如果获得成功,企业便可以收取相对高的价格,并以高毛利获取利润。这些企业的成本控制显得不是特别重要。如特种食品和服装企业通常采用这种战略。

3.掌握企业目前所处的产品生命周期。在营销领域,产品生命周期有"出生期、成长期、成熟期和衰退期"四个阶段,针对不同阶段所表现的财务特征来考察存货周转率。

4.为了分析存货周转速度的具体原因,在企业中还应当进一步考察存货的构成,通过不同时期的比较,查找出影响存货利用效果变动的原因。存货周转率是不同存货类别的不同周转率的混合物,例如,工业企业可将存货按原材料、在产品、低值易耗品和产成品等计算周转率,考察在供、产、销不同阶段存货的运营情况。其计算公式分别为:

$$材料周转率 = \frac{当期材料消耗额}{平均库存材料占用额}$$

$$在产品周转率 = \frac{当期完工产品成本}{平均在产品成本}$$

$$产成品周转率 = \frac{主营业务成本}{平均产成品成本}$$

这三个周转率的评价标准与存货评价标准相同,都是周转次数越多越好。但在计算各类存货周转率的过程中,一个重要的障碍就是数据的可获得性。因此,如果企业的存货周转率恶化,则可能由以下因素引起:

(1)低效率的存货控制与管理导致存货的过渡购买。
(2)低效率的生产导致存货有缓慢的生产量。

（3）存货品种过时，需求疲软或者难以出售，甚至已经丧失交换价值，导致库存积压。

（4）企业可能存在着不适当的营销政策，如对信用政策控制过严而导致销路不畅。

根据附录3有关数据，ABC公司的存货周转次数和周转天数计算如表9-13所示。

表9-13 存货周转次数和周转天数计算表

单位：万元

项 目	1999年	2000年	2001年
主营业务成本	423 645	455 396	416 025
平均存货	307 141	314 997	309 959
存货周转次数	1.38	1.44	1.34
存货周转天数	261	250	268

由表9-13可知，该公司2000年主营业务成本增加了31 751万元，平均存货增加了7 856万元，二者结合使存货周转次数增加了0.06；2001年主营业务成本减少了39 371万元，平均存货为5 038万元，二者结合使存货周转次数减少0.1。公司管理者可以进一步计算材料周转率、在产品周转率及产成品周转率，来分析周转速度下降的原因，进而找到改进的方法，使订货、生产、销售和分销各环节有机结合，将存货保持在较低的水平上，提高存货周转率。

思 考

在评价存货周转率时，我们应注意可选择会计原则对比率构成部分计价的影响。例如，在通货膨胀的条件下，使用存货计价的后进先出法将严重损害存货周转率的有用性。请思考，后进先出法在通货膨胀时对存货周转率将产生何种影响？如果两个公司都采用后进先出法来计量存货，他们的存货周转率是否就一定具有可比性？

（七）营业周期

营业周期是指从取得存货开始到销售存货并收回现金为止的时期，亦即企业的生产经营周期。营业周期的长短可以通过应收账款周转天数和存货周转天数近似地反映出来，因此，我们可由应收账款周转天数和存货周转天数之和简化计算营业周期。即：

营业周期＝应收账款周转天数＋存货周转天数

营业周期长短对企业生产经营具有重要影响。营业周期每增加一天，就需要相应的资金来负担额外的流动资产，因此，营业周期的延长与企业借款规模扩大往往并存。营业周期越短，说明资产的使用效率越高，其收益能力也相应增强；营业周期越短，资产的流动性越强，资产风险降低。营业周期的长短还影响着企业资产规模和资产结构，周期越短，流动资产的占用相对越少；反之则相反。因此，分析研究企业的营业周期，并想方设法缩短营业周期，对于增强资产的管理效果具有重要意义。

采用这种计算方法计算营业周期时，应注意下列影响因素：

1. 资产负债表中的应收账款余额实质上为应收账款账面金额减去坏账准备以后的差额。根据我国企业会计制度规定，企业坏账准备的提取方法、提取比例等可由企业自行确定。这使不同企业之间的应收账款收账天数的计算结果产生差异，而这种差异并不反映企业的营运能力。

2. 不同的企业对存货计价方法可能存在较大差异，除非一些极个别的巧合，不同的存货计价方法总会导致不同的期末存货价值，从而人为地缩短或延长了营业周期。

3. 对于外部报表使用者而言，通常只能根据销售净额而非赊销净额计算应收账款的周转天数。在存在大量现金销售的情况下，由于应收账款周转天数被低估，也导致营业周期的缩短。

根据表 9-12 和表 9-13 资料，ABC 公司的营业周期计算如表 9-14 所示。

表 9-14 营业周期计算表

单位:万元

项 目	1999年	2000年	2001年
应收账款周转天数	123	92	99
存货周转天数	261	250	268
营业周期	384	342	367

由表 9-14 可知:该公司 2000 年营业周期相对缩短,但 2001 年又有所延长,说明 2001 年与 2000 年相比较资产的利用效率降低,资产管理效果有所下降。

(八)营运资金周转率

营运资金是指维持企业日常经营运转所必需的资金,它可以用企业流动资产减流动负债的余额来表示。营运资金周转率是指主营业务收入净额与平均营运资金的比率,它是反映企业营运资金周转速度和运营效率的指标。其计算公式如下:

$$营运资金周转率 = \frac{主营业务收入净额}{平均营运资金}$$

其中:主营业务收入净额 = 销售收入 - 销售折扣 - 销售折让 - 销货退回等

平均营运资金 = (期初营运资金 + 期末营运资金) ÷ 2

营运资金周转率表明在一定时期内营运资金会多少次地变为收入净额,反映企业利用营运资金产生收入的能力。一般认为,该比率越高,说明营运资金周转速度越快,资金使用效率越高,对企业越有利。但如果营运资金周转率过高,则有可能是由营运资金的减少造成的。由于营运资金是流动资产与流动负债的差额,其高低在一定程度上表明企业偿债能力的强弱。因此,为追求高周转率而一味减少营运资金会削弱企业的偿债能力,增加财务风险,从这个角度讲,对企业是不利的。

另外,考虑这一比率的时候要综合考虑企业的资产和负债状态、供应商和分销商的信用程度、销售形势、企业自身的信用等级、资本市场的形式是否有利等多种因素,来决定企业适当的营运资金数量,在此基础上加强管理,提高营运资金的周转速度。

根据附录3的有关数据，ABC公司营运资金周转率计算如表9-15所示。

表9-15　营运资金周转率计算表

单位：万元

项　　目	1999年	2000年	2001年
主营业务收入	504 785	535 361	475 731
平均流动资产	689 878	662 825	674 053
平均流动负债	178 229	176 736	209 541
平均营运资金	511 649	486 089	464 512
营运资金周转率	0.99	1.1	1.02

由表9-15可知：ABC公司平均营运资金占用额三年逐年减少，但由于主营业务收入呈现先增加后减少的趋势，导致营运资金周转率以相同趋势变动。

二、资产利润率分析

企业资产盈利能力的高低，既取决于产品的盈利能力，又受资产营运能力的影响。因此，应将资产盈利能力与营运能力结合起来分析。反映资产利润率的主要指标包括总资产利润率、流动资产利润率、固定资产利润率等。

（一）总资产利润率

总资产利润率也称总资产收益率或投资报酬率，它是企业一定期间内实现的利润额与该时期企业总资产平均余额的比率，反映了企业总资产的综合管理效果。其计算公式为：

$$总资产利润率 = \frac{净利润（或税前利润）}{资产平均余额} \times 100\%$$

对于公式中的分子则可以有多种认识：其一，采用税后净利，有利于展示资产利润率的一个重要关系式：总资产利润率＝销售净利率×资产周转率，从而可进一步分析经营获利能力和资产周转速度对总资产利润率的影响。但是，税后净利额必然会受到资本结构的影响，因而导致不同时期、不同企业的总资产利润率会因资本结构等因素的不同而不可比。其二,采用税前利润,可以避免因资本结构不同而导致不同的利润值,从而影响资产利润率的现象,能够较好地体现企业资产的总增值情况,而且便于企业之间的横向比较,但未能反映终极所有。其三,采用税后净利加利息,它既可在一定程度上反映终极所有,又剔除了资本结构因素的影响,但它将使上述重要关系式不能直接运用。报表使用者可以根据需要,有选择地运用。

关于总资产利润率的作用和分析,除了在第八章中有所述及之外,还应注意,由于净利润在某些条件下容易受企业不同会计政策的影响,甚至受到管理者有意的操纵,在用资产利润率来分析企业的获利能力和资产利用效率的同时,也可以用资产现金流量回报率来进一步评价企业的资产利用效率。其计算公式为:

$$资产现金流量回报率 = \frac{经营活动现金净流量}{资产平均余额} \times 100\%$$

该指标较客观地反映了企业在利用资产进行经营活动过程中获得现金的能力,因而更进一步反映了资产的利用效率。

根据附录3有关数据,ABC公司资产周转率及现金流量回报率计算如表9-16所示。

表9-16 资产利润率及现金流量回报率计算表

单位:万元

项 目	1999年	2000年	2001年
资产平均余额	825 344	827 797	856 063
资产周转率	0.61	0.65	0.56
销售利润率	4.98%	2.61%	0.93%
资产利润率	3.05%	1.69%	0.52%
经营活动现金净流量	151 648	113 749	68 671
资产现金流量回报率	18.38%	13.74%	8.02%

由表9-16可知:该公司的总资产利润率从1999年的3.05%下降到2000年的1.69%,再到2001年的0.52%,下降幅度高达45%和69%,资产现金流量回报率也有大幅下降,这对公司的经营非常不利。进一步分析,公司2001年资产周转率和销售利润率都有下降,但销售

利润率的下降较为显著,导致资产利润率的下降幅度较大。所以,公司在提高资产周转速度的同时,应把工作重点放在提高销售利润率上,尽快扭转资产利润率下滑的趋势。

思 考

假定某行业有相同资产周转率的 A 公司和 B 公司,它们的情况如下表所示。虽然两个公司的资产周转率都不高,但是在战略上对两个公司的矫正措施却是不同的。请你分析它们的情况,提出改进资产周转率的可能性和不同方法。

单位:万元

	公司A	公司B
销售收入	1 000 000	20 000 000
净利润	100 000	100 000
平均总资产	10 000 000	10 000 000
销售利润率	10%	0.5%
资产周转率	0.1	2
资产报酬率	1%	1%

(二)流动资产利润率

流动资产利润率是指企业在一定期间内实现的利润与同期企业流动资产平均占用额的比率,反映了企业流动资产的管理效率。其计算公式为:

$$流动资产利润率 = \frac{净利润(或税前利润)}{流动资产平均余额} \times 100\%$$

式中,流动资产平均余额是期初流动资产占用额与期末流动资产占用额的平均数,分子(净利润或税前利润)则应与总资产利润率中的分子保持一致。

流动资产利润率也可进一步分解为:

流动资产利润率＝销售净利率×流动资产周转率×100%

因此,流动资产利润率受到销售净利率和流动资产周转速度的影响,是反映流动资产管理效果的一个综合性较强的指标。在流动资产周转率一定的条件下,销售净利率越高,流动资产利润率越高；当销售利润率一定时,流动资产周转速度越快,流动资产利润率也越高。流动资产利润率越高,说明流动资产的管理效果越好,盈利能力越强。通过对流动资产利润率的分析,一方面,可以了解销售环节盈利能力对流动资产利润率有多大影响,从而可知,要增强流动资产的管理效果必须在扩大销售的同时,降低成本费用；另一方面,可以了解流动资产周转速度对流动资产利润率有多大的影响,从而可知,要增强流动资产的管理效果还必须加速流动资产的周转,而这必须取决于流动资产投入及其项目结构的合理安排。可见,资产管理效果的提高依赖于流动资产利润率的提高,而提高流动资产利润率则是一个系统工程。

根据附录3有关数据,ABC公司的流动资产利润率计算如表9-17所示。

表9-17 流动资产利润率计算表

单位:万元

项　目	1999年	2000年	2001年
净利润	25 150	14 007	4 450
流动资产平均余额	689 878	662 825	674 053
流动资产利润率	3.65%	2.11%	0.66%

由表9-17可知:由于销售利润率的大幅下降,该公司流动资产利润率也逐年下降,2001年下降了69%,公司在加快流动资产周转速度的同时,应努力提高销售环节的盈利能力。

(三)固定资产利润率

固定资产利润率是指企业一定期间内实现的利润额与该时期企业固定资产平均占用额的比率,它反映了企业固定资产的管理效果。其计算公式为:

$$固定资产利润率 = \frac{净利润(或税前利润)}{固定资产平均余额} \times 100\%$$

式中,固定资产平均余额是期初固定资产占用额与期末固定资产占用额的平均数。固定资产占用额可以是原值,也可以是净值,出于指标计算一致性的考虑,应该采用净值。但应注意的是,由于采用净值时指标将受到固定资产新旧程度及企业固定资产折旧政策的影响,削弱了指标的可比性。公式中分子则也应与总资产利润率中的分子保持一致。

固定资产利润率指标也能较综合地反映固定资产的管理效果,固定资产利润率越高,固定资产的管理效果越好。

根据附录3有关数据,ABC公司的固定资产利润率计算如表9-18所示。

表9-18 固定资产利润率计算表

单位:万元

项 目	1999年	2000年	2001年
净 利 润	25 150	14 007	4 450
固定资产平均余额	115 920	137 153	148 298
固定资产利润率	21.70%	10.21%	3.00%

由表9-18可知:由于销售利润率的大幅下降,该公司虽然固定资产平均余额有所下降,固定资产利润率两年仍然分别下降了43%和65%,公司在加强固定资产利用效率的同时,应努力提高销售环节的盈利能力,从而提高利润率。

三、现金流量效率分析

现金流量效率分析是指企业间或同一企业不同年度间相比较的现金流量及与有关内容的比较,以反映和考察企业现金流量满足生产经营的需要程度和营运效率的高低。

(一)现金流动比率

现金流动比率实际上就是对现金的流入和流出结构的分析。它可以使企业管理者掌握现金流入和流出的来源和结构,并据此采取措施改善企业的现金状况。其计算公式为:

$$\text{现金流动比率} = \frac{\text{单项现金收入项目}}{\text{现金总流入}} \times 100\%$$

$$\text{或} = \frac{\text{单项现金支出项目}}{\text{现金总流出}} \times 100\%$$

由于现金流动比率是将每一项现金流入或流出与总现金流入或流出相比较,因此能够更清晰地反映出现金流入的主要来源和现金支出的主要渠道。它能够使企业管理者了解企业对经营活动的依赖程度和主要增长点,了解现金的支出结构是否合理,从而可能采取有效的措施增收节支,从最主要的领域入手改善企业总的现金状况。在最短的时间内发现问题的关键所在,才能最快地解决问题。

(二)现金流量适用比率

现金流量适合比率是指企业一定时期的经营活动净现金流量与支付各项开支的比率。现金流量适合比率的基本作用在于衡量企业由经营活动所产生的现金用于支付各项资本支出、存货购置及发放现金股利的满足程度。其计算公式为:

$$\text{现金流量适用比率} = \frac{\text{经营活动净现金流量}}{\text{资本性支出} + \text{存货净增加额} + \text{现金股利}} \times 100\%$$

式中,可按一年或若干年度总和计算,若企业连续几年的现金流量适用比率保持为1,表明企业经营活动所形成的现金流量恰好能够维持企业日常生产经营活动的正常进行;若该比率计算结果小于1,说明企业通过正常的购、产、销所带来的营业现金净流入不能满足需要,应采取的措施包括:消耗企业现存的货币积累、推迟投资活动的进行、进行额外的筹资;若计算结果大于1,意味着企业经营活动所形成的现金流入大于日常需要,企业可考虑偿还债务以减轻利息负担,扩大生产经营规模或增加长期投资。

从企业的成长过程来分析,在企业开始从事经营活动的初期,由于生产阶段的各个环节都处于磨合状态,设备和人力资源的利用效率相对较低,成本消耗较高。同时,为了扩大市场占有量,企业可能投入较大资金推广产品,并采用较宽松的信用政策,从而使企业在这一时期处于入不敷出的状态。这是企业在发展过程中不可避免的正常现象。但是,如果企业在正常的生产经营期间仍然出现这种现金流量适用比率小于

1的现象,则表明企业的经营活动质量不高,须加以改进。

根据附录3有关数据,ABC公司的现金流量适用比率计算如下:

1999年现金流量适用比率 $=\dfrac{151\ 648}{20\ 000+118\ 428}=1.18$

公式中,存货净增加额$=307\ 141-287\ 141=20\ 000$万元,资本性支出$=12\ 176+106\ 252=118\ 428$万元。

注:假设ABC公司1999年存货期初余额287 141万元。

2000年现金流量适用比率 $=\dfrac{113\ 749}{15\ 711+138\ 549+8}=0.74$

公式中,存货净增加额$=322\ 852-307\ 141=15\ 711$万元,资本性支出$=4\ 752+8\ 378+40\ 000+85\ 149=138\ 549$万元。

2001年现金流量适用比率 $=\dfrac{68\ 671}{143\ 549-25\ 787+680}=0.58$

公式中,存货净增加额$=297\ 065-322\ 852=-25\ 787$万元,资本性支出$=11\ 293+132\ 200=143\ 549$万元。

该公司现金流量适用比率持续下降,且2000年和2001年的比率都小于1,说明公司通过正常的购、产、销所带来的营业现金净流入不能满足支出的需要,经营活动质量不高。

(三)现金流量与销售收入比率

经营活动净现金比率是指经营活动现金净流量与企业当期的营业收入之比,即企业营业所得现金占主营业务收入的比重。该指标反映在企业实现的销售额中获得现金所占的比重。其计算公式为:

现金流量与销售收入比率 $=\dfrac{\text{经营活动净现金流量}}{\text{主营业务收入}}\times 100\%$

由于现金及现金等价物价值变动和无法收回的风险很小,现金流量对销售收入比率越高,企业营业收入面临的风险越小,则企业营业收入的质量越高。反之,即使企业有较高的营业收入总额,若该比率过低,也不容乐观,因为这种情况下的高营业收入很可能是企业以放宽信用条件、增加不良应收账款为代价实现的。因此,企业对该指标应结合营业收入的构成情况进行具体分析,积极采取措施提高营业收入的质量。另外,由于经营活动净现金流量是现金流入的差额,通过分析这一比率还可以使企业在扩大销售的同时,注意改进经营管理,控制成本和费用的支出,以提高盈利水平。

根据附录3有关数据,ABC公司现金流量与销售收入比率计算如表9-19所示。

表9-19 现金流量与销售收入比率计算表

单位:万元

项 目	1999年	2000年	2001年
主营业务收入	504 758	535 361	475 731
经营活动净现金流量	151 648	113 749	68 671
现金流量与销售收入比率	0.30	0.21	0.14

由表9-19可知:该公司三年来现金流量与销售收入比率连续下降,说明公司的收入质量不断恶化,经营风险较大,公司管理者应注意分析信用政策的合理性,减少不良应收账款的发生。

(四)现金流量与流动资产比率

现金流量与流动资产比率是指经营活动现金净流量与企业当期的流动资产之比,即企业营业所得现金占流动资产的比重,反映以现金流量为基础的资产利润率。其计算公式为:

$$现金流量与流动资产比率 = \frac{经营活动净现金流量}{流动资产平均余额} \times 100\%$$

从公式中可以看出,企业的现金流量与流动资产比率和流动资产利润率相类似,反映企业流动资产的运营效率。同样,该指标越高,说明企业的资产运营效率越高。但现金流量与流动资产比率的高低受两方面因素的影响:其一,企业流动资产利润率的高低;其二,企业收益中现金净流量所占比重的高低。这就是说,有较高账面流动资产利润率的企业,如果现金净流量在收益中所占比重过低,仍会导致该指标的恶化。企业应从现金流量与销售收入比率的分析中,可以看出这种较低的以现金流量为基础的资产利润率是企业收益质量、资产盈利能力下降的表现。

根据附录3有关数据,ABC公司的现金流量与流动资产比率计算如表9-20所示。

表9-20 现金流量与流动资产比率计算表

单位:万元

项　　目	1999年	2000年	2001年
流动资产平均余额	689 878	662 825	674 053
经营活动净现金流量	151 648	113 749	68 671
现金流量与流动资产比率	0.22	0.17	0.10

由表9-20可知:公司该指标较低,而且三年呈现继续恶化的趋势,这说明公司的营运效率不高,具体是由于流动资产利润率过低,还是由于收入质量不高、变现能力差,还应作进一步分析。

(五)现金收入与应收账款的比率

现金收入与应收账款的比率是指经营活动产生的现金流入与应收账款平均余额的比率,它反映了应收账款的变现能力。其计算公式如下:

$$现金收入与应收账款的比率=\frac{经营活动产生的现金流入}{应收账款平均余额}\times 100\%$$

一般来说,该指标越高表明企业应收账款回收速度越快,坏账损失的风险越小,可供企业自由支配的货币资金越大,企业的营运能力和偿债能力就越强。采用趋势分析法,使企业的这一比率与企业前期相比较,分析指标的差异,并结合其他衡量资产变现能力的指标来增强对企业流动性评价的客观性。如果该比率出现恶化,应对应收账款进行具体分析,如对超过信用期的应收账款的账龄进行分析、评价客户的商业信誉并采取相应的结算方式。

根据附录3有关数据,ABC公司的现金收入与应收账款比率计算如表9-21所示。

表9-21 现金收入与应收账款比率计算表

单位:万元

项　　目	1999年	2000年	2001年
应收账款平均余额	155 535	123 225	117 476
经营活动产生的现金流入	786 554	682 514	508 204
现金收入与应收账款的比率	5.06	5.54	4.33

由表9-21可知:该公司2000年和2001年应收账款平均余额分别减少32 310万元和5 750万元,经营活动产生的现金流入分别减少104 040万元和174 310万元,二者结合导致该比率2000年提高0.48%,2001年减少1.21%,说明公司的应收账款变现能力下降,现金流入减少,应及时对应收账款进行深入分析,采取适当的信用政策以提高变现能力。

(六)固定资产再投资比率

该指标是购置固定资产支出总额与当期经营活动现金流量净额之比,反映将由经营活动产生的现金流量留存于企业重新再投资于固定资产的程度。其计算公式为:

$$固定资产再投资比率 = \frac{固定资产购置额}{营业现金净流量} \times 100\%$$

若企业的固定资产再投资率大于1,表明当期固定资产投资超出了企业的经营活动净现金流量,企业需通过筹资活动提供一定数量的资金,这是企业在初始扩张阶段经常出现的现象。若企业的固定资产再投资比率小于1,表明当期固定资产投资支出小于企业的经营活动净现金流量,企业投资活动之外尚有营业现金节余,如果该比率过小,则说明该企业的投资力度不足,或已处于下滑的趋势。由于固定资产的购置通常不是经常发生的,因而该指标的计算分析应以企业的生产周期为计算区间。

本章小结

企业的营运能力直接影响和关系着企业的偿债能力和盈利能力,从某种程度来说是二者的基础,体现着企业的经营绩效。本章对企业营运能力分析,主要从三个方面进行:营运能力分析的意义、营运能力的结构分析、营运能力的比率分析。

1. 企业的营运能力无论对于企业的投资者、债权人还是企业的经营管理者都有重要意义。营运能力分析能够用来评价一个企业的经营水平、管理水平,乃至预期它的发展潜力,对各个利益主体来说关系重大。

2. 资产结构分析的内涵在于分析企业资产总额中流动资产和非流动资产各自占有的比例以及各自的内部结构。影响资产结构的因素主要包括风险与报酬、企业所处的行业、经营规模等。企业营运能力的比率分析主要包括：资产类别比重分析和主要资产项目比重分析。

3. 资产管理效果的好坏可以通过营运能力的比率分析来体现。资产周转速度反映了企业的资产周转使用效率的情况，资产利润率反映了资产的价值增值或获利能力的情况，而现金流量效率分析是指企业的现金流量与有关内容的比较，以反映和考察企业现金流量满足生产经营的需要程度。

综合复习题

一、思考题

1. 为什么要进行企业营运能力分析？
2. 影响资产结构的因素有哪些？
3. 决定企业货币规模的因素有哪些？
4. 假定某钢铁公司的流动资产比率为 80%，请问该公司资产运营效果如何？为什么？
5. 影响固定资产周转率分析效果的因素是什么？
6. 分析应收账款周转率时应注意什么问题？
7. 可能导致存货周转率恶化的因素有哪些？
8. 为什么要采用现金流量适用比率来衡量企业的营运能力？
9. 计算总资产利润率有几种公式？它们各自的优缺点是什么？
10. 流动资产周转率与流动资产利润率有什么特性及共性？

二、单项选择题：

1. 不影响应收账款周转率指标利用价值的因素是：（　　）。

　　A. 季节性经营引起的销售额波动

　　B. 大量使用分期付款结算方式

　　C. 销售折让与折扣的波动

　　D. 大量使用现金结算的销售

2. 当流动资产占用增加，同时流动资产周转速度加快时，企业一定存在流动资产的（　　）。

　　A. 绝对浪费　　　　　　　　B. 绝对节约

C. 相对浪费　　　　　　　　D. 相对节约

3. 计算在产品周转率使用的周转额为:(　　)。

　　A. 当期成本发生额　　　　B. 当期完工产品成本

　　C. 当期材料消耗额　　　　D. 平均在产品成本

4. 在其他条件不变的情况下,下列业务可能导致总资产利润率下降的是:(　　)。

　　A. 用银行存款支付一笔销售费用

　　B. 将可转换债券转换为优先股

　　C. 用现金采购一批材料

　　D. 用银行存款归还银行借款

5. 某公司年末会计报表的部分数据为:流动负债60万元,流动比率2,速动比率1.2,销售成本100万元,年初存货52万元,本年度存货周转次数为:(　　)。

　　A. 1.65　　　　　　　　　　B. 2.3

　　C. 2　　　　　　　　　　　D. 1.45

6. 计算应收账款周转率时,平均应收账款是指:(　　)。

　　A. 未扣除坏账准备的应收账款的平均余额

　　B. 应收账款总账账户的余额

　　C. 扣除坏账准备后的应收账款净额平均数

　　D. 应收账款与坏账准备账户余额之间的差额

三、多项选择题

1. 下列经济业务会影响企业存货周转率的是:(　　)。

　　A. 收回应收账款　　　　　B. 销售商品

　　C. 期末购买存货　　　　　D. 偿还应付账款

　　E. 产品完工验收入库

2. 资产净利率同有关指标的关系为:(　　)。

　　A. 资产净利率＝资产周转率×销售净利率

　　B. 资产净利率＝流动资产周转率×销售净利率

　　C. 资产净利率＝销售成本率×销售净利率

　　D. 资产净利率＝流动资产占全部资产比重×流动资产周转率

×销售净利率

3. 影响资产净利率高低的因素包括(　　)。
   A. 产品价格　　　　　　　B. 单位成本的高低
   C. 产品的产量　　　　　　D. 销售量
   E. 资金占用量

4. 在其他条件不变的情况下,会引起总资产周转率上升的经济业务是(　　)。
   A. 用现金偿还负债
   B. 借入一笔短期借款
   C. 用银行存款购入设备
   D. 用银行存款支付一年的电话费
   E. 递延偿付到期债务

5. 对应收账款周转率正确计算产生较大影响的因素有(　　)。
   A. 季节性经营的企业
   B. 大量使用分期付款结算方式
   C. 大量使用现金结算
   D. 大力催收拖欠货款
   E. 年末大量销售或年末销售大幅下降

四、业务题

1. 作为财务主管,你目前的任务是使存货成本更加合理。在考察了前期业绩和存货报告后,你建议通过加强存货管理以减少存货。你预期现有的存货周转率将从20提高到25,节省下的资金用于偿还流动负债,持有流动负债的年成本为10%。假设预期销售收入为1.5亿元,预期销货成本为1亿元。

   计算:预计会节约多少成本?

2. 某公司2001年销售收入为125 000万元,毛利率52%,赊销比例80%,销售净利率16%,存货周转率为5,期初存货余额10 000万元,期初应收账款余额12 000万元,期末为8 000万元,速动比率1.6,流动比率2.16,流动资产占总资产的27%,资产负债率40%。

   计算:(1)应收账款周转率;(2)资产净利率。

第四篇
综合与专题分析

近年来,著名公司财务丑闻事件的起因给我们很多教训,但有一个结果是很明显的:企业在信息披露方面要加强透明度,市场有关利益肌体(投资者、债权人、政府、职工、供应商、销售商等)对手中的资源将更为谨慎。因此,从企业的偿债能力、盈利能力和营运能力,以及资产负债表、利润表、现金流量表、会计报表附注的不同侧面,分别对企业的财务状况和经营成果进行了具体的分析之后,还需要注重对企业进行财务综合分析以及财务专题分析。

本篇以现代企业财务活动及其财务报表结构为逻辑主线,并以企业的财务会计报告等核算资料以及企业的偿债能力、盈利能力和营运能力等方面的分析为基础,重点对如何进行财务综合分析、财务专题分析等的基本理论和方法进行系统阐述。阐述中力争突出三个特点:(1)前瞻性。既要总结我国财务分析的技巧,又要以开放的心态大胆借鉴西方财务分析的理论与方法,以及最新研究成果。(2)务实性。财务分析应结合我国会计实际工作和案例,其生命力决不在于一个个财务指标概念和计算公式的提出,财务报表分析是一门应用性的管理学科,应该以实用为治学原则,着重探索和掌握财务分析的一般原理、程序、规则与技巧,为各种不同的财务报表分析主体指点迷津。(3)客观性。财务报表分析虽然是一种揭示社会经济活动的科学方法。但由于目前种种原因,现行财务报表分析的本身也具有一定的局限性。对此,我们需要辩证地认识。

第十章　财务综合分析

本章学习目的
1. 财务综合分析的重要性及其特征。
2. 杜邦财务比率分析综合模型的指标设计和应用。
3. 沃尔财务状况综合评价模型的指标设计和应用。
4. 我国国有资本金绩效评价模型的指标设计和应用。
5. 经济增加值(EVA)的理论及其应用方法。

范　例

　　企业仅仅拥有较多的资本就能保证公司能够获利,就能够筹到更多的资金吗?仅仅拥有较高的市场价值就意味着公司有投资价值吗?当然不是。回顾2002年,全球商业领域又经历了更多的痛苦和动荡,最让全世界震惊的是层出不穷的公司丑闻。财务丑闻涉及到安然(Enron)、世界通信公司(WorldCom)、环球电讯(Global Crossing)、安达信(Arthur Andersen)等著名的资本雄厚的企业。从经济角度来看,虽然许多上市公司的净利润和每股收益都处于上升趋势,但经济增加值(EVA)却在急剧下降。通过下图所示安然公司的会计利润和经济利润可以看出:经济增加值在灾难到来之前已提出警告。

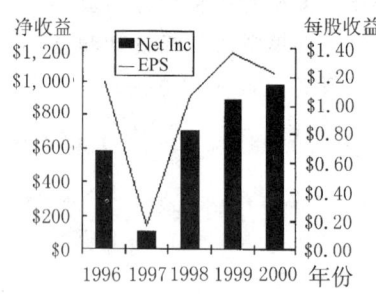
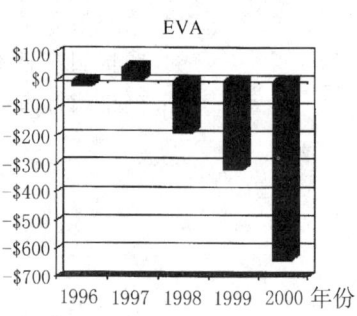

资料来源:思腾思特管理咨询公司(Stern & Stewart Co.)。

　　本章介绍几种财务综合分析的基本理论和应用方法,并讨论应用经济增加值(EVA)对公司价值进行评价。正如沃伦·巴菲特(Warren Buffett)和罗伯托·哥祖塔(Roberto Goizueta)等几位价值创造神话的主角所说:"价值创造的核心在于使市场价值增长得比资本还快。"

第一节 财务综合分析的内涵

一、财务综合分析的内涵

所谓财务综合分析,就是以企业的财务会计报告等核算资料为基础,将各项财务分析指标作为一个整体,系统、全面、综合地对企业财务状况、经营成果及财务状况的变动进行剖析、解释和评价,说明企业整体财务状况和效益的优劣。

前面有关章节从企业的偿债能力、盈利能力和营运能力,以及资产负债表、利润表、现金流量表、会计报表附注分析的不同侧面,分别对企业的财务状况和经营成果进行了具体的分析。但是,企业的经济活动是一个有机的整体,要全面评价企业的经济效益,仅仅满足于某些局部的分析是不够的,而应将相互关联的各种报表、各项指标联系在一起,从全局出发,进行全面、系统、综合的分析。财务综合分析与前述的财务单项分析相比,具有以下特点,如表10-1所示。

表10-1 财务综合分析与财务单项分析特点比较

区 别	财务综合分析的特点	财务单项分析的特点
1.分析问题的方法。	通过归纳综合,把个别财务现象从财务活动的总体上作出总结。	由一般到个别,把企业财务活动的总体分解为每个具体部分,然后逐一加以考察分析。
2.财务分析性质。	高度的抽象性和概括性,着重从整体上概括财务状况的本质特征。	实务性和实证性。
3.财务分析的重点和比较基准。	企业整体发展趋势。	财务计划、财务理论标准。

续表

	财务综合分析的特点	财务单项分析的特点
4.财务指标在分析中的地位。	强调各种指标有主辅之分,并且特别注意主辅指标间的本质联系和层次关系。	每个分析的指标处于同等重要的地位,忽视各种指标之间的相互关系。
联　系	1.单项分析能够真切地认识每一个具体的财务现象,可以对财务状况和经营成果的某一方面作出判断和评价,并为综合分析提供良好的基础。因此,要求各单项指标要素及计算的各项指标一定要真实、全面和适当,所设置的评价指标必须能够涵盖企业盈利能力、偿债能力及营运能力等诸方面总体分析的要求。 2.财务综合分析是在财务单项分析指标及其各指标要素的基础上抽象概括,把具体的问题提高到理性高度来认识,对企业的财务状况和经营业绩作出全面、完整和综合的评价。因此,只有把单项分析和综合分析结合起来,才能提高财务报表分析的质量。	

二、财务综合分析的意义

通过将财务综合分析同财务单项分析加以区分,可以看出财务综合分析在管理上是十分必要的,具有重要的意义。

（一）财务综合分析有利于全面、准确、客观地揭示与披露企业财务状况和经营情况,并对企业经济效益优劣作出合理的评价

局部不能代替整体,某项指标的好坏不能说明整个企业经济效益的高低。因此,要达到对公司整体状况的分析,仅仅只测算几个简单的、孤立的财务比率,或者将一些孤立的财务分析指标堆垒一起,彼此毫无联系地考察,是不可能得出合理、正确的综合性结论的,有时甚至会得出错误的结论。因此,只有将企业偿债能力、营运能力、盈利能力及发展趋势等各项分析指标有机地联系起来,作为一套完整的体系,相互配合使用,才能对系统作出综合评价,才能从总体上把握企业财务状况和经营情况。

（二）财务综合分析有利于进行财务综合评价

用相互联系的观点对企业经济活动进行总体评价是财务报表分析

的一项重要任务。财务综合分析是综合评价企业经营业绩的基础,使企业能够明确自己的经营水平与位置。在对企业财务状况和经营成果的研究时,决不可孤立地进行,因为经济现象受因果依存关系的制约,财务报表综合分析能揭示有关报表及其指标之间的横向联系与纵向联系,从而可以对企业经济活动总体的变化规律作出本质的描述。

（三）财务报表综合分析的结果有利于同一企业不同时期的比较分析和不同企业之间的比较分析

财务报表综合分析的结果在进行同一企业不同时期比较分析和不同企业之间比较分析时消除了时间上和空间上的差异,使之更具有可比性,有利于总结经验、吸取教训、发现差距、赶超先进,进而从整体上、本质上反映和把握企业生产经营的财务状况和经营成果。

三、财务综合分析的依据和方法

（一）财务综合分析的依据

财务综合分析的依据主要是企业提供的有关核算资料。由于会计信息具有不对称性,企业的外部人员、与企业经营活动不相关的内部人员很难获得完整的核算资料。因此,财务综合分析的主要依据是财务会计报告,以及一些有关的资料,如上市公司披露的年度报告等综合分析的基础资料。

（二）财务综合分析的方法

在财务报表分析过程中,把作为研究客体的财务指标称之为成果指标,把作为评价成果指标特性的指标称之为因素指标。可见,会计报表分析就是运用一系列专门方法从成果指标体系过渡到因素指标体系,并揭示因素指标变动对成果指标特性的影响。

财务状况综合分析方法有很多,其中主要有杜邦财务比率分析综合模型、沃尔财务状况综合评价模型和我国国有资本金绩效评价模型等传统的财务状况综合分析方法,以及经济增加值(EVA)财务分析方法。

思 考

A公司和B公司2000年资产净利率基本相同,2001年两公司的资产净利率都下降了20%,其中A公司的销售额由于市场占有率降低而骤减,B公司由于资产管理方式的失误使资产周转率降低,因此某些单项财务指标相同,但产生的原因是不同的。在对企业的偿债能力、盈利能力和营运能力,以及资产负债表、利润表、现金流量表、会计报表附注分析时所应用的指标,哪些指标相互之间存在联系?如何将财务分析中的单项指标联系在一起,使综合分析更具有价值?

第二节 杜邦财务比率分析模型

一、杜邦财务比率分析模型的内涵

(一)杜邦财务比率分析模型的定义

杜邦财务比率分析模型又称杜邦分析法,它最初是由美国杜邦公司的经理创造的,故称为杜邦系统(The Du Pont System)。杜邦分析法是利用各个主要财务比率之间的内在联系,综合地分析和评价企业财务状况和盈利能力的方法。它是一个以所有者权益报酬率为龙头,以总资产利润率为核心的完整的财务指标分析体系。

如前所述,有关章节用比率分析法分析企业的偿债能力、营运能力、盈利能力,以评价企业的财务状况和经营业绩。但上述分析都是从某一特定的角度就企业经营的某一方面进行分析,因此,都不能全面评价企业的总体财务状况和经营业绩,杜邦财务比率分析模型弥补了这一不足。

杜邦财务分析模型的特点在于:它通过几种主要的财务比率之间

的相互关系,全面、系统、直观地反映出企业的财务状况,从而大大节省了财务报表使用者的时间。

(二)杜邦财务比率分析模型中主要的财务指标关系

所有者权益净利率＝资产净利率×权益乘数

其中:资产净利率＝销售净利率×资产周转率

即:$\frac{净利润}{资产总额} = \frac{净利润}{销售收入} \times \frac{销售收入}{资产总额}$

所以,所有者权益净利率＝销售净利率×资产周转率×权益乘数。

这一关系式被称为杜邦财务分析体系的核心。因为企业生产经营的主要目标是为了获取最大的利润,对此可用所有者权益净利率来表示。而所有者权益净利率又受销售净利率、资产周转率和权益乘数三个因素的影响,它们分别代表了企业的盈利能力、营运能力和偿债能力。通过对这三个因素的进一步分解,可以把所有者权益净利率这样一项综合性指标发生升降变化的原因具体化,分别考察和评价企业的盈利能力、营运能力和偿债能力,以及它们对企业利润目标的影响程度。

1. 所有者权益净利率,即净资产收益率,它是所有比率中综合性最强、最具代表性的一个指标。决定所有者权益净利率的因素是总资产利润率和所有者权益乘数。所以,所有者权益净利率的分析又必须具体落实到对总资产利润率和所有者权益乘数的分析上。

2. 总资产利润率,是反映企业经营效率和盈利能力的最重要指标,体现企业全部资产的创利能力。它实际上是由总资产周转率与以税后净利润为分子计算所得的销售利润率的乘积,因此它的大小取决于销售净利率和总资产周转率。

3. 销售净利率,是企业的销售收入对净利润的贡献程度。销售净利率取决于企业实现的销售收入和企业净利润的关系,而企业的净利润是其销售收入扣除了有关成本费用后的部分。它的高低取决于销售收入与成本总额的高低。要想提高销售净利率,有两条途径:一是要扩大销售收入,二是要降低成本费用。这两方面分析可以参见有关盈利能力指标的分析。

4. 总资产周转率,是企业总资产的周转次数,它反映运用资产产生销售收入能力的指标。对资产周转率的分析,需对影响资产周转的各因素进行分析。影响总资产周转率的一个重要因素是资产总额,它由流动资产与长期资产组成。它们的结构合理与否将直接影响资产的周转速度。一般来说,流动资产直接体现企业的偿债能力和变现能力,而长期资产则体现该企业的经营规模、发展潜力,两者之间应保持一种合理的比率关系。除了对资产的各构成部分从占用量上是否合理进行分析外,还可以通过对流动资产周转率、存货周转率、应收账款周转率等有关各资产组成部分使用效率的分析,判明影响资产周转的主要问题出在哪里。

5. 权益乘数=1÷(1－资产负债率),公式中的资产负债率是指全年平均资产负债率,它是企业全年平均负债总额与全年平均资产总额的百分比。

权益乘数表示企业的负债程度,权益乘数越大,企业的负债程度越高,能给企业带来较大的杠杆利益,同时也给企业带来较大的风险。所有者权益乘数取决于企业的全部资产中负债(或股东权益)的份额,它反映了企业理财的开放程度和财务风险。当市场上的资金成本率低于企业的投资收益率的时候,企业应负债经营,利用财务杠杆原理提高企业的投资收益率。但企业也因此承担了较大的财务风险,因为如果市场条件一旦恶化,即当市场上的资金成本率高于企业的投资收益率的时候,企业将会负担沉重的利息和面临不能按期还债的危机。企业的负债又可以分为长期负债和流动负债,要得出正确的结论,必须进一步分析企业的负债结构,做到在资产总额不变的条件下,开展合理的负债经营,以减少所有者权益所占的份额,从而达到提高所有者权益报酬率的目的。

(三)杜邦财务比率分析模型的作用

通过杜邦分析体系自上而下或自下而上的分析,不仅可以了解企业财务状况的全貌以及各项财务分析指标间的结构关系,而且还可以查明各项主要财务指标增减变动的影响因素及存在的问题。杜邦分析模型提供的上述财务信息,较好地解释了指标变动的原因和趋势,这为进一步采取具体措施指明了方向,同时还为决策者优化经营结构和理财结构,提高企业偿债能力和经营效益提供了基本思路,即提高所有者权益报酬率的根本途径在于扩大销售、改善经营结构、节约成本费用开支、合理配置资源、加速资金周转、优化资本结构等。在具体应用杜邦分析法时,应注意这一方法不是另外建立的新财务指标,它是一种对财务比率进行分解的方法。因此,它既可以通过所有者权益报酬率的分解来说明问题,也可通过分解其他财务指标(如总资产利润率)来说明问题。总之,杜邦分析法和其他财务分析方法一样,不在于指标的计算,而在于对指标的理解和运用。

思 考

杜邦财务分析体系将反映企业财务状况和经营成果的财务指标有机地结合在一起,是一个很好的综合分析方法。但杜邦财务分析体系这种综合分析方法也有不足,即指标体系较为机械,只能是若干财务指标的集合,排除了一些较为重要的财务指标,如流动比率、社会贡献率等。应用杜邦财务分析体系时,需要结合哪些综合分析方法进行分析评价?如何调节杜邦财务分析体系的机械性?

二、杜邦财务比率分析模型的方法

杜邦财务分析体系的作用是解释指标变动的原因和变动趋势,为采取措施指明方向。利用杜邦财务分析体系进行综合分析时,可把各项财务指标之间的关系制成杜邦财务分析体系图,并用数字说明它们之间的相互关系。根据附录3表1和表2的有关数据,ABC公司的杜邦财务分析体系计算如图10-1和图10-2所示。

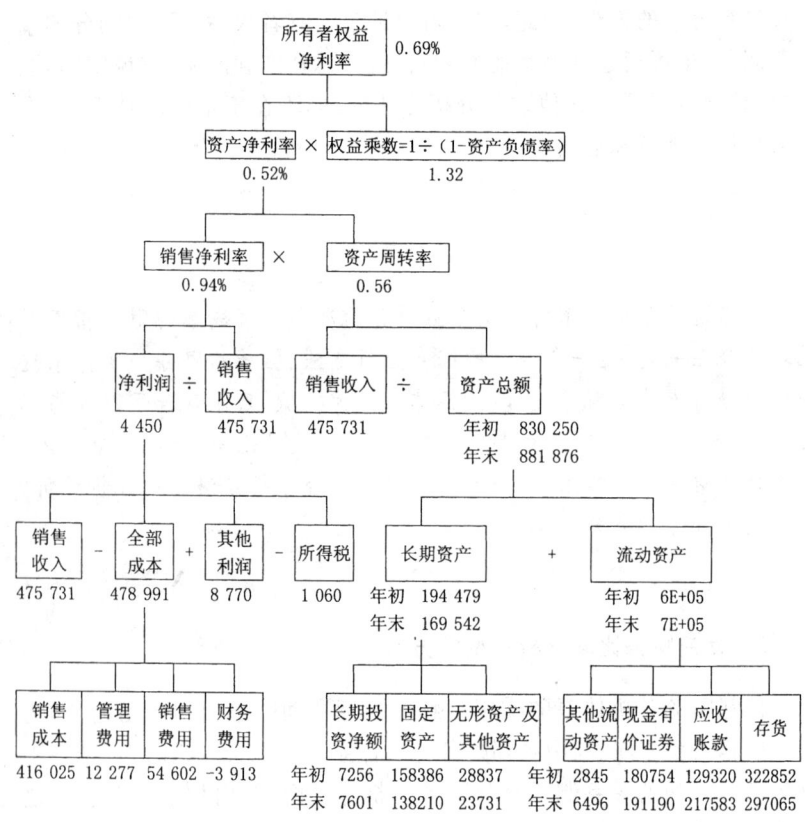

图 10-1　2001 年杜邦财务分析体系

第十章 财务综合分析

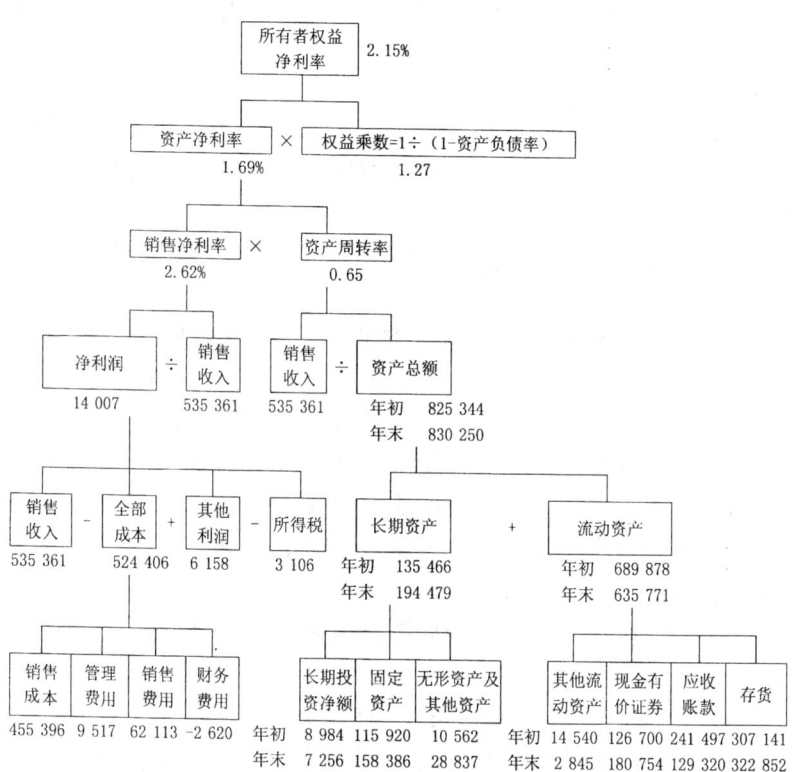

图 10-2 2000年杜邦财务分析体系

注：在采用杜邦分析法时，资产负债率计算公式为：平均负债总额/平均资产总额×100%。

由图 10-1 和图 10-2 可以作如下分析：

该公司 2001 年所有者权益净利率比 2000 年下降了，有关数据如下：

	所有者权益净利率	=	资产净利率	×	权益乘数
2000 年	2.15%	=	1.69%	×	1.27
2001 年	0.69%	=	0.52%	×	1.32

通过分解可以看出，2001 年的权益乘数比 2000 年提高了，说明所有者权益净利率的下降不是资本结构的问题，而是资产利用或成本控制发生了问题，造成资产净利率下降。

这种分解可以在任何层次上进行，如可以对资产净利率进一步分解：

	资产净利率	=	销售净利率	×	资产周转率
2000 年	1.69%	=	2.62%	×	0.65
2001 年	0.52%	=	0.94%	×	0.56

通过分析可以看出，资产的使用效率降低幅度较小，由此带来的收益的减少也很小；销售净利率下降造成的损失则很大。至于销售净利率下降的原因是售价太低、成本太高还是费用过大，则需进一步通过分解指标来揭示。

此外，通过与本行业指标或同类企业对比，杜邦分析体系有助于揭示变动的趋势。

假设 XYZ 公司与 ABC 公司是一个同类企业，有关数据比较如下：

	资产净利率	=	销售净利率	×	资产周转率
ABC 公司：					
2000 年	1.69%	=	2.62%	×	0.65
2001 年	0.52%	=	0.94%	×	0.56
XYZ 公司：					
2000 年	1.69%	=	2.62%	×	0.65
2001 年	0.52%	=	3.1%	×	0.17

两个企业利润水平的变动趋势是一样的，但通过分解可以看出原因各不相同。ABC 公司资产净利率下降是成本费用上升或售价下跌，

而 XYZ 公司是资产使用效率下降。

应当指出,杜邦分析方法是一种分解财务比率的方法,而不是另外建立的新财务指标,它可以用于各种财务比率的分解。前面的举例是通过对资产净利率的分解来说明问题的。为了显示正常的盈利能力,我们还可以使用非经常项目的净利和总资产的比率的分解来说明问题,或者使用营业利润和营业资产的比率的分解来说明问题。总之,杜邦分析方法和其他财务分析方法一样,关键不在于指标的计算而在于对指标的理解和运用。为了避免重复,对 ABC 公司财务状况的综合分析将在本章第四节进行。

第三节 沃尔财务状况综合评价模型

一、沃尔财务状况综合评价模型的内涵

(一)沃尔财务状况综合评价模型的定义

财务状况综合评价的先驱者之一是美国的亚力山大·沃尔教授。它在 20 世纪初出版的《信用晴雨表研究》和《财务报表比率分析》中提出了信用能力指数的概念,把若干个财务比率用线性关系结合起来,来评价企业的信用水平。在对企业进行综合的财务分析时,他选择了 7 种财务比率,按其重要程度给定一个分值,即重要性权数,其总和为 100 分,然后将实际比率与标准比率比较,评出每项指标的得分,最后求出综合分数。这种方法也称为沃尔财务状况综合评价法。

(二)沃尔财务状况综合评价的程序

1. 选定评价企业财务状况的比率指标。在每一类指标中,通常应选择能说明问题的重要指标,还应选择有代表性的重要比率,如偿债能力、营运能力和盈利能力三类比率指标。因反映财务状况的侧重点不同,故应分别从中选择有关比率。选择的各项经济效益指标在评价标准上应尽量保持方向的一致性,尽量选择正指标,不要选择逆指标。即:

$$单项指数 = \frac{某指标实际值}{该指标标准值}$$

因为尽量选的是正指数,则单项指数越高越好。

2. 根据各项比率的重要程度,确立其重要性系数。各项比率指标的重要性系数之和应等于 1 或 100%。对其重要程度的判断,可根据企业的经营状况、管理要求、发展趋势及分析的目的等具体情况而定。例如,按照我国财政部 1995 年 1 月 9 日发布《企业经济效益评价指标体系(试行)》规定,销售利润的重要性权数为 15 分,总资产利润率为 15 分,资本收益率为 15 分,资本保值增值率为 10 分,资产负债率为 5 分,流动比率(或速动比率)为 5 分,应收账款周转率为 5 分,存货周转率为 5 分,社会贡献率为 10 分,社会积累率为 15 分。

3. 确定各项财务比率的标准值和实际值。进行财务比率分析时,必须选定财务比率标准值作为比较的标准。财务比率标准值是指特定的国家、特定的行业、特定的时期的财务比率指标体系及其标准值,可以用来作为标准财务比率的通常是行业平均水平的比率(或行业先进水平)。它是根据同一行业中部分有代表性的企业的财务与经营资料,经过综合成为整体后,再据以求得的各项比率,如流动比率标准值、总资产利润率标准值等。有了财务比率标准值就可以将其作为评价企业财务比率优劣的参照物。另外,还要根据企业财务报表,分项计算各项指标的实际值。

特别需要注意的是,评价指标体系中一般为正指标(如总资产利润率、存货周转率),但是,如果评价指标为资产负债率、流动比率、速动比率,既不是正指标,也不是逆指标,其标准值具有约束性,即大于或小于标准值都不好,其单项指数最高为 1 或 100%。对于这类指标,单项指数可按下列公式计算:

$$单项指数 = 1 - \frac{|实际值 - 标准值|}{标准值} \times 100\%$$

例如,某流动比率的标准值为 2,则当其实际值为 1.8 时,单项指数应为:

$$流动比率指数 = 1 - \frac{|1.8 - 2|}{2} \times 100\% = 90\%$$

4.计算关系比率。关系比率即各指标实际值与标准值的比率。

$$关系比率 = \frac{实际值}{标准值}$$

5.根据企业财务报表,分项计算所选定指标的实际值,再计算所选定指标的加权平均数。其计算公式为:

$$综合实际分 = \sum(重要性权数 \times 单项指数)$$

通常,综合系数合计数如为1(100%)或接近1(100%),则表明该企业财务状况基本符合标准要求,如与1(100%)有较大差距,则表明企业财务状况不佳。

(三)沃尔财务状况综合评价模型的缺陷

1.从理论上讲,沃尔财务状况综合评价模型存在的缺陷是,未能证明为什么选择这7个指标,而不是更多或更少,或者选择别的财务比率,以及未能证明每个指标所占比重的合理性。这个问题至今仍然没有从理论上解决。

2.从技术上讲,沃尔财务状况综合评价模型存在的缺陷是,某一个指标严重异常时,会对总评分产生不合逻辑的重大影响。这个缺陷是由相对比率与比重相"乘"所引起的。财务比率提高一倍,其评分增加100%;而财务比率缩小一倍,其评分只减少50%。

思 考

尽管沃尔财务状况综合评价模型在理论上还有待证明,在技术上也不完善,但该模型还是在实践中被广泛应用。在经济领域存在很多类似现象,许多经济理论模型在实践中很难应用,但实践中使用行之有效的模型却又很难用理论证明,为什么?你能举出其他一些例子吗?这也许是理论与实践的部分脱节造成的,也有可能是我们对实际经济活动之间的变量认识太少造成的。

二、沃尔财务状况综合评价模型的方法

（一）沃尔财务状况综合评价模型的应用

根据附录3表1、表2的有关财务资料，ABC公司的沃尔财务状况综合评价表计算如表10-2所示。

表10-2　沃尔的比重评分法

财务比率	比重	标准比率	2001年得分			2000年得分		
			实际比率	相对比率	评分	实际比率	相对比率	评分
1.流动比率	20	2.00	2.92	0.54	10.79	3.63	0.19	3.72
2.净资产/负债	10	1.50	2.61	0.26	2.60	3.85	−0.56	0.00
3.资产/固定资产	10	2.50	6.38	2.55	25.52	5.24	2.10	20.97
4.存货周转率	15	5.00	1.34	0.27	4.03	1.45	0.29	4.34
5.应收账款周转率	10	6.00	2.74	0.46	4.57	2.89	0.48	4.81
6.固定资产周转率	20	3.00	3.21	0.64	12.83	3.90	0.78	15.61
7.净资产周转率	15	3.00	0.73	0.24	3.67	0.82	0.27	4.10
合　　计	100				64.01			53.55

将上述计算结果与上一节采用杜邦分析方法的计算结果进行比较可以看出，采用不同的财务分析方法可以得出不同的结果，其主要原因是沃尔财务状况综合评价法存在不完善的地方。

（二）应用沃尔财务状况综合评价法应注意的问题

采用沃尔财务状况综合评价法可以综合评价企业的财务状况，但应注意这一方法的有效性，它依赖于重要性权数和标准比率的正确确定。而这两项因素在确定时，往往带有一定的主观性，因此，这两项因素应根据历史经验和现实情况合理地判断确定，只有这样才能得出正确的结果。因此，运用比率评价法时，有几点应引起分析者注意：

1.在财务比率的选择及重要性确定方面，任何分析都带有一定的偏向性，如投资者偏向盈利能力，债权人偏好于偿债能力的分析等。因此，应根据分析的不同要求，有针对性地选择那些能说明问题的相关比率。与此相适应，在指标的重要性安排上也应体现分析目标的差别，例如，流动比率的重要性在债权人分析时可定为20分，而在投资分析时

可能定为5分。可见,分析者的意向及偏好在指标选择及定性上起重要作用。

2. 在标准比率的制定方面,一定时期的标准比率是以该企业所属行业的平均值为基础,并根据本企业具体情况经修正得出的。该标准既要先进,又要符合实际,在利用标准对某指标评分时,要注意规范个别指标的异常差异可能对总分造成的不合理影响,即要合理确定其个别指标得分的上限和下限,如浮动幅度不超过50%,使相关比率在(0.5,1.5)之间变动,例如,图10-2中的资本保值增值率权重为10%,如浮动幅度不超过50%,则计入总分中的数额最高不能超过15%,而最低不能低于5%。

3. 在实际使用该方法时,遇有下列情况应按下列原则进行调整:(1)亏损企业的销售净利率、总资产报酬率、资本收益率和资本保值增值率,如果实际财务比率是负数,在这种情况下,这些比率的关系比率值取0,该项指标得分为0。这样处理,可避免亏损时财务综合评分过低。(2)资产负债率、流动比率、应收账款周转率和存货周转率,对最高得分进行限定。这样处理,可避免个别企业财务比率或行业平均财务比率异常时,引起综合评分的过度异常浮动。(3)行业标准值一般是根据行业中部分企业抽样调查得来,如果其中有一个极端的样本,则行业平均指标就难以反映整个行业的实际情况。而且,行业内每个企业采用的会计政策不一定相同,每个企业的经营状况也可能存在较大差异。把这些各不相同的企业的指标加在一起平均,也将影响标准比率的权威性。因此,采用标准比率进行比较分析时,应根据实际情况对行业平均财务比率进行一定的修正,尽可能建立一个可比的标准比率值。

必须指出,上述各种分析方法均采用定量分析法。在实际工作中,只有将定量分析与定性分析结合起来,才能获得正确的结论。如前所述,我国有关部门已颁布了《企业效绩评价操作细则(修订)》,就是将定量与定性方法有机结合,具有较强的现实意义。

第四节 我国国有资本金绩效评价模型

一、国有资本金绩效评价模型的内涵

(一)国有资本金绩效评价模型的提出

1999年,财政部、国家经贸委、人事部和国家计委联合发布了《国有资本金绩效评价规则》。其宗旨是"完善国有资本金监督制度,科学解析和真实反映企业资产运营效果和财务效益状况"。国有资本金绩效评价,主要是以政府为主体的评价行为,由政府有关部门直接组织实施,也可以委托社会中介机构实施。评价的对象是国有独资企业、国家控股企业。除政府外的其他评价主体,在对其投资对象进行评价时,也可参照本办法进行。我国财政部于2002年2月22日发布了《企业效绩评价操作细则(修订)》,企业效绩评价操作细则的原理和程序也采用沃尔财务状况综合评价法,要求企业按照新的指标进行业绩的综合评价。

评价的方式分为:

1. 例行评价:主要是针对重点国有企业、试点的企业集团、国家控股的重要企业,以及对国家、地区、行业经济发展有重大影响的国有大中型企业。

2. 特定评价:主要是针对承包经营、委托经营或租赁经营到期企业、主要领导变动企业、发生重大损失或造成重大社会影响的企业,以及连续三年以上发生亏损的企业。

(二)我国国有资本金绩效评价模型的指标体系

企业效绩评价指标由反映企业财务效益状况、资产营运状况、偿债能力状况和发展能力状况四方面内容的基本指标、修正指标和评议指标三个层次共28项指标构成。评价的指标体系分为工商企业和金融企业两类,工商企业又分为竞争性企业和非竞争性企业。具体的评价指标分为定量指标和定性指标两大类,其中的定量指标又分为基本指标和修正指标两类,如表10-3所示。

表 10-3　竞争性工商企业评价指标体系

指标类别 (100分)	定量指标(权重80%)		定性指标(权重20%)
	基本指标(100分)	修正指标(100分)	评议指标(100分)
一、财务效益状况 (42分)	1. 净资产收益率 (30分) 2. 总资产报酬率 (12分)	1. 资本保值增值率 (16分) 2. 销售利润率(14分) 3. 成本费用利润率 (12分)	1. 领导班子基本素质 (20分) 2. 产品市场占有率 (18分) 3. 基础管理水平 (10分) 4. 员工素质(12分) 5. 技术装备水平 (10分) 6. 行业(或地区)影响 (5分) 7. 经营发展战略(5分) 8. 长期发展能力预测 (10分)
二、资产运营状况 (18分)	3. 总资产周转率 (9分) 4. 存货周转率 (4分)	4. 流动资产周转率 (9分) 5. 应收账款周转率 (4分) 6. 不良资产比率(6分) 7. 资产损失比率(4分)	
三、偿债能力状况 (22分)	5. 资产负债率 (12分) 6. 已获利息倍数 (10分)	8. 流动比率(6分) 9. 速动比率(4分) 10. 现金流动负债比率 (4分) 11. 长期资产适用率 (5分) 12. 经营亏损挂账比率 (3分)	
四、发展能力状况 (18分)	7. 销售增长率 (9分) 8. 资本积累率 (9分)	13. 总资产增长率 (7分) 14. 固定资产成新率 (5分) 15. 三年利润平均增长率(3分) 16. 三年资本平均增长率(3分)	

(三)国有资本金绩效评价模型的评价程序

评价的过程可以分为五个步骤:

1.选择业绩评价的基本指标

基本指标反映企业的基本情况,是对企业绩效的初步评价。基本指标评价的参照水平即标准值由财政部定期颁布。例如,大型普通制造企业的标准值见表 10-4 所示。

表 10-4 大型普通制造企业的标准值

档次(标准系数) 基本指标	优秀 (1)	良好 (0.8)	平均值 (0.6)	较低值 (0.4)	较差值 (0.2)
1.净资产收益率=净利润/平均净资产×100%	16.50%	9.50%	1.70%	−3.60%	−20.00%
2.总资产报酬率=(利润总额+利息支出)/平均资产总额×100%	9.40%	5.60%	2.10%	−1.40%	−6.60%
3.总资产周转率=主营业务收入净额/平均资产总额×100%	0.70%	0.50%	0.30%	0.10%	0.00%
4.流动资产周转率=主营业务收入净额/平均流动资产总额×100%	1.20%	1.00%	0.60%	0.30%	0.20%
5.资产负债率=负债总额/资产总额×100%	45.00%	52.00%	70.00%	98.00%	99.00%
6.已获利息倍数=息税前利润总额/利息支出	6.00	2.50	1.00	−1.00	−4.00
7.销售增长率=本年主营业务收入增长额/上年主营业务收入总额×100%	38.00%	10.00%	−9.00%	−20.00%	−30.00%
8.资本积累率=本年所有者权益增长额/年初所有者权益×100%	30.00%	20.00%	5.00%	−5.00%	−15.00%

(1)单项指标得分的计算:

单项基本指标得分=本档基础分+本档调整分

其中:本档基础分=指标权数×本档标准系数

$$调整分 = \frac{实际值-本档标准值}{上档标准值-本档标准值} \times (上档基础分-本档基础分)$$

上档基础分=指标权数×上档标准系数

(2)基本指标总分的计算

$$分类指标得分 = \sum 类内各项基本指标得分$$

$$基本指标总分 = \sum 各类基本指标得分$$

2.修正系数的计算

基本指标有较强的概括性,但是不够全面,为了更全面地评价企业的效绩,另外设置了4类16项修正指标,根据修正指标的高低计算修正系数,用得出的系数去修正基本指标得分。计算修正系数的"修正指标的标准值区段等级表"(见表10-5)由财政部定期发布。

表10-5 修正指标的标准值

修正指标 \ 区段(基本分)	5 (100~80分)	4 (80~60分)	3 (60~40分)	2 (40~20分)	1 (20分以下)
一、财务效益状况					
1.资本保值增值率=扣除客观因素后的年末所有者权益/年初所有者权益×100%	118	106	100	90	65
2.销售利润率=主营业务利润/主营业务收入净额×100%	30	25	18	11	4
3.成本费用利润率=利润总额/成本费用总额×100%	20	12	4	-3.5	-17
二、资产运营状况					
4.存货周转率(次)=主营业务成本/存货平均余额	4.5	2.8	1.5	0.7	0.4
5.应收账款周转率(次)=主营业务收入净额/应收账款平均余额	5.8	3.4	1.9	1.1	0.7
6.不良资产比率=年末不良资产总额/年末资产总额×100%	0	0.2	1.7	5.5	9.5

续表

修正指标 \ 区段(基本分)	5 (100~80分)	4 (80~60分)	3 (60~40分)	2 (40~20分)	1 (20分以下)
7.资产损失比率＝待处理资产损失净额/年末资产总额×100%	0	0.2	0.6	4.4	8.5
三、偿债能力状况					
8.流动比率＝流动资产/流动负债×100%	193	150	110	82	60
9.速动比率＝速动资产/流动负债×100%	150	116	75	50	33
10.现金流动负债比率＝年经营现金流入/流动负债×100%	22	9	0	−10	−30
11.长期资产适合率＝(所有者权益＋长期负债)/(固定资产＋长期投资)×100%	133	118	100	80	50
12.经营亏损挂账比率＝经营性亏损挂账/年末所有者权益×100%	0	0.1	4.2	30	70
四、发展能力状况					
13.总资产增长率＝本年总资产增长额/年末所有者权益×100%	28	19	6	−2	−10
14.固定资产成新率＝平均固定资产净额/平均固定资产原值×100%	80	70	60	55	50
15.三年利润平均增长率＝$\left(\sqrt[3]{\dfrac{\text{年末利润总额}}{\text{三年前年末利润总额}}}-1\right)\times 100\%$	40	16	−4.5	−30	−50
16.三年资本平均增长率＝$\left(\sqrt[3]{\dfrac{\text{年末所有者权益}}{\text{三年前年末所有者权益}}}-1\right)\times 100\%$	40	20	6	−7	−30

对基本指标得分的修正,是按指标类别得分进行的,需要计算"分类的综合修正系数"。分类的综合修正系数,由"单项指标的修正系数"加权平均求得;而单项指标的修正系数由"基本修正系数"和"调整修正系数"组成。

(1)基本修正系数的计算。

第十章 财务综合分析

某修正指标基本修正系数＝1＋(实际值所处区段－修正指标应处区段)×0.1

修正指标应处区段是指基本指标的初步评价总分数，按照"修正指标的标准值区段等级表"各修正指标的"应处区段"。

实际值所处区段是指修正指标实际计算结果，按照"修正指标的标准值区段等级表"各实际值对应的区段。

(2) 调整修正系数的计算。

由于实际值高于第一段的标准值，需要进行调整。

$$调整修正系数 = \frac{指标实际值 － 本档标准值}{上档标准值 － 本档标准值} \times 0.1$$

(3) 单项修正系数的计算。

调整后修正系数＝基本修正系数＋调整修正系数

(4) 单项指标综合修正系数的计算。

单项指标综合修正系数＝单项指标修正系数×该项指标在本类指标中的权数

(5) 分类综合修正系数的计算。

$$分类综合修正系数 = \sum 类内各单项指标的综合修正系数$$

3. 修正后得分的计算

$$修正后总分 = \sum (分类综合修正系数 \times 分类基本指标得分)$$

4. 定性指标的计分方法

(1) 定性指标的内容。

单项评议指标有8个，分别赋予一定权数；评议时分为5个等级，每个等级规定相应的参数；评议员不少于5人。每个评议员根据表10-6给出各项指标的等级。

表 10-6 评议指标等级表

评议指标	权数	等级(参数)				
		优(1)	良(0.8)	中(0.6)	低(0.4)	差(0.2)
1. 领导班子基本素质	20					
2. 产品市场占有率	18					
3. 基础管理水平	20					
4. 员工素质	12					
5. 技术装备水平	10					

续表

评议指标	权数	等级(参数)				
		优(1)	良(0.8)	中(0.6)	低(0.4)	差(0.2)
6.行业(或地区)影响	5					
7.经营发展战略	5					
8.长期发展能力预测	10					

(2)计算单项评议指标得分。

$$\text{单项评议指标分数} = \sum \left(\text{单项评议指标权数} \times \text{各评议员给定等级参数} \right) \div \text{评议员人数}$$

(3)评议指标总分的计算。

$$\text{评议指标总分} = \sum \text{单项评议指标得分}$$

5.综合评价的计分方法和最终评价结果的分级

(1)综合评价的计分方法。

综合评价得分=定量指标修正后得分×80%+定性指标修正后得分×20%

(2)综合评价结果的分级。

综合评价的结果,用5等10级制表达,如表10-7所示。

表10-7 资本金绩效评级表

等 别	级 别	分 数
A	A++	100～95
	A+	94～90
	A	89～85
B	B+	84～80
	B	79～75
	B-	74～70
C	C	60～69
	C-	50～59
D	D	40～49
E	E	39分以下

二、国有资本金绩效评价模型的方法

根据附录3的有关数据,对ABC公司采用国有资本金绩效评价模型的方法应用如下：

(一)真实性分析

1.资产负债表中"未分配利润"项目:2001年为84 133万元,2000年为102 354万元,1999年为96 016万元,与利润及利润分配表的"年末未分配利润"相等。

2.资产负债表、利润及利润分配表与现金流量表中相关项目资料如表10-8所示。

表10-8 ABC公司的有关资料

单位:万元

	2001年	2000年	1999年
销售商品、提供劳务收到的现金	495 592	679 652	784 224
应收票据	55 216	47 804	28 592
应收账款	144 036	90 915	155 597
预收账款	28 486	28 827	13 020
主营业务收入	475 731	535 361	504 758
销项税额	80 874	91 011	85 809

按照报表之间的勾稽关系计算现金流量表中"销售商品、提供劳务收到的现金"项目的金额为：

2001年:475 731－(55 216－47 804)－(144 036－90 915)－(28 486－28 827)+80 874＝496 413万元

2000年:535 361－(47 804－28 592)－(90 915－155 597)－(28 827－13 020)+91 011＝656 035万元

按照报表之间的勾稽关系计算现金流量表中"销售商品、提供劳务收到的现金"项目的金额与实际数据差距不大,可以确认上述项目之间存在着勾稽关系。

(二)总体性分析

根据该企业的报表资料,确定反映该企业总体财务状况和经营成果的指标。具体指标由分析者确定,确定的原则是,选择出的指标能够反映企业财务状况和经营成果的本质特征。本例选择的指标如表10-9所示。

表 10-9 2001 年主要指标表

单位:万元

指标	2001 年	2000 年	说明
总资产	881 876	830 250	该企业集团属于大型企业
所有者权益	637 609	658 889	表明股东分别享有的权益
股本	108 210	108 210	
净资产收益率	0.69%	2.15%	反映每元资产收益
净利润	4 450	14 007	
利润总额	5 580	16 348	
主营业务收入	475 731	535 361	
营业利润占利润总额的比率	19.43%	94.21%	反映利润总额中营业利润比重的变化
毛利率	12.55%	14.94%	反映公司营业成本较高
经营活动现金流量净额	68 671	113 749	
现金及现金等价物净增加额	6 086	-21 918	投资和筹资活动流出的现金较多
每股收益	0.04	0.13	表明每股普通股实现的利润
每股净资产	5.89	6.09	表明每股普通股享有净资产
每股经营活动产生的现金流量净额	0.63	1.05	每股普通股产生的现金

(三)具体分析

1.根据该企业的报表资料,采用我国国有资本金绩效评价模型的方法对该企业进行综合分析。基本指标得分表如表 10-10 所示。

表 10-10 基本指标得分表

指标类别	权数(分数)	基本指标	权数(分数)	2001年基本指标得分			2000年基本指标得分		
				基本指标	单项指标得分	分类指标得分	基本指标	单项指标得分	分类指标得分
一、财务效益状况	42	1.净资产收益率	30	0.69%	16.86	23.17	2.15%	18.35	25.53
		2.总资产报酬率	12	0.81%	6.32		2.07%	7.18	

续表

指标类别	权数(分数)	基本指标	权数(分数)	2001年基本指标得分			2000年基本指标得分		
				基本指标	单项指标得分	分类指标得分	基本指标	单项指标得分	分类指标得分
二、资产运营状况	18	3. 总资产周转率	9	0.56	7.74	13.64	0.65	8.55	14.90
		4. 流动资产周转率	9	0.71	5.90		0.81	6.35	
三、偿债能力状况	22	5. 资产负债率	12	24.28%	12.00	21.57	21.17%	12.00	22.00
		6. 已获利息倍数	10	5.24	9.57		22.60	10.00	
四、发展能力状况	18	7. 销售增长率	9	−11.14%	5.05	8.97	6.06%	6.83	11.68
		8. 资本积累率	9	−3.23%	3.92		1.95%	4.85	
基本指标总分	100	100				67.34			74.10

2. 修正系数指标如表 10-11 所示。

表 10-11　2001 年修正系数表

修正指标 \ 区段(基本分)	修正指标	权数(分数)	基本修正系数	调整修正系数	综合修正系数
一、财务效益状况					
1. 资本保值增值率＝扣除客观因素后的年末所有者权益/年初所有者权益×100%	96.77%	16	0.8	0.068	33%
2. 销售利润率＝主营业务利润/主营业务收入净额×100%	11.94%	14	0.8	0.013	27%
3. 成本费用利润率＝利润总额/成本费用总额×100%	1.19%	12	0.8	0.063	25%
二、资产运营状况					

续表

修正指标 \ 区段(基本分)	修正指标	权数(分数)	基本修正系数	调整修正系数	综合修正系数
4. 存货周转率(次)=主营业务成本/存货平均余额	1.32	4	0.8	0.078	20%
5. 应收账款周转率(次)=主营业务收入净额/应收账款平均余额	4.05	4	1		22%
6. 不良资产比率=年末不良资产总额/年末资产总额×100%	0.00%	6	1		33%
7. 资产损失比率=待处理资产损失净额/年末资产总额×100%	0.00%	4	1		22%
三、偿债能力状况					
8. 流动比率=流动资产/流动负债×100%	292.13%	6	1		27%
9. 速动比率=速动资产/流动负债×100%	170.31%	4	1		18%
10. 现金流动负债比率=年经营现金流入/流动负债×100%	28.16%	4	1		18%
11. 长期资产适合率=(所有者权益+长期负债)/(固定资产+长期投资)×100%	437.28%	5	1		23%
12. 经营亏损挂账比率=经营性亏损挂账/年末所有者权益×100%	0.00%	3	1		14%
四、发展能力状况					
13. 总资产增长率=本年总资产增长额/年末所有者权益×100%	47.71%	7	1		39%
14. 固定资产成新率=平均固定资产净额/平均固定资产原值×100%	68.00%	5	0.9	0.080	27%
15. 三年利润平均增长率=$\left(\sqrt[3]{\dfrac{年末利润总额}{三年前年末利润总额}}-1\right)\times100\%$	−9.35%	3	0.8	0.081	15%

续表

修正指标 \ 区段(基本分)	修正指标	权数(分数)	基本修正系数	调整修正系数	综合修正系数
16.三年资本平均增长率=$\left(\sqrt[3]{\dfrac{\text{年末所有者权益}}{\text{三年前年末所有者权益}}}-1\right)\times 100\%$	−0.67%	3	0.8	0.049	14%

3.修正后定量指标得分计算如表 10-12 所示。

表 10-12　修正后定量指标计算表

项　　目	类别修正系数	基本指标得分	修正后得分	定量指标得分
一、财务效益状况	85%	23.17	19.65	
二、资产运营状况	97%	13.64	13.26	
三、偿债能力状况	100%	21.57	21.57	63.00
四、发展能力状况	95%	8.97	8.51	
修正后定量指标得分	—	67.34	63.00	

4.评议指标等级表如表 10-13 所示。

表 10-13　2001 年评议指标等级表

评议指标	权数	等级(参数)				
		优(1)	良(0.8)	中(0.6)	低(0.4)	差(0.2)
1.领导班子基本素质	20	√				
2.产品市场占有率	18			√		
3.基础管理水平	20		√			
4.员工素质	12			√		
5.技术装备水平	10		√			
6.行业(或地区)影响	5		√			
7.经营发展战略	5			√		
8.长期发展能力预测	10			√		

单项评议指标分数=$\sum$(单项评议指标权数×各评议员给定等级参数)÷评议员人数

假定评议员有 7 人,对"领导班子基本素质"的评议结果为:优等 3 人,良等 2 人,中等 2 人。

领导班子评议指标得分=(20×1+20×1+20×1+20×0.8+20×0.8+20×1+20×0.6+20×0.6)÷7=116÷7=16.57

其他指标的计算方法与上述方法相同,不再举例。假定其他 7 项评议指标的单项得分分别为 16、19、10、9、4、4 和 9,则:

评议指标总分=∑单项评议指标得分
=16.57+16+19+10+9+4+4+9=87.57

5.综合评价的计分方法和最终评价结果的分级。

综合评价得分=定量指标修正后得分×80%+定性指标修正后得分×20%
=63.00×80%+87.57×20%=67.91

ABC 公司综合评价得分 67.91,其资本金绩效等级属于 C 级。

(四)对该公司的总体评价

1.财务效益状况分析

ABC 公司资产总额逐年增长,2000 年为 0.59%、2001 年为 6.22%,说明企业的规模不断扩大,虽然增幅不是很大,但该企业的经济效益却没有提高。2001 年该公司实现主营业务收入为 475 731 万元,比 2000 年同期实现的主营业务收入下降了 11.14%,2000 年比 1999 年同期增长 6.06%。2001 年在销售收入下降的同时,营业费用下降了 13.17%,管理费用提高了 29%,造成营业利润仅为 1 084 万元,下降了 92.96%;该公司的投资收益增长较多,由 2000 年的 822 万元上升到 2001 年的 6 013 万元,增长幅度相当可观,2001 年的投资收益已经超过本年实现的净利润,所以投资收益冲销了部分营业产生的亏损,从而使公司 2001 年净利润下降了 68.23%,下降幅度低于营业利润的下降幅度。由于净利润的显著下降,2001 年净资产收益率仅为 0.69%,2001 年为 2.15%。通过上述分析可以看出,虽然 ABC 公司不断扩大经营规模,但公司的净利润却不断下降,2001 年比 2000 年下降 68.23%,2000 年比 1999 年下降 44.31%,以后该公司应注重其盈利性。

2.资本运营状况分析

2001年ABC公司存货周转天数为268天,比2000年增加了18天。2001年该公司应收账款周转天数99天,比2000年增加7天。同时,该公司2001年的总资产周转率和流动资产周转率都比2001年下降了,分别为0.09%和0.1%,变化微小。从会计报表的资料中看不出该企业有不良资产和资产损失,但公司需要加强资本运营的效率与效果。

3. 偿债能力状况分析

该企业2001年反映公司短期偿债能力的流动比率为2.92,速动比率为1.70,短期偿债能力较强。同时,该公司如果可以凭借其较强的资金实力和发展前景得到银行一定授信额度,则可以进一步增强公司的支付能力。2001年公司的长期负债为0,资产负债率仅为24.28%,比2000年21.17%略有提高,该公司的资产负债率仍很低,说明公司长期债务的偿还能力很强。该公司较低的资产负债率,使公司没有沉重的利息负担,参与市场竞争的能力较强。但从另外一个角度考虑,公司较低的负债金额,说明公司未能充分利用财务杠杆,若能使资产负债率保持在合理的范围内,通过负债经营进一步降低资金成本,则可为股东提供更大的回报。

4. 发展能力状况分析

该企业的总资产增长率为47.71%,利润平均增长率为-9.35%,平均总资产也存在小程度的减少,这些指标说明企业正在进行改制,通过扩大资产规模,希望能在以后的市场中保持更强的竞争能力。2001年度该公司经营活动产生的现金流量净额为68 671万元,比2000年的113 749万元降低了39.63%,而2000年又比1999年降低了近25%,公司经营活动获取现金能力有所下降,结合该公司的现状和发展前景,该企业的发展能力值得关注。2001年该公司投资活动产生的现金流量净额为-51 158万元,投资收入主要为收回投资所收到的现金,同时购建固定资产、无形资产和其他长期资产支付的现金、权益性投资所支付的现金所占比例较大。

该公司固定资产成新率为68%,说明企业固定资产中有一部分较旧。2000年公司的固定资产增长了36.63%,2001年报废部分固定资产,并且已经增加了新的固定资产,公司仍然面临固定资产的更新问题。

5. 总体评价

根据相关资料了解到,该公司所处的行业竞争正趋向国际化,产品的科技含量不断提高,同业激烈的竞争和国际市场中产品价格逐渐下滑给该公司造成巨大的压力,使近两年的盈利能力下降。该公司作为中国已有几十年历史的民族企业,在发展过程中曾经取得了令人瞩目的成绩。面对激烈的市场竞争,公司应不断改善生产经营情况,例如实施资产重组、加速信息产业和相关高科技产品的开发和投入、改进新的内部经营机制等。所以,利用上述相关指标的计算与分析,同时结合公司的发展历史和前景,可以看出该公司只有采取积极的战略措施才有希望步入良性发展的轨道,提高企业经济效益。

思　考

前述三种财务综合分析方法从不同的侧面反映出公司的业绩。但这三种方法存在一个共同的缺陷:没有考虑获得会计利润所用的资本投入的多少。1988年,《商业周刊》登出了世界前1 000家公司的排名,通用汽车和默克制药分别以250多亿美元的市值排在了第六位和第七位。这个排名令人感到很疑惑,因为通用汽车在80年代的表现并不好,在不断裁员的同时利润和市场占有率也在节节下滑;而默克的表现则可谓蒸蒸日上,不断地研制新药、开发新市场。这样两家截然不同的公司却排在了同样一个水平线上,只是因为它们的市值相近,采用什么方法或指标可以体现出默克制药比通用汽车创造了更多的价值呢?

第五节 经济增加值(EVA)综合评价模型

一、经济增加值(EVA)综合评价模型的内涵

(一)经济增加值(EVA)的含义

股东创办企业的目标是生存、发展和获利。股东是企业的所有者,要求企业扩大财富。因此,企业要想得到股东的支持与信心,就需要把股东财富最大化或企业价值最大化作为财务管理的目标。目前,由于资本市场全球化和管制的放宽、信息技术的进步、全球资本市场规则的不断完善等变化,使得资本市场中的竞争越来越激烈,投资者也越来越慎重,具有高度流动性的资本回流向那些最能增值的企业。企业在运用股东资本时,必须为股东创造价值,公司获得的资本回报必须大于资本成本。因此,赚取较高的资本回报,赢得股东的信心是任何一家企业获得成功的先决条件。

经济增加值EVA(Economic Value Added),是从税后净营业利润中提取包括股权和债务的所有资金成本后的经济利润,是公司业绩度量的指标,衡量了企业创造的股东财富的多少。经济增加值(EVA)类似于传统的利润计算方法,但又有着重要区别:一是经济增加值(EVA)考虑所有资本的成本,而公司的损益表仅考虑多数可见的资本成本和利润形式,忽视了权益资本。尽管估算权益成本是一个主观过程,但忽视了这种成本的公司,其业绩考核就不能揭示该公司在为其股东创造价值上所取得的成就。二是经济增加值(EVA)不受通用会计原则的限制。

(二)经济增加值(EVA)综合评价模型的作用

1. 经济增加值(EVA)考虑了有关公司价值创造的所有因素和利益关系平衡,不仅仅是一种公司业绩核定方法,还是一个全面财务管理的架构,是一种经理人薪酬的激励机制。

2. 经济增加值(EVA)可以作为战略执行过程的中心。例如,当经

理们制定战略时,必须以追求公司未来的经济增加值最大化为目标。同时,经济增加值(EVA)的各种方法还强调经济增加值(EVA)在公司的资本配置、经营预算、业绩考核、管理报酬等各个方面的运用。

3. 经济增加值(EVA)还是一种高效率的沟通工具,帮助经理运用价值创造的概念,更能用来与资本市场进行沟通。

4. 经济增加值(EVA)是一个流量指标,因为它是利润的度量标准,而所有的利润指标都是流量指标。经济增加值(EVA)是把超额回报这样的存量指标转变为流量指标的一种手段。经济增加值(EVA)与其他许多衡量利润的传统指标之间的首要区别是,经济增加值(EVA)是"经济利润"而不是"会计利润"。

(三)经济增加值(EVA)综合评价模型的计算原理

在进行投资决策时,采用哪种方法进行分析更为合理呢?传统的利润表反映的利润是按照权责发生制确定的,利润在各年的分布受折旧方法等人为因素的影响,所以应该根据收付实现制确定的现金净流量来进行分析。从整个投资有效年限看,现金净流量总计与利润总计是相等的,所以现金净流量可以取代利润作为评价净收益的指标。同时,现金净流量的分布不受人为因素的影响,可以保证评价的客观性。在投资分析中,现金流动状况比盈亏状况更重要,一个投资项目能否维持下去取决于有没有现金用于各种支付。对投资项目评价的方法主要采用贴现的分析评价方法,是指考虑货币时间价值的分析评价方法,又被称为贴现现金流量分析方法,主要包括:

1. 净现值法(NPV)

净现值是指特定投资方案未来现金流入的现值与未来现金流出的现值之间的差额。净现值法所依据的原理是:假设预计的现金流入在年末肯定可以实现,并把原始投资看成是按预定贴现率借入的。净现值的公式表明,任何资产的价值等于未来现金贴现后的数量,从名义数量、风险和预期现金收入的时间对每一笔现金用公式进行贴现。

2. 内含报酬率(IRR)法

内含报酬率(IRR)是指能够使未来现金流入量现值等于未来现金流出量现值的贴现率,或者说是使投资方案净现值为零的贴现率。

3.市场附加值(Market Value Added,简称 MVA)

市场附加值(Market Value Added,简称 MVA)等于公司市场价值(包括权益和负债)与公司总资本投入之差,即:

市场附加值(MVA)＝市场价值－总资本投入

其中,市场价值是指公司在某一特定时点资本市场对该公司拥有所有权的各种资本的市场价值的总和,即该企业的负债的市场价值和股票的市场价值的总和。

总资本投入是资本提供者在同一时期内投入该公司的所有资本之和。

投资者把资本投入公司是因为他们相信公司经理会有效地进行投资;在经理人员对委托给他们的资本进行投资并从中获取收益将资本作大时,市场价值反映了市场对经理人员取得多大成功的判断;MVA越大,说明经理们越成功;当 MVA 小于零时,意味着经理人员的投资带来的价值要低于资本市场投入该公司的资本的价值,使公司财富的流失。当且仅当将资本投资于价值创造性的项目(例如 NPV 大于零的项目)时,投资回报才会比资本成本高,MVA 才会增加。

思 考

MVA 存在哪些缺陷:

(1)假定 A 公司在 1996 年年末成立,公司资产净值为 10 亿元,2001 年年末资产净值达到 14 亿元,公司对外无负债。假设公司的资本成本为 15％并在该投资内保持不变,那么,A 公司在 2001 年年末的市场附加值(MVA)为 14 亿元,公司为股东创造了 4 亿元的财富。

如果该公司 1996 年年末将 10 亿元投资于风险相同的另一家公司,则该笔投资预期每年收益为 15％,则 A 公司在 2001 年年末获得预期投资收益 $=10\times(1+15\%)^5=20$ 亿元

通过上述对比计算,A 公司现在的市场价值为 14 亿元,而投资可以获得预期投资收益 20 亿元,那么 A 公司是在为股东创造价值吗?

(2)假设 B 公司与 A 公司的财务状况相同,惟一的不同是 A 公司在投资期内没有给股东分红,而 B 公司在投资期内定期向股东以现金的形式分派红利,那么两家公司的表现还一样吗?

4. 经济增加值(EVA)

采用经济增加值(EVA)这个指标可以更加合理的衡量一定时段公司的表现以及价值创造的过程。EVA 的基本计算公式是:

EVA＝税后净营业利润－资本成本。

其中:资本成本＝资本成本率×公司使用的全部资本。

计算方法如表 10-14 所示。

表 10-14　资本成本计算表

一、净销售收入
减:销售费用
二、经营利润(息税前收入,即 EBIT)
减:税金
三、税后净经营利润(NOPAT)
减:资本费用(资本投入×资本成本)
四、经济增加值(EVA)

资本代表向投资者筹资(债权人的贷款部分和股东的股权投资部分)或利用盈利留存对企业追加投资的总额。如果管理者能有效运用资产,那么获取相同税后净营业利润所需的资本将减少,而盈余现金就能回报给投资者用来投资其他企业并促进经济增长。通过向管理者收取资金成本,经济增加值(EVA)鼓励管理者高效投入资本和利用资产,使管理者可以有效地对债权人和股东负责。

资本成本不是企业必须付出的现金成本,而是经济学意义上的机会成本。资本成本率与在同等风险条件下投资者所能在股票和债券的组合上所获得的收益率相等。

资本加权平均成本(WACC)等于公司资本结构中资本各个组成部分的以其市场价值为权重的加权平均成本,资本构成通常包括短期负债、长期负债以及股东的权益等。

资本投入为企业所有筹措资金的总额,不包括短期免息负债,如应付账款、应付工资、应付税款等,即资本投入等于股东投入的股本总额、所有的计息负债(包括短期负债和长期负债以及其他长期负债的总和)。

【例】对某公司一个 4 500 万元资本项目进行分析,其中:

(1) 1 800 万元投资于实物资产,该资产预期可使用四年;

(2) 2 700 万元用于运营资本需求(WCR,即公司短期运营资产扣除短期运营负债),运营资本需求金额在该项目四年投资期内保持不变,在投资期末以现金的形式收回;

(3) 该投资的资本成本(贴现率)为 10%;

(4) 税率为 30%;

(5) 提取折旧前,预期净经营利润第一年为 1 200 万元,投资期内每年递增 100 万元,净经营利润(EBITDA)是指在息、税、折旧、摊销前的所得;

(6) 实物资产用直线法在四年内进行折旧。

根据上述资料估算预测期中每年企业的税后净经营利润(NOPAT)如表 10-15 所示。

表 10-15 税后净经营利润表

项 目	第一年	第二年	第三年	第四年
EBITDA	1 200	1 300	1 400	1 500
减:折旧和摊销	450	450	450	450
税前净利	750	850	950	1 050
减:所得税(30%)	225	255	285	315
税后净利	525	595	665	735

资本投入随着有形资产的折旧而逐年减少,第一年的资本投入为 1 800 万元,以后每年减少 450 万元,每个时期的资本费用等于初始资本投入额的 10%,计算如表 10-16 所示。

表 10-16 资本投入变化表

项 目	第一年	第二年	第三年	第四年
有形资产	1 800	1 350	900	450
加:运营资本需求	2 700	2 700	2 700	2 700
资本投入	4 500	4 050	3 600	3 150
资本费用(10%)	450	405	360	315

预测经济增加值(EVA)的计算如表 10-17 所示。

表 10-17　预测的经济增加值

项　　目	第一年	第二年	第三年	第四年	合　计
税后净利	525	595	665	735	
减:资本费用	450	405	360	315	
经济增加值(EVA)	75	190	305	420	990
现值指数　$1/(1+r)^n$ $r=10\%$	0.9091	0.8264	0.7513	0.6830	
折现后的经济增加值(EVA)	68.18	157.02	229.15	286.87	741.22

以 10%的资本成本计算,可以得到 741.22 万元的未来经济增加值(EVA)的现值,如果采用净现值法计算该项资本项目投资的净现值可以得到相同的结果,这是因为折旧和资本费用的现值等于 4 500 万元的初始投资减去第四年末恢复的流动资产的现值。

(四)使用经济增加值(EVA)对资本的细分

通过表 10-18 将规范的资产负债表和经济增加值(EVA)资产负债表进行比较,从经济增加值(EVA)资产负债表中可以看出,短期免息负债是剔除短期经营资产——应收账款、存货和准备金后的净值,资产负债表左侧被称为"净资产",右侧被称为"资本投入"。

表 10-18

规范的资产负债表

现金	短期负债
应收账款 + 存货 + 预付账款	短期免息负债 (短期NIBL)
	长期负债
	其他长期负债
固定资产	股东权益

经济增加值(EVA)资产负债表

现金	短期负债
运营资本需求 (WCR)	长期负债
固定资产	其他长期负债
	股东权益

只要使用净资产(即现金、运营资本和固定资产的总和)产生的回

报超过投入的资本成本,那么经济增加值(EVA)就为正值。净资产收益率(RONA)的计算公式为:

净资产收益率(RONA)=税后净经营利润(NOPAT)÷净资产

由于,经济增加值(EVA)=(净资产收益率(RONA)-资本加权平均成本(WACC))×资本投入

因此,当净资产收益率(RONA)大于资本加权平均成本(WACC)时,经济增加值(EVA)就为正值;当净资产收益率(RONA)小于资本加权平均成本(WACC)时,经济增加值(EVA)就为负值。

二、经济增加值(EVA)综合评价模型的方法

(一)公司财务资料

以HAND股份有限公司为例说明经济增加值(EVA)的计算方法。

表10-19为HAND股份有限公司2001年12月31日的资产负债,表10-20为HAND股份有限公司2001年12月31日的利润表。

表10-19 资产负债表

编制单位:HAND股份有限公司　　2001年12月31日　　　　单位:万元

资　　产	2000年12月31日	2001年12月31日
流动资产:		
现金及现金等价物	608 241	616 845
应收账款	396 082	315 858
存货	1 001 664	1 398 657
待售产品		45 516
其他流动资产	301 326	246 427
流动资产合计	2 307 313	2 623 303
固定资产:		
固定资产原价	991 003	1 284 345
减:累计折旧	426 260	479 900
固定资产净值	564 743	804 445
无形资产及其他资产:		
无形资产	175 346	160 239
商誉	365 339	206 302

资　　产	2000年12月31日	2001年12月31日
其他长期资产	105 329	111 505
无形资产及其他资产合计	646 014	478 046
资产总计	3 518 070	3 905 794

负债和所有者权益	2000年12月31日	2001年12月31日
流动负债：		
短期应付票据	751 880	999 928
应付账款	206 833	298 581
预收账款	137 531	140 317
应付工资	109 206	82 644
应交税金	58 040	20 286
其他应交款	134 743	75 169
其他流动负债	164 611	101 219
流动负债合计	1 562 844	1 718 144
长期负债：		
长期借款	358 610	559 465
其他长期负债	369 467	297 000
长期负债合计	728 077	856 465
负债合计	2 290 921	2 574 609
所有者权益：		
少数股东权益	430 085	494 487
股本	500 008	500 008
资本公积	252 185	252 185
未分配利润	44 871	84 505
所有者权益合计	1 227 149	1 331 185
负债和所有者权益总计	3 518 070	3 905 794

表 10-20　利润表

编制单位：HAND股份有限公司　　2001年12月31日　　　　单位：万元

项　　目	2001年累计数
一、主营业务收入	3 919 049
减：销售折扣与折让	

续表

项　　目	2001年累计数
主营业务收入净额	3 919 049
减：主营业务成本	3 234 993
主营业务税金及附加	
二、主营业务利润	684 056
减：营业费用	243 484
管理费用	290 857
财务费用	24 894
三、营业利润	124 821
加：投资收益	
补贴收入	
营业外收入	
减：营业外支出	
加：以前年度损益调整	
四、利润总额	124 821
减：所得税（33%）	41 191
减：少数股东权益	5 678
五、净利润	77 952
其中：	
利息收入	5 146
利息支出	30 040
利息的抵税部分	9 913
经营收入	149 715

(二)计算HAND公司的经济增加值(EVA)并进行分析

1.计算该企业的生产经营周期的总投资

假设HAND公司所需的经营现金为总销售额的1%，2001年总销售额为3 919 049万元，则经营现金＝3 919 049×1%＝39 190万元。

生产经营周期总投资＝应收账款＋存货＋其他流动资产＋经营现金
　　　　　　　　＝315 858＋1 398 657＋291 943＋39 190
　　　　　　　　＝2 045 648万元

2.计算该企业的运营资本需求(WCR)

运营资本需求(WCR)

=(应收账款+存货+其他流动资产+经营现金)-(应付账款+应付工资+预收账款+其他应付款)

=(315 858+1 398 657+291 943+39 190)-(298 581+82 644+140 317+196 674)

=2 045 648-718 216

=1 327 432 万元

3.计算该企业的剩余现金

剩余现金是指现金及现金等价物的总额与经营现金之间的差额。

该企业的剩余现金=616 845-39 190=577 655 万元

4.计算该企业的固定资产总额

固定资产包括该企业所有的长期资产,HAND 公司 2001 年 12 月 31 日的固定资产为:

固定资产=固定资产净值+无形资产及其他资产合计

=804 445+478 046=1 282 491 万元

5.计算该企业的资本投入

资本投入=剩余现金+运营资本需求(WCR)+固定资产

=577 655+1 347 718+1 282 491=3 187 578 万元

6.计算该企业的市场附加值(MVA)

在 2001 年内,HAND 公司拥有已发售的普通股 470 008 万股,每股面值 36 元,则:

普通股的资本化市值=470 008×36=16 920 288 万元

企业的市场价值等于对公司资产拥有的所有权的市场价值的总和,包括所有者权益、少数股东权益和负债(包括递延税款、准备金等其他长期负债)的市场价值。因此,HAND 公司 2001 年 12 月 31 日的市场价值如表 10-21 所示。

表 10-21　HAND 公司的市场价值

单位：万元

普通股	16 920 288
加：少数股东权益	494 487
加：短期负债	999 928
加：长期负债	559 465
加：其他长期负债	297 000
2001 年 12 月 31 日该企业的市场价值	19 271 168

该公司的市场附加值(MVA)＝市场价值－资本投入
$$=19\ 271\ 168-3\ 187\ 578$$
$$=16\ 083\ 590\ 万元$$

该数值表示在 2001 年 12 月 31 日，HAND 公司的市场价值约为 16 083 590 万元，大于对该企业投入的资本。

7. 计算该企业的经济增加值(EVA)

经营利润＝销售总额－经营成本

利息的抵税部分是 33% 的企业所得税率乘以 30 040 万元的利息支出。

资本费用等于企业的资本投入乘以加权平均资本成本(WACC)。假设 HAND 公司的加权平均资本成本(WACC)为 12%；在计算 2001 年度的资本费用时，资本投入应采用 2001 年度的平均资本投入。

2000 年末的资本投入＝总资产－短期免息负债
$$=3\ 518\ 070-810\ 964$$
$$=2\ 707\ 106\ 万元$$

2001 年平均资本投入＝(3 187 578＋2 707 106)/2＝2 947 342 万元
则资本费用＝2 947 342×12%＝353 681 万元

该企业的经济增加值(EVA)计算如表 10-22 所示。

表 10-22 HAND 公司的经济增加值

单位:万元

一、销售收入净额	3 919 049
减:销售成本	3 234 993
减:销售费用	534 341
二、经营利润(息税前收入,即 EBIT)	149 715
加:利息收入	5 146
减:所得税	41 191
减:利息的抵税部分	9 913
三、税后净经营利润(NOPAT)	103 757
减:资本费用(平均资本投入×资本成本)12%	353 681
四、经济增加值(EVA)	−249 924

HAND 公司的资金费用超过了它的经营利润 249 924 万元,因此 EVA 为负值。

8. HAND 公司财务分析

通过上述计算可以看出,2001 年 HAND 公司的经营利润为 149 715 万元,市场附加值(MVA)为 16 083 590 万元,说明市场对企业未来预期较好,对 HAND 公司的管理者和创造价值的能力评价较高,而没有考虑该公司现在的经济增加值(EVA)是正是负。其实,通过许多上市公司公开的财务报告可以计算出,有许多公司具有很大的市场附加值(MVA),而他们的经济增加值(EVA)却很低甚至为负值。

在现代经济环境下,传统的会计利润无法反映公司经营的全貌,因为会计利润大大低估了企业的资本成本,经济增加值(EVA)能更加合理地对公司进行评价。如果我们关注一下中国上市公司的业绩,就更能感觉到应用 EVA 的必要性。2000 年中国 1 000 多家上市公司中大约有 44% EVA 为负,这表明盈利不足以弥补资源投入的经济成本。西方国家的企业拥有更丰富的公司治理经验,EVA 已帮助西门子、索尼、可口可乐等全球企业提高业绩。当美国一家主要电子零售商贝斯商业(Best Buy)宣布将 EVA 作为企业治理体系基础时,其股价当天迅速上涨了 10%。即使在 2000 年衰退期,戴尔的 EVA 继续保持强势的正值,为 9.72 亿美金。相比较而言,康柏电脑,这个戴尔最大的竞争对手,当年

EVA为负的18亿美金。这之间的差异大部分源于戴尔的低成本结构，包括经营成本和资本成本。同时，这还意味着戴尔不仅利润率高些，其资本生产效率也要高很多。每1美元资本投入，戴尔的销售额超过4美元，而康柏的销售额不到1.5美元。EVA代表的是一种长期管理体系，相信中国企业将从EVA应用的成败中汲取经验，通过利用新的分析方法提高公司业绩。

本章小结

财务综合分析是单向分析的深化，本章从综合分析的原理出发，立足于不同方面介绍了几种综合分析方法的内涵及应用，并利用案例进行分析。

1. 杜邦财务比率分析综合模型是利用主要财务指标间的内在联系，综合系统分析企业财务状况及经济效益。

2. 沃尔财务状况综合评价模型是利用信用能力指数的概念，把若干个财务比率用线性关系结合起来，以评价企业的信用水平。我国财政部曾公布了10项考核指标，要求选择一批企业采用沃尔财务状况综合评价法，按照新的指标进行经济效益综合评价。

3. 我国国有资本金绩效评价模型的指标体系的原理和使用程序也采用沃尔财务状况综合评价法，与《企业经济效益评价指标体系（试行）》比较，企业效绩评价指标变化较大，它由反映企业财务效益状况、资产营运状况、偿债能力状况和发展能力状况四方面内容的基本指标、修正指标和评议指标三个层次共28项指标构成。

4. 传统的会计利润由于低估了企业的资本成本而无法反映公司经营的全貌。经济增加值（EVA）是从税后净营业利润提取包括股权和债务的所有资金成本后的经济利润，是公司业绩度量的指标，衡量了企业创造的股东财富的多少。EVA的基本计算公式是：EVA＝税后净营业利润－资本成本。

综合复习题

一、思考题

1. 简述财务综合分析与财务单项分析的区别与联系。
2. 说明进行财务综合分析的意义。
3. 说明净资产报酬率在杜邦分析体系中的地位。
4. 简述运用我国国有资本金绩效评价模型进行财务评价的一般步骤。
5. 简述应用沃尔财务状况综合评价法应注意的问题。
6. 简述净现值(NPV)、内含报酬率(IRR)、市场附加值(MVA)、超额回报(Excess Return)和经济增加值(EVA)对公司价值进行评估的方法。
7. 传统的会计利润与考虑资本成本的经济利润有哪些区别与联系。
8. 在衡量上市公司的价值时,采用市场附加值(MVA)和经济增加值(EVA)得出结果是否一致?
9. 简述我国国有资本金绩效评价模型主要从哪几个方面对公司进行财务分析?还应该考虑哪些方面?
10. 简述经济增加值(EVA)的应用前景。

二、单项选择题

1. 如果某企业绩效评价得分为79,那么该企业为(　　)。
   A. A+　　　　　　　　　B. B+
   C. B　　　　　　　　　　D. B−

2. 长期资产适用率是指所有者权益和长期负债与(　　)之比。
   A. 固定资产
   B. 固定资产＋长期投资
   C. 全部资产总额
   D. 固定资产＋长期投资＋无形资产

3. 杜邦财务比率分析综合模型是利用各种主要财务比率之间的关系来综合分析和评价企业的财务状况,在所有比率中综合性最强、最具有代表性的一个指标是（　　）。

　　A.资产净利率　　　　　　B.销售净利率

　　C.资产周转率　　　　　　D.所有者权益净利率

4.不直接影响企业的所有者权益净利率的指标是（　　）。

　　A.权益乘数　　　　　　　B.销售净利率

　　C.留存盈利比率　　　　　D.资产周转率

5.市场附加值(MVA)的计算公式（　　）。

　　A.实际财富—预期财富　　B.税后净营业利润—资本成本

　　C.市场价值—总资本投入　　D.净现值$(NPV)=\sum_{t=1}^{n}\dfrac{CFt}{(1+r)^t}$

三、多项选择题

1.我国国有资本金绩效评价模型主要从哪几方面进行（　　）。

　　A.财务效益　　　　　　　B.发展能力

　　C.资本运营　　　　　　　D.偿债能力

2.用来分析资产净利率变化原因的指标有（　　）。

　　A.销售收入　　　　　　　B.销售利润率

　　C.资产周转率　　　　　　D.资产负债率

3.资产净利率同有关指标的关系为（　　）。

　　A.资产净利率＝资产周转率×销售净利率

　　B.资产净利率＝流动资产周转率×销售净利率

　　C.资产净利率＝流动资产周转率×净值报酬率

　　D.资产净利率＝流动资产占全部资产的比重×流动资产周转率×销售净利率

4.在计算公司的经济增加值(EVA)时,资本投入等于（　　）。

　　A.剩余现金＋运营资本需求(WCR)＋固定资产

　　B.总资产—短期免息负债

　　C.短期负债＋长期负债＋其他长期负债＋股东权益

　　D.总资产—负债总计

四、业务题

1. 杜邦财务比率分析综合模型的运用

(1) 分析资料:

某企业有关资产、负债及利润方面的资料如下表所示。

单位:万元

项目	1999年	2000年	2001年
资产			
流动资产	602 578	704 424	751 040
长期投资净额	3 794	1 394	878
固定资产	402 398	384 298	835 516
无形资产及其他资产	10 324	14 104	17 654
资产总计	1 019 094	1 104 220	1 605 088
负债和所有者权益			
流动负债	338 297	332 688	471 150
长期负债	6 400	5 640	5 400
所有者权益	674 397	765 892	1 128 538
负债和所有者权益总计	1 019 094	1 104 220	1 605 088
主营业务收入净额	897 645	948 874	1 138 102
净利润	174 365	184 347	194 738

(2) 要求:运用杜邦财务比率分析综合模型分析评价该企业财务综合状况。

2. 我国国有资本金绩效评价模型的运用

(1) 分析资料:

某公司2001年有关企业绩效评价基本指标和修正指标如下表所示。

指标类别	基本指标	2001年	修正指标	2001年
一、财务效益状况	1. 净资产收益率	9.95%	1. 资本保值增值率	108.04%
	2. 总资产报酬率	8.43%	2. 销售利润率	16.54%
			3. 成本费用利润率	6.31%
二、资产运营状况	3. 总资产周转率	125.92%	4. 存货周转率	3.70
	4. 流动资产周转率	210.06%	5. 应收账款周转率	12.94
			6. 不良资产比率	0.00%
			7. 资产损失比率	0.00%
三、偿债能力状况	5. 资产负债率	52.72%	8. 流动比率	115.18%
			9. 速动比率	57.06%
	6. 已获利息倍数	8.74	10. 现金流动负债比率	22.00%
			11. 长期资产适合率	102.97%
			12. 经营亏损挂账比率	0.00%
四、发展能力状况	7. 销售增长率	37.59%	13. 总资产增长率	28.47%
			14. 固定资产成新率	60.60%
	8. 资本积累率	8.04%	15. 三年利润平均增长率	88.33%
			16. 三年资本平均增长率	3.94%

该公司所处行业各指标标准值、系数见本章第四节。

(2)要求：

①确定基本指标单项得分、分类得分及总得分；

②计算各类指标修正系数；

③计算定量指标修正后得分；

④评价企业的综合财务状况。

3.利用经济增加值(EVA)对公司价值进行评估

(1)分析资料

RIGHT股份有限公司的财务资料如下表所示。

资产负债表

编制单位:RIGHT 股份有限公司　　　　2001 年 12 月 31 日　　　　单位:万元

资　　产	2000 年 12 月 31 日	2001 年 12 月 31 日
流动资产:		
现金及现金等价物	1 013 818	919 665
应收账款	85 436	99 867
存货	544 403	732 895
流动资产合计	1 643 657	1 752 427
固定资产:		
固定资产原价	1 131 232	2 318 043
减:累计折旧	238 498	381 126
固定资产净值	892 734	1 936 917
无形资产及其他资产:		
无形资产	32 909	41 193
商誉	3 252	2 048
其他长期资产	3 962	12 621
无形资产及其他资产合计	40 123	55 862
资产总计	2 576 514	3 745 206
流动负债:		
短期应付票据		12 167
应付账款	8 008	135 528
预收账款	504 861	500 948
应付工资	81 053	94 028
应交税金	145 161	220 354
其他应交款	8 829	21 429
其他流动负债	28 360	114 896
流动负债合计	776 272	1 099 350
长期负债:		
长期借款		
其他长期负债	13 161	12 600
长期负债合计	13 161	12 600
负债合计	789 433	1 111 950
所有者权益:		
少数股东权益	1 459	4 756

续表

负债和所有者权益	2000年12月31日	2001年12月31日
股本	268 800	486 662
资本公积	583 528	909 458
盈余公积	173 594	298 404
其中:公益金	57 865	99 468
未分配利润	759 700	933 976
所有者权益合计	1 787 081	2 633 256
负债和所有者权益总计	2 576 514	3 745 206

利 润 表

编制单位:RIGHT股份有限公司　　　2001年12月31日　　　单位:万元

项　目	2001年累计数
一、主营业务收入	2 655 573
减:主营业务成本	1 736 501
二、主营业务利润	919 072
减:营业费用	192 237
管理费用	224 110
财务费用	−14 236
三、营业利润	516 961
加:投资收益	
补贴收入	
营业外收入	
减:营业外支出	
加:以前年度损益调整	
四、利润总额	516 961
减:所得税(33%)	170 597
减:少数股东权益	2 749
五、净利润	343 615
其中:	
利息收入	14 280
利息支出	44
利息的抵税部分	15
经营收入	502 725

假设：

RIGHT 公司所需的经营现金为总销售额的 1%；

RIGHT 公司的加权平均资本成本（WACC）为 12%；

在 2001 年内，HAND 公司拥有已发售的普通股 484 302 万股，每股面值 35 元。

(2) 要求：计算 RIGHT 股份有限公司的市场附加值（MVA）与经济增加值（EVA），并进行分析。

第十一章 财务专题分析

本章学习目的
1. 财务失败预警分析。
2. 财务盈利预测分析。
3. 财务报表分析的局限性。

范 例

蓝田股份 1996 年 5 月，经中国证监会批准，以每股发行价 8.38 元向社会公开发行了 3 000 万股股票，形成了公司上市时的 9 696 万股的总股本。上市后，公司的资产、业务以及大股东向洪湖转移。2001 年初按照业绩评价标准被评为经营业绩最佳、成长性最好的企业，然而 2001 年下半年被特别处理(ST)，一夜之间成为垃圾股。结合蓝田股份的财务资料，进行预警分析便不难看出其中蹊跷。各年有关财务比率如表 11-1 所示。

表 11-1　各年有关财务指标

财务比率	1998 年末	1999 年末	2000 年中	2000 年末	2001 年中
债务保障率	−28.42%	7.53%	−12.47%	−38.94%	24.18%
资产收益率	21.24%	21.90%	7%	15.21%	5.31%
资产负债率	26.60%	25.19%	27.30%	23.18%	30.74%

尽管存在农业股中淡旺季对中报的影响，但是我们可以看出：1998 年末、2000 年中、2000 年末，现金流量为负值，致使债务保障率为负值，资产收益率大体也呈现下降的趋势；2001 年中报资产负债率比以前年度明显增加，当时其短期借款已达 2.9 亿元。因此投资者和其他利益相关者及早对该公司开展财务预警分析，便会及时采取措施，防范于未然。

由上例可知，企业往往还需要进行财务失败预警等专题分析，这是一个从综合分析到专题分析的过程，可以确切地洞悉企业财务报表的内涵，以及财务管理活动的每一环节，渗透到企业的具体经营管理活动中去。因此，本章主要论述财务失败预警分析、财务盈利预测分析以及财务报表分析的局限性等问题。

第十一章 财务专题分析

第一节 财务失败预警分析

一、财务失败预警分析的内涵

(一)财务失败预警分析的含义

所谓财务失败预警分析,就是以会计核算和报表资料及其他相关经营资料为依据建立模型,采用专门的分析方法将企业所面临的危机情况预先告知经营者和其他相关利益者,并分析企业发生财务危机的具体原因,采取有效措施防患于未然,记载和反馈危机处理的全过程,避免财务危机再次发生的财务分析系统。

知识经济时代,企业内外部经营环境日益复杂多变,并且由于财务管理中的不可避免的失误等主客观因素导致企业存在经营风险和财务风险。随着企业间竞争的加剧,企业的经营与财务风险不断提高,在一定情况下会导致企业经营失败和财务失败。企业因经营危机和财务危机以致陷入困境,进而宣告破产的例子不胜枚举。企业经营失败最终会反映到财务状况中,因此通过分析财务报表和各方面资料,可以提前发觉不利因素所造成的危机,而且事物的变化都是一个从量变到质变、循序渐进的过程,财务危机也不例外。因此,在财务状况逐步恶化但还没达到无可救药以前,及早识别财务危机发出的信号,预测到企业的财务失败和经营失败,使经营者能够在财务危机的量变阶段发现存在的问题,采取相关措施改善经营管理或尽量减少不利因素的影响,防止失败。相关投资者可以在企业财务危机萌芽后及时处理投资,将损失缩小到最少;企业的主管机关可以采取措施,改变企业现状,加强对企业的监督和宏观调控;银行和债权人可以利用这种预测作出信用决策对企业进行贷款控制和应收账款的管理;其他利益相关者和中介机构可以利用财务失败预警分析作出相应的决策。

(二)财务失败预警分析的程序

1.建立分析模型

分析模型有单变量模式和多变量模式之分，国外企业财务失败预警单变量分析模式即财务比率分析法，通过财务比率走势预测财务危机，主要指标有：债务保障率、资产收益率、资产负债率和资金安全率；多变量模式有"Z计分法"等，运用多种财务指标加权汇总产生的总判别分来预测财务危机。我们在进行财务失败预警分析时，可以采用已经建立并使用的模型，也可以从本国企业的实际情况出发，选择财务指标或建立判别函数，探求财务比率的实际含义和判别函数的数量变化驱动因素，获取有效决策的经验数据。由于不同国家、地区、行业和企业有着不同的会计政策和制度，企业财务数据的计算口径并不完全一致，标准财务指标也不相同。因此，良好的财务失败预警分析模型的建立应因地制宜，经过实践的检验。

2. 根据财务数据和资料计算财务比率和判别值

根据企业的财务报告和相关资料来计算财务比率和判别值。运用单变量模式的，应根据公式计算出个别财务比率，如债务保障率、资产收益率、资产负债率和资金安全率等，它们分别反映了企业的现金流量、净收益和债务状况等；运用多变量模式的，应首先计算判别函数中用到的财务指标，然后根据公式计算判别值。

3. 根据指标、函数的标准值和计算值来判别财务危机的可能性

不管单变量模式还是多变量模式，财务指标或判别函数都有其判别财务危机发生的数值，即财务指标或判别函数值在某一范围内，财务状况良好，在另一范围内可能发生财务危机甚至于财务失败或经营失败。这表明财务状况好与坏的临界值即为财务危机的警戒线。临界值的确定必须要有科学的依据和实践的检验。比较计算值与临界值的大小，来判别财务危机的可能性。

4. 分析财务危机的具体原因，采取相关措施

单变量模式中，根据对个别财务指标的标准值和计算值的比较，可以直接发现企业财务危机发生的原因到底出自哪一方面，是现金流量不足，净利润太少，还是资本结构出现问题，或者企业经营环境恶化。然后把企业财务活动的总体分解为每个具体部分，然后逐一从盈利能力、营运能力和偿债能力加以考察分析，查出企业财务危机的根源，对症下

药,找出解决措施。多变量模式中,应根据计算判别函数值中的财务比率值的实际值与该财务指标的标准值相比较,来分析财务危机的具体原因。因此,在多变量模式中,分析财务危机的具体原因应首先找出判别函数中财务比率运动变化的"度",不同的指标有不同的量的规定,分析每个指标时应掌握度的原则,把握标准值。

5. 记载和反馈危机处理的全过程,避免财务危机再次发生

完善的财务失败预警分析系统应包括记录和反馈步骤,即系统而详细地记载企业财务危机发生的原因、发展和处理过程,解除危机采取的措施和改进意见,将这一全过程记载和反馈给分析者,避免类似的财务危机再次发生。

二、财务失败预警分析的方法

根据财务失败预警分析的判别方式,可以分为单变量模式和多变量模式。

(一)单变量模式

单变量模式是运用某一单一变量、单个财务比率来判别财务危机发生的可能性的模型,也叫财务比率分析法。单变量模式是威廉·比弗(William Beaver)在比较研究了 79 个失败企业和相同数量、相同资产规模的成功企业提出来的。按照这一模式,当模式中所涉及的几个财务比率趋势恶化时,通常是企业财务危机发生的先兆。单变量模式所运用的判别财务危机的可能性的指标主要有:

1. 债务保障率＝现金流量÷负债总额
2. 资产收益率＝净收益÷资产总额
3. 资产负债率＝负债总额÷资产总额
4. 资金安全率＝资产变现率－资产负债率
   ＝(资产变现金额－负债总额)÷资产总额

根据实证考察,在采用单变量模式判别财务危机可能性的财务比率中,债务保障率的误判率最低,资产收益率次之,在失败前 5 年可达 70% 以上的预测能力,失败前 1 年更可达 87% 的正确判断率,并且按照单变量模式的解释,上述财务比率所反映的企业的现金流量、净收益

和负债状况表现为企业长期的状况,而非短期的因素。根据这一模式,在追踪考察企业时,应特别注意上述财务指标的变化趋势。

威廉·比弗在计算各企业的财务报表项目的平均值以后,对流动资产项目中的某些项目作出了以下说明:

1. 失败企业一般有较少的现金和存货,而有较多的应收账款。

2. 当把现金和应收账款一起列入速动资产和流动资产之中,在计算速动比率和流动比率时,失败企业和成功企业之间的不同就被掩盖了。现金和应收账款是向着相反的方向起作用的。

威廉·比弗的这些研究结果说明,在判别企业财务危机的可能性时,应给予现金、应收账款和存货三个流动资产项目特别的注意,对于现金和存货较少而应收账款较多的企业,分析时应特别注意,并且应特别关注财务状况表现极不稳定的企业和变化比较大的企业。例如,企业大规模跨行业并购、过度依赖金融机构的贷款和关联企业的非正常购销以及企业的内部控制和管理层的巨大变革等。

(二)多变量模式

多变量模式是指运用多种财务比率(通常包含偿债能力、盈利能力和营运能力)来进行加权汇总计算的总判别值来预测财务危机的模式。主要有以下几种方法:

1. Z 计分法

最初的 Z 计分法是由美国的爱德华·阿尔曼在 20 世纪 60 年代中期发明的,利用 5 个财务指标加权汇总计算 Z 值,用于计量企业破产的可能性。后来 Z 计分法也被大量地作为一种方便的综合的评价企业经营业绩的方法。

其判别函数为:

$$Z = 0.012X_1 + 0.014X_2 + 0.033X_3 + 0.006X_4 + 0.999X_5$$

其中,Z 值为判别分:

$X_1 =$(营运资金÷资产总额)×100,用于衡量企业流动资产净额相对于资产总额的比率;

$X_2 =$(留存收益÷资产总额)×100,用于企业一段时间内的累计盈利能力,留存收益数来自于资产负债表;

$X_3 = (息税前利润÷资产总额)×100$,用于衡量企业资产的增值能力,扣除了税收和杠杆的因素的影响;

$X_4 = (普通股和优先股的市价之和÷债务总额)×100$,用于衡量企业的偿债能力;

$X_5 = 销售收入÷资产总额$,用于衡量企业资产取得销售收入的能力。

当 $Z>2.675$ 时,企业财务状况良好;当 $Z<1.81$ 时,企业要发生财务危机;当 $1.81<Z<2.675$ 时,企业财务状况处于灰色地带,即可能发生财务危机,也可能不发生财务危机。

阿尔曼模型的开发步骤是首先选定企业样本,最初的样本由 66 个企业组成,分为两组,每组各 33 个企业。第一组的破产企业是 1946 年～1965 年根据全美破产法第十章的规定,申请破产的制造业企业。第二组是不分行业、不分规模的任意选择的制造业企业,这些企业到 1966 年仍然还存在。分好组以后,收集了资产负债表和损益表中的有关资料,并进一步收集整理了认为对评价有用的 22 个比率,把这些比率按流动率、收益率、稳定性、支付能力、活动比例五项标准比率分类,再从最初的变量一览表选定预测破产最有用的五个变量,在分析有关变量间的相互依存关系、观察各变量判断预测的正确性的基础上,最后进行综合分析,得出上述判别函数。

尽管"Z 计分法"模型最初只是根据制造业企业的资料提出的,但检验结果证明,它对其他类型的企业同样适用。该模型说明,低分值的企业比高分值的企业更容易走向破产,在预测企业的财务危机时,应特别警觉。

2.日本开发银行调查部的判别函数

20 世纪 70 年代,日本开发银行调查部利用与"Z 计分法"模型相类似的分析方法,开展对企业业绩评价、风险估计的实证研究,发表了"利用经营指标进行企业风险评价的新尝试——利用多变量分析的探索",其分析方法和程序与爱德华·阿尔曼如出一辙,只不过其构成判别值 Z 的各项财务比率有明显的不同。他们选择了东京证券交易所 310 家上市公司作为研究对象,将其分为优良企业和不良企业进行财

务困境预测,他们最终得出的判别函数为:

$$Z = 2.1X_1 + 1.6X_2 - 1.7X_3 - X_4 + 2.3X_5 + 2.5X_6$$

其中,Z 值为判别值;

X_1 为销售额增长率;

X_2 为总资本利润率;

X_3 为他人资本分配率;

X_4 为资产负债率;

X_5 为流动比率;

X_6 为粗附加值生产率,即为折旧费、人工成本、利息与税收之和与销售额之比。

模型中 X_3 和 X_4 的权数为负数,表明他人资本分配率和资产负债率越低,企业发生财务危机的可能性越小。判别值 Z 越大,企业越优秀,相反,判别值 Z 越小,则是不良的象征,并且当 Z 处于 0～10 范围中时,为灰色地带,可能发生财务危机,也可能不发生财务危机。

尽管该函数受到人们的一些非议,但在日本,由于其在短期预测中具有很高的准确度,误判率较低,所以开发银行调查部的判别函数作为预防破产的工具都得到很高的评价。

3. F 分数模型

由于"Z 计分"模式在建立时并没有充分考虑到现金流量的变动等方面的情况,因而具有一定的局限性。为此,有的学者拟对"Z 计分"模式加以改造,并建立财务失败预警分析的新模式——F 分数模式(Failure Score Model)。

F 分数模型的主要特点是:

(1) F 分数模型加入现金流量这一预测自变量,使财务分析更具有全面性。许多学者研究证实现金流量比率是分析企业财务状况和经营业绩的重要指标,也是预测企业破产的有效变量,因而它弥补了其他模式的不足。

(2) 本模型考虑到了企业随着财务状况的发展,其有关指标的演变和改进,富有动态性。比如企业在知识经济时代,随着网络和和电子商务的发展,分析企业的财务比率的标准发生了很大的变化。

(3)本模型验证所使用的样本更加广泛,具有权威性。它使用了Compustat PC Plus 会计数据库中1990年以来的4160家公司的数据进行了检查;而单变量模式选用了79个失败企业和相同数量、相同资产规模的成功企业,"Z计分"模式的样本仅为66家。

F分数模型判别式如下:

$$F = -0.1774 + 1.1091X_1 + 0.1074X_2 + 1.9271X_3 + 0.0302X_4 + 0.4961X_5$$

其中:X_1、X_2及X_4与"Z计分"模式中的X_1、X_2及X_4相同,这里不再多加介绍。

X_1=营运资金÷资产总额

X_2=留存收益÷资产总额

X_4=普通股和优先股的市价之和÷债务总额

F分数模型与"Z计分"模式中选择指标不同就在于其X_3、X_5与"Z计分"模式中X_3、X_5不同。

F分数模型中,X_3=(税后利润+折旧)÷平均总负债

X_5=(税后利润+利息+折旧)÷平均总资产

X_3是一个现金流量指标,它是衡量企业产生的现金流量用于偿还企业债务的重要指标。因为企业提取的折旧费用也是企业的现金流入,必要时可将这部分资金暂时用来偿还债务,缓解财务危机。

X_5则衡量企业总资产在创造现金流量方面的能力。相对于"Z计分"模式,它可以更准确地预测出企业是否存在财务危机,其中的利息是指企业利息收入减去利息支出后的余额。

F分数模式中F判别值的临界值为0.0274,即若F<0.0274,则预测很有可能发生破产;反之,若F>0.0274,则公司破产可能性较小。

当然,单变量模式与多变量模式有一定的区别,主要表现在以下方面:

首先,二者的预测方法不同,这是显而易见的,也是二者名称的来源。单变量模式以单个财务指标来分析评价企业的财务危机可能性,财务指标的选择具有多样性,当然每个财务指标的预测能力也有所不同;多变量模式则以几个财务比率的加权平均值为分析考察的基础,综合

各方面来判别企业的财务危机的可能性。

其次,二者预测的内容不同。单变量模式不仅可以分析企业的破产危机的可能性,还可以分析预测拖欠账款、资不抵债、无力支付股利等危机,这可从不同的财务指标中得出;多变量模式所预测的财务危机仅指企业的破产危机,因而多变量模式也被称为公司破产预测模型。

最后,二者适用的范围不同。单变量模式适用于任何类型的企业,而多变量模式中涉及确定股价的财务比率的计算时,仅适用于上市公司,上市公司才可以获得股票市价的资料,模型才具有实际意义。

案 例

表11-2给出上市公司甲和乙2002年的相关财务资料,试用单变量模式和多变量模式中的"Z计分"模型预测财务危机的可能性。

表11-2 2002年公司甲和公司乙的财务资料

单位:万元

公司	资产总额	营运资金	留存收益	息税前利润	净利润	股权市价总值	销售收入	现金流量	负债总额
甲	334 495	58 320	110 034	46 732	32 580	258 634	237 100	69 500	99 280
乙	242 019	16 782	9 803	16 730	8 750	163 808	103 527	33 240	128 584

首先,我们运用单变量模式来计算甲和乙破产的可能性。

单变量的预测财务比率有:

1. 债务保障率＝现金流量÷负债总额
2. 资产收益率＝净收益÷资产总额
3. 资产负债率＝负债总额÷资产总额

其中公司甲:

债务保障率＝69 500÷99 280＝70%

资产收益率＝32 580÷334 495＝9.74%

资产负债率＝99 280÷334 495＝29.68%

公司乙:

债务保障率＝33 240÷128 584＝25.85%

资产收益率＝8 750÷242 019＝3.62%

资产负债率＝128 584÷242 019＝53.13％

从中可以看出：甲公司债务保障率和资产收益率均远高于乙公司，甲债务保障率达到70％，破产可能性很小，乙债务保障率仅为25.85％，破产可能性较大；并且乙资产负债率达到53.13％，偿债能力较低，甲公司资产负债率为29.68％，偿债能力较强。我们可以看出，甲公司财务状况良好，乙公司破产可能性较大。

其次，我们运用"Z 计分"法预测两公司破产的可能性。

财务指标及 Z 值的计算如表 11-3 所示。

表 11-3　财务指标及 Z 值的计算表

单位：万元

公司	X_1	X_2	X_3	X_4	X_5	Z
甲	17.4352	32.8956	13.9709	260.5097	0.7088	3.40
乙	6.9342	4.0505	6.9127	127.3938	0.4278	1.56

甲公司 Z＝3.40＞2.675，财务状况良好；乙公司 Z＝1.56＜1.81，说明乙公司很可能发生财务危机。

单变量模式和多变量模式都是站在企业外部利益相关者的角度来进行预警分析的，在财务失败预警分析中，如果将企业内部经营管理者的需要考虑在内，可以分为总体财务预警分析模式和分部门财务预警分析模式。

总体财务预警分析模式可以把握企业的整体财务状况是否存在问题，发觉企业会计信息系统和财务管理活动中的不足，使企业经营者能够未雨绸缪，提前接受到财务危机信号，以便及时采取措施消除财务危机，并且在构建总体财务预警分析模式中，应考察企业的内部控制。

分部门财务预警分析模式主要是针对生产经营活动，如采购、生产、销售、研发、财务、人事等，它是总体财务预警分析模式的子系统，可以有针对性的对企业的具体生产经营环节中隐藏的问题进行查找和分析，深入追究财务危机产生的根源，以便对症下药；还能使各部门加强沟通和协调，全面地、准确地、客观地揭示与评价企业财务状况和经营情况，改善企业的经营管理。

从以上分析我们不难看出,财务失败预警分析的使用是具有一定的条件和局限性的:一是必须建立健全及时的会计信息系统,包括会计核算报告系统,财务资料的归纳、收集、分析和评价反馈;二是应建立经营资料信息库,尽管企业的经营失败最终会反映到财务状况中去,但总有一定的时间差,并且也可从经营资料中发现所隐含的危机,经营信息的整理与分析是财务失败预警分析的重要环节;三是企业财务危机问题十分复杂,应抛弃对指标进行简单数量分析,注重成本效益原则;四是财务失败预警分析中定量分析十分重要,但也应注重对非定量因素的判断和把握,将定量分析与定性分析结合起来。

三、财务失败预警的公示

对于关系国民经济至关重要的上市公司,为了进一步深化市场经济,提高市场透明度,向投资者充分揭示风险,我国深沪证交所从2003年5月份起开始实行退市风险警示制度。

所谓退市风险警示制度是指由证券交易所对存在股票终止上市风险的公司股票交易实行"警示存在终止上市风险的特别处理",是在原有"特别处理"基础上增加的一种类别的特别处理。其主要措施为在其股票简称前冠以"*ST"字样,以区别于其他股票;在交易方面,被实施退市风险警示处理的股票,其报价的日涨跌幅限制为5%。

当上市公司出现下列可能终止上市风险情形时,将对其股票实行"退市风险警示",包括:(1)最近两年连续亏损的;(2)因财务会计报告存在重大会计差错或虚假记载,被中国证监会责令改正或公司主动改正,对以前年度财务报告进行追溯调整,导致最近两年连续亏损的;(3)因财务会计报告存在重大会计差错或虚假记载,中国证监会责令其改正,在规定期限内未对虚假财务会计报告进行改正的;(4)在法定期限内未依法披露年度报告或半年度报告的;(5)处于股票恢复上市交易后至其披露恢复上市后的第一个年度报告期间的。

截止至2003年6月,深沪两市共有58家公司股票被实行"退市风险警示"。其中,深市有31家公司股票被戴上"*ST"帽子,沪市共有27家公司股票被戴上"*ST"帽子。现将前10名公司列示如表11-4所示。

表 11-4 2003 年深沪两市退市风险警示前 10 名公司

深圳证券交易所实行退市风险警示公司				上海证券交易所实行退市风险警示公司			
1	000005	ST 星源	*ST 星源	1	600139	ST 鼎天	*ST 鼎天
2	000008	ST 亿安	*ST 亿安	2	600234	ST 天龙	*ST 天龙
3	000013	ST 石化 A	*ST 石化 A	3	600313	ST 中农	*ST 中农
4	000030	ST 盛润 A	*ST 盛润 A	4	600738	ST 民百	*ST 民百
5	000040	ST 鸿基	*ST 鸿基	5	600182	ST 桦林	*ST 桦林
6	000409	ST 四通	*ST 四通	6	600766	ST 烟发	*ST 烟发
7	000418	ST 天鹅 A	*ST 天鹅 A	7	600769	ST 祥龙	*ST 祥龙
8	000498	ST 丹化	*ST 丹化	8	600695	ST 大江	*ST 大江
9	000505	ST 珠江	*ST 珠江	9	600758	ST 金帝	*ST 金帝
10	000529	ST 美雅	*ST 美雅	10	600878	ST 北科	*ST 北科

思　考

雅虎财经网于 2003 年 1 月 2 日刊登:电子保安产品生产商 CompuDyne Corporation（NASDAQ:CDCY）发布第四财务季度财务预警。公司称,收益下降的主要原因来自三方面,一是公司在西海岸的部门的几个投资项目成本过高;二是防攻击业务部门的开工率不足;三是公共安全设备部门的合同延期以至不能及时获得收益,这是影响公司收益的重要原因。因此,公司在截止于 12 月 31 日的财务季度中没有实际盈余。你认为该公司的分析是否全面？怎样才能避免发生类似的财务危机？

第二节 财务盈利预测分析

一、财务盈利预测分析的内涵

(一)财务盈利预测分析的含义

财务盈利预测分析是指运用企业过去的财务报告的有关资料和现有的经营情况,使用科学的方法,依据一定的预测假设和基准,对企业未来一定时期内的财务状况、经营成果以及现金流量等进行预测、评价和分析。财务盈利预测分析是对财务信息的预算控制,通过对未来财务活动的全面预测来为决策提供有用信息,加强对企业经营状况的把握。

随着我国资本市场的日益完善和经济全球化的趋势日益显著,利益相关者和中介机构都急需了解企业未来的经营发展情况。同时,由于报表使用者自身在经验、能力方面的不足和信息不对称现象的存在,无法对企业的未来情况作出合理的预计,因此要求编制预测报告的呼声越来越高。目前,我国只要求上市公司在招股说明书和上市公告中公布盈利预测信息。古人云:凡事预则立,不预则废。预测分析的作用由此可见一斑。搞好财务盈利预测分析,具有以下几方面的意义:

首先,财务盈利预测分析为决策者提供有用信息。预测分析是投资者作出投资决策的重要依据,是经营者作出经营决策、项目取舍和企业价值评估不可或缺的信息。另外,新上市公司财务预测分析是股票发行定价和上市交易开盘价的重要参考依据。其次,财务盈利预测分析有利于加强企业财务管理,为企业财务预算提供信息。再次,财务盈利预测分析可以成为对企业经营业绩评价的有效参考,增强经营者的责任心,促进企业激励机制的完善。最后,财务盈利预测分析可以使相关利益者获取有关企业未来前景的信息,一定程度上减少信息不对称所带来的缺点,保证证券市场的公开、公平、公正的运行,使证券市场真正成为经济状况的晴雨表。

(二)财务盈利预测分析的前提

进行财务盈利预测分析的前提是对企业过去和现在的运营情况进行全面、准确和客观的分析评价,只有很好的把握过去和现在,才能更好地预测未来。要揭示企业的运营情况,对企业经济活动总体的变化规律作出本质的描述,需从以下几方面进行分析:

1.环境和战略分析

企业的环境分析分为宏观环境分析和微观环境分析。宏观环境因素可以概括为以下四类,即 PEST(Political,Economic,Social,Technological)。政治和法律环境指那些制约和影响企业的政治要素和法律系统及其运行状态。经济环境是指构成企业生存和发展的社会经济状况及国家的经济政策。社会文化环境和自然环境以及技术环境就不多介绍了。微观环境因素是指行业和市场环境。企业的战略分析指企业战略方针的选择、经营框架的构建以及产品的性能及特色等。

2.企业内部财会分析

企业内部财会分析包括会计分析和财务管理分析。会计分析主要是按照筹资活动、生产经营活动和投资活动,来具体分析和掌握各会计报表项目的结构、控制水平、变化趋势和相互联系等信息,把握企业的会计制度和准则,了解主要会计政策等。财务管理分析是指对企业的盈利和增长能力、偿债和运营能力以及现金流量等的管理和分析,把握企业的财务管理策略。

(三)财务盈利预测分析的程序

财务盈利预测性信息很好地提高了信息的相关性和决策有用性,加强了利益相关者对企业未来财务状况的把握。在作财务盈利预测分析时,可以分为以下几个步骤:

1.确定财务盈利预测的目标

只有确定了做某件事情的目标,才能有针对性的做好计划和部署,财务盈利预测分析也不例外。因为财务盈利预测分析包含的内容很多,形式多样,例如利润表预测、资产负债表预测、现金流量表预测,主要财务指标预测,项目可行性判断等。只有确定了预测分析的具体目标,才能有的放矢,确定预测的基准和假设,做好预测分析的计划,有效地确定资料的范围,选择适宜的预测方法,出具合理的预测报告。

2. 做好财务盈利预测分析的计划和部署

确定预测分析的具体目标以后,就要根据目标做好预测分析的计划。对预测分析进行计划和部署是做好财务盈利预测分析的前提条件,也是关键的一个环节。预测分析的计划环节主要有以下几点任务需要执行:首先确定预测分析的基准和政策。预测分析是对企业未来财务状况和经营成果的一种推算和估计,偏重于有关未来的信息,在未来的一定期间内不一定能够实现,具有一定的不确定性。企业进行盈利预测分析的基准和假设是否合理是决定预测结果能否实现的关键因素。为了提高预测分析的可靠性,应合理保证预测分析的基准和假设的客观性和稳健性,符合有关法律、法规和制度的规定。其次,确定预测分析的方法。财务盈利预测分析尽管内容复杂,形式多样,但归根结底是对利润表、资产负债表和现金流量表三张表的预测。做好三张表的预测以后,可以根据预测的会计报表项目计算财务指标,判断项目的可行性等。因此,财务盈利预测分析的方法就是对三张表的预测分析方法,主要包括销售百分比法、财务预算法、二元线形回归分析法、辅助工具法等。最后,还要组织好预测人力,安排相关进度和合理安排分工等。

3. 收集相关资料,开展预测分析

收集的资料是否全面、客观、准确,决定着预测分析的成败。在我国证券市场中,上市公司盈利预测不实的问题由来已久。据统计,1997 年至 1999 年新上市的公司,大多数不能完成招股说明书上所做的盈利预测,有的甚至在当年就出现亏损。在 2000 年有融资行为的公司中,其中 123 家曾对当年的盈利进行过预测,但只有 61 家完成了预测分析工作。其中,为预测分析所收集和运用的资料的相关性和可靠性较低是一个重要的原因。收集资料应注意辨别真伪,归类总结,收集的资料应既包括宏观资料和微观资料,也包括纵向资料和横向资料,还有企业内部资料和外部资料。

对资料收集整理完毕之后,应根据预测分析的基准和假设,运用科学的预测方法,开展财务盈利预测分析,分别对利润、资产、负债、所有者权益和现金流量等进行预测。

4.编制预测报告,揭示和分析预测信息

预测分析的最终结果要形成预测报告,全面综合地揭示预测结果,反映企业未来财务状况和经营成果。预测报告一般以报表的形式给出,作为财务报告的一部分,其形式与传统的财务报告相同,预测报告一般可采用上年、本年和下年三栏结构来编制预测资产负债表、预测损益表和预测现金流量表,也可以根据实际情况来设计报告格式。然后,可以根据预测的三张表来具体计算特定的财务比率,开展质量分析或能力分析,也可以根据预测现金流量进行项目评价、价值评估等。

在揭示预测信息时,应包含比较数据、预测方法、预测基准和假设以及预测重要事项说明等,使得信息使用者能够深入透彻地了解预测信息,对其作出合理的评价。另外,某些特定的预测报告,应附有中介机构的审核意见,例如上市公司招股说明书盈利预测报告须经注册会计师的审核,出具盈利预测审核报告。

(三)财务盈利预测分析的方法

如前所述,财务盈利预测分析关键是对利润表、资产负债表和现金流量表作出预测。有了对三张表的预测以后,其他问题即可迎刃而解了。因此,财务盈利预测分析的方法就是三张财务报表中各项目的预测方法。财务报表各项目的预测方法很多,在此,主要介绍销售百分比法、财务预算法和二元线性回归分析法。

1.销售百分比法

销售百分比法是按照利润表与资产负债表的各项目与企业的销售收入之间的关系,根据预测销售收入的变化趋势来预测各相关项目,然后根据利润表和资产负债表的项目预测现金流量表项目的一种方法。因为事物之间是普遍联系的,财务报表各项目也是如此,某一项目的变化会导致其他项目有规律的变动。我们选择销售收入作为驱动因素,根据销售收入来预测因动因素,即财务报表其他项目。该预测方法从销售收入的预测着手,牵一发而动全身,直接有效,简洁明了,是预测分析常用的一种方法。其主要程序为:

(1)分析判断各报表项目变化与销售变动之间的关系。运用企业的纵向资料和数据来分析销售收入变动与其他因素变动之间的关系,是呈正比例变动，还是反比例变动，或是基本保持不变。例如，资产类的货币资金、应收账款，负债类的应付账款等一般随销售收入的增长而增长；而股本、资本公积等与销售收入的变动没有多大的联系。在分析驱动因素与因动因素之间的关系时，注意与企业具体情况相联系，例如固定资产利润率是否已达到饱和，费用管理制度有何变化，分配和积累的比例有无变动等，这些因素的存在决定了某些项目的变化趋势。

（2）根据纵向资料和横向资料预测销售收入。由于销售收入的预测成为销售百分比法预测的起点和关键点，应特别注重对销售收入的预测。根据企业的订货量、市场需求分析和企业的生产能力等因素，依据企业的纵向材料和数据使用趋势分析法预测企业销售收入基本值；然后通过企业内外部环境分析，结合竞争对手以及上下游企业等的横向资料来具体分析市场需求和本企业的预期份额，对销售收入基本值进行调整，得出预测的销售额。销售收入的预测要注意定量分析与定性分析相结合。

（3）根据预测的销售收入，预测利润表和资产负债表相关项目。根据分析判断得出的与销售收入相互作用的关系，以预测的销售收入为基准，预测相关项目的数值；与销售收入变化没有多大联系的，有的可以视之不变；参照与企业具体情况相联系的某些因素的变动，采用相关方法确定某些财务报表项目的数值；最后根据报表的恒等式和计算公式以及相互之间的勾稽关系来确定筹资需求量。

（4）根据预测的资产负债表和利润表项目预测现金流量表。通过预测的利润表的净利润和其他相关项目，运用现金流量表的间接法计算经营活动的现金流量；然后根据企业筹资计划和投资计划，结合企业预测的财务报表项目来预测投资活动和筹资活动的现金流量。

2. 二元线性回归分析法

二元线性回归分析法是建立直线回归方程，运用历史资料确定方程系数，根据自变量的变动计算预测因变量数值的方法。运用二元线性回归分析法，其主要步骤如下：

（1）建立坐标，根据历史资料画出预测项目与销售收入的图形。以选定的预测项目为纵轴,销售收入为横轴,建立坐标系。根据过去一段时间内企业的历史资料,画出预测项目与销售收入的点,若能大体连成一条直线,说明该项目是销售收入的函数,并且他们之间是线性关系,可以建立直线回归方程来计算预测项目。

(2)建立直线回归方程,求解方程系数。预测项目与销售收入存在线性关系,首先建立方程 $y=a+bx$(其中 y 代表预测的项目,x 代表销售收入,a、b 为系数),然后利用预测项目和销售收入一段时期内的历史资料,利用回归分析的最小二乘法,求解 a、b。

(3)根据预测的销售收入结合回归方程,预测相关项目。解出 a、b 后,得出回归方程。在运用二元线性回归分析法时,也应根据相关资料预测销售收入,然后:

$$b=\frac{n\sum xy-\sum x\sum y}{n\sum x^2-(\sum x)^2}$$

根据预测的销售收入和回归方程预测利润表与资产负债表相关项目。在做好利润表和资产负债表相关项目的预测以后,按照销售百分比法的步骤预测现金流量表。

该方法运用历史资料和严格的公式来预测报表项目,预测准确度较高,但计算过程比较复杂,费时费力。

下面给出一个运用二元线性回归分析法的案例。假设某企业的销售收入与销售成本每期的历史数据如表 11-5 所示。

表 11-5 某企业销售收入与销售成本每期的历史数据

单位:万元

项目	1	2	3	4	5	6	7	8	9	10	11	12
销售收入	1 200	1 300	1 150	1 100	800	900	700	800	950	1 050	1 250	1 400
销售成本	900	910	840	890	780	820	720	730	750	850	920	930

y 代表预测的项目,在这里为销售成本;x 代表销售收入,a、b 为系数,建立方程 $y=a+bx$。

通过计算可以计算得出:$n=12$,$\sum x=12\,600$,$\sum y=10\,040$,$\sum xy=10\,715\,000$,$\sum x^2=13\,770\,000$

因此,计算 a＝(13 770 000×10 040－12 600×10 715 000)÷(12×13 770 000－12 600×12 600)＝500.23

b＝(12×10 715 000－12 600×10 040)÷(12×13 770 000－12 600×12 600)＝0.32

所以得出销售成本与销售收入的关系式:y＝500.23＋0.32x

然后根据预测的销售收入计算得出销售成本,同样可以计算其他预测项目。

3.财务预算法

财务预算法是指通过编制具体财务预算来归纳总结或综合分析得出预测的财务报表的方法。财务盈利预测分析实际是财务预算的一种特殊形式,企业所做的财务预算的结果可以为财务盈利预测分析利用,财务预算的过程与财务盈利预测分析的前部分有异曲同工之处。财务预算分为全面预算和部分预算,它和企业的其他预算一起构成企业全面预算。因此,我们将全面的财务预算和企业生产经营的其他环节预算结合起来,加以修正和补充,即可以得到预测报表。

为此,首先我们应对企业进行内外部经营环境等宏观因素和微观因素的分析,并结合企业具体情况,拟订预算方案。然后根据企业经营的长期和短期目标,制定未来年度的预算总方案。

其次,根据预算总方案组织各部门开展具体预算,比如采购预算、生产预算、销售预算、成本预算和资金预算等。以上步骤均为企业生产预算的具体程序。

最后,根据具体预算结果加工修改,得出预测报表。

另外,由于知识经济时代的到来,社会分工和产品工艺日益复杂精细,电子商务和互联网的运用使得企业经营环境和信息变化加剧,经济全球化使得企业结构和业务规模不断向纵深发展,因此财务盈利预测分析的预测难度和计算量需要借助一些辅助工具,如计算机、互联网和核算软件等。企业需要建立自己的历史资料数据库,还应收集政治、经济和社会环境各方面的资料,以及与业务链相关企业的资料,运用计算机软件,及时准确地生成预测财务报告。

二、利润表预测

我国目前财务盈利预测分析主要用于上市公司招股说明书和上市公告书中,而且主要是利润表的预测。如此注重利润表的预测,是因为利润是一个企业经营成果的最终体现,并因此而影响到企业的财务状况。净利润是企业不断发展和做大做强的源泉,是收入减去相关费用成本的净额。因此对利润表的预测是企业财务盈利预测分析的起点,也是其重要的一个环节。

利润表的预测涉及各项收入、成本费用,应以销售收入的预测为基准,结合历史相关资料进行预测。

根据附录中给出的 ABC 公司的基本资料和 1999 年～2001 年的三张表,在此我们对该公司 2002 年的利润表进行盈利预测分析。

首先确定目标为对该公司 2002 年的利润表进行盈利预测分析,然后确定预测基准和预测假设如下:

(一)预测基准

盈利预测根据该公司所发布的近三年的经营业绩和 2001 年的内外部经营形势,该公司现时各项基础、能力、潜力和业务发展的各项计划以及投资项目可行性,经过分析研究采用正确计算方法,本着求实、稳健的原则,并遵循我国现行法律、法规和制度,在各主要方面与该公司采用的会计准则相一致。

(二)预测假设

1.国家有关政策、法律、法规和制度及公司所在地的社会环境仍如现时状况,无重大改变;现行利率、汇率及市场行情无重大变化,并且国家的税率基础或税收政策无重大变动;国家关于该行业的产业政策无重大变化。

2.本公司生产经营计划及新品计划预期完成,无重大决策失误,并且未考虑非经常项目对公司盈利的影响。

3.无其他人力不可预见因素及不可抗拒因素造成的重大不利影响。

本案例采用销售百分比法。运用销售百分比法首先应分析判断利润表项目变化与销售变动之间的关系。我们作出分析如下：

（1）成本费用中的主营业务成本、营业费用均与销售收入密切相关，呈同向变化，我们假定其与销售收入成正比例变化。

（2）主营业务税金及附加、财务费用和管理费用等与企业的销售收入关系不大。因为该企业为制造业，其主营业务税金和附加主要为以增值税为基准的城建税和教育费附加。财务费用本年度较上年度减少40%左右，主要原因是本年度利息收入增加。预计下一年度利息收入和支出以及银行手续费等不会导致财务费用变化很大。所以假定主营业务税金及附加、财务费用不发生变化，用 * 来表示。

（3）补贴收入与国家特别给予企业的优惠政策和企业享受的其他税收优惠政策有关。该企业补贴收入主要为企业出口的税金返还。假设该企业产品用于出口的比例保持不变，企业销售收入增长会促使企业出口的同比例增长，补贴收入与企业的销售收入呈正比例关系。

（4）企业的其他业务利润主要来自产品的配件销售和其他原材料销售，占80%左右，另外还有一部分咨询服务收入和租金收入。假定根据企业销售部门的预测，配件和其他原材料的销售预计比本年增加10%，则其他业务利润比本年增加10%。

（5）投资收益本期主要来自债券投资收益和股权转让收益，预计下一年将减少50%。营业外收入和营业外支出主要来自处理固定资产收益和损失、罚款及滞纳金收入和支出，假设下年与本年保持不变。

（6）该行业市场放开较早，实际上已是国际化的竞争，由于竞争的激烈程度不断加剧，利润空间越来越小，已处于微利状态。

公司将加强改革创新，进一步提高公司的整体运作效率和市场反应速度，强化市场策划，优化营销队伍，努力扩大市场份额，加大国际市场开拓力度，预计下年销售收入比本年增长30%。

ABC公司预测利润表如表11-6所示。

表 11-6　2002 年利润表(预测)

单位:万元

项　目	2001 年累计数	变动幅度	2002 年累计数
一、主营业务收入	475 731	增加 30%	618 450
减:销售折扣与折让			
主营业务收入净额	475 731		618 450
减:主营业务成本	416 025	同销售收入	540 832
主营业务税金及附加	2 896	*	2 896
二、主营业务利润	56 810		74 722
加:其他业务利润	4 344	增加 10%	4 778
减:营业费用	51 706	同销售收入	67 218
管理费用	12 277	*	12 277
财务费用	-3 913	*	-3 913
三、营业利润	1 084		3 918
加:投资收益	6 013	减少 50%	3 007
补贴收入	176	同销售收入	229
营业外收入	439	*	439
减:营业外支出	2 132	*	2 132
四、利润总额	5 580		5 461
减:所得税	1 060		1 037
减:少数股东权益	70		69
五、净利润	4 450		4 355

然后,可以根据预测的利润表来具体计算特定的财务比率,开展盈利质量分析。尽管下年主营业务利润增加,但净利润反而减少了,主要原因是营业利润增加较大,因此应加强成本管理,以降低成本为目标,努力降低各产品线的设计成本和制造成本,做到增收节支,提高企业净利润。

盈利预测也可以根据企业内外部环境和发展趋势来预测企业未来几年的利润表。

三、资产负债表预测

资产负债表反映企业某一时点的财务状况,通过资产、负债和所有者权益项目表现出来。资产负债表与利润表息息相关,并且能够反映企业的生存发展能力。企业获取利润的过程,同时就是企业资产耗费的过程。企业耗费的资产构成了企业的成本费用。企业资产的规模和质量,决定了企业获取利润的能力,企业资产的来源渠道决定了企业的偿债能力和资产扩张能力。因此,仅仅分析过去的资产负债表是远远不够的,要了解资产负债表的未来预测的信息。

资产负债表的预测也以销售收入的预测为基准,结合企业的发展趋势和预测的利润表,利用历史资料进行预测分析。

根据附录 ABC 公司的有关资料,我们对该公司 2002 年的资产负债表进行预测。

我们的预测基准和预测假设均与 2002 年利润表的预测相同,选择的预测方法也是销售百分比法,则销售额预计增长 30%,为 475 731.00×1.3=618 450 万元。现在我们分析资产负债表各项目与销售收入的关系,如下所示:

1. 资产负债表中的货币资金、存货、应收账款、应付账款等一些往来项目与销售收入的变动呈同向变化,假定为正比例关系。

2. 由于 2002 年打算转让原来长期股权的 50%,增加一些短期股票投资,债券投资保持不变,短期投资增加 210 万元。

3. 假定该公司固定资产周转率保持不变,销售收入增加,则需要固定资产增加,但是固定资产利用率未达到饱和,可以用剩余生产能力满足扩大的生产。但是在建工程中有待安装的设备为 12 000 万元,本年项目进度 90%,预计下年将从在建工程转到固定资产。

4. 公司打算明年配股,股本将有所增加,公司股利分配政策保持不变,待摊费用、长期待摊费用、无形资产等摊销与本年一致。

5. 其他与销售不直接相关的项目,则根据企业相关资料和发展趋势来确定其数据。

ABC 公司预测资产负债表如表 11-7 所示。

表 11-7　2002 年资产负债表（预测）

单位：万元

资　　产	2001 年 12 月 31 日	预测变化	2002 年 12 月 31 日
流动资产：			
货币资金	82 276	占销售额的 0.173	106 959
短期投资	53 698	增加 210 万元	53 908
应收票据	55 216	*	55 750
应收股利			
应收利息			
应收账款	144 036	占销售额的 0.303	187 247
减：坏账准备	0		0
应收账款净额	144 036		187 247
预付账款	6 270	*	6 475
应收补贴款			
其他应收款	73 547	将采取相应措施减少	44 631
存货	297 065	占销售额的 0.625	386 185
减：存货跌价准备	0		0
存货净额	297 065		386 185
待摊费用	226	摊销政策同上年	275
待处理流动资产净损失			
一年内到期长期债权投资			
其他流动资产			
流动资产合计	712 334		841 430
长期投资：			
长期股权投资	7 601	减少 50%	3 801
长期债权投资			
长期投资合计	7 601		3 801
减：长期投资减值准备	0		0
长期投资净额	7 601		3 801
固定资产：			
固定资产原价	185 636	在建工程转入 12000	197 372
减：累计折旧	66 651		70 534

续表

资　产	2001年12月31日	预测变化	2002年12月31日
固定资产净值	118 985		126 838
减:固定资产减值准备			
固定资产净额	118 985		126 838
工程物资	0		0
在建工程	19 182	转入固定资产12000	9 682
固定资产清理	43		
待处理固定资产净损失			8
固定资产合计	138 210		136 528
无形资产及其他资产:			
无形资产	22 541	摊销政策同上年	20 418
开办费			
长期待摊费用	1 190	摊销政策同上年	910
其他长期资产			
无形资产及其他资产合计	23 731		21 328
递延税项:			
递延税款借项			
资产总计	881 876		1 003 087
流动负债:			
短期借款	4 250	还款730万,借款390万	3 910
应付票据	121 805	*	175 864
应付账款	103 188	占销售额的0.217	134 144
预收账款	28 486	占销售额的0.06	37 032
代销商品款			
应付工资	50	*	50
应付福利费	1 704	*	1 704
应付股利	118	*	135
应交税金	-25 642	*	-3 020
其他应交款	3 120	*	3 120
其他应付款	6 399		6 399
预提费用	360	*	210
一年内到期的长期负债	0		0

续表

资产	2001年12月31日	预测变化	2002年12月31日
其他流动负债			
流动负债合计	243 838		359 548
长期负债：			
长期借款			
应付债券			
长期应付款			
住房周转金			
其他长期负债			
长期负债合计	0		0
递延税项：			
递延税款贷项	429	*	356
负债合计	244 267		359 904
所有者权益：			
少数股东权益	544	*	653
股本	108 210	配股,略有增加	109 320
资本公积	203 258		203 258
盈余公积	241 484	计提比例同上年	242 314
其中：公益金	47 350	计提比例同上年	47 765
未分配利润	84 113	*	87 638
所有者权益合计	637 609		643 183
负债和所有者权益总计	881 876		1 003 087

根据资产和负债及所有者权益总额计算的差额即是公司需对外筹借的资金,在本例中为180万元,我们已列入短期借款科目中。

同利润表一样,可以根据企业内外部环境和发展趋势来预测企业未来几年的资产负债表,并根据预测报表进行财务预测分析,在此就不列举了。

四、现金流量表预测

在资本市场日益完善的条件下,企业的筹资行为和投资行为逐渐向多元化发展，无论对企业的内部管理当局、还是对外部投资者来说，都逐渐意识到现金流量信息更能反映企业的收益质量和现实的支持能力，它是公司极为重要的不可替代的理财资源，也是投资者作出正确决策的重要信息资源。现金流量的预测有利于企业要作出正确的理财决策，合理安排资金流动，保证理财行为的最优化，并且现金流量的科学预测可以更加有效地评估公司资产的流动性和盈利性，评价项目的收益能力和财务风险，预测公司未来的发展趋势。现金流量表的预测是在资产负债表和利润表预测的基础上开展的，涉及间接法下与经营活动无关的现金流量，以及企业资金筹集和支出计划等。

根据附录中给出的 ABC 公司的有关资料，结合已作出的 2002 年预测的利润表和资产负债表，现对该公司 2002 年的现金流量表进行预测。

预测基准和预测假设均与 2002 年利润表和现金流量表的预测相同，经营活动的现金流量采用间接法来编制，以净利润为基点，通过调整与经营活动无关的收入、支出以及其他项目，来得出经营活动的现金流量。投资活动的现金流量和筹资活动的现金流量是采用直接法来编制，预测所需的资料有预测的利润表和损益表、企业的筹资和投资计划以及业务预算和资本预算等。

我们作出的现金流量表预测分析如下：

1. 运用间接法对净利润 4 354.86 万元进行非现金项目以及投资和筹资活动的调整，结合预测的利润表和预测的现金流量表以及相关预算，得出经营活动现金流量。

2. 根据公司的投资计划，对中国石化的短期股票投资将增加 210 万元，公司投入大量资金进行某工程的配套厂房 2 500 万元，处置部分固定资产 264 万元，获得现金 74 万元。

3. 短期借款到期偿还 730 万元，同时又筹借 390 万元来补充流动资金的不足，公司打算来年配股，筹集资金 1 110 万元。

4. 将经营活动、投资活动和筹资活动产生的现金流量加总得出公司 2002 年的现金流量净额。

2002 年该公司的预测现金流量如表 11-8 所示。

表 11-8　2002 年现金流量表(预测)

单位:万元

项　　目	2002年预测数	2002年预测数
一、净利润调整为经营活动的现金流量		
净利润	4 354.86	4 355
加:少数股东权益	653.00	653
计提的坏账准备或转销的坏账	215.80	216
固定资产折旧	4 065.00	4 065
无形资产摊销	2 403.00	2 403
待摊费用的减少	−49.00	−49
预提费用的增加	−150.00	−150
处置固定资产、无形资产和其他长期资产的损失	8.00	8
固定资产报废损失		
财务费用	−3 913.00	−3 913
投资损失		
递延税款贷项	−73.00	−73
存货的减少	−89 119.50	−89 120
经营性应收项目的减少	−43 949.80	−15 034
经营性应付项目的增加	71 550.74	42 635
其他不减少现金的费用、损失	69 922.70	69 923
经营活动产生的现金流量净额	15 918.80	15 919
二、投资活动产生的现金流量		
收回投资所收到的现金	3 700.00	3 700
取得投资收益所收到的现金	9 307.00	9 307
处置固定资产、无形资产和其他长期资产所收到的现金	74.00	74
收到的其他与投资活动有关的现金		
投资活动现金流入小计	13 081.00	13 081
购建固定资产、无形资产和其他长期资产所支付的现金	2 500.00	2 500
投资所支付的现金	210.00	210

续表

项　　目	2002年预测数	2002年预测数
支付的其他与投资活动有关的现金		
投资活动现金流出小计	2 710.00	2 710
投资活动产生的现金流量净额	10 371.00	10 371
三、筹资活动产生的现金流量		
吸收投资所收到的现金	1 110.00	1 110
借款所收到的现金	390.00	390
收到的其他与筹资活动有关的现金		
筹资活动现金流入小计	1 500.00	1 500
偿还债务所支付的现金	730.00	730
分配股利、利润或偿付利息所支付的现金	2 377.00	2 377
支付的其他与筹资活动有关的现金		
筹资活动现金流出小计	3 107.00	3 107
筹资活动产生的现金流量净额	−1 607.00	−1 607
四、汇率变动对现金的影响额	0.00	0
五、现金及现金等价物净增加额	24 682.80	24 683

由预测结果可以看出，经营活动的现金流量为正数，表明企业正常的生产经营活动处于良性状态；投资活动由于收回投资和取得投资收益使得现金流量为正数；筹资活动偿付利息现金流量为负数。我们可以根据预测的利润表和资产负债表以及企业的筹资和投资计划来预测企业未来几年的预测现金流量表，通过分析现金流量的趋势变化来揭示企业的现金流量的本质变化。

当然，预测分析信息的提供也应当注意成本与效益，加强规范和监督，提高其规范性、准确性和及时性。在我国，盈利预测分析是拟上市公司在招股说明书中必须披露的一项内容。对于投资者而言，盈利预测分析的可靠性是其进行投资决策的一个重要依据。

思　考

有资料显示,在1997年至1999年沪深两地上市公司中,大多数不能完成招股说明书盈利预测所称的经营业绩。从2002年已披露年报的新公司业绩来看,盈利预测的可靠性仍然值得怀疑。据不完全统计,截止2002年3月19日,在去年上市且已公布年报的新公司中,有超过30%的公司净利润没有达到招股时的预测水平。为什么会出现这种情况呢？如何才能做到盈利预测的可靠性？

第三节　财务报表披露与分析的局限性

我们正处在一个经济与技术飞跃发展的新时代,竞争、技术和全球化三股力量势不可挡地汇合在一起,新的观念、新的发明和新的发现不断地改变着我们身边的世界。财务报表作为立足企业、面向市场的一个重要的经济信息,当然也要迎接并适应经济和市场的变革。现行的财务报表原是工业经济社会发展到20世纪30年代才在传统报表的基础上形成的。在资本市场产生并成熟以后,财务报表对市场所起的财务信息传递,帮助投资者进行投资决策和促进社会资源的有效配置的作用是很独特的,也是不可替代的。但是,今天人类已跨进新经济社会,财务报表披露的信息在许多方面便显得越来越不适应新形势,财务报表的分析本身也具有一定的局限性。因此,需要对它进行改革与创新。

一、财务报表的现状

现行的财务报表是以企业财务业绩为重心的,以资产负债表、损益表和现金流量表为主要形式的"三表体系"。企业财务报表的核心是增强财务报表的决策有用性。根据决策有用理论,财务报表的目的是为相关利益集团即信息使用者提供有关企业财务状况、经营业绩和财务状况变动有用的会计信息。现行的"三表体系"的信息报告制度,较好地满足了信息使用者关于企业财务资源和财务状况的信息要求,在企业外部环境相对稳定的市场经济条件下,也能基本保证信息使用者的决策有用性要求。

然而,随着知识经济时代的到来,与企业生产经营活动相关的利益集团的范围不断扩大,使得财务报表使用者的信息要求朝多样化、特定化的方向发展,企业对外报告的责任不断扩大。另外,计算机与网络技术的飞速发展也不断冲击着传统的财务报表。现行的财务报表的信息披露已经暴露出了一定的缺陷,需要加以改进。

现行的财务报表分析需经过报表分析人员的主观判断,通过选择特定资料,采取一定的方法来进行。无论在资料的选择上还是方法的运用上,均存在固有的局限性,而且分析人员的素质和经验并不很高,运用方法也不很严密,没有借助科学先进的辅助工具,也是我国财务报表分析现状的真实体现。

二、财务报表披露的局限性

财务报表是披露企业经济活动重要的商业语言,而这种商业语言也存在一定的局限性。现行财务报表披露的局限性,主要表现在以下方面:

(一)财务会计处理方法对真实性、可比性的影响

尽管在编制财务报表时都要依据一般公认的会计原则,例如,权责发生制、收入与相关费用配比、划分收益性支出与资本性支出等,但这些原则也为会计人员提供了一些可供选择的会计方法。由于企业经济业务的复杂性和多样化,某些经济业务可以有多种会计处理方法,也即存在不只一种可供选择的会计政策。

会计是一种以货币为计量单位的定量管理活动,因此,在整个会计工作中,对于会计要素的计量方法比比皆是。例如,存货发出成本的计价,有先进先出法、加权平均法、后进先出法、个别计价法等;固定资产折旧方法可以有平均年限法、工作量法、双倍余额递减法、年数总和法;对外长期股权投资的成本法与权益法,等等。企业在发生某项经济业务

时，必须从允许的会计原则和会计处理方法中选择适合本企业特点的会计政策。以存货计价法为例，我国的会计制度规定，各种存货发生时，企业可以根据实际情况，选择使用先进先出法、加权平均法、移动平均法、个别计价法、后进先出法等确定发出存货与期末存货的实际成本。这些方法上的差异会造成企业间相同的报表项目内涵却不尽相同，容易产生对比率分析结果的曲解。例如，在通货膨胀的情况下，对于同样的存货，采用后进先出法计价，其存货账户的期末余额比采用先进先出法计价时要低，这样前者的存货周转率就会因会计处理原则的不同而高于后者。所以在进行财务报表分析时，应当仔细了解各企业的有关会计政策，尽可能把财务报表修正到可以比较的水平上。

(二)历史成本计价对真实性的影响

1.对会计要素的计量按历史成本计价往往造成误差，产生误导

我国《会计法》和会计制度强调会计信息要以实际发生的经济业务事项为依据，对资产、负债和所有者权益等会计要素的确认采用历史成本计价原则。由此引发的弊端为，报表上一些项目的历史成本与现实价值往往并不吻合，甚至差距过大。例如，商业区中一座10年前建造的营业楼，账面价值50万元。而当前若在同等位置上建造同等规模和档次的营业楼，则远远不止50万元，重置成本可能是500万元。我们说，会计信息是决策的依据，但使用上项信息就会误导决策者，贻误战机。会计信息失去了相关性也就毫无意义，这类会计信息实际上是"垃圾"和"毒素"。

2.历史成本只关注"过去"，目光过于短浅

报表使用者阅读和分析会计信息主要是着眼于未来(如企业未来会计期间的收益能力)，而不仅仅是为了总结过去。但按历史成本计价这种思路只注重企业生产经营的过去，而忽略了现在，更舍弃了未来。同样，在以历史成本为原则编制的财务报表中，企业有大量的资产没有得到充分计量。企业的某些特殊资产，例如土地、自然资源和建筑物，作为稀缺资源，正随着社会的发展而不断增值，却没有在资产负债表上得到充分的计量和反映，从而使资产负债表严重脱离企业真实的财务状况，使资产负债表的作用日益受到限制。

3. 通货膨胀（或紧缩），使名义货币与实际货币二者发生差异，影响会计信息的真实性

企业的会计核算是建立在币值稳定的假设之上的，所以会计核算也就不考虑物价变动对会计资料的影响，而以历史成本为原则进行会计核算，在物价变动情况下，按照历史成本反映的财务报表资料就会与当时的实际水平不符，依照财务报表资料进行的财务比率分析，以其结果去进行投资与信贷决策，显然容易使报表使用者出现错误的决策，同时也降低了对财务比率进行纵向比较的现实意义。特别在发生严重通货膨胀的情况下，盲目而不加鉴别地使用财务比率进行分析和评价，就难免会误入歧途。例如，利润表中销售收入是现行价格，而销货成本方面的存货和折旧费是历史成本，收入与费用配比时间不一致，企业的存货和长期资产的价值都将被低估，折旧费与销售成本也将同时受到影响，这就必然导致利润虚增，虚增利润使企业上交国家的所得税增加，也就是说把物价上涨形成的存货利润以所得税形式上交国家。同时，企业给投资人分配的利润也增多，给职工支付更多的工资与奖金，使企业支出更多现金，从而降低了企业偿债能力，企业的投资报酬率被扭曲。因此，在物价变动情况下，一个企业各时期历史成本计价下的会计数据资料，其真实性和可比性就会受到冲击。

（三）现行财务报表模式对时效性的影响

按照会计分期假设，我国现行财务报告是定期编制和披露的，上报信息与信息发生之间有一个时间差。例如，现行制度规定年报在4月底前报出，中报在中期结束后两个月内报出，并且有些财务报表须经过中介机构的审核确认，使得信息使用者获取的信息与发生时的时间间隔更大。这样，即使企业提供的财务报告是相关、可靠的，但对于报告使用者进行分析和决策已大打折扣。

此外，由于现行财务会计报告模式以反映过去的信息为主，且技术处理以手工为主，会计信息的时效性正受到挑战，而目前的新经济时代是建立在网络经济和技术创新基础上的一种经济形态。信息网络化以互联网的形式，通过对物流、资金流和信息流的历史性重构而改变原来的资源、商业和产业格局。在信息技术飞速发展的前提下，使得企业增加财务报告披露内容的边际成本以及财务报告使用者获取和分析利用信息的成本大大降低,而且企业可以通过更多的方式进行财务报告信息的传输,使用者可以更方便快捷的分析和评价信息。磁盘和光盘成为财务报告的新载体,从根本上消除了信息处理过程中诸多分类与再重组的过程。互联网和电子商务的进一步发展,使得网络成为载体,大大拓宽了信息传播的内容,减少了财务信息产生、传播和利用之间的时滞,使得财务报表分析更加便捷、准确。

(四)非货币计量因素对财务信息质量的影响

货币作为商品交换一般等价物的角色,与会计有着不可分割的天然关系,因为会计是一种以货币度量的定量学科,重在反映企业经济资源的"价值"。而许多影响企业活动的因素,都无法以货币来进行衡量和表达,货币计量实际上从数量上采用绝对化的方式反映了企业的资产、负债、所有者权益、收入、费用和利润。

目前,在科学技术日新月异的知识经济的大趋势下,人类社会的科技、经济、社会乃至文化观念正发生全面的变革,所有的价值观念均要被重新审视,企业价值尤为如此。为什么年收入只有48亿美元的美国在线却能一举并购年收入达268亿美元的时代华纳?在知识经济和信息社会条件下,尤其是知识密集、人才荟萃的高科技企业,在企业资源中占有重要作用的是人力资源和其所具有的知识。这些是货币计量所不能反映出来的,因此财务报表分析者需重新审视非货币性因素的影响,它在一定程度上决定着财务分析的最终结果。

企业的市场价值远离或背离于其账面价值,表明了市场参与者并没有视账面价值为企业的真正价值或内在价值。那么,什么是企业的价值呢?企业价值如何度量才方显恰当呢?由于企业(尤其是高新技术企业)的经营环境的不确定性与日俱增,以货币为载体所反映的企业会计信息已越来越难以满足决策者的要求。例如,网络公司上市之目的,首先是利用证券市场印证其市场价值,然后再利用这种价值获取更多的经济资源,扩大规模及市场占有率,吸收大量的客户资源和其他经济资源,实现巨额盈利。互联网公司价值定位的关键是预期价值的大小,而这将由网站访问次数、注册用户量和现金流量等众多的无形综合因素所决定。作为决策者不仅要求看到企业现实的盈利、偿债、营运等方面的信息,更希望能得到反映企业发展动力、创新能力及综合竞争力方面的信息,而且使用者对信息相关性的偏好也各不相同。因此,披露企业的经营环境、发展潜力及对未来预测的非货币性信息,就显得越来越重要,但这些信息仅以货币来度量是难以实现的。

三、财务报表分析的局限性

财务报表的分析具有重要意义,决不意味着我们可不加注意地随意运用这一分析工具。实际上,财务报表分析涉及企业经营管理的各个方面,而各方面的业务活动都是相互联系、彼此制约的。所以,我们不能将某个方面的分析孤立起来加以理解。另外,财务报表分析的本身也存在着种种缺陷或局限,假如我们机械地去加以运用,就难免会导致错误的结论,并使建立其上的投资决策和管理决策失误。

(一)财务分析数据来源的局限性

由于比率分析主要是依据财务报表数据进行的,所以财务报表数据的局限性必然要反映到由其计算出的财务比率上。

1. 采集数据的限制

由于受外界因素影响,使得某些会计资料不在会计报表中列示,但它们对了解企业的财务状况及经营业绩非常有必要。这些会计资料都是表外信息。例如,由于竞争对手将某种新开发的产品投入市场,结果使本企业的存货变得过时成为滞销,这时企业以原始成本作为存货的计价基础,其计算结果就会变得不可靠。又如,在计算"应收账款周转率"时,分子是销售净额,它是销售收入扣除现金收入、销售折扣与折让,以及销售退回的余额,然而现金收入不可能在报表上列示。因为大多数报表的格式是固定的,与实际情况有一定的距离,所以导致销售净额增大,高估了应收账款周转率,给信息使用者带来更大的不确定性。

2. 可比性的不足

不同的企业由于会计处理时采用不同的会计政策,例如不同的计算方法、计价标准等以及各自经营规模的不同,使得彼此的财务比率缺乏可比性。例如,甲企业与乙企业生产经营规模类似,甲企业存货计价采用先进先出法,而乙企业采用后进先出法,这将导致两个企业同期成本数据的差异,进而使利润数据缺乏可比性。再如,在采用比率分析时,虽然某一企业连续二年的资产利润率均相等,但据此很难判断哪一年的品质较佳。

3.货币计量的制约

因为那些难以用货币计量的经济事实不易在财务数据上体现出来,这种缺乏完整性的财务数据影响计算出的财务比率的综合说服力。例如,A、B两家企业的流动比率、资产负债率、利息保障倍数等反映企业偿债能力的财务比率完全相同,但有可能 A 企业的信誉远远好于 B 企业,这使得 A 企业的实际偿债能力大大强于 B 企业。因此,其财务比率不能综合体现 A、B 两企业的偿债能力。

4.缺乏时效性

财务报表数据一般是企业的历史资料。如果依据这种"过时"的财务数据进行财务比率分析,将不利于为有关方面提供适时的决策支持,这也会降低这种分析方法的使用价值。

(二)财务分析方法本身的局限性

1.财务分析方法选择的人为偏好

在财务报表分析中,由于各种分析方法的适用范围、使用目的不同,所以在根据分析结果进行决策时,要充分了解各种分析工具的局限性,避免对企业的实际情况造成歪曲。例如,企业在采用沃尔财务状况综合评价法时,对于财务比率的选择和重要性以及标准值的确定都带有一定的人为偏向性。同一企业由于不同的人为偏好,会形成较大的差异和结论。

2.财务比率"时点数据"的制约

财务指标分析中往往要用到资产负债表的数据,而资产负债表是反映企业特定日期财务状况的报表,这个特定日期(月末、季末、年末)是一个静态的"时点",表上各种数据也是这种静态"时点"的集合。由此带来的不足是:(1)容易掩盖季节性波动的因素。例如,报表使用者拿到年度的资产负债表,表上"货币资金"项目数据较高,表明该企业生产经营良好,资金充裕。而值得注意的是,表上数据无论是期初还是期末,正处于全年生产和销售的"三节"(圣诞节、元旦和春节)旺季,并不代表该企业平时的生产经营和资金情况。(2)易于粉饰报表数据。例如,某企业年末流动资产400万元,流动负债250万元,则流动比率为400÷250=1.6,为粉饰企业的偿债能力,在编制报表前,用100万元的流动资产暂时偿还流动负债,则将流动比率粉饰为300÷150=2,报出报表后,马上再举借新债100万元。这时的资产负债表可谓是"数字游戏"。因此,财务指标的可信度往往受信息来源的真实性、全面性的制约。

3. 集成度水平的禁锢

集成度反映数据和信息描述事实的综合程度,集成度水平越高,信息的综合程度越大。一般来说,总括财务数据计算出的财务比率的集成度水平要高于局部财务数据计算出的集成度水平;加权计算出的财务比率的集成度水平要高于个别财务比率的集成度水平,如集成度水平过低,易导致使用者片面注意企业某一方面的情况,而曲解整个经济事实。反之,如财务比率的集成度水平过高,会掩盖局部已经发生的问题。例如,杜邦财务分析体系中的所有者权益报酬率高度综合地反映了企业的盈利能力,而通常企业的盈利能力是内外多种因素的函数,如国家产业政策的扶持会使企业的盈利水平上升,企业管理状况恶化会使企业盈利水平下降,在二者的综合作用下企业所有者权益报酬率有可能不会发生显著变化,若只看到这一集成度较高的财务比率,企业有关方面就不能及时发现企业管理方面出现的问题。

4. 财务比率分析滞后性的局限

财务比率分析是一种事后的分析活动,针对分析中发现的问题,尽管有关方面采取了补救措施,但是有可能因为情况已发生变化而为时已晚。

5. 财务人员的素质与经验的局限性

在遵循会计原则的基础上,选择适当的会计政策和会计处理方法通常要根据经济活动的实际情况而定,其中进行主观的判断和决策,就要依靠会计人员的素质和经验。例如,存货发出的计价、固定资产折旧的计算和实质重于形式原则的运用,往往对财务报表的公允性和可靠性产生直接的影响,所以财务报表编制者的素质和经验一定程度上决定企业财务报表信息的质量。

财务报表分析是否适当,往往依赖于财务信息的收集、整理、挑选和加工,依赖于财务报表分析方法的选择和判断,而这又依赖于财务报表分析者本身的素质和职业判断能力。

综上所述,由于财务报表披露和分析中存在着这些问题,所以对于信息使用者来讲,在进行决策时,不能单纯地依靠财务报表分析的结论,还必须通过其他的渠道寻求决策的支持。因此,我们说,财务报表分析只是行动的开始,而不是结束!

思 考

现行的财务报表分析需经过报表分析人员的主观判断,通过选择特定资料,采取一定的方法来进行,无论在资料的选择上,还是方法的运用上,均存在固有的局限性。财务报表分析的局限性表现在多个方面,其中,非货币性因素就对财务报表分析存在很大的影响,例如,年收入只有48亿美元的美国在线却能一举并购年收入达268亿美元的时代华纳,为什么?在知识经济时代,如何认识非货币性因素对财务分析的影响?能否将其量化?

本章小结

现代企业往往需要进行财务失败预警等专题分析。本章主要论述财务失败预警分析、财务盈利预测分析以及财务报表分析的局限性三个方面展开论述:

1.事物的变化都是一个从量变到质变,循序渐进的过程,财务危机也不例外。财务失败预警分析是通过对企业财务数据和资料以及经营信息的分析,预测财务危机并及时反馈给利益相关者的财务分析系统。企业经营失败最终会反映到财务状况中,分析方法有单变量模式与多变量模式之分。

2.财务盈利预测分析是根据过去的历史资料,采用科学的方法来预测未来信息的分析体系。财务盈利预测分析的基础是对企业进行战略分析和内部分析。财务盈利预测分析是主观性和科学性并存,财务盈利预测存在不确定性。

财务盈利预测分析应考虑成本效益原则。财务盈利预测分析是企业预算管理的一种形式,它通常还是企业价值评估分析的基础。

3. 现行财务报告是以资产负债表、利润表和现金流量表为基础的"三表体系",它难以适应新经济时代对财务信息披露的要求。表现出的局限性为:财务会计处理方法影响其真实性和可比性,历史成本计价影响其真实性,现行财务报告模式影响其时效性,非货币因素对财务信息质量的影响。

财务报表分析的局限性主要表现为:财务分析数据来源的局限性,以及财务分析方法本身的局限性。

综合复习题

一、思考题

1. 单变量模式与多变量模式各有何优缺点?
2. 在构建总体财务预警分析模式中,为什么应考察企业的内部控制?
3. 进行企业财务失败预警分析时,为什么不应对财务比率进行简单的数量分析?
4. 会计分析与财务管理分析有什么区别?
5. 如何编制直接法下现金流量表中"经营活动的现金流量(预测)"?现金流量的预测有何应用?
6. 如何加强预测性信息的真实性?
7. 如何减少财务报表分析方法对真实性、可比性的影响?
8. 通货膨胀会计如何进行会计调整,提高会计信息质量?
9. 财务报表分析方法本身的局限性有哪些?
10. 你认为未来财务报告发展模式与当代会计分支发展有何联系?

二、单项选择题

1. 财务失败预警分析中,(   )不仅可以分析企业破产危机的可能性,还可以分析预测拖欠账款、资不抵债、无力支付股利等危机。

  A.单变量模式   B.多变量模式

  C.总体财务预警分析模式   D.分部门财务预警分析模式

 2.爱德华·阿尔曼的"Z计分"法中,当判别值Z为( )时,企业的财务状况良好。

  A.$1.81<Z<2.675$ B.$Z<1.81$

  C.$Z>2.675$ D.$Z>1.81$

 3.单变量模式是运用某一单一变量,用单个财务比率来判别财务危机发生的可能性的模型。根据实证考察,在单变量模式中判别财务危机可能性的财务比率中,( )的误判率最低。

  A.资产负债率   B.资产收益率

  C.资金安全率   D.债务保障率

 4.( )是指通过编制的具体财务预算来加以归纳总结或综合分析来得出预测的财务报表的方法。

  A.销售百分比法   B.财务预算法

  C.二元线性回归分析法   D.辅助工具法

 5.运用销售百分比法和二元线性回归分析法进行盈利预测分析,首先应做好( )的预测。

  A.净利润   B.货币资金

  C.长期投资   D.销售收入

三、多项选择题

 1.在财务失败预警分析中,如果将企业内部经营管理者的需要考虑在内,可以分为( )。

  A.总体财务预警分析模式   B.分部门财务预警分析模式

  C.单变量模式   D.多变量模式

  E.F分数模式

 2.运用通货膨胀会计,可以剔除购买力损益和资产持有损益,如实反映企业实际的财务状况和经营成果。通货膨胀会计分为( )。

  A.战略管理会计   B.人力资源会计

  C.不变币值会计   D.现时成本会计

E. 财务会计

3. 我国现在财务盈利预测分析主要应用于(　　)中,而且主要是利润表的预测。

　　A. 招股说明书　　　　　　B. 年度财务会计报表
　　C. 上市公告书　　　　　　D. 银行贷款可行性报告
　　E. 期中财务报表

4. 财务盈利预测分析的前提是(　　)。

　　A. 宏观环境分析　　　　　B. 微观环境分析
　　C. 战略分析　　　　　　　D. 会计分析
　　E. 财务管理分析

5. 财务盈利预测分析的方法主要有(　　)

　　A. 经验估计法　　　　　　B. 销售百分比法
　　C. 财务预算法　　　　　　D. 二元线性回归方程法
　　E. 辅助工具法

四、业务题

XYZ公司2002年利润表如下表所示。

利润表

2002年　　　　　　　　　　　　　　　　单位:万元

一、主营业务收入	1 200.00
减:主营业务成本	800.00
主营业务税金及附加	100.00
二、主营业务利润	300.00
加:其他业务利润	50.00
减:营业费用	80.00
管理费用	100.00
财务费用	−30.00
三、营业利润	200.00
加:投资收益	20.00
补贴收入	—

续表

营业外收入	—
减:营业外支出	—
四、利润总额	220.00
减:所得税	72.60
五、净利润	147.40

企业所属行业为建筑施工业,主营业务是工业与民用、能源、交通、市政、地铁、公共建筑建设项目工程的总承包以及房地产开发等。公司所得税率为33%,主营业务税金及附加营业税和城建税、教育费附加等。投资收益来源于该企业控股80%的子公司的盈利所致。发生的财务费用中利息收入50万元,利息支出和银行手续费等20万元。

公司2003年将加强改革创新,进一步提高公司的整体运作效率和市场反应速度,强化市场策划和广告宣传,努力扩大市场份额,加大国际市场开拓力度,经营目标是下年销售收入比本年增长20%,预计很可能实现。根据公司内外部环境作出以下预测:

1. 主营业务成本、管理费用和营业费用的变化幅度同主营业务收入相同。

2. 企业在注重发展主营业务的同时,也不放弃其他业务的拓展,预计其他业务利润会比上年增加10%。

3. 企业本期利息收入与上年相差不大,视为不变,而企业为了扩大业务规模,向银行申请贷款500万元,预计利息支出和银行手续费增加15万元。财务费用中无其他项目。

4. 企业控股子公司预计下一年度净利润比上年增加20%。企业预计2003年发生固定资产报废损失5万元。

要求:运用销售百分比法预测2003年利润表,并填列下表。

某公司2003年利润表预测

期间	2002年	变动幅度	2003年
一、主营业务收入	1 200.00		
减:主营业务成本	800.00		

续表

期间	2002年	变动幅度	2003年
主营业务税金及附加	100.00		
二、主营业务利润	300.00		
加:其他业务利润	50.00		
减:营业费用	80.00		
管理费用	100.00		
财务费用	−30.00		
三、营业利润	200.00		
加:投资收益	20.00		
补贴收入	—		
营业外收入	—		
减:营业外支出	—		
四、利润总额	220.00		
减:所得税	72.60		
五、净利润	147.40		

五、案例分析题

(一)资料

2001年,PT郑百文(600898)在实施资产债务重组时,将整个过程分为"资产出售和债务转移"和"三联集团资产置入"两步,通过引入百文集团和资产约定买卖的方法,巧妙地避开了当时新修订会计准则对非货币性交易和债务重组的规定,出现了3 800万元的营业外收入,使得2001年的报表出现了400万元的盈利。具体情况如下:

1. PT郑百文2001年11月30日将账面价值855 605 073.73元的资产,以940 374 151.10元的价格出售给百文集团,将其差额38 086 538.68元计入营业外收入,并且声明:除部分房产和部分股权,以上资产和负债均于2001年11月30日办理好交接手续,资产控制权及风险已经转移。

2. 至2001年12月31日,PT郑百文向百文集团出售的资产中有部分房产、车辆及股权(金额约2亿元,占交接资产总额的23.4%)尚未完成所有权过户手续;除国家股以外,其他股份的50%过户手续也仍在办理之中。

3. 2001年11月30日重组形成的PT郑百文对百文集团的其他应收款122 877 579.96元未计提坏账准备,按当时的政策估计,1年以内的计提10%。

PT郑百文解释:这笔应收款与留在本公司内的应收款,由百文集团代为管理和偿还的负债相对应,百文集团在履行对其托管债务的偿还义务后,PT郑百文可以减少对百文的应收款,并且三联集团对履行该项义务做了担保,所以未计提坏账。

(二)要求

1. PT郑百文2001年11月30日向百文集团出售资产的差价3 800万是否应计入营业外收入?为什么?

2. PT郑百文对百文集团的应收款未计提坏账的处理是否正确?试说明理由。

附录 1

ABC 公司 2001 年年度会计报表附注（摘要）

一、公司的基本情况

ABC 公司（简称"本公司"）1988 年经××市人民政府[××发(1988)33 号]批准进行股份制企业改革试点。本公司龙头产品"××"牌系列电器荣获了国家权威机构颁发的荣誉证书，1999 年××省科学技术委员会换发了本公司高新技术企业证书。公司目前正在努力打造世界级企业、拓展国际市场，目前已在海外设立多家办事处，产品辐射东南亚、欧洲、北美、非洲、中东等地区。

截止 2001 年 12 月 31 日，本公司注册资本为壹拾亿零五仟万元。经营范围是：视屏产品、视听产品、空调产品、电池系列产品、网络产品、激光读写系列产品、数字通讯产品、卫星电视广播地面接受设备、摄录一体机、通讯传输设备、电子医疗产品的制造、销售，公路运输，电子产品及零配件的维修、销售，电子商务、高科技风险投资及国家允许的其他投资业务，电力设备、安防技术产品的制造、销售等。

二、主要会计政策、会计估计和合并会计报表编制方法

1. 会计制度

本公司会计核算执行《企业会计准则》和《企业会计制度》及其补充规定。本公司的控股子公司广东 ABC 和中兴仓储执行与本公司一致的会计政策；本公司控股的子公司吉林 ABC、江苏 ABC 会计核算 2000 年前执行《工业企业会计制度》，从 2001 年起执行《企业会计准则》和《企业会计制度》及其补充规定，2001 年以前年度会计报表已按《企业会计制度》及财政部[财会(2001)17 号]的有关规定进行了调整；ABC

新艺公司执行《外商投资企业会计制度》，ABC运输公司2000年前执行《运输(交通)企业会计制度》，从2001年起执行《企业会计准则》和《企业会计制度》及其补充规定，2001年以前年度会计报表已按《企业会计制度》及财政部[财会(2001)17号]的有关规定进行了调整。

2. 会计年度

自公历1月1日至12月31日止。

3. 记账本位币

以人民币为记账本位币。

4. 记账基础和计价原则

采用权责发生制为记账基础，以历史成本为计价原则。

5. 外币业务核算方法

对发生的外币业务，以业务发生当月期初的外币市场汇价(中间价)折合为人民币记账。对各外币账户的外币期末余额，按照外币期末市场汇价折合为人民币，按外币期末市场汇价折合的人民币金额与原账面人民币金额的差额作为汇兑损益处理。其中属筹建期间发生的汇兑损益列入长期待摊费用——开办费(在开始经营的当月计入当期损益)，属与购建固定资产有关的汇兑损益，在固定资产达到预定可使用状态前，记入各项在建固定资产成本；除上述情况以外发生的汇兑损益，计入财务费用。

6. 现金等价物的确定标准

现金等价物是指本公司及其子公司持有的期限短(一般是指从购买日起三个月内到期)、流动性强、易于转换为已知金额现金、价值变动风险很小的投资。

7. 短期投资核算方法

短期投资按实际支付的价款扣除已宣告发放但未领取的现金股利或利息入账。短期投资持有期间获取的股利、利息等收益冲减短期投资成本，在处置时按所收到的收入与账面价值的差额作为投资收益。

年度终了，短期投资按成本与市价孰低法计价。短期投资跌价准备按投资总体计算，将投资成本高于市价的差额，预计短期投资跌价损失计入当年损益类账项。

8.坏账核算方法

(1)坏账确认标准:①因债务人破产或死亡,以其破产财产或遗产清偿后仍无法收回的应收款项;②因债务人逾期未履行清偿义务,且具有明显特征表明无法收回的应收款项。

(2)坏账核算方法:坏账损失采用备抵法核算。决算日,坏账准备根据本公司历年经验、债务单位的实际财务状况和现金流量的情况,以及其他相关信息进行合理的估计,对应收款项(包括应收账款和其他应收款)按账龄分析法计提坏账准备,计入当年度损益。坏账准备的比例如下:

账龄	计提比例%
1年以内	0.00
1～2年	10.00
2～3年	30.00
3～4年	50.00
4～5年	80.00
5年以上	100.00

账龄在1年以内的应收款项,根据本公司历年的经验,一般可在次年年初收回,故不计提;应收关联方款项属于关联方交易往来结算款项,风险受控,亦不计提。

9.存货核算方法

存货包括在生产经营过程中为销售或耗用而储备的原材料、产成品、在产品、自制半成品、委托加工材料、低值易耗品等。存货盘存采用永续盘存制。存货中原材料(彩色显像管、电子元器件等)采用标准价格进行日常核算,每月末,按当月实际领用额分配价格差异,调整当月生产成本;低值易耗品用标准价格核算,于领用时一次性摊销,每月末按当月实际领用额分配价格差异调整为实际成本;库存产品按标准成本计价结转产品销售成本,月末摊销库存商品差价,调整当月的产品销售成本;在途材料按实际成本计价入账。

年度终了,存货按成本与可变现净值孰低法计价。存货跌价准备按单个存货项目成本高于其可变现净值的差额提取,预计的存货跌价损失计入当年损益类账项。

10. 长期投资核算方法

(1)长期债权投资:按取得投资时实际支付的全部价款扣除已到期尚未领取的债券利息的余额记账。债券溢价或折价于债券存续期内采用直线法摊销。

(2)长期股权投资:长期股权投资按投资时实际支付的价款或确认的价值记账,对外投资额占被投资企业有投票表决权资本总额20%以下的采用成本法核算;对外投资额占被投资企业有投票表决权资本总额20%以上或虽不足20%但有重大影响的采用权益法核算;投资额占被投资企业有投票表决权资本总额50%以上的采用权益法核算,并按《合并会计报表暂行规定》合并被投资企业的会计报表。

(3)长期股权投资差额:在合同规定的期限内平均摊销。

(4)年度终了,按个别投资项目的可收回金额低于账面价值的差额计提长期投资减值准备。

长期投资减值准备的计提标准:

对有市价的长期投资根据下列迹象判断是否应当计提减值准备:

①市价持续2年低于账面价值;

②该项投资暂停交易1年或1年以上;

③被投资单位当年发生严重亏损;

④被投资单位持续2年发生亏损;

⑤被投资单位进行清理整顿、清算或出现其他不能持续经营的迹象。

对无市价的长期投资根据以下迹象判断是否计提减值准备:

①影响被投资单位经营活动的政治或法律环境的变化,可能导致被投资单位出现巨额亏损;

②被投资单位所供应的商品或劳务的市场需求发生变化,导致被投资单位财务状况发生严重恶化;

③被投资单位所在行业的生产技术等发生重大变化,被投资单位已失去竞争能力,导致财务状况发生严重恶化,如进行清理整顿、清算等;

④有证据表明该项投资实质上已经不能再给企业带来经济利益的其他情形。

11. 委托贷款核算

委托贷款按实际委托贷款的金额计价,期末,按照委托贷款规定的利率计提利息并确认投资收益,所计提的利息到期不能收回时,停止计提,并冲回原已计提的利息。

年度终了,对委托贷款进行全面检查,委托贷款本金高于可收回金额的,计提减值准备。

12. 固定资产计价和折旧方法

固定资产以实际成本计价。固定资产标准是单位价值在 2 000 元以上,使用年限 1 年以上。

固定资产折旧采用直线法分类计算:

(1) 未计提减值准备的固定资产折旧采用直线法分类计算,并按固定资产类别的原价、估计使用年限和预计 3% 的残值率确定折旧率如下:

类别	使用年限(年)	年折旧率
房屋及建筑物	30	3.00%
机器设备	9	10.80%
运输工具	6	16.18%
动力设备	9	10.80%
起重设备	9	10.80%
仪器仪表	6	16.18%
无线电专用设备	8	12.12%
其他设备	9	10.80%

(2) 对已计提减值准备的固定资产按固定资产的账面价值(即固定资产原价减去累计折旧和已计提的减值准备)、估计尚可使用年限(即估计使用年限减去已使用年限)和按账面原价 3% 预计净残值来确定折旧率和折旧额。

融资租入的固定资产,按租赁开始日租赁资产的原账面价值与最低租赁付款额的现值两者中较低者,作为入账价值。

年度终了,对固定资产逐项进行检查,如果由于市价持续下跌,或技术陈旧、损坏、长期闲置等原因导致其可收回金额低于账面价值的，将可收回金额低于账面价值的差额作为固定资产减值准备。对存在下列情况之一的固定资产，全额计提减值准备：

(1)长期闲置不用，在可预见的将来不会再使用，且已无转让价值的固定资产。

(2)由于技术进步等原因，已不可使用的固定资产。

(3)虽然固定资产尚可使用，但使用后产生大量不合格产品的固定资产。

(4)已遭毁损，不再具有使用价值和转让价值的固定资产。

(5)其他实质上已经不能再给企业带来经济利益的固定资产。

13.在建工程核算方法

在建工程是指为购建固定资产或对固定资产进行技术改造在固定资产达到预定可使用状态前发生的支出，包括工程用设备、材料等专用物资，预付的工程价款，未完的工程支出及借款费用资本化支出等。在建工程中的借款费用资本化按《企业会计准则——借款费用》的规定计算计入工程成本。在建工程在达到预定可使用状态但尚未办理竣工决算的工程，自达到预定可使用状态日起按工程预算、造价或工程成本等资料，估价转入固定资产。竣工决算办理完毕后，按决算数调整原估价和已计提的折旧。

年度终了，对在建工程进行全面检查，如果有证据表明在建工程因长期停建并且预计在未来3年内不会重新开工，或者在技术及性能上已经落后并且给企业带来的经济利益具有很大的不确定性等情况已经发生了减值，计提在建工程减值准备。

14.借款费用的会计处理方法

借款费用主要是长、短期银行借款和应付债券的利息支出，折价或溢价的摊销和辅助费用，以及因外币借款而发生的汇兑差额，按所筹集资金的用途分别核算。为购建固定资产而专门借入的款项所发生的借款费用在固定资产达到预定可使用状态前，发生的辅助费用和汇兑差额直接予以资本化，发生的利息、折价或溢价的摊销在开始资本化到停止资本化的会计期间(扣除暂停资本化期间)，按以下公式计算资本化

金额:

资本化金额=至当期末止购建固定资产累计支出加权平均数×资本化率记入有关固定资产的购建成本,除此以外的借款费用记入当期损益。

15. 无形资产计价和摊销方法

无形资产以实际取得或评估确认的价值记账,土地使用权价值自接受投资或征用日起按50年平均摊销。从ABC集团转入的土地使用权按剩余使用年限摊销,其他无形资产按受益期或法律保护期摊销。

年度终了,根据账面价值与可收回金额孰低计量,对可收回金额低于账面价值的差额,计提无形资产减值准备。

16. 长期待摊费用摊销方法

长期待摊费用以实际发生的支出记账,开办费在开始经营时一次摊入当期损益,长期待摊费用按受益期限平均摊销。

17. 应付债券的核算方法

经批准发行债券时,按实际收到的款项记入本科目。溢价或折价发行债券,实际收到的金额与债券票面金额的差额在债券存续期内采用直线法分期摊销。

18. 收入确认原则

(1)商品销售:已将商品所有权上的重要风险和报酬转移给买方,本公司不再对该商品实施继续管理权和实际控制权,相关的收入已经收到或取得了收款的证据,并且与销售该商品有关的成本能够可靠计量时,确认营业收入的实现。

截止2001年12月31日本公司在全国各地设立了销售分公司227家,本公司将各地分公司视同客户管理,且在分公司实现收入的前提下,本公司再确认商品销售收入。

(2)提供劳务:劳务已经提供,价款已经收到或取得了收款的证据时,确认劳务收入的实现。

(3)让渡资产:与交易相关的经济利益很可能流入企业,收入的金额能够可靠地计量时,确认利息收入和使用费收入。

19. 所得税的会计处理方法

对所得税的会计处理采用应付税款法。

20.会计政策变更

本公司第四届董事会第十五次会议通过的关于计提资产减值准备的决议,根据《企业会计制度》和财政部[财会(2001)17号]规定,从2001年起改变如下会计政策:

(1)固定资产减值准备:原会计政策为不计提减值准备,现改为年度终了计提减值准备;

(2)在建工程减值准备:原会计政策为不计提减值准备,现改为年度终了计提减值准备;

(3)无形资产减值准备:原会计政策为不计提减值准备,现改为年度终了计提减值准备;

(4)委托贷款减值准备:原会计政策为不计提减值准备,现改为年度终了计提减值准备;

(5)根据财政部《实施〈企业会计制度〉及其相关准则问题解答》中的规定,本公司对电池厂的开办费按会计政策变更,采用追溯调整法进行处理。

上述会计政策变更,调整了期初留存收益及相关项目的期初数;利润及利润分配表的上年数栏,已按调整后的数字填列。上述会计政策变更的累计影响数为21 405.11万元,其中固定资产计价方法变更的累计影响数为20 948.24万元,开办费追溯调整累计影响数为456.87万元。由于该会计政策变更,调减了2000年初的留存收益13 490.80万元,调减了2000年度净利润7 914.31万元,调减了2001年年初留存收益21 405.12万元,其中,未分配利润调减了17 124.09万元,盈余公积调减了4 281.03万元。

21.重大会计差错

2001年底,本公司的子公司江苏ABC电视机有限责任公司在清查固定资产时,发现2000年以前年度共少计提折旧81.49万元,并相应调整本年度的资产负债表年初数中的累计折旧81.49万元,调减少数股东权益32.17万元,调减盈余公积9.86万元,调整本年利润分配表上年实际数栏中年初未分配利润39.45万元。

22.合并会计报表的编制方法

合并会计报表是以本公司和纳入合并范围子公司的会计报表以及其他有关资料为依据,按财政部[财会字(1995)11号]《关于印发〈合并会计报表暂行规定〉的通知》的规定合并各项目数额编制而成。本公司与子公司相互间重大业务及资金往来均在合并时抵销。

少数股东权益的数额是根据本公司所属子公司所有者权益的数额减去母公司拥有的数额计算确定。少数股东损益是根据本公司所属子公司于当年内实现的损益扣除母公司投资收益后的余额计算确定。

三、税项

本公司应缴纳的税项及税率如下:

1.企业所得税:根据财政部、国家税务总局[财税字(1994)001号]规定,国务院批准的高新技术产业开发区内的高新技术企业,减按15%的税率征收所得税。该税收优惠政策经××市地方税务局[××税函(2001)40号]确认。

纳入合并范围的子公司的所得税税率均为33%。

2.增值税:按主营(彩电、空调、电池)业务收入和材料、废料销售收入的17%计算销项税扣除进项税后的金额缴纳。

3.城建税和教育费附加:分别按实际交纳(纳入合并范围两子公司按应纳)增值税、应交营业税额的7%和3%计缴。

4.其他税项按国家规定计缴。

四、会计报表主要项目注释

1.货币资金

单位:万元

项 目	年初数	年末数
现 金	5.12	15.38
银行存款	47 715.81	52 084.77
其他货币资金	28 468.91	30 175.64
合 计	76 189.84	82 275.79

货币资金2001年末余额中无外币。
2.短期投资
……
注:由于项目过多,从略。

五、关联方关系及关联交易

(一)关联方关系
1.存在控制关系的关联方
(1)存在控制关系的关联方

企业名称	注册地	主营业务	与本公司关系
ABC集团	百岭市高新开发区	电器、电子产品	母公司
ABC新龙公司	渔阳市石子区	彩电回扫变压器	子公司
ABC运输公司	沈阳市高科技开发区	公路运输、配件经营	子公司
吉林ABC	长春市自新街	电视机制造	子公司
江苏ABC	南通市开发区通州路	电视机制造	子公司
广东ABC	中山市河东镇	空调器制造	子公司
中兴仓储	黄山市高新开发区	进出口货物仓储	子公司

(2)存在控制关系的关联方的注册资本及其变化

单位:万元

企业名称	年初数	本年增加	本年减少	年末数
ABC集团	19 927	—	—	19 927
ABC新龙公司	USD600	—	—	USD600
ABC运输公司	400	—	—	400
吉林ABC	1 333	—	—	1 333
江苏ABC	2 138	—	—	2 138
广东ABC	—	4 000	—	4 000
中兴仓储	2 500	—	—	2 500

2.不存在控制关系的关联方关系的性质

企业名称	与本企业的关系
ABC 大酒店	同一母公司
ABC 电源公司	同一母公司

(二)关联交易

1. 关联交易价格

关联方之间的采购货物、销售货物、提供劳务均采用市场价格进行结算。

2. 关联方采购货物金额及占全年采购比率

企业名称	2001年采购金额	2001年	2000年
ABC 新龙公司	10 846.71 万元	3.04%	0.78%

3. 向关联方销售货物金额及占全年销售比率

企业名称	2001年主营收入	2001年其他收入	所占比例
ABC 新龙公司	941.13 万元	5 149.45 万元	1.26%

4. 资产转让

根据 ABC 集团[ABC 集董办字(2001)10 号]《关于重组、租赁和委托管理国有资产具体实施方案的请示》,将遥控器项目存货资产 135.50 万元、OEM 项目存货资产 462.50 万元、培训中心固定资产(含土地)314 万元,共计 912 万元资产转让给本公司。

5. 其他重大关联交易事项

(1)ABC 运输公司为本公司提供运输服务,2001 年度支付运费 1 415.62 万元,2000 年度共支付运费 1 225.74 万元。根据相关协议,本公司本年度向运输公司收取房屋及场地租赁费 135.25 万元。

(2)根据本公司与新艺公司的协议,本公司 2001 年度向新艺公司收取了 177.55 万元的房屋租赁费。

六、或有事项

无。

七、承诺事项

ABC 集团与本公司签订了《股权委托管理协议》,ABC 集团委托本公司对除本公司拥有的股权外的所有股权资产进行管理,当被托管的股权资产产生净收益时,按被托管资产本期形成的投资收益的50%作为托管奖励费用,当被托管的股权资产产生净损失时,按被托管本期资产形成的投资净损失的50%作为托管赔偿费用,本公司因此承诺事项承担对ABC大酒店和对ABC电源公司托管损失125.49万元。其中ABC大酒店经××会计师事务所[××会审(2002)字06号]审计报告审计确认的2001年度净利润为-339.17万元,本公司应确认的托管损失为169.58万元;ABC电源公司经××会计师事务所[××会审(2002)字45号]审计报告审计确认的2001年度净利润为88.18万元,本公司应确认的托管收益为44.09万元。

另外,ABC集团还进行了部分短期股票投资,截止2001年3月11日尚未转让,其股票投资损益具有不确定性。

八、资产负债表日后事项中的非调整事项

1. 截止2002年3月11日,本公司已收回委托国通证券股份有限公司进行的委托理财金额12 500万元中的2 500万元,另外10 000万元的本金根据2002年2月7日签订的《协议书》,继续委托至2002年6月18日。

2. 截止2002年3月11日,本公司已收回2001年末应收账款76 864.57万元,已到期解汇应收票据17 602.19万元。

3. 截止2002年3月11日,根据本公司第四届董事会第十七次会议的决议,ABC集团已归还本公司短期拆借资金的本金14 000万元,并支付资金占用费40.95万元。

4. 根据本公司董事会2002年3月26日决定的2001年度利润分配预案,对2001年度实现的净利润提取10%的法定盈余公积金41.36万元,提取10%的法定公益金41.36万元。

九、其他重大事项

2001年9月19日本公司遭受巨大洪水灾害,总计损失金额11 091.08万元,扣除保险公司赔款9 079.57万元后,净损失金额

2 011.51万元。该次洪水灾害的获赔金额以中夏保险公估有限公司[中夏保险公估2001(财产)字第046号]公估报告公估的数据为准,并于2001年12月28日收到中国人民保险公司的赔款。

十、非经常报表项目、变动异常的项目

(一)非经常报表项目

可恢复的被投资单位亏损,系本公司的子公司吉林ABC 2001年12月31日经××会计师事务所有限责任公司审计的会计报表中净资产为－1084.01万元,该公司继续经营,且按规定应纳入本公司2001年度合并报表范围,故本公司将对吉林ABC的长期股权投资账面价值减记至0后,按本公司投资比例54.99%计算的吉林ABC净资产的红字金额可恢复的－596.10万元作为可恢复的被投资单位亏损。2000年12月31日追溯调整后的可恢复的被投资单位亏损为－698.06万元。本年度吉林ABC实现净利润185.42万元,按投资比例计算冲减了年初可恢复的被投资单位亏损101.96万元。

(二)变动异常项目

详见相关科目的附注说明。

附录 2

ABC 公司审计报告

××审字(2002)第 1000 号

ABC 公司全体股东：

　　我们接受委托,审计了 ABC 公司(下称"贵公司")二〇〇一年十二月三十一日的资产负债表及合并资产负债表,二〇〇一年度的利润表及利润分配表和合并利润表及利润分配表以及二〇〇一年度的现金流量表及合并现金流量表。这些会计报表由贵公司负责,我们的责任是对这些会计报表发表审计意见。我们的审计是依据中国注册会计师独立审计准则进行的。在审计过程中,我们结合贵公司实际情况,实施了包括抽查会计记录等我们认为必要的审计程序。

　　我们认为,上述会计报表符合《企业会计准则》和《企业会计制度》的有关规定,在所有重大方面公允地反映了贵公司二〇〇一年十二月三十一日的财务状况及合并财务状况,二〇〇一年度的经营成果及合并经营成果以及二〇〇一年度的现金流量情况及合并现金流量情况,会计处理方法的选用遵循了一贯性原则。

　　××会计师事务所
　　中国注册会计师:东升
　　中国注册会计师:志远
　　中国·北京
　　报告日期:二〇〇二年三月十一日

附录3

ABC公司的主要财务报表

表1 ABC公司资产负债表

单位:万元

时 间	1999年12月31日	2000年12月31日	2001年12月31日
流动资产:			
货币资金	98 108.00	76 190.00	82 276.00
短期投资		56 760.00	53 698.00
应收票据	28 592.00	47 804.00	55 216.00
应收股利	—	—	—
应收利息	—	—	—
应收账款	155 597.00	91 073.00	144 036.00
减:坏账准备	56.00	158.00	
应收账款净额	155 535.00	90 915.00	144 036.00
预付账款	13 015.00	2 286.00	6 270.00
应收补贴款	—	—	—
其他应收款	85 962.00	38 405.00	
内部应收款		—	
待摊费用	696.00	100.00	226.00
存货	315 663.00	335 401.00	297 065.00
减:准备存货变动损失准备	8 522.00	12 549.00	—
存货净额	307 141.00	322 852.00	297 065.00
待转其他业务支出			
待处理流动资产损失	829.00	459.00	
一年内到期的长期债券投资			
其他流动资产		—	
流动资产合计	689 878.00	635 771.00	712 334.00
长期投资:			
长期股权投资	9 375.00	7 647.00	7 601.00
长期债权投资	—	—	—

续表

时　　间	1999年12月31日	2000年12月31日	2001年12月31日
长期投资减值准备	391.00	391.00	—
长期投资	8 984.00	7 256.00	7 601.00
合并价差			
固定资产：			
固定资产原价	124 896.00	191 608.00	185 636.00
累计折旧	35 613.00	54 080.00	66 651.00
固定资产净值	89 183.00	137 528.00	118 985.00
工程物资	23.00	23.00	—
在建工程	26 601.00		19 182.00
固定资产清理	13.00	18.00	43.00
待处理固定资产净损失	—	—	—
其他			
固定资产合计	115 920.00	158 386.00	138 210.00
无形资产及其他资产：			
无形资产	8 376.00	22 274.00	22 541.00
递延资产			—
开办费	—	—	
长期待摊费用	2 186.00	6 563.00	1 190.00
无形资产及递延资产合计	10 562.00	28 837.00	23 731.00
其他长期资产		—	
资产总计	825 344.00	830 250.00	881 876.00
流动负债			
短期借款	11 899.00	14 250.00	4 250.00
应付账款	72 310.00	90 344.00	103 188.00
应付票据	68 585.00	37 509.00	121 805.00
应付工资	—	—	50.00
应付福利费	7 387.00	1 974.00	1 704.00
预收账款	13 020.00	28 827.00	28 486.00
其他应付款	2 770.00	7 812.00	6 399.00
内部应付款			
未交税金	−1 657.00	−12 344.00	−25 642.00
未付股利	148.00	141.00	118.00

续表

时间	1999年12月31日	2000年12月31日	2001年12月31日
其他未交款	2 222.00	2 603.00	3 120.00
预提费用	45.00	3 627.00	360.00
待扣税金			
一年内到期的长期负债	1 500.00	500.00	
其他流动负债		—	—
流动负债合计	178 229.00	175 243.00	243 838.00
长期负债:			
长期负债	300.00	300.00	—
应付债券		—	
住房周转金		−4 672.00	
长期应付款		—	
其他长期负债		—	—
待转销汇税收益			
长期负债合计	300.00	−4 372.00	
递延税项:			
递延税款贷项	551.00	490.00	429.00
负债合计	179 080.00	171 361.00	244 267.00
股东权益:			
少数股东权益		158.00	544.00
股本	108 210.00	108 210.00	108 210.00
资本公积	203 853.00	203 225.00	203 258.00
盈余公积	242 185.00	244 942.00	241 484.00
其中:公益金	47 700.00	49 078.00	47 350.00
未分配利润	92 016.00	102 354.00	84 113.00
外币报表折算差额		—	
股东权益合计	646 264.00	658 889.00	637 609.00
负债与股东权益合计	825 344.00	830 250.00	881 876.00

表2　ABC公司利润表

单位：万元

时　　间	1999年	2000年	2001年
一、主营业务收入	504 758.00	535 361.00	475 731.00
减：折扣与折让	—	—	—
主营业务收入净额	504 758.00	535 361.00	475 731.00
减：主营业务成本	423 645.00	455 396.00	416 025.00
主营业务税金及附加	2 536.00	2 565.00	2 896.00
二、主营业务利润	78 577.00	77 400.00	56 810.00
加：其他业务利润	7 300.00	4 446.00	4 344.00
营业费用	43 745.00	59 548.00	51 706.00
管理费用	9 361.00	9 517.00	12 277.00
财务费用	996.00	−2 620.00	−3 913.00
三、营业利润	31 775.00	15 401.00	1 084.00
加：投资收益	−804.00	822.00	6 013.00
补贴收入	1.00	26.00	176.00
营业外收入	271.00	391.00	439.00
减：营业外支出	193.00	292.00	2 132.00
四、利润总额	31 050.00	16 348.00	5 580.00
减：所得税	5 900.00	3 106.00	1 060.00
减：少数股东损益	—	−765.00	70.00
五、净利润	25 150.00	14 007.00	4 450.00
加：年初未分配利润	72 120.00	91 207.00	80 495.00
盈余公积转入	—	—	—
六、可分配利润	97 270.00	105 214.00	84 945.00
减：提取法定盈余公积金	2 627.00	1 430.00	416.00
提取法定公益金	2 627.00	1 430.00	416.00
七、可供股东分配的利润	92 016.00	102 354.00	84 113.00
减：应付优先股股利	—	—	—
提取任意公积	—	—	—
应付普通股股利	—	—	—
转做股本的普通股股利	—	—	—
八、未分配利润	92 016.00	102 354.00	84 113.00

表3 ABC公司现金流量表

单位:万元

日 期	1999年	2000年	2001年
一、经营活动产生的现金流量			
销售商品、提供劳务收到的现金	784 224.00	679 652.00	495 592.00
收到的租金	0.00	0.00	0.00
收到的增值税销项税额和退回的增值税款	0.00	0.00	0.00
收到的除增值税以外的其他税费返还	0.00	5.00	0.00
收到的其他与经营活动有关的现金	2 330.00	2 857.00	12 612.00
经营活动现金流入小计	786 554.00	682 514.00	508 204.00
购买商品、接受劳务支付的现金	544 296.00	480 088.00	346 835.00
经营租赁所支付的现金	5 649.00	4 576.00	0.00
支付给职工以及为职工支付的现金	16 453.00	16 151.00	18 959.00
支付的增值税款	19 002.00	17 500.00	0.00
支付的所得税款	8 950.00	10 754.00	0.00
支付的除增值税、所得税以外的其他税费	8 403.00	3 616.00	31 328.00
支付的其他与经营活动有关的现金	32 153.00	36 080.00	42 411.00
经营活动现金流出小计	634 906.00	568 765.00	439 533.00
经营活动产生的现金净额	151 648.00	113 749.00	68 671.00
二、投资活动产生的现金流量			
收回投资所收到的现金	0.00	0.00	83 948.00
分得股利或利润所收到的现金	0.00	0.00	8 217.00
取得债券利息收入所收到的现金	0.00	0.00	0.00

续表

日　期	1999年	2000年	2001年
处置固定资产、无形资产和其他长期资产而收到的现金净额	45.00	7.00	172.00
收到的其他与投资活动有关的现金	0.00	2 768.00	0.00
投资活动现金流入小计	45.00	2 775.00	92 337.00
购建固定资产、无形资产和其他长期资产所支付的现金	12 176.00	4 752.00	11 293.00
权益性投资所支付的现金	0.00	8 378.00	132 202.00
债权性投资所支付的现金	0.00	40 000.00	0.00
支付的其他与投资活动有关的现金	106 252.00	85 419.00	0.00
投资活动现金流出小计	118 428.00	138 549.00	143 495.00
投资活动产生的现金流量净额	－118 383.00	－135 774.00	－51 158.00
三、筹资活动产生的现金流量			
吸收权益性投资所收到的现金	85 597.00	0.00	400.00
投资活动产生的现金流量净额	0.00	0.00	0.00
借款所收到的现金	77 706.00	12 750.00	19 250.00
收到的其他与筹资活动有关的现金	0.00	0.00	0.00
筹资活动现金流入小计	163 303.00	12 750.00	19 650.00
偿还债务所支付的现金	143 600.00	11 699.00	30 050.00
发生筹资费用所支付的现金	26.00	0.00	0.00
分配股利或利润所支付的现金	92.00	8.00	680.00
偿付利息所支付的现金	4 052.00	628.00	0.00
融资租赁所支付的现金	0.00	0.00	0.00
减少注册资本所支付的现金	0.00	0.00	0.00
支付的其他与筹资活动有关的现金	0.00	0.00	0.00
筹资活动现金流出小计	147 770.00	12 335.00	30 730.00
筹资活动产生的现金流量净额	15 533.00	415.00	－11 080.00
四、汇率变动对现金的影响额	479.00	－308.00	－347.00

续表

日　　期	1999年	2000年	2001年
五、现金及现金等价物净增加额	49 277.00	−21 918.00	6 086.00
现金及现金等价物净增加额	49 277.00	−21 918.00	6 086.00
以固定资产偿还债务	0.00	0.00	0.00
以投资偿还债务	0.00	0.00	0.00
以固定资产进行投资	0.00	0.00	0.00
以存货偿还债务	3 711.00	0.00	0.00
净利润	25 150.00	14 007.00	4 450.00
少数股东权益	0.00	158.00	544.00
计提的坏账准备或转销的坏账	−46.00	85.00	2 445.00
固定资产折旧	9 805.00	15 300.00	13 271.00
无形资产摊销	177.00	2 635.00	478.00
待摊费用的减少	−696.00	616.00	−126.00
预提费用的增加	16.00	3 581.00	−3 259.00
处置固定资产、无形资产和其他长期资产的损失	−1.00	0.00	7.00
固定资产报废损失	0.00	−1.00	30.00
财务费用	4 128.00	−2 300.00	−3 904.00
投资损失	806.00	−822.00	−7 119.00
递延税款贷项	−61.00	−61.00	429.00
存货的减少	64 769.00	12 000.00	15 606.00
经营性应收项目的减少	175 716.00	84 918.00	−31 988.00
经营性应付项目的增加	−129 541.00	−18 526.00	64 128.00
增值税增加净额	0.00	0.00	0.00
其他不减少现金的费用、损失	1 426.00	2 159.00	13 679.00
经营活动产生的现金流量净额	151 648.00	113 749.00	68 671.00
现金的期末余额	98 108.00	76 190.00	82 276.00
现金的期初余额	48 831.00	98 108.00	76 190.00
现金等价物的期末余额	0.00	0.00	0.00
现金等价物的期初余额	0.00	0.00	0.00
现金及现金等价物净增加额	49 277.00	−21 918.00	6 086.00

附录 4

沪深两市行业 2002 年主要财务指标平均值

分类代码	公司数	分类名称	每股收益	净资产收益率	主营业务利润率	资产负债率	每股净资产	资产周转率
A	32	农、林、牧、渔业	0.038	0.0153	0.20542	0.45889	2.49	0.439
A01	22	农业	0.046	0.0188	0.19777	0.42449	2.42	0.5013
A03	3	林业	0.238	0.0741	0.2433	0.35957	3.21	0.4771
A05	2	畜牧业	0.081	0.0367	0.23683	0.24304	2.22	0.2024
A07	4	渔业	−0.183	−0.0738	0.22628	0.82686	2.49	0.1884
A09	1	农林牧渔服务业	0.395	0.0653	0.31229	0.44759	6.04	0.3193
B	14	煤炭采选业	0.328	0.1067	0.41202	0.39152	3.08	0.5309
B01	8	煤炭采选业	0.319	0.0932	0.43382	0.42559	3.42	0.5571
B03	3	石油和天然气开采业	0.446	0.1401	0.46834	0.23366	3.18	0.4143
B05	1	铬矿采选业	−0.294	−0.1403	0.08132	0.30836	2.09	0.2441
B07	1	有色金属矿采选业	0.028	0.0206	0.37482	0.25411	1.36	0.2375
B49	1	其他矿采选业	0.437	0.2842	0.20374	0.6108	1.54	0.7979
C	686	食品加工业	0.128	0.0537	0.19133	0.50623	2.38	0.6946
C0	57	食品加工业	0.161	0.0509	0.27375	0.42937	3.16	0.5962
C1	55	纺织业	0.096	0.033	0.17544	0.56338	2.92	0.6072
C2	2	家具制造业	−0.065	−0.0188	0.19342	0.39098	3.48	0.3594
C3	22	造纸及纸制品业	−0.095	−0.0332	0.2318	0.56591	2.85	0.3878
C4	131	石油加工及炼焦业	0.127	0.0646	0.17196	0.49954	1.96	0.7877
C5	32	电子元器件制造业	0.1	0.0349	0.17626	0.38225	2.85	0.5671
C6	110	非金属矿物制品业	0.213	0.082	0.17112	0.45142	2.6	0.6799
C7	183	普通机械制造	0.058	0.0232	0.19218	0.58519	2.49	0.6952
C8	78	医药制造业	0.148	0.0545	0.31902	0.56088	2.71	0.639
C9	16	其他制造业	−0.084	−0.0343	0.23367	0.57631	2.44	0.3065
D	45	电力蒸汽热水的生产和供应业	0.363	0.1058	0.30201	0.30121	3.43	0.3232
D01	41	电力蒸汽热水的生产和供应业	0.378	0.1076	0.29808	0.31033	3.51	0.3315
D03	1	煤气生产和供应业	0.222	0.1158	0.31504	0.31389	1.91	0.3876
D05	3	自来水的生产和供应业	0.223	0.0802	0.49439	0.10629	2.79	0.1401

分类代码	公司数	分类名称	每股收益	净资产收益率	主营业务利润率	资产负债率	每股净资产	资产周转率
E	23	土木工程建筑业	0.135	0.0466	0.107	0.53591	2.89	0.5988
E01	13	土木工程建筑业	0.16	0.047	0.09872	0.54544	3.4	0.6114
E0199	10	其他建筑业	0.097	0.0456	0.1305	0.51088	2.12	0.5657
F	49	运输业	0.201	0.0787	0.34954	0.46551	2.56	0.2795
F01	1	铁路运输业	0.343	0.11	0.48968	0.3176	3.12	0.3677
F03	6	公路运输业	0.255	0.0809	0.3226	0.39353	3.15	0.2589
F05	1	管道运输业	0.066	0.0235	0.38144	0.25711	2.81	0.1981
F07	7	水上运输业	0.184	0.0859	0.25315	1.09225	2.14	0.4102
F09	5	航空运输业	0.113	0.0599	0.24448	0.67856	1.88	0.4052
F11	27	交通运输辅助业	0.223	0.0812	0.55104	0.24945	2.75	0.1734
F19	2	其他交通运输业	0.264	0.0773	0.20569	0.58084	3.42	0.6472
G	90	通信及相关设备制造业	0.133	0.0503	0.24994	0.51158	2.65	0.5314
G81	42	通信及相关设备制造业	0.207	0.0546	0.20557	0.38641	3.8	0.8055
G83	23	计算机及相关设备制造业	0.05	0.0222	0.11272	0.56159	2.24	0.9317
G85	4	通信服务业	0.102	0.0547	0.43285	0.57278	1.86	0.2666
G87	21	计算机应用服务业	0.153	0.0473	0.27962	0.65733	3.24	0.4361
H	84	商业贸易	0.088	0.0336	0.10944	0.57692	2.62	1.2
H01	11	批发和零售贸易	−0.073	−0.0466	0.1346	0.70541	1.56	0.8615
H11	54	零售业	0.052	0.0201	0.16011	0.58811	2.59	0.9036
H21	19	商业经纪与代理业	0.27	0.0828	0.06127	0.51834	3.25	1.8304
I	9	金融业	0.236	0.1069	0.16839	0.96141	2.2	0.0301
J	46	房地产开发与经营业	0.137	0.0512	0.23367	0.54633	2.67	0.3399
K	42	公共服务业	0.177	0.0695	0.35592	0.36575	2.54	0.2978
K	3	社会服务业	−0.052	−0.0227	0.2792	0.13988	2.28	0.1817
K01	10	公共设施服务业	0.282	0.1074	0.32945	0.31638	2.63	0.3293
K10	1	邮政服务业	0.039	0.0167	0.18835	0.45913	2.35	0.2971
K30	1	餐饮业	0.149	0.0629	0.49623	1.99274	2.37	0.4833
K32	10	旅馆业	0.048	0.0212	0.62899	0.4631	2.26	0.2108
K34	13	旅游业	0.206	0.0786	0.30038	0.48856	2.62	0.4391
K39	3	租赁服务业	0.218	0.0766	0.39631	0.38125	2.85	0.2522
K99	1	其他社会服务业	0.056	0.0179	0.5159	0.38514	3.09	0.1422
L	12	文化传播业	−0.199	−0.0694	0.25284	0.73847	2.86	0.3251
L01	1	出版业	0.093	0.075	0.39755	0.3754	1.24	0.4024
L10	3	广播电影电视业	0.097	0.0183	0.33146	0.15739	5.3	0.1967
L20	7	信息传播服务业	−0.374	−0.157	0.21165	1.36073	2.39	0.4525
L99	1	其他传播文化产业	−0.246	−0.1587	0.17902	0.71151	1.55	0.276
M	84	综合类	−0.01	−0.0047	0.18697	0.51912	2.1	0.4093

习题参考答案

第一章

二、单项选择题

1. C 2. D 3. D 4. B 5. C

三、多项选择题

1. ABCDE 2. ABCE 3. ABCD 4. BCD 5. ABCD

行文思考

行文思考1

提示:财务信息与决策有密切关系,对决策具有很高的价值,是决策过程中须臾不可或缺的依据。财务报表分析的根本目标就是充分利用财务报表及其分析所揭示的信息,使之成为决策的依据。财务报表分析的目的受财务报表分析主体和财务报表分析服务对象的制约,不同的财务报表分析主体进行财务报表分析的目的是不同的,不同的财务报表分析服务对象所关心的问题也是不同的。各种财务报表分析主体的分析目的和财务报表分析服务对象所关心的问题,也就构成了财务报表分析的目的或财务报表分析的研究目标。财务报表分析的作用从不同角度看是不同的。从财务报表分析的服务对象看,财务报表分析不仅对企业内部生产经营管理和职工职业决策有着重要作用,而且对企业外部投资决策、贷款决策、赊销决策,以及政府宏观决策与管理等也有着重要作用。他们进行财务报表分析的目标各有侧重,站在不同的角度就可能会对同一财务报表产生差异较大的结论。

这说明编制财务报表和财务报表分析所揭示的信息,对企业以及与企业有利益关系的各方的经济决策有着密切关系。

行文思考 2

提示:信贷主任老李认为,流动比率、速动比率等以时点数计算出来的财务比率有一定问题。这是因为:当企业用流动资产偿还流动负债或通过增加流动负债来购买流动资产时,流动比率计算公式的分子与分母将等量金额地增加或减少,并造成流动比率本身的变化。流动比率的这一特点,使得企业管理当局有可能在该比率不理想时,通过年末突击偿还短期负债,下年初再如数举新债等手段粉饰其流动比率的状况。例如,假定某企业年末流动资产为 400 万元,流动负债为 250 万元,则流动比率为 1.6,为粉饰财务指标,在年末暂时用 100 万元的货币资金偿还应付账款,则流动比率立即"漂亮"地变为 2。因此,使用流动比率,还应注意分析其会计期末前后一段时间流动资产与流动负债数额方面的变化情况。

第二章

二、单项选择题

1. A 2. D 3. A 4. B 5. C

三、多项选择题

1. ABC 2. ABCDE 3. ABCDE 4. ABE 5. BCD

行文思考

行文思考 1

提示:此种说法不对。财务报表分析是进行分析、综合、判断、推理,进而系统地认识和掌握企业"全貌"的过程。因此,除了解和掌握财务报表分析的内涵、目标和方法外,还要运用一定的分析程序和依据(资料)。因此,应按照以下步骤进行财务报表分析:

(1)制定分析工作方案;(2)搜集、整理和核实资料;(3)财务报表质量分析;(4)财务报表分析;(5)专题应用分析;(6)编写分析报告。

行文思考 2

提示:此种说法不对。审计报告是注册会计师根据独立审计准则的要求,在完成特定的审计程序后出具的对被审计单位财务报表表示意见的书面文件,它是审计工作的最终结果,具有法定证明效力。由于审计报告是由中介机构出具的,具有"公开、公正、公平"的作用。注册会计师在审计报告中对被审计单位特定时期内与财务报表反映有关的所有重要方面发表审计意见,报表使用者可以根据财务报表信息,结合审计意见,对被审计单位的财务状况、经营成果作出正确判断。但是,审计报告并不是对被审计单位的全部经营管理活动发表的审计意见,因此在使用审计报告时必须明确这一点,将审计报告与财务报表结合起来使用。

第三章

二、单项选择题

1. C 2. D 3. B 4. A 5. C

三、多项选择题

1. ABC 2. ABDCE 3. AD 4. ACD 5. ABCD

行文思考

行文思考 1

提示:该公司写为"海天公司 2000 年度资产负债表"。这张资产负债表的表头格式错在将资产负债表静态报表,错误理解为动态报表了,并且,资产负债表反映的是"时点数",而不是"时期数",因此,这是一种完全错误的概念,朱红并非对此小题大做。

行文思考 2

提示:朱红对存货如此严加关注,是因为存货是企业生产经营的中心,其种类繁杂,数量庞大,并且它们经常处于不断销售和重置或不断耗用和重置之中,流动性较强,是资产质量分析的重点。在传统工业企业和商业企业中存货往往占流动资产总额的一半左右。

对于存货的质量应从以下几方面来考察:

(1)存货计价。资产负债表中,各种存货是以实际成本反映的,但在日常会计核算中,由于同类存货的进价成本不一定相同,在计算耗用成本或销售成本时,就要采用一定的计价方法进行核算。而采用的计价方法不同,发出存货的金额也会不同,对期末存货成本与当期销售成本的确定必然会受到影响。

(2)潜在亏损风险。存货是企业在生产经营过程中为销售或耗用而储存的各种物资,是企业生产经营的中心,种类繁杂,数量庞大。存货对企业生产经营活动的变化具有特殊的敏感性,必须使存货数量与企业经营活动保持平衡。若存货过少,会影响生产,导致坐失销售良机;若存货失数量过度增加,而使资金沉淀,最终会会导致生产中断,企业难以为继。在我国企业实践中,应特别关注利用存货项目进行潜在亏损挂账的问题。一些企业利用存货项目的种类繁杂、金额庞大、重置频繁、计价方法多样等客观因素,采用种种非法手段,将冷背呆滞商品、积压产品、残品,甚至将假冒伪劣产品及违规行为(如不符合财务制度的费用开支、内部人舞弊)长期隐蔽在存货账面价值中,其实质是企业的一种潜在亏损,显然,这种存货丧失了流动性。

(3)存货品种结构分析。不同品种存货的技术状况、盈利能力、市场发展前景等会有很大差异。对此,应结合会计报表附注中的存货明细表进行分析,假如该企业存货中原材料、半成品和产成品的比例分别为1:2:3,则表明其存货的结构和质量不佳。

(4)存货的库存周期分析。存货的库存周期长短也影响着存货的流动性和质量,库存周期过长的商品自然会使存货的变现能力降低。只有合理地保持各项存货的比例,材料存货才能为生产过程所消化,商品存货才能及时实现销售,从而使存货顺利变现。考核存货流动性的指标,一般通过存货周转天数、存货周转次数和营业周期三个指标,结合行业、企业的生产经营情况,以及三项指标发展趋势对比情况来进行分析。

行文思考3

提示:海天公司资产负债表中的"应付福利费项目"为赤字270 000元。对此项负债,朱红表示需要在审计报告中重点说明,并要求调整该

公司涉及负债内容的有关财务指标,朱红这样处理是因为:

第一,"应付福利费项目"为赤字270 000元,意味着是企业的债权,即应当向职工收取的代垫医药款。问题在于,这项债权一般不易收回,实质是企业的一项潜在亏损。

第二,此项目的红字还冲减了流动负债总额和负债总额,无形中掩盖了企业的债务危机。而流动负债总额和负债总额,又是计算一些重要财务比率(如流动比率、资产负债率)的基础数据,影响了财务分析的准确性和真实性。

第四章

二、单项选择题
1. B   2. A   3. A   4. B   5. B

三、多项选择题
1. AB   2. BC   3. ABDE   4. ABCE   5. DE   6. AB   7. ABDE

行文思考

行文思考1

提示:税务机关对中亚广告公司严加关注是正常的。因为企业是一个盈利性组织,按照逻辑判断,广告公司连续3年亏损还在营业,为了什么呢?中亚广告公司的利润表已经提示:该公司"常亏不倒",有非法避税和非法经营的嫌疑,应严加关注。

行文思考2

提示:近年来,我国深沪两市上市公司年报的利润表中曾揭示了一批微利公司,其中十几家每股收益在一分钱以下,最低的每股收益为0.0006元,凑齐100股才能分得6分钱的收益。这些身家在十几亿资产的微利上市公司,其利润表的质量显然存在问题。这些公司的利润是会计人员"做"出来的,这样做有可能是为了"保牌",免于被"PT"。

行文思考3

提示:该上市公司年报的利润分配表中显示:当期净利润几个亿所剩无几,每股股利高达60%以上,意味着该公司实行"吃干花净"的财务政策。对此,业界有人认为该公司很不正常,有大股东"提现"之嫌,侵占小股东利益,这样会造成公司生产经营的动荡。这种认识有一定道理,因为大股东入股时出的是一元顶一元的"干股",而在二级资金市场上,小股东们是以几倍、几十倍的代价购入的股份。"吃干花净"的财务政策,对于公司的长远发展,对于小股东而言,是不利的。

第五章

二、单项选择题
1. A 2. C 3. B 4. C 5. A

三、多项选择题
1. ABCD 2. ABCD 3. CDE 4. AB 5. ABCD 6. CBD

行文思考

行文思考1

提示:国际会计准则和我国会计制度均规定企业的会计核算及其资产负债表、利润表的编制基础,按权责发生制原则,只有现金流量表的编制基础是收付实现制。因为现金流量表可以弥补了资产负债表、利润表按权责发生制原则编制而出现的不足与缺憾,在一定程度上防止了以权责发生制为基础进行会计核算的人为操纵企业财务状况和经营成果的弊端。

业界中"现金至尊"的说法是有道理的。现金流量表主要提供有关企业现金流量方面的信息。在市场经济条件下,企业的现金流转情况在很大程度上影响着企业的生存和发展。企业现金充裕,就可以及时购入必要的材料物资和固定资产、及时支付工资、偿还债务、支付股利和利息;反之,轻则影响企业的正常生产经营,重则危及企业的生存。

行文思考2

提示:朱红的疑义是合理的。

第一,该公司利润表的"净利润"项目为负数,表明现金流量表此项目256万元只能是当期偿付利息所支付的现金。

第二,当期资产负债表的"短期借款"项目为120万元、"长期负债"项目下无数字,但利息有256万元之多,显然不配比。这可能是企业进行非法拆借而支出的利息,或存在其他违规行为。

行文思考 3

提示:假定某企业报告期内年销售额为 500 万元,因业务扩展需要租入设备,与其他企业签订了为期三年的设备租赁(经营性租赁)合同,标的 200 万元,利率 6%。对此,你认为该企业的现金流量表是否要披露这一情况?为什么?

该企业的现金流量表需要披露这一情况。因为:

第一,对于一个年销售额为 500 万元的企业,其设备租赁(经营性租赁)标的 200 万元,利率 6% 的合同,形成了固定的年 12 万元的现金支出。

第二,虽然报告期这项业务并没有引起现金的流出,但作为企业重要的理财行为,应当在现金流量表的补充资料中反映。

第六章

二、单项选择题

1. A 2. C 3. D 4. B 5. A 6. C

三、多项选择题

1. ABCDE 2. BCD 3. ABCE 4. BC 5. DE 6. AB 7. ABCE

行文思考

行文思考 1

提示:我们说会计是一门定量的学科。近年来,企业披露的会计报表附注的内容大有不断增长之势,往往在若干张主表及其附表外,还有会计报表附注近百页。也就是说,会计报表附注的定性信息、非货币性信息不断扩大,也说明会计报表附注的内容非常丰富,既包括定量,还包括定性信息,既包括货币性信息,还包括非货币性信息,既包括历史信息,还包括未来信息。会计报表附注是企业财务会计报告的有机组成部分。市场经济对会计报表附注的日趋重视也是会计学科的发展趋势之一。但这种变革是渐进的,而不是突变的。会计是社会经济的反映,是否因会计报表附注的定性信息、非货币性信息的不断扩大,而要进行会计学科彻底的"革命"还有待于社会实践的检验。

行文思考 2

提示:这个公司的生产经营情况,根据该行业特点是正常的。正如财务情况说明书上所解释的:公司为网络通信类型企业,属于经贸委重点支持的项目。连续三年亏损是由于网络通信类型的企业前期投入大,且投资期较长。因此,不能仅凭其连续三年亏损的会计数据,就认为它是一家别有目的的"常亏不倒"型企业。

行文思考 3

提示:小李的判断是有道理的。因为审计报告是社会中介机构所出具的,具有较高的公允性和公信力。该公司的有关财务资料表明,该公司在年度内更换了三家会计师事务所。对此必须保有高度警惕,说明该公司与这三家会计师事务所在财务报表的确认上有很大差距,而最后一家会计师事务所出具的无保留意见的审计报告,说明与该公司达成了高度的"一致",则该会计师事务所公允性和公信力就无从谈起,所出具的无保留意见的审计报告也就无意义了。

第七章

二、单项选择题

1.B 2.A 3.A 4.A 5.D

三、多项选择题

1.BC 2.ABCD 3.BC 4.BD 5.BCDE

行文思考

行文思考 1

提示:笔者认为,该公司走第二条路成功的希望较大,即被同业实力强的企业兼并。因为:

第一,华通有限责任公司的资产负债率很高(达到 90%),受商业银行行规所限,取得贷款的希望不大。

第二,虽然华通有限责任公司报价(被兼并价格)1000 万元不低,但该公司前景看好,只不过遇到了研究与开发费用大而资金匮乏的暂时困难。因而,被同业有远见、实力强的企业兼并的希望更大。

行文思考2

提示：会计是一定社会经济状况的反映。西方国家的流动比率和速动比率远远低于理论系数，是由于它们的市场经济整体水平比较发达。例如，随着社会化大生产的迅猛发展，"适时制"、"零储备"的广泛采用，使企业的流动资产、存货等大幅度降低，也使得流动比率和速动比率远远低于理论系数。

而我国的社会主义市场经济处于初创阶段，生产技术水平和社会化大生产发展不平衡，从整体上看，商业信用程度不高。因而，对于考察企业短期偿债能力的流动比率和速动比率等财务指标，一般来说，应当高于理论系数。

行文思考3

提示：甲公司的融资结构不太合理，因为该公司的弹性融资仅为2%。而企业保持融资结构的一定弹性是必要的，当成本更低、条件更优惠的融资方式出现时，便可迅速实现转换，这对企业的长期债权人来说，有益无害。实践中，企业应力求在一定的融资成本与风险下，寻求弹性最大的融资结构。

弹性融资低是由于：(1)该企业原是一家大型电器业国有企业，2001年改制为上市公司，对金融机构的贷款很少；(2)该企业当期未分配利润数额为500万元，对于一个股本2个亿的上市公司来说，收益太小，这说明其生产经营不佳，也影响了该企业的弹性融资。

行文思考4

提示：企业资产负债比率多少为佳，并没有一个公认的标准，分析评价时，通常要结合国情、同行业的平均水平或先进水平、本企业的前期水平及其预算水平来进行。

(1)就国情比较而言，中国国有工业企业的资产负债率略高于日本和美国，但低于德国。将这个数据与美日德三国比较，中国国有工业企业并不存在资产负债率偏高的问题。但是，对比流动比率和速动比率，中国国有工业企业均低于美日德三国，其中流动比率比日本低47.64个百分点，比美国低47.04个百分点，比德国低24.19个百分点；速动比率比日本低48.61个百分点，比美国低29.81个百分点，比德国低

13.08个百分点。存在的差距表明,中国国有工业企业资产流动性差,变现偿债能力不强,确实存在负债过重的问题。

(2)就行业比较而言,一般来讲,第一产业为20%、第二产业为50%、第三产业为70%,较为合理。就我国而言,可以参照附录4沪深两市行业2002年主要财务指标平均值。

(3)就企业比较而言,由于企业的负债总额和资产总额包含着丰富的内容,而各个企业在计算这一指标时,口径并不完全一致,如坏账准备、存货跌价损失准备、长期投资减值准备、固定资产减值准备、递延税项等项目的处理就存在着广泛的差异。因而,将该指标与其他企业或行业平均水平进行对比分析时,注意斟酌用于计算的各个数字的实际内涵,剔除差异因素后,再作评价。

第八章

二、单项选择题

1.D 2.B 3.D 4.C 5.C

三、多项选择题

1.ACDE 2.CD 3.ABCDE 4.BCD 5.BC

行文思考

行文思考1

提示:这些团体存在明显差异的原因是会计报表的不同使用者使用会计报表的出发点不同。分析师团队的成员因为具有丰富的财务报表分析的专业知识,因此他们会希望通过掌握更多的有关拟上市公司的收益信息来全面分析和评价公司的盈利能力,可以为不同类型的财务报表的使用者提供有用的信息。而社团组织和小规模投资者因为掌握的专业知识有限,所以他们更希望得到精炼并且相关性强的信息作为投资决策的依据,减少他们分析财务报表时的盲目性。

行文思考2

提示:这一信息表明两家公司的风险不同。因为在相同的收益来自10个部门的情况下,当其中的某一部门的收益受到不利事件影响时就可以被发生于其他部门的有利事件所抵销,因而公司的收益波动较小,公司特有风险较小。如果收益只来自一个行业,当这一行业受到不利事件影响时,整个公司的收益都会受到重创,所以公司特有风险较大。这就是投资组合理论——不要把所有的鸡蛋放在同一个篮子里。因为两家公司的风险不同,所以必然会影响对两家公司的比较。

行文思考3

提示:从表中可以看出:

(1)该公司收益质量不是很好,甚至可以说是很差,因为这三年虽然连续盈利但其经营活动现金流量却连续三年为负,这说明公司可能存在大量挂账收入。

(2)该公司的毛利率偏高,特别是2000年毛利率高达78.96%,让人觉得很不正常。

(3)该公司2003年管理费用猛增到30 993,与前两年比较显然有些异常,这说明可能存在调节利润的可能,使人对其前两年的盈利能力产生质疑。

第九章

二、单项选择题

1. C 2. D 3. D 4. A 5. B 6. B

三、多项选择题

1. BC 2. AD 3. ABCDE 4. AD 5. ABCE

行文思考

行文思考1

提示:企业的营运能力直接影响和关系着企业的偿债能力和盈利能力,从某种程度来说是二者的基础,体现着企业的经营绩效。对于盈利能力较强,但偿债能力较低的上市公司,其原因可能在于当期的销售收入中,有较多的应收账款尚未收回(即应收账款的余额较大),应结合应收账款收回的可能性的大小来评价其投资价值。若应收账款中一年期的比重较高,且按制度提取了坏账准备,则该公司发生坏账损失的可能性较小,该企业仍属于绩优公司的行列。反之,若应收账款中二年期、三年期比重较大,甚至还有三年以上未转销的坏账(有些企业表现为较多的待处理财产损失),那么该公司虽然从短期来看有一定的投资价值,但从中长期来看,这样不仅会直接降低公司的偿债能力,也会由于坏账损失的大量核销而降低公司未来的盈利水平,其中长线投资价值并不高。

行文思考2

提示:在通货膨胀的条件下,是用存货计价的后进先出法将高估销货成本,低估平均存货余额,进而高估存货周转率。即使两个公司都采用后进先出法来计量存货,他们的存货周转率仍然有可能不可比,因为他们采用后进先出法计算出来的库底(基数)可能是在不同年份以不同价格购买的。

行文思考3

提示:A公司的销售净利率是10%,而B公司则低得多。A公司每投资1万元的资产只能获得01.万元的销售收入,而B公司则可以获得2万元。对于A公司我们应集中分析这样一个问题:为什么公司周转率如此之低?是否存在无效益或者效益很低的资产?闲置资产是否需要处理?是这些资产的效率低还是资产的使用效率低?公司可以通过集中提高资产周转率(增加销售,减少投资,或者两者兼有)使资产报酬率得到迅速改进。但是A公司的销售净利率远高于行业水平,提高销售净利率可能会更困难。

B公司面对的是一个迥然不同的情形。我们的分析建议,该公司应着手改善较低的销售净利率。销售净利率低的原因很多,但是通常包括低效率的机器或者生产方法,不盈利的生产线,高额固定成本的剩余生产能力,或者过高的销售和管理费用。有时,利润率低的公司发现,消费品味和技术的变化使得企业需要增加资产投资以便为销售提供资金。这意味着,为了维持资产报酬率,公司必须提高其销售净利率,否则生产就是不赚钱的。

第十章

二、单项选择题

1.C 2.B 3.D 4.C 5.C

三、多项选择题
1. ABCD   2. ABD   3. AD   4. ABC   5. ABCD

行文思考

行文思考 1

提示：在进行企业的偿债能力、盈利能力和营运能力，以及资产负债表、利润表、现金流量表、会计报表附注分析时所应用的指标，许多指标相互之间存在联系。例如，所有者权益净利率＝资产净利率×权益乘数，资产净利率＝销售净利率×资产周转率，资产周转率＝销售收入/资产总额，等等。

财务分析中的单项指标分析是综合分析的基础，通过对公司的资本运营状况、偿债能力状况、财务效益状况、发展能力状况进行分析，得出对公司的总体评价。

行文思考 2

提示：应用杜邦财务分析体系时，可以结合我国国有资本金绩效评价模型综合分析方法进行分析评价。为了弥补杜邦财务分析体系的不足，在进行分析时要与本企业历史指标进行纵向对比，与同类型行业的指标进行横向对比，单独计算其他财务指标，进行定量与定性分析。

行文思考 3

提示：许多经济理论模型在实践中很难应用，但实践中使用行之有效的模型却又很难用理论证明，这也许是理论与实践的部分脱节造成的，也有可能是我们对实际经济活动之间的变量认识太少造成的，也有可能是信息不对称造成的。

行文思考 4

提示：在对比两公司的市场价值时，应考虑各个公司的资本投入，公司获得的资本回报必须大于资本成本，赚取较高的资本回报可以体现出默克制药比通用汽车创造了更多的价值。

行文思考 5

提示：(1)通过上述对比计算，A 公司现在的市场价值为 14 亿元，而投资可以获得预期投资收益 20 亿元，那么 A 公司并没有为股东创造价值。

（2）A 公司在投资期内没有给股东分红，而 B 公司在投资期内定期向股东以现金的形式分派红利，因此 B 公司的表现较好。

第十一章

二、单项选择题
1. A 2. C 3. D 4. B 5. D

三、多项选择题
1. AB 2. CD 3. AC 4. ABCDE 5. ABCDE

行文思考

行文思考 1

提示：财务预警报告是财务预警分析的书面表达形式，通过分析可知企业发生财务危机的具体原因，进而反馈给决策者，找出解决问题的办法，这才是财务预警分析的真正意义，财务预警分析最终通过分析报告反映，二者是内容和形式的关系。

行文思考 2

提示：中国证监会早在 1996 年对公司的盈利预测分析就有规定，对于利润实现数低于预测数 10%～20% 的企业，发行公司及其聘任的注册会计师应在指定报刊上作出公开解释并致歉。之所以会出现 30% 的公司净利润没有达到招股时的预测水平，据业内人士指出：首先，有一个 10%～20% 的指标，上市公司只要将预测利润与实际利润可能产生的负偏差调节在这个限度内就万事大吉了。其次，我国立法对盈利预测等预测信息披露缺乏系统的规定，使得发行人在进行预测信息披露时或者感到没有法律规定可以遵循，或者通过发布虚假的盈利预测来欺诈投资者，使投资者权益遭到损害。另外，法律责任较低导致惩罚措施太轻，难以产生有效的威慑力，使得财务盈利预测分析编制者感觉违纪成本较小，造成道德危机。使得编制的盈利预测水分较多。我国目前对不能实现盈利预测的有关法律责任的直接规定中没有包括民事责任，我国证券欺诈法律责任的有关规定也主要是集中于刑事责任和行政责任，对民事责任虽有规定，但缺乏进一步具体可操作的规范。

为了能够做到盈利预测的可靠性，我国应充分借鉴美国的相关立法,对盈利预测等预测信息披露进行有效的法律规范,要求预测信息应当用适当的方式表达并伴有充足的警示性语言以便提醒投资者能据此做出投资判断,充分保护投资者的权益和保证证券市场的公平、公正和公开。此外,应明确盈利预测的法律责任,完善盈利预测分析的民事责任制度。盈利预测报告的责任应当归属于编报企业的管理当局,因为他们最能就关键因素提出合理假设,据以决定企业的财务状况和经营成果,能够采用真实准确的计算数据,按照与编制会计报表一致的会计政策进行预测分析。而注册会计师负责对被审核单位的盈利预测进行审核,不能对预测结果是否实现作出保证。

行文思考3

提示:现行财务报告是以货币为计量手段来反映企业经营状况的,财务报告以货币计量掩盖了企业经营活动中诸多不能用货币计量的事实,如企业的信誉、企业员工的团体精神、企业的人力资源以及企业创新能力等都无法用货币表述;在知识经济和信息社会条件下,企业尤其是知识密集、人才荟萃的高科技企业,在企业资源中占有重要作用的是人力资源和其所具有的知识。美国在线之所以能并购时代华纳,原因就在于非货币性计量因素对会计信息质量的影响。随着人力资源会计的逐步完善,许多非货币性计量因素是可以加以量化的。

主要参考文献

1. 张先治编著,《财务分析》,东北财经大学出版社,2001年。
2. 张新民编著,《企业财务分析》,浙江人民出版社,2000年。
3. 潘爱香主编,《财务报表分析》,经济科学出版社,1999年。
4. 崔也光编著,《会计报表实用编制与分析方法》,中国财政经济出版社,2002年。
5. 葛家澍主编,《改进企业财务报告问题研究》,中国财政经济出版社,2002年。
6. 财政部,《企业会计制度》,经济科学出版社,2001年2月。
7. 财政部,《企业会计准则——现金流量表》,经济科学出版社,2001年。
8. 李爽主编,《会计信息失真的现状、成因与对策研究》,经济科学出版社,2001年。
9. [美]查尔斯·吉布森,《财务报表分析》,中国财政经济出版社,1996年。
10. 金中泉主编,《财务报表分析》,中国财政经济出版社,1996年。
11. 邹香编著,《图表式报表分析示范》,中国财政经济出版社,2001年。
12. 刘姝威著,《上市公司虚假会计报表识别技术》,经济科学出版社,2002年。

13. 赵瑜纲主编,《财务报表分析》,经济日报出版社,1997年。

14. 高严主编,《如何阅读三张表》,经济科学出版社,2000年。

15. 杨纪琬、夏冬林著,《怎样阅读会计报表》,经济科学出版社,1998年。

16. Pater Walton 著,《国际财务报表分析》,清华大学出版社,2002年。

17. 曹冈主编,《财务报表分析》,经济科学出版社,2002年。

18. 李若山、方军雄编著,《财务报表里的"馅饼"与"陷阱"》,中国时代经济出版社,2003年。

19. 王又庄编著,《上市公司财务会计报告分析与评价》,立信会计出版社,2002年。

20. 陈关亭、程修略主编,《税收财务物价违纪与检查处理》,中国物价出版社,1998年。

21. WWW.e521.com(中华财会网)

22. WWW.cicpa.org.cn(中国注册会计师网)

23. WWW.csrc.gov.cn(中国证监会网)